가족관계등록법

申 榮 鎬

세창출판사

국립중앙도서관 출판사도서목록(CIP)

가족관계등록법 / 저자: 신영호. -- 서울 : 세창출판사, 2009
p. ; cm

색인 수록
ISBN 978-89-8411-275-9 93360 : ₩26000

가족법[家族法]

365.54-KDC4
346.015-DDC21 CIP2009001553

| 머 리 말 |

저자는 친족상속법의 강의를 하고 입법에 관여한 경험과 실무를 통하여 호적법과 호적제도에 대한 개괄적인 이해를 하고 있었을 뿐이다. 문외한에 불과한 저자가 가족관계등록법에 관한 해설서를 쓴다는 것은 만용에 가까운 일이다. 그럼에도 불구하고 이 책을 펴내게 된 것은, 2008년부터 시행에 들어가는 한국의 새로운 가족관계등록제도를 일본에 소개해 줄 수 없겠느냐는 일본의 한 출판사의 권유에 못이겨서이다. 『韓國家族關係登錄制度解說』(日本加除出版, 2009)의 한국어 원고로 꾸며진 것이 이 책이다. 때문에 일본의 실무가 등에게 소개할 필요성이 크지 아니한 일부 사항(예; 등록사무에 관한 각종 부책과 서류 및 그 보존기간 등)에 관한 해설은 생략되어 있다. 이 점에 대해 이 책을 읽는 분들에게 양해를 구하고자 한다.

이 책을 쓰게 된 배경에서도 알 수 있는 바와 같이, 이 책은 저서라기보다는 가족관계등록에 관한 여러 법규와 실무 자료를 모아 체계화한 것에 지나지 아니한다. 다소 문장이 길고 난해한 점은 이에서 비롯한다. 법무사시험을 준비하는 분들이나 실무에 종사하고 있는 분들에게 다소 도움이 될 수 있도록 보다 쉽게 소개하고자 하였으나 미흡하기만 하다. 이 점에 대해서도 양해를 구하고자 한다.

가족관계등록제도는 일인일적(一人一籍)의 편제방식에 따른 신분등록제도이다. 그러나 가족관계등록부는 그 표현과는 달리 서면 장부나 전산호적처럼 원부 형태를 취하지 아니한다. 전산정보처리조직에 의하여 입력·처리된 가족관계등록사항에 관한 전산정보자료를 등록기준지에 따라 개인별로 구분·작성한 전산상의 데이터를 말한다. 종래의 호적제도와는 근본적으로 다르다. 그렇지만 맨 처음 가족관계등록부를 작성하면서 호적법 제124조의3에 따라 편제된 전산호적부를 대상으로, 2007년 12월 31일 당시 기록된 사항을 기준으로 하여 그 호적전산자료를 개인별로 구분·작성하였기 때문에(부칙 제3조 제1항), 종래의 호적과 완전히 단절된 것은 아니다. 또한 가족관계등록부에 기록되어야 할 사항이나 기록사유 등은 호적제도 하에서의 그것과 크게 달라질 수 있는 성질의 것은 아니다. 기술적·절차적 측면에서는 기존의 호적제도의 것을 그대로 이어갈 수밖에 없다. 이 때문에 이 책에서도 종래의 호적법에 관한 해설서·실무서를 많이 참고할 수밖에 없었다. 또한 그간 확립되어 있었던 호적법에 관한 판례 중 가족관계등록제도 하에서도 그 취지가 그대로 이어질 만한 것, 호적예규나 선례 중 필수적인 것도 참고하였다. 다만, 이 책에 인용되지 아니한 판례, 호적예규와 선례 중에도 여전히 유효한 것들이 많을 것이나, 그에 대한 보충·보완은 다음 기회로 미루게 되었다.

가족관계등록제도도 1년 이상의 시행 경험을 축적하게 되었다. 그 사이 국적 관련 통보제도의 시행(2008년 9월 1일)에 따른 규칙의 개정이 있었고, 그에 따른 관련 예규의 제정과 개정이 뒤따랐다. 아울러 새로운 선례가 작성되기 시작하여 제도 정착에 기틀을 다져나가고 있는 중이다. 이 책에서도 최근까지 제·개정된 관련 법규와 예규를 빠짐없이 소개하고, 새로 작성된 선례를 인용하고자 하였다.

이 책의 출간에 이르기까지는 많은 분들의 도움이 있었다. 특히 미흡한 원고를 꼼꼼하게 읽고 수정·보완에 애를 쓴 박주영 법학박사에게 고마운 마음을 전하며 학문적 대성을 기원한다. 언제나 격려와 후원을 아끼지 아니하고, 편집과 교정에도 수고한 세창출판사 이방원 사장과 임길남 상무, 편집부와 관계자 여러분에게 감사를 드린다.

2009년 5월

저　자

차 례

제1장 총 론

제2장 등록부의 작성과 등록사무의 처리

제3장 신 고

제4장 국제 및 재외국민의 가족관계등록

제5장 등록부의 정정

제6장 불복절차

제7장 벌 칙

〈부 록〉

범 례

1. 본문 중 조문만을 표기한 것은 「가족관계의 등록 등에 관한 법률」의 조문을 가리킨다.
2. 법령의 약어는 다음과 같다.

민	민법
규칙	가족관계의 등록 등에 관한 규칙
예규	가족관계등록예규
선례	가족관계등록선례
민소	민사소송법
비송	비송사건절차법
가소	가사소송법
가소규	가사소송규칙
국적	국적법
국시	국적법시행령
국사	국제사법
법원	법원조직법
호	구호적법
호시	구호적법시행규칙
호예	구호적예규

| 참고문헌 |

· 정주수, 『호적법개설』, 법률미디어, 2007.
· 법원행정처, 『호적실무편람』, 2003.
· 법원행정처, 『호적비송사건주문기재례집』, 2006.
· 법원행정처, 『가족관계의 등록 등에 관한 법률 해설』, 2007.
· 법원행정처, 『가족관계의 등록 등에 관한 규칙 해설』, 2007.
· 법원행정처, 『대법원예규집(가족관계등록편)』, 2007.
· 법원행정처, 『가족관계등록실무자료집(기재편)』, 2007.
· 법원행정처, 『국제신분관계법령집』, 2008.

(본문에서 위 참고문헌을 인용하는 경우, 그 구체적 출처는 생략함.)

가족관계등록법

제 1 장

총 론

Ⅰ. 가족관계등록제도

1. 의의와 기능

개인의 신분관계가 어떠한가는 당사자 본인뿐만 아니라 그와 법적 교섭을 하고자 하는 제3자에게도 중요한 이해관계를 갖기 마련이다. 왜냐하면 신분관계는 그것을 요건으로 하여 각종 법률효과를 발생하게 하기 때문이다. 그런데 개인의 신분관계는 그 속성상 배타적・독점적 성질을 띠기는 하지만 가시적이지는 아니하다. 이에 신분관계를 공적 장부에 기재하거나 그밖의 수단을 통하여 공인・공시하는 것이 필요하게 된다. 이러한 신분등록 내지 신분공시의 역할을 담당하는 법적 제도로서 우리는 오랫동안 호적제도를 유지해 왔다.

호적제도는 중앙집권형태의 고대국가가 형성된 때부터 시정(施政)을 위해서는 필수적인 호구조사를 위하여 시작되었다. 이처럼 전근대사회에서의 호적제도는 개인의 신분관계를 등록・공시하기 위한 목적이 아니라, 국가가 필요로 하는 조세 징수와 요역 부과를 위한 기초자료로서 호구수를 조사・파악하고 사회적 신분을 확인・명시하며 인민의 유이(流移)를 방지하기 위한 것이었다. 다만 인구의 동태를 파악하기 위하여 호적에 개인의 출생에서부터 사망에 이르기까지의 신분관계의 변동사항이 기재되므로 그 기재를 통하여 혼인, 세계(世系), 가족관계 내지 친족관계 등이 간접적으로나마 공시되었다. 건양(建陽) 원년(1896년) 9월 1일 칙령(勅令) 제61호인 「호구조사규칙(戶口調査規則)」과 동년 9월 8일 내부령(內部令) 제8호인 「호구조사세칙(戶口調査細則)」에 의하여 호적제도의 근대화는 약간의 진전을 보게 되었다. 그러나 이것은 그 이전의 호적제도와 마찬가지로 "전국적 호수와 인구를 상세히 편적하여 인민으로 하여금 국가에서 보호하는 이익을 균점케 함"을 목적으로 하고 있었다.

호적이 신분공시제도로서의 모습을 갖추게 된 것은 융희(隆熙) 3년(1909년) 3월 4일 법률 제8호인 「민적법(民籍法)」과 동년 3월 20일 내부훈령 제39호인 「민적법집행심득(民籍法執行心得)」에서부터이다. 이에 의하여 호적제도가 가(家)와 가(家)에서의 신분관계를 공증하는 문서에 의한 등기제도로 탈바꿈하게 된 것이다. 민적제도는 1922년 12월 7일에 「조선민사령(朝鮮民事令)」의 개정(제령 제13호)을 통하여 동 제11조의2 내지 제11조의11로 호적에 관한 조항이 신설되고, 제11조의11에 근거하여 1922년 12월 8일 「조선호적령(朝鮮戶籍令)」(총독부령 제154호)이 제정(1923년 7월 1일 시행)됨으로써 폐지되었다. 조선호적령은 1914년에 개정된 일본 호적법을 거의 그대로 모방한 것이었다.

제헌헌법 제100조에 따라 조선호적령은 계속 시행되었으며, 1960년 1월 1일 법률 제535호로 호적법이 제정되고 현행 민법전과 함께 시행되기에 이르른다. 현행 민법시대의 호적은 호주를 기준으로 하여 가별(家別)로 편제하는 가족별 등록방식을 취하여(호 §8) 개인의 신분관계를 통일적 · 조직적으로 파악할 수 있는 장점을 지니고 있었다. 반면에 호주제도 · 가제도를 존속시키는 온상이라는 비판을 받아 왔다. 호적은 국민 개개인의 신분관계를 등록하여 이를 공시 · 공증한다는 기본적 사명 외에도 국적의 공시 · 증명의 자료 및 인구동태통계의 기초자료로 사용되고 주민등록표의 정확성을 담보하는 기능을 가지고 있었다.

2008년 1월 1일부터 호주제도를 폐지하는 개정민법의 시행과 더불어 기존의 호적법을 대체하는 「가족관계의 등록 등에 관한 법률」(다음부터는 이를 '가족관계등록법' 또는 '법'이라 한다)이 시행됨으로써 새로운 형태의 신분등록제도인 가족관계등록부제도가 자리잡게 되었다. 가족관계등록부(다음부터는 '등록부'라 한다)는 서면장부나 전산호적처럼 원부형태로 존재하는 것이 아니라, 전산정보처리조직에 의하여 입력 · 처리된 가족관계등록사항에 관한 전산정보자료를 등록기준지에 따라 개인별로 구분 · 작성한 전산상의 데이터를 말한다. 전자문서의 일종이다.

2. 법 원(法源)

가족관계등록사무(다음부터는 '등록사무'라 한다)를 처리함에 있어 그 절차를 규율하는 성문법규를 등록사무의 준거법규라 한다. 등록부제도를 규율하는 기본준거법규로는 가족관계등록법과 「가족관계의 등록 등에 관한 규칙」(다음부터는 '규칙'이라 한다)이 있고, 이를 보충·보완하는 「가족관계등록예규」(다음부터는 '예규'라 한다)가 있다. 가족관계등록법은 기존의 호적법을 대체하기 위해 2007년 5월 17일에 법률 제8435호로 제정되었고, 동 규칙은 2007년 11월 28일 대법원규칙 제2119호로 제정되었다.[1)] 한편 종전의 호적법 규정에 따른 제적부 또는 부칙 제3조에 따라 제적된 전산호적부 및 이미지 전산호적부에 관한 등록사무의 처리는 종전의 호적법 규정을 따라야 하므로(부칙 §4), 그 한에 있어 종전의 호적법과 호적법시행규칙도 등록사무의 준거법규로 된다.

등록부제도가 2008년 1월 1일부터 시행됨에 따라, 대법원은 종전의 호적예규를 폐지하고(예규 제274호 「기존 예규 폐지에 관한 예규」), 그 중 등록부제도 하에서도 유효하게 적용될 수 있는 내용을 선별하여 법개정에 따른 수정을 가하고, 친양자제도와 같은 새로운 제도의 시행에 따라 필요로 하는 관련 예규를 2007년 12월 10일자로 일괄 제정(2008년 1월 1일 시행)하여 등록사무처리의 준칙으로 삼고 있다.[2)] 그밖에 구체적인 등록사무의 처리에 관한 예로서 참고할 만한 것을 가족관계등록선례(다음부터는 '선례'라 한다)라 하며, 그간 축적되어온 호적선례도 구체적인 등록사무의 처리에 있어 참고가 될 것이다.

이상의 준거법규 외에도 「민법」, 「부재선고 등에 관한 특별조치법」, 「혼인신고특례법」, 「입양촉진 및 절차에 관한 특례법」, 「재외국민의 가족관계등록창설, 가족관계등록부정정 및 가족관계등록부정리에 관한 특례법」 등 실질적으로 가족관계등록제도를 규율하는 법률이 있다. 「가사소송법」과 「가사소송규칙」, 「민

---

1) 이 규칙은 협의이혼절차를 개선하기 위하여 2007년 12월 21일 개정된 민법이 시행에 들어감에 따라 2008년 6월 5일 규칙 제2181호로 개정되고, 국적 관련 통보에 의한 등록부작성제도가 2008년 9월 1일부터 시행됨으로써 2008년 7월 7일에 규칙 제2182호로 개정되었으며, 2009년 3월 31일 규칙 제2227호로 등록부의 기록대상자가 외국인인 경우의 특정등록사항과 협의이혼의사확인절차 중 불합리한 사항의 개선이 이루어져 현행되고 있다.

2) 그 이후 민법과 규칙의 개정에 따라 추가되어야 할 사항을 정하고 시행에 있어 보완·보충되어야 할 관련 예규가 개정 또는 제정되었다. 예규를 개정하는 경우 개정이 필요한 종전의 예규를 폐지하고 개정 예규에 새로운 예규번호를 매기는 방식을 취하고 있기 때문에, 예규번호만를 붙여 예규를 인용하던 종래의 서술방식은 정확하지 못할 수 있다. 이를 고려하여 이 책에서는 예규가 처음 인용될 경우에는 예규번호와 함께 제목을 「 」에 넣어 표기하고, 같은 예규가 거듭 인용될 경우에는 예규번호만을 표기하는 방식을 따랐다.

사소송법」이나 「비송사건절차법」과 같은 절차법에도 등록사무의 처리와 관련한 규정이 있고, 「국적법」과 「국적법시행령」 및 「국제사법」도 등록사무의 처리와 밀접한 관련이 있다.

아래에서는 등록부제도를 규율하는 기본법률인 가족관계등록법의 입법경위와 입법과정에서의 쟁점을 개관한다.

1) 입법경위

호주제도에 기초하고 있는 호적제도의 개편에 관하여는 호주제도의 개선 또는 폐지와 더불어 논의되어 왔다. 호주제도가 안고 있는 위헌적 요소와 양성불평등적 요소를 제거하고 그대로 유지하자는 입장에서는 기존의 호적제도의 근간을 유지하고자 하였으며, 임의적 가장제도로의 전환 또는 호주개념을 삭제하고 가족개념을 새로이 정의하여 존치시키자는 입장에서는 기존의 호적제도를 활용하여 가족부제도로 전환할 것을 주장하기도 하였다. 호주제도를 완전히 폐지하자는 입장에서도 호주제도가 폐지될 경우 수반되어야 할 호적제도의 대체방안에 대해서는 다양한 의견이 제시된 바 있다.

1995년 법무부 민법개정특별분과위원회는 호주제도를 완전히 폐지하면서 「기본가족별 편제방식」을 제안한 바 있다.[3] 부모와 미혼의 자녀로 구성되는 공동체가 가족의 기본단위이므로, 이를 하나의 호적 또는 가족부에 등록하여 신분관계를 공증·공시하도록 하자는 방안이다. 가족의 구성과 관련해서는 부부 및 친자동적의 원칙, 2대가족의 원칙이 제시되었고, 호적제도 하에서 가족을 대표하던 호주를 없애고 행정적 사무처리와 검색의 편의를 위한 '기준인'[대표자, 대표, 가주(家主)]을 정해 기존의 호적을 재편하거나 가족부로 편제하려는 것[4]으로 현행 일본의 호적제도와 유사한 제도라 할 수 있다. 2003년의 법무부 가족

---

3) 당시에는 또 다른 신분등록편제방식인 개인별편제방안에 대하여는 부정적 의견이 다수였다[『민법개정특별분과위원회 회의록』 제1권(법무부, 1995.10), 374-377면].

4) 기본가족별 편제방식을 취하게 되면, 일정한 기준인을 중심으로 구성된 하나의 가족 전체가 일괄하여 공시되므로 기존의 호적제도가 가지고 있었던 기능과 장점을 그대로 유지할 수 있다. 그러나 이때 제시된 가족구성원칙에 의하면 현실적으로 발생하고 있는 다양한 가족구성형태를 반영하기 어려웠다. 또한 호주제도 하에서와 마찬가지로 가족단위로 신분등록이 이루어짐으로써 가족 중 혈연 구성이 다른 사람이 있거나 그 가족에 속하지 못하는 사람이 있을 경우(예컨대, 혼인 외의 자녀와 부모가 이혼한 자녀에 관한 신분등록을 부모 중 누구의 신분등록부에 편제할 것인가와 같은 경우)에 그 사실이 외부에 나타나며, 신분변동사유가 발생하면 그 때마다 가족구성을 변경하여야 하는 등의 단점도 있는 방안이라 할 수 있다.

법개정특별분과위원회에서도 개인별편제방식과 더불어 가족별편제방식이 논의되기도 하였다.[5] 그 외에도 주민등록과 일원화하는 방안[6]도 주장된 바 있다.

2005년 2월 3일 호주제도에 대한 헌법재판소의 헌법불합치결정과 2005년 3월 31일 민법개정으로 호주제도는 역사의 뒤안길로 사라지게 되었다. 호주제도가 폐지될 경우 호적제도는 어떠한 형태로든 바뀔 수밖에 없다. 따라서 호주제도의 폐지를 위한 민법개정과정에서도 호주제도 폐지 이후의 신분등록제도에 관한 논의가 동시에 진행되었다. 그 과정에서 앞에서 말한 기본가족별 편제방식도 유력하게 주장되었지만, 대세는 개인별(1인1적) 편제방식으로 기울어지게 되었다.

2004년 12월 27일 국회법제사법위원회 법안심사소위원회는 민법개정에 따른 호주제 폐지에 대비하여 법무부와 대법원에 새로운 신분공시제도에 대한 검토의견을 제출할 것을 요구하였다. 이에 대법원은 2005년 1월 10일 현행의 호적제도를 대신할 새로운 신분등록부안으로서 개인별로 신분등록부를 편제하고, 본인·배우자·부모·자녀의 신분정보를 기재하는 방식인 '혼합형 1인1적 편제방안'을 제시하였다. 이 방안은 1인1적의 가족부에 목적별 공부식 증명을 도입한 것으로서 1인1적제의 장점과 목적별 공부의 장점을 채택한 방식이다. 한편 법무부는 2005년 1월 26일 '본인 기준의 가족기록부' 형태를 제안한다.[7] 이에 국회법제사법위원회는 2005년 2월 21일에 공청회를 개최하여 이에 관하여 논의하였으나, 관장기관 등을 둘러싼 법원과 법무부의 논란이 심하였다.

---

5) 『법무부 가족법개정특별분과위원회 회의록』(2003.12), 359-464면.

6) 주민등록표에 개인별 신분등록자료를 추가적으로 기재하여 주민등록자료와 개인별 신분등록자료를 함께 관리하고자 하는 방안이었다. 이는 개인별 편제방안과 유사하나, 주민등록은 세대를 단위로 하여 관리되고, 세대 개념은 혈연 및 혼인에 기초하여 구성되는 가족의 개념과 다르다는 점에서 차이가 있다.

7) 즉, 국민 개개인마다 1개의 신분등록원부를 만들고 본인과 본인 이외의 배우자·자녀·부모, 배우자의 부모(본인의 형제자매를 포함시킬 것인가에 대하여는 견해의 차이가 있었음)의 인적 사항(주민등록번호와 생년월일)과 사망 여부(배우자 제외. 부모의 사망 여부 표시에 대하여는 견해의 차이가 있었음) 등의 가족사항과 본인의 출생·입양·혼인·이혼·사망 등 신분사항을 기재하여 공중·공시하는 방안이다. 다만, 신분등록원부의 증명과 발급은 엄격히 제한하고, 전산화된 신분등록원부로부터의 출력을 제한함으로써 목적별·사항별 증명서를 발급할 수 있도록 하기 위함이었다. 기존의 전산호적자료를 개인별로 재편하고 증명과 발급을 제한하려는 발상이었다. 그 이후에 작성된 법률안에서는 이와 같은 원부 개념을 도입하지 않고, 신분등록부를 전산정보자료형태로 작성하는 방식을 취하게 되었다.

2005년 8월 대법원은 종래의 주장내용을 담은 「신분관계의 등록 및 증명에 관한 법률(안)」을 작성하여 법무부에 송부하였다. 법무부는 이 안을 일부 수정하여 2005년 11월 「국적 및 가족관계의 등록에 관한 법률(안)」을 입법예고한다. 이러한 논란 속에 사건별 · 목적별 편제방식에 입각한 「출생 · 혼인 · 사망 등의 신고 및 증명에 관한 법률(안)」이 2005년 9월 28일 노회찬 의원에 의해 대표발의되고(다음부터는 '노회찬의원안'이라 한다), 법률안제출권이 없는 대법원안은 2005년 12월 28일 이경숙 의원에 의해 「신분관계의 등록 및 증명에 관한 법률(안)」(다음부터는 '대법원안'이라 한다)으로 대표발의된다. 한편 법무부안은 2006년 3월 3일 「국적 및 가족관계의 등록에 관한 법률(안)」으로 국회에 제출된다. 제259회 국회(임시회) 제9차 법제사법위원회(2006. 4. 21)는 이들 법률안을 각각 상정한 후 제안설명과 검토보고 및 대체토론을 거쳐 법안심사제1소위원회에 회부하기로 하였다.

법안심사제1소위원회는 이상의 3건의 법률안을 심사[제261회 국회(임시회) 제1차(2006. 8. 24), 제261회 국회(임시회) 제1차(2007. 4. 13) 및 제6차(2007. 4. 24)]한 결과, 3건의 법률안을 각각 폐기하고 위원회 대안을 제안하기로 하였다. 이에 앞서 2006년 9월 14일에 법제사법위원회는 새로운 신분등록법에 관한 공청회[8]를 개최한 바 있다.

법제사법위원회는 대안을 제시하면서 "호적제도를 대체할 새로운 가족관계 등록제도를 마련하여 국민 개개인별로 출생 · 혼인 · 사망 등의 신분변동사항을 전산정보처리조직에 따라 기록 · 관리하도록 하는 한편, 그 등록정보를 사용 목적에 따른 다양한 증명서 형태로 발급하도록 하고, 국적변동 사항이 있는 경우 국적업무의 관장기관인 법무부장관이 국적변동자의 등록기준지 시 · 구 · 읍 · 면장에게 이를 직접 통보하여 가족관계등록부에 국민의 국적변동사항을 정확하게 기재할 수 있도록 하는 등 국민의 편의를 도모"하려고 한다는 것을 그 이유로 내세웠다. 이 대안이 2007년 4월 27일에 국회 본회의를 통과하고 같은 해 5월 17일에 공포되어 2008년 1월 1일부터 시행되고 있는 것이다.

2) 쟁 점

각 법률안의 기본입장은 1인1적제 편제방식에 따라 신분등록이 이루어져야 한다는 것이었다. 새로운 신분공시제도를 마련함에 있어 고려해야 할 기본원칙

8) 제262회 국회(정기회) 법제사법위원회 회의록 참조.

으로 개인의 존엄과 양성평등이념의 구현, 개인 신분정보의 철저한 관리와 보호 및 사용 목적에 따른 정확한 신분관계의 공증·공시를 내세운 점에서도 그 취지를 같이하였다. 기존 호적자료의 활용 가능성과 향후 신분등록자료 관리의 효율성을 염두에 두고 있었다. 다만, 노회찬의원안은 1인1적제를 취하면서도 목적별·사건별 편제방식을 따르고자 하였다는 점에서 다른 법률안과 크게 달랐다. 이 법률안은 하나의 데이터 뱅크에 개인의 신분등록사항이 집적되어 관리되어서는 안 되며, 개인의 프라이버시를 보호하기 위해 신분증명서의 기재사항도 최소한으로 줄여야 한다는 데 기초하고 있었다. 이를 위해 성씨제도의 본을 포함하여 본적 개념을 삭제하고, 각종 신고와 증명원에서 주민등록번호의 사용을 금지하도록 하는 한편, 전산처리되는 신분등록부도 목적별로 구분하여 '등록부'와 '변동부'를 따로 두고 그 열람과 교부를 제한하고자 하는 것이었다.

입법과정에서 크게 논란이 되었던 사항은 신분등록사무의 관장기관과 국적취득·상실 등의 경우 사무처리에 관한 대법원과 법무부의 의견 차이에서 비롯한 문제와 호적제도 하에서의 본적에 상응하는 개념을 그대로 둘 것인가에 관해서였다.[9] 법제사법위원회의 대안은 대법원안과 법무부안을 절충한 것이라고도 할 수 있다. 이 세 가지 법률안을 비교해 볼 때 나타나는 중요한 차이점은 다음과 같다.

	대법원안	법무부안	대안(가족관계등록법)
명 칭	신분관계의 등록 및 증명에 관한 법률	국적 및 가족관계의 등록에 관한 법률	가족관계의 등록 등에 관한 법률
관장기관	대법원	법무부장관	대법원
편제기준지	기준등록지	등록준거지	등록기준지
증명서의 종류	가족관계·일반신분사항·혼인관계·입양관계·친양자입양관계	기본·혼인·입양·친양자입양·가족	가족관계·기본·혼인관계·입양관계·친양자입양관계

9) 법률 명칭에 '가족'이라는 말을 사용하는 것이 타당한가, 또는 본(本) 개념을 그대로 유지하는 것이 필요한가에 대해서도 논란이 있었다(주8)의 회의록 참조). 법률 명칭에 '가족'이라는 용어가 사용된 것은 국회심의과정에서 '신분'이라는 용어가 가지는 '계급', '사회적 지위'라는 부정적 이미지를 고려한 것이나, 관장기관을 대법원으로 정하는 것에 따른 법무부의 입장과 호주제도 폐지에 따른 가족의 해체를 우려하는 일부 국민들의 정서를 감안한 것으로 보인다. 민법에서는 배우자, 직계혈족 및 형제자매, 생계를 같이하는 직계혈족의 배우자·배우자의 직계혈족 및 배우자의 형제자매를 가족으로 규정(민 §779)하고 있으나, 이와는 연관성이 없다.

Ⅱ. 등록사무의 관장과 감독

1. 등록사무의 의의와 성질

등록사무라 함은 가족관계의 발생 및 변동사항에 관한 등록과 그 증명에 관한 사무를 말한다(§2). 즉, 신분관계의 변동원인이 되는 법률행위 또는 사실관계가 발생할 경우에 법이 정하는 바에 따라 신고나 신청 등이 있으면 이를 수리하고, 등록부에 기록하여 신분관계를 공시·공증하는 사무 및 이에 따르는 사무를 가리킨다.

법률에 다른 규정이 있으면 그러하지 아니하다는 예외규정을 두고 있으나, 지방자치법 제9조 제2항은 등록사무를 주민등록사무와 함께 지방자치단체사무의 하나로 예시하고 있다. 호적법 하에서도 호적사무는 국가사무에 속하지만 그 처리가 시·읍·면의 장에게 위임되어 시·읍·면의 장이 관장하는 것으로 규정되어 있었다(호 §2). 여기에서의 위임은 단체위임이 아니라 기관위임에 해당하는 것으로 해석되어 왔다. 그리고 사무처리에 관한 수수료·과태료를 사무관장기관인 지방자치단체의 수입으로 하고, 사무에 소요되는 비용 또한 그 사무를 관장하는 지방자치단체의 부담으로 하고 있어(호 §6, §7), 지방자치법에서 규정하는 지방자치단체의 호적사무는 사무처리에 필요한 예산과 재정에 관한 것에 한정된다고 보아왔다. 반면에 판례는 "호적법 및 지방자치법의 제규정에 비추어 보면 호적사무는 국가의 사무로서 국가의 기관위임에 의하여 수행되는 사무가 아니고 지방자치법 제9조가 정하는 지방자치단체의 사무라 할 것이고, 단지 일반 행정사무와는 달리 사법적 성질이 강하여 법원의 감독을 받게 하는 데 지나지 아니한다"는 입장을 취해 왔다.[10] 이러한 판례의 입장에도 불구하고 실무에서는 호적사무를 준사법적 성격이 강한 사법행정사무에 속하는 것으로 보는 견해가 유력하였다.[11] 한편 사무처리비용을 지방자치단체가 부담하는 데 따른 지방자치단체의 재정 압박을 감안하여 「중앙행정권한의 지방이양촉진 등

10) 대법 1995. 3. 28. 선고, 94다45654 판결.

11) 『호적실무편람』(법원행정처, 2003), 11면.

에 관한 법률」에 따라 지방이양추진위원회는 2001년 8월 16일에 호적사무를 국가사무로 이양하는 결정을 내린 바 있다. 등록사무의 관장자를 대법원으로 정하고 등록사무를 국가사무화한 것(§2)은 이를 고려한 것이다. 이에 따라 등록사무에 소요되는 비용도 국가부담으로 한다는 것을 명시하였다(§6).

2. 등록사무의 관장

(1) 의 의

등록사무의 관장이라 함은 등록사무를 처리할 권한 있는 사람이 자기 책임 아래 자기 이름으로 등록사무를 처리하는 것을 말한다. 등록사무를 처리할 권한이 있는 사람을 등록사무관장자라 한다. 기술한 바와 같이 대법원이 등록사무관장자로 정해지기까지는 입법과정에서 법무부의 반대가 심하였다. 법무부는 국적 및 수형사무의 연계를 통한 업무의 효율성 제고, 감사의 효율성 저해, 외국의 입법례와 연혁 등의 부가적 이유 외에도. 등록사무는 국가사무이자 행정사무로서, 이를 사법부가 관장하는 것은 삼권분립의 원칙에 위배된다는 점을 강조하면서 등록사무를 법무부장관이 관장하게 하여야 한다고 주장하였다. 반면 대법원은 등록사무는 단순한 행정사무가 아니라 국민의 신분 및 재산・상속 등 법률관계에 중대한 영향을 미치는 준사법적 성격이 강한 사법행정사무로서 사법부가 관장하는 것이 타당하다는 반론을 제기하였다. 이 과정에서 대법원의 견해가 다수의 지지를 받았고 입법자도 이를 수용한 것이다.

(2) 관장기관

1) 관 장 자

사법부가 신분등록사무의 관장자로 된 것은 1949년 9월 26일 제정된 「법원조직법」(법률 제51호)에서부터이다(법원 §2, §8). 다만, 1960년 1월 1일 호적법이 제정・실시될 때까지 효력을 유지하였던 조선호적령은 호적사무의 관장은 부윤(府尹)[12] 및 면장(面長)이 담당하고, 감독사무는 지방법원장 및 그 지원의 판사 또는 상석판사의 소관으로 규정하고 있었다(조선호적령 §2, §2의2). 호적사무

12) 부윤(府尹)은 조선시대 지방관청인 부(府)의 우두머리인데, 종2품 문관의 외관직(外官職)으로 관찰사와 동격이다. 경상도 경주부(慶州府), 전라도 전주부(全州府), 함경도 영흥부(永興府), 평안도 평양부(平壤府), 의주부(義州府)에 두었다.

를 시·읍·면의 장이 관장하도록 위임하고 이를 법원이 감독하는 체제는 그 이후에도 계속 유지되었다(호 §2, §4). 현행 법원조직법도 등록사무를 법원의 권한으로 규정하고(법원 §2③), 사법행정사무를 관장하는 법원행정처로 하여금 등록사무를 관장하도록 하고 있다(동 §19).

대법원 및 법원행정처는 등록사무의 중앙관장기관으로서 전국의 등록사무를 총괄하며 법 시행에 필요한 규칙을 제정 및 개정하고(§8), 규칙으로 정하기 어려운 세부적인 업무절차에 관한 예규를 정하여 법해석상의 논란의 여지를 줄이고 등록사무의 통일을 기하고 있다. 법원행정처에는 전산정보중앙관리소를 설치[13]하여 등록부 등의 보관과 관리, 전산정보처리조직에 의한 등록사무처리의 지원 및 등록전산정보자료의 효율적인 활용을 도모하고 있다(§12① 제1문).

2) 등록사무처리자(수임자)

등록사무가 국가사무로서 대법원이 관장하더라도 일반행정사무와의 관련성과 국민의 접근 편의성을 고려하여, 대법원장은 등록사무를 각 시·읍·면의 장(도농복합형태의 시에 있어서 동지역에 대하여는 시장, 읍·면지역에 대하여는 읍·면장 그리고 특별시 및 광역시와 구를 둔 시에 있어서는 구청장)에게 위임하여 처리하게 하고 있다(§3①②). 호적법에서는 시·읍·면의 장을 호적사무관장자로서 규정하고 있었으나(호 §2), 전술한 바와 같이 시·읍·면의 장이 기관위임에 따라 그와 같은 지위를 갖는 것으로 해석해 왔다. 현행법이 시·읍·면의 장의 등록사무관장자로서의 지위를 명시하지 않고, 대법원장의 위임에 의해 등록사무를 처리하는 것으로 규정한 것은 종래의 해석론을 반영한 것으로 이해된다. 즉 단체위임에 의한 자치사무가 아니라, 국가사무를 대법원장의 기관위임에 근거하여 시·읍·면의 장이 등록사무의 수임자로서의 지위를 갖는다고 규정한 것으로 해석된다. 종래의 업무처리체계를 그대로 유지하여 새로운 제도의 시행에 따른 혼선을 최소화하고 가족관계등록제도의 조기정착을 도모하기 위한 조치라고 할 수 있다. 이러한 점을 고려하여 이하에서는 시·읍·면의 장을 종래와 같이 등록사무관장자로 일컫는 대신 등록사무처리자로 호칭하기로 한다.[14] 시·읍·면의 장이 대법원으로부터 수임받아 등록사무를 처리하더

13) 법원행정처에 전산정보중앙관리소를 설치한 것은 2000년 12월 29일에 이루어진 호적법의 개정(법률 제6308호)에 의해서이며, 2003년 5월 6일부터는 전국의 호적전산정보자료가 여기에 집중 관리되었다.

라도, 위임기관인 대법원의 이름으로 등록사무를 처리하는 것은 아니고, 자기 이름으로 등록사무를 처리하는 것은 종래와 마찬가지이다.

시・읍・면의 장이 취임하거나 퇴임 등의 사유로 그 직을 면한 때에는 즉시 감독법원에 보고하여야 한다(규칙 §7①). 취임보고를 한 때에는 동시에 식별부호 사용신청을 하여 법원의 승인을 받아야 하고, 퇴임한 때에는 식별부호 사용 해지신청을 하여야 한다(규칙 §10①②).[15] 시・읍・면의 장이 취임한 때에는 5일 이내에 등록사무에 사용할 직인의 인감을 법원에 보고하여야 한다(규칙 §9①).[16]

3) 대리자

등록사무의 대리자라 함은 자기 권한에 속하는 등록사무가 아니라 등록사무처리자의 권한에 속하는 등록사무를 대리하여 처리하는 사람을 말한다. 자기 이름으로 등록사무를 처리하므로 등록사무처리자의 단순한 보조자인 등록사무담임자와는 다르다. 등록사무처리자인 시・읍・면의 장이 사고로 인하여 직무를 수행할 수 없거나 제척사유가 있어 직무가 제한되는 경우에는, 지방자치법 등 관계법령이나 내규 등에 미리 정해진 직무대리자가 등록사무를 담당한다.

직무대리자가 등록사무를 대리하는 때에는 대리의 개시 및 종료에 관한 사항을 즉시 법원에 보고하여야 한다(규칙 §7②). 직무대리자가 취임한 때에도 5일 이내에 등록사무에 사용할 직인의 인감을 법원에 보고하여야 하고, 직무대리개시신고와 동시에 식별부호 사용신청을 하여 법원의 승인을 받아야 하며, 직무대리 종료보고시에는 식별부호 사용 해지신청을 하여야 한다(규칙 §9①,

---

14) 가사소송규칙에서는 '등록사무를 처리하는 자'로 규정하고 있다(가소규 §9).

15) 식별부호(ID)는 영문자 또는 아라비아숫자를 이용하여 6자 이상 8자 이내로 정하고, 비밀번호는 영문자와 아라비아숫자를 혼합하여 6자 이상 8자 이내로 정하나, 식별부호와 동일해서는 안 된다. 식별부호의 사용신청은 전산정보처리조직에 사용자계정을 입력한 후 소정의 서식에 의하고, 식별부호 사용신청을 받은 감독법원은 전산정보처리조직에 등록된 사용자계정 등록사항과 대조하여 동일인 여부를 정확히 확인한 후 사용을 승인하여야 한다. 식별부호의 사용 해지신청도 소정의 서식에 의하여 한다(예규 제260호 「전산정보처리조직에 의한 가족관계등록사무처리에 관한 처리지침」 §2①②③).

16) 새로운 인장을 사용하거나 개인(改印)한 때에도 법원에 보고하여야 한다(규칙 §9②). 다만, 등록사무가 전산정보처리조직에 의하여 처리되고 등록사무담임자마다 식별부호가 부여되어 당해 사건처리자에 관한 근거가 남게 됨에 따라 종전의 서미인(書尾印) 신고제도(호규 §3①)는 폐지되었다.

§10①②).

4) 대 행 자

등록사무의 대행자라 함은 등록사무처리자의 업무 중 법규가 정하고 있는 일부 업무만을 자신의 권한과 책임 하에, 자기 이름으로 처리하는 사람을 말한다. 재외공관의 장과 시나 구에 소속된 동의 장이 이에 속한다. 등록사무처리자는 대행자가 처리할 수 있는 등록사무를 직접 처리할 수 있으나, 반대의 경우는 허용되지 아니한다.

대한민국 재외공관의 장은 그 관할지역에 있는 대한민국 국민의 가족관계등록법상의 각종 신고나 신청을 수리할 수 있고, 재외국민이 그 나라의 방식에 따라 작성한 신고 사건에 대한 증서를 수리할 수 있다(§34 및 §35). 또한 법원행정처장이 정하는 재외공관은 증명서교부신청의 접수와 교부사무를 처리할 수 있다(규칙 §24①).[17]

시에서의 출생·사망의 신고는 그 신고의 장소가 신고 사건 본인의 주민등록지 또는 주민등록을 할 지역과 같은 경우에는, 신고 사건 본인의 주민등록지 또는 주민등록을 할 지역을 관할하는 동을 거쳐 할 수 있고, 이 경우에 동장은 소속 시장을 대행하여 신고서를 수리하고, 동이 속하는 시의 장에게 신고서를 송부하며, 그밖에 대법원규칙으로 정하는 등록사무를 처리한다(§21). 현재 규칙이 정하고 있는 동장의 대행사무는 없기 때문에 동에서 처리할 수 있는 등록사무는 출생과 사망신고에 한한다. 이처럼 동에서도 출생신고, 사망신고, 등록사항별 증명서 등을 발급하기 때문에, 그 사무처리자인 동의 장과 그의 업무보조자에 대하여 동일한 식별부호를 부여하고 있다(규칙 §10③ 제2문).

5) 담임자·보조자

시·읍·면의 장이 직접 등록사무를 처리하는 것은 어렵기 때문에, 보조기관으로서 소속 공무원 중에서 등록사무담임자를 임명하여 등록사무를 처리하게 하고 있다. 등록사무담임자는 보조기관에 지나지 않기 때문에 자기 이름으로 등록사무를 처리할 수 없고, 반드시 등록사무처리자의 이름으로 등록사무

17) 예규 제279호「전산정보처리조직에 의한 재외공관의 등록사항별 증명서 등 발급에 관한 사무처리지침」참고.

를 처리하여야 한다. 아울러 시 · 읍 · 면의 장은 등록사무담임자의 업무보조자를 임명하여 등록사무의 처리를 보조하게 할 수 있다. 시 · 읍 · 면의 장이 소속 공무원 중에서 등록사무담임자를 임명하거나 그 직무를 면하게 한 때에는 즉시 법원에 보고하여야 하고(규칙 §8), 등록사무담임자와 그 업무보조자가 임명되거나 그 직무를 면하게 될 때에도 식별부호의 사용신청과 사용 해지신청을 하여야 한다(규칙 §10③ 제1문).

(3) 등록사무처리자의 제척

등록사무는 일반행정사무가 아니라 준사법적 성격이 강한 사법행정사무에 속하므로 사무수행의 적정성과 공정성이 담보되어야 한다. 이를 위해 시 · 읍 · 면의 장은 자기 또는 자기와 4촌 이내의 친족에 속하는 사람의 등록사건에 관하여는 그 직무를 수행할 수 없도록 하고 있다(§5①). 이를 등록사무처리자의 제척이라 한다. 이러한 직무상의 제한은 사건처리의 공정성을 확보하기 위한 것이므로 기계적 사무에 속하는 증명서의 발급사무에는 적용되지 아니한다. 제척규정의 적용을 받는 등록사건은 신고 · 신청의 수리, 수리한 등록사건에 대한 등록부의 창설 · 폐쇄와 등록부 기록, 신고서 등의 다른 시 · 읍 · 면의 장에로의 송부 등이 이에 해당된다(호예 제63호 참조).

제척사유가 있는 경우에는 그 대리자가 그 직무를 담당해야 하나, 그 직무대리자에게도 제척규정이 적용되고(§5②), 직무대리자의 등록사건처리시에도 제척규정이 준용되므로(규칙 §7③), 누가 대리자로서 그 직무를 수행할 것인지에 대해서는 직무대리에 관한 내부규정에 따라 제척사유가 없는 사람이 처리하여야 할 것이다. 또한 시 · 읍 · 면의 장의 직무를 대행하는 사람에게도 제척규정은 준용되는 것으로 보아야 한다. 이에 위반하여 처리된 등록사건일지라도 기록사항에 잘못이 없으면 등록부를 정정할 필요는 없다(예규 제1호 「직무가 제한된 사람의 직무집행의 효력」).

3. 등록사무의 감독

(1) 기 관

준사법적 성격이 강한 사법행정사무라는 등록사무의 성격을 고려해볼 때, 등록사무는 그 사무 집행에 대한 엄격한 감독이 필요하다. 위에서 본 바와 같이 등록사무의 관장자는 대법원장이지만, 대법원장은 그 처리권한을 시·읍·면의 장에게 위임하고 있다. 이와 마찬가지로 등록사무에 대한 감독권은 대법원이 행사하여야 하나, 대법원은 그 권한을 시·읍·면의 사무소 소재지를 관할하는 가정법원장에게 위임하고 있다. 그리고 가정법원지원장은 가정법원장의 명을 받아 그 관할구역 내의 등록사무를 감독한다(§3③). 가정법원 및 가정지원이 설치되지 아니한 지역에서의 가정법원의 권한에 속하는 사항은 가정법원 및 가정지원이 설치될 때까지 지방법원 또는 지방법원 지원이 관할하므로(1990년 가소 부칙 §5), 가정법원이 설치되어 있는 서울 이외의 지역에서는 지방법원장과 지방법원지원장이 등록사무를 감독하게 된다. 다만, 고등법원 소재지인 부산·대구·광주·대전지방법원에는 가정지원이 설치되어 있고(「각급법원의 설치와 관할구역에 관한 법률」 §2), 여기에서 가정법원의 권한에 속하는 사항을 관할하므로(법원 §31의2 본문), 위 지방법원 가정지원장은 위 지방법원장이 관장하던 관할구역 내의 등록사무에 대한 감독권을 행사하게 된다.[18]

(2) 방 법

등록사무의 감독기관인 가정법원장 및 그 지원장은 관할구역 내의 시·읍·면의 장으로부터 품의(稟議) 또는 질의를 받아 이에 대한 회답을 하거나 각종 예규나 지시·통첩을 발하여 감독권을 행사할 수 있다.

시(구)·읍·면의 장 등이 등록사무의 처리와 관련하여 질의를 하는 경우에는, 사안의 개요 및 의견을 기재하고 등록사항별 증명서 등의 관련 자료를 첨부한 질의서를 감독법원장(지원장 포함)에게 제출하여야 한다(예규 제9호 「가족관계등록사무 질의에 관한 처리지침」 §2①). 감독법원장이 질의서를 접수한 때에는 질의의 내용이 가족관계등록 관련 법률, 대법원규칙, 대법원판례, 예규, 선례 및 교육자료 등을 적용하여 처리할 수 있는 경우에는 조속히 그 처리방법 등을 회신하여야 한다. 그러나 질의의 내용에 적용할 법규가 있지만 상호 모순되거나 기존의 법규로 처리할 수 없는 경우에는, 질의서 사본 및 감독법원장의 의견서를 첨부하여 관할 가정법원장(또는 지방법원장)에게 건의한 후 회신하여야 한다(동 §3). 건의를 받은 가정법원장은 해당 법규의 취지 등을 고려한 처리

18) 법과 규칙에서 감독법원과 가정법원을 함께 사용하고 있으나, 감독법원은 가정법원과 그 지원을 포함하는 의미이고, 가정법원은 본원만을 뜻한다.

방안을 마련하여 회답하여야 한다. 그러나 법규의 흠결 등으로 그 처리방안을 마련할 수 없는 경우와 해당 사안에 대한 통일적인 처리방안이 마련되어야 할 경우에는 의견서를 첨부하여 법원행정처장에게 건의한 후 회답하여야 한다(동 §4). 이와 같은 절차는 민원인의 질의서가 접수된 경우에도 준용된다(동 §5①). 지원장이 회신을 한 경우, 특히 중요하다고 판단되면 관련 자료를 첨부하여 다음 달 10일까지 가정법원장에게 보고하고, 보고를 받은 가정법원장은 본·지원분 중 특히 중요하여 선례로 할 필요성이 있다고 판단되는 회신에 한하여 관련 자료를 첨부하여 분기별로 법원행정처장에게 보고하여야 한다(동 §8).

등록사무의 구체적인 사항의 처리예로 적합한 것을 "선례"라 하여 업무처리에 참고할 수 있도록 하고, 동종의 사항에 대하여 일반적·계속적으로 적용될 수 있는 성질의 사무처리지침을 "예규"라 한다.[19] 대법원은 등록사무처리절차 등에 관하여 규칙에서 정하지 않은 필요한 사항을 예규로 정하며(규칙 §88), 이를 모아 예규집을 발간하여 등록사무를 처리하는 관서에 배포하고 있다. 대법원은 새로 제정된 예규를 모아 『대법원예규집(가족관계등록편)』(법원행정처, 2007. 12.)을 발간하여 시(구)·읍·면의 장 및 재외공관의 장에게 배포하여 이를 관리하게 하고 있다(예규 제8호 「시(구)·읍·면장의 대법원가족관계등록예규집 관리방법」 참조).

또한 시·읍·면의 장의 각종 보고[20](§116), 신고서류의 송부와 조사 및 시정지시(§114, §115), 등록사무에 대한 감사,[21] 가족관계등록공무원에 대한 교

---

19) 예규는 등록사무처리절차에 관한 유권해석일 뿐만 아니라, 그를 통하여 실체법규의 해석·적용에 대한 유권해석을 내리기도 한다. 예규 제150호 「사망한 처의 자매와의 혼인신고」 및 예규 제151호 「사망한 전부(前夫)의 형제와의 혼인은 취소사유」 등이 그 예이다.

20) 법과 규칙이 규정하고 있는 감독법원에 대하여 시·읍·면의 장이 보고하여야 할 사항은 취임보고(규칙 §7①), 등록사무대리보고(규칙 §7②), 등록사무담임자 임면보고(규칙 §8), 직인보고(규칙 §9), 출장소 개설 등 보고(규칙 §12), 사무소이전보고(규칙 §13), 행정구역변경 등의 보고(규칙 §14①), 부책(簿冊) 등의 인계인수보고(규칙 §14⑥), 가족관계등록사건건수표의 작성보고(규칙 §49, 예규 제64호 「가족관계등록사건건수표의 작성방법」) 등이다. 시(구)·읍·면의 장이 가정법원의 등록부의 정정, 가족관계등록창설, 개명 및 성·본 창설의 각 허가결정에 의한 등록부의 정정신청과 가족관계등록창설, 개명 및 성·본 창설 신고를 수리한 때에는 현행 각종 보고와는 따로 월별로 다음달 10일까지 감독법원(본원 또는 지원)에 보고하고, 각 지원에서 위의 보고를 받은 때에는 지체 없이 감독법원(본원)에 보고하여야 한다(예규 제5호 「가정법원의 허가에 의한 가족관계등록부의 정정신청 사건 등의 특별보고」).

육[22] 등을 통해서도 감독을 할 수 있다. 그밖에 인가(규칙 §85)·허가(§18②, §38③)권의 행사·과태료처분(§120)에 의한 감독도 행해진다.

한편 감독법원에서 전산정보처리조직을 이용하여 등록사무감독에 관한 업무를 처리하는 사람은 전산정보처리조직에 사용자계정을 등록한 후, 가정법원장을 거쳐 법원행정처장에게 식별부호 사용신청을 하여야 하고, 그 직을 면한 때에는 가정법원장을 거쳐 법원행정처장에게 식별부호 사용 해지신청을 하여야 한다(예규 제260호 §2④⑤).

4. 등록사무의 비용과 수수료

호적법에서는 호적사무의 관장자를 시·읍·면의 장으로 규정하여 호적사무에 소요되는 비용에 대한 국가의 보조는 거의 이루어지지 않았다. 이는 지방자치단체의 재정 압박을 가중하는 원인 중의 하나로 지적되었다. 이제는 등록사무가 국가사무로 됨에 따라 등록사무에 소요되는 비용도 국가가 부담하게 되어(§7), 지방자치단체에 대한 재정지원의 근거가 마련되었다(규칙 §3). 즉, 가족관계의 발생과 변동사항의 등록과 그 증명에 관한 사무에 소요되는 비용은 「보조금의 예산 및 관리에 관한 법률」에 따른 보조금으로 지원된다.

국가에 의한 비용부담의 규정에도 불구하고 등록사무의 처리에 소요되는 비용의 충분한 보전이 이루어지지 않을 수 있다. 이를 고려하여 수수료 및 과태료를 해당 지방자치단체에 귀속하는 것으로 하였으나(§6① 본문), 읍·면은 자치단체가 아니므로 수수료 등의 수입은 읍·면이 속하는 지방자치단체에 귀속된다. 다만, 법원이 증명서를 발급하거나, 과태료를 부과함으로써 발생한 수입은 지방자치단체가 아닌 국고로 귀속된다(동 단서). 수수료의 금액은 대법원규칙으로 정한다(§8, 규칙 §28).

---

21) 시(구)·읍·면의 장이 처리하고 있는 등록사무의 적정처리를 지도·감독하기 위하여 감독법원의 장은 적어도 연 1회 이상 감사를 실시하고 대법원장에게 보고하여야 한다(예규 제7호 「시(구)·읍·면의 장에 대한 가족관계등록사무감사 처리지침」).

22) 각 감독법원(지원을 포함한다)은 해당 법원의 감독을 받는 관내 시(구)·읍·면의 가족관계등록공무원에 대하여 교육을 실시한다. 구체적인 교육방법에 대하여는 예규 제6호 「가족관계등록공무원에 대한 교육실시 및 결과보고」에 규정되어 있다.

제 2 장

등록부의 작성과 등록사무의 처리

Ⅰ. 등록부의 작성

1. 등록부의 의의와 특징

등록부라 함은 전산정보처리조직에 의하여 입력·처리된 가족관계등록사항에 관한 전산정보자료를 등록기준지에 따라 개인별로 구분하여 작성한 것을 말한다(§9①). 종전의 호적은 호주를 기준으로 하여 가별(家別)로 편제하여 호주 및 그 가족의 신분사항을 기재하도록 하는 가(家) 중심의 편제방식이었다(호 §8, §15). 이에 반하여 등록부는 개인별로 구분·작성하며 전산정보처리조직에 의하여 본인의 등록부 기록사항을 입력하여 작성한다. 이처럼 등록부는 전산상의 개념으로 자기디스크, 자기테이프 그밖에 이와 유사한 방법에 의하여 일정한 가족관계등록사항을 확실하게 기록·보관할 수 있는 전자적 정보저장매체에 저장된 전산정보의 집합을 가리킨다.

(1) 원부 개념의 소멸

개인별로 작성되는 등록부는 그 원부 개념을 상정하고 있지 아니하다. 종전의 전산호적시스템 하에서도 호적을 보조기억장치(자기디스크·자기테이프 그밖에 이와 유사한 방법에 의하여 일정한 호적사항을 확실하게 기록·보관할 수 있는 정보매체를 포함한다)에 기록하여 작성하였으나(호 §124의3①), 전산상의 호적원부 개념을 두고 그 원부에 따른 등본을 발급하는 형태로 개인의 신분관계를 공시·공증해 왔다. 등록부제도를 도입하는 과정에서도 이러한 원부 개념을 유지하고자 한 바 있다.

그러나 현재의 등록부는 전산상 어떤 형식이 갖추어져 존재하는 것이 아니라, 한 사람의 등록부에 등록된 사항에 관한 정보를 모아 놓은 정보의 집합이다. 물론 전산상으로는 개인의 신분관계정보가 일정한 형태로 모여 있게 된다. 이와 같은 등록부의 현실적 존재 형태에 충실하여 원부 개념을 유지하고 원부에 따른 양식을 정하게 되면, 원부에 따른 등본 형태의 정보를 국민에게 제공할 수밖에 없다. 이렇게 할 경우에는 필요한 정보 이외의 정보까지 공개함으로써 개인의 신분정보보호에 소홀하게 된다. 이를 고려하여 원부 개념 및 그 양식을 두지 않은 것이다. 따라서 등록부라 함은 법률로 정하고 있는 개인의 신분정보에 관한 등록부 기록사항을 전산정보처리조직에 의하여 등록기준지에 따라 개인별로 구분하여 입력·처리한 신분정보의 전산단위별 집합체라고 할 수 있다.

(2) 등록부의 특정등록사항의 전산적 상호연결

국민 모두에 대하여 각자 하나의 등록부를 작성하는 방식 하에서는 한 개인에 대한 신고·신청사건이 수리되어 가족관계의 변동을 기록하거나 가족 상호간의 기록에 반영할 필요성이 생길 경우(예: 혼인, 배우자의 개명 등)에는 먼저 그 사건 본인의 등록부에 기록하고, 다음에 이 사람과 관련된 가족들의 등록부를 모두 찾아 그 해당 사항란에 그 변동내용을 하나하나 추가적으로 기록하여야 한다. 이와 같은 등록사무의 처리방식은 가족관계등록공무원의 업무부담을 가중시켜 업무처리시 잘못이나 빠뜨릴 가능성을 증대시킨다. 국민에게도 불편을 끼칠 수밖에 없다. 이러한 문제점의 해결을 위하여 본인 이외의 다른 가족의 특정등록사항에 관한 정보는 해당 가족의 등록부의 해당 정보를 전산상으로 연결하여 사용할 수 있도록 하였다. 이로써 중복기록을 통한 착오기록의 가능성이 없어지고 업무처리가 간소화된 것이다.

2. 등록부 기록

등록부 기록이라 함은 시·읍·면의 장이 법과 규칙이 정한 사항을 전산정보처리조직(정보시스템)에 의하여 등록부에 기록하는 것을 말한다(규칙 §2 i). 즉, 신고, 통보, 신청 등 법이 정한 사유에 기하여 국민의 신분에 관한 공적 문서인 등록부에 법정된 사항을 정보시스템에 입력하는 가족관계등록공무원의 행위를 말한다. 시·읍·면의 장은 가족관계등록에 관한 신고나 신청 등을 수리한 때에는 그 기록이 불가능한 경우를 제외하고는 반드시 등록부에 기록하여야 한다.[1] 즉, 등록부 기록은 시·읍·면의 장이 가족관계등록신고나 신청 등을 수리한 경우에, 그 수리처분에 기하여 행하는 구체적 실행행위로서 별개의 독립된 처분이 아니라 수리처분의 집행에 속한다.

3. 등록부의 기록사항

(1) 기록사항의 의의

등록부 기록사항이라 함은 사람의 신분관계를 공시·공증하기 위하여 등록부에 기록할 수 있는 사항을 말한다. 가족관계등록공무원이라 하여 임의로 아무 것이나 등록부에 기록할 수는 없으며, 준거법규가 정하는 사항에 한하여 기록할 수 있다. 따라서 준거법규가 정하고 있지 아니한 사항이 등록부에 기록되어 있는 경우에는, 이는 위법한 등록부 기록으로서 등록부 정정절차에 따라 말소할 수 있다(§104).

(2) 기록사항의 분류

등록부의 기록사항은 가족관계등록부사항, 특정등록사항, 일반등록사항으로 구분된다(규칙 §2iii~v). 전산호적제도 하에서 그 기재장소에 따라 호적사항과 신분사항으로 구분하였던 것과 비교할 때 가족관계등록부사항은 호적사항에, 특정등록사항과 일반등록사항은 신분사항에 해당한다. 법 제9조 제2항 제1호부터 제3호에 규정된 사항은 실체적 신분관계를 기록하는 실체적 기록사항에 속하고, 규칙 제51조에 규정된 사항은 실체적 기록사항의 기록절차를 명백히 하기 위한 절차적 기록사항에 해당한다.

등록부의 기록사항은 위와 같이 구분되나, 그 구체적 사항은 개인의 신분관계를 공시·공증하기 위하여 발급되는 등록사항별 증명서에 기재될 내용에

---

1) 호적사무를 관장하는 호적리(戶籍吏)는 호적에 기재를 함에 있어서 그 신고가 적어도 형식상의 요건을 갖추고 있는 경우는 이를 기재하는 절차를 밟을 것이고 그 신고사항이 진실한지의 여부를 심사한 후 그 수리 여부를 결정할 필요는 없으나, 호적부는 사람의 신분을 공증하고 타인으로 하여금 사람마다 가지는 신분·지위 등을 알게 하기 위하여 설정된 공부로서 그 기재사항이 적법하고 진실에 부합되어야 할 것임은 당연한 이치이므로 신고사항이 허위인 것이 명백한 경우에 있어서는 호적리는 그 기재를 거부할 수 있다고 해석함이 법정신에 적합한 것이라 할 것이다(대법 1977. 12. 27. 선고, 77도2155 판결).

따라 정해지게 된다. 그리고 이는 그 기재례로서 정해지므로, 이에 대하여는 후술한다.

(3) 등록부의 기록사항

등록부에는 ① 등록기준지, ② 성명 · 본 · 성별 · 출생연월일 및 주민등록번호, ③ 출생 · 혼인 · 사망 등 가족관계의 발생 및 변동에 관한 사항, ④ 그밖에 가족관계에 관한 사항으로서 대법원규칙으로 정하는 사항을 기록하여야 한다(§9②).[2] 이처럼 본인의 등록부에는 본인의 가족관계 등 등록사항(기본신분정보사항과 신분변동사항)만이 기록될 뿐이다. 그밖의 관련자에 대한 가족관계 등 등록사항은 가족간의 연결정보로 필요한 부분만을 추출하여 법규가 정하는 전산양식에 따라 증명서로 발급된다.

앞에서 본 바와 같이 등록부의 기록사항은 가족관계등록부사항, 특정등록사항, 일반등록사항으로 구분된다. 등록사항별 증명서가 가족관계등록부사항란과 일반등록사항란 및 특정등록사항란으로 구분되어 있기 때문에, 등록부의 기록사항도 이와 같이 구분되는 것이다. 바꾸어 말하면 등록사항별 증명서의 가족관계등록부사항란은 등록부의 가족관계등록부사항이 기재되도록 설정된 부분이고, 특정등록사항란은 등록부의 특정등록사항이 기재될 수 있도록 설정된 부분이며, 일반등록사항란은 등록부의 일반등록사항이 기재될 수 있도록 설정된 부분이라 할 수 있다. 이처럼 등록사항별 증명서에서는 가족관계등록부사항란과 일반등록사항란 및 특정등록사항란이 시각적으로 명백히 구분된다. 그러나 등록부에는 원부의 양식 개념을 설정하고 있지 않으므로 등록부의 각란이

2) 대법원 규칙이 정하는 기록사항은 ① 신고 또는 신청의 연월일, ② 신고인 또는 신청인이 사건 본인과 다른 때에는 신고인 또는 신청인의 자격과 성명(신고인 또는 신청인이 사건 본인의 부 또는 모인 때에는 그 성명의 기록을 생략할 수 있다. 다만, 출생신고인이 부 또는 모인 경우에는 그 성명의 기록을 생략하여야 한다. 이는 친양자입양의 경우 기본증명서에 의하여 친부모를 알게 되고 그에 따라 친양자입양사실을 추측하여 알 수 있게 되는 것을 방지하기 위한 조치이다. 즉, 출생신고한 부 또는 모의 성명을 기록할 경우에는 친양자는 기본증명서를 보고 친부모가 따로 있음을 알게 되고, 이는 친양자제도의 입법취지에 어긋나기 때문에 이를 방지하기 위하여 부 또는 모의 성명을 기록하지 않게 한 것이다), ③ 재외공관의 장이나 관공서로부터 신고서류의 송부가 있는 때에는 송부연월일과 송부자의 직명, ④ 통보일자와 통보자의 직명, ⑤ 증서 · 항해일지 등본 작성자의 직명과 제출 연월일, ⑥ 가족관계등록에 관한 재판 · 허가 · 촉탁을 한 법원과 그 연월일, ⑦ 등록사건을 처리한 시 · 읍 · 면의 명칭이다(규칙 §51).

시각적으로 구분되어 있지는 아니하다. 다만, 등록부에 기록을 할 때에는 기록사항을 등록사항별 증명서의 각란별로 구분하여 입력할 수 있고, 컴퓨터 화면을 통하여 불러온 특정 등록부에 대한 기록장소 등이 시각적으로는 구분이 가능하다. 그러므로 원부의 형태가 없는 등록부에 기록하는 경우에도, 가족관계등록부사항란과 일반등록사항란 및 특정등록사항란별로 구분하여 각란별로 구분하여 입력할 수 있는 것이다.

1) 가족관계등록부사항

가족관계등록부사항은 광의로는 등록기준지와 등록부에 관한 사항을 말하나, 협의로는 등록기준지의 지정 또는 변경, 정정에 관한 사항, 등록부의 작성 또는 폐쇄에 관한 기록사항을 말한다(규칙 §2iii).

등록기준지는 등록부의 기준이 되는 곳을 말한다. 호적법상의 본적에 대응하는 개념이다. 각종 신분변동기록(신고서 등)의 관리지, 재외국민 등록사무의 처리지, 등록부의 검색기준지,[3] 비송사건의 관할법원 결정기준지, 수형사무 등의 업무의 효율성 제고라는 기능적 필요성에서 도입한 것으로 실제의 생활관계와는 무관하다. 가족이 모두 동일한 등록기준지를 가져야 하는 것도 아니고, 당사자는 언제, 어디에서나 이를 변경할 수 있다는 점에서 본적과 다르다. 최초의 등록부가 기존의 전산호적을 기초로 하여 작성되었기 때문에, 종전의 호적을 가지고 있던 사람은 종전 호적의 본적을 등록기준지로 하였다(규칙 §4①).

출생 또는 그밖의 사유로 처음으로 등록을 하는 경우에는 등록기준지를 정하여 신고하여야 한다(§10①). 처음 정하는 등록기준지는 다음 중 어느 하나를 따라 정할 수 있다(규칙 §4②).

① 당사자가 자유롭게 정하는 등록기준지

② 출생의 경우에 부 또는 모의 특별한 의사표시가 없는 때에는, 자녀가 따르는 성과 본을 가진 부 또는 모의 등록기준지

③ 외국인이 국적취득 또는 귀화한 경우에 그 사람이 정한 등록기준지

---

3) 등록부를 검색함에 있어 가장 중요한 요소는 주민등록번호인데, 주민등록번호가 현행 호적상에 기재되기 시작한 것은 1975년부터이다. 따라서 그 이전에 편제되고 그 후 호적기재가 이루어지지 않은 호적에는 주민등록번호가 기재되어 있지 않았고, 최초의 등록부가 종전의 전산호적에 기하여 작성됨에 따라 그와 같은 경우에는 다른 색인조건이 필요하게 되었으며 그 조건으로 고려된 것이 등록기준지이다.

④ 국적을 회복한 경우에 국적회복자가 정한 등록기준지

⑤ 가족관계등록창설의 경우에 등록기준지를 정하는 의사표시가 없는 때에는 가족관계등록을 창설하고자 하는 사람이 신고한 주민등록지

⑥ 부 또는 모가 외국인인 경우에 등록기준지를 정하는 의사표시가 없는 때에는 대한민국 국민인 부 또는 모의 등록기준지

당사자는 등록기준지를 자유롭게 변경할 수 있다. 이 경우 새롭게 변경하고자 하는 등록기준지 시·읍·면의 장에게 변경신고를 하여야 한다(§10②, 규칙 §4③).

등록기준지에는 행정구역의 명칭과 토지의 지번이 표시되어야 한다. 그리고 등록부의 등록기준지란에는 등록기준지가 특별시와 광역시를 제외한 시·읍·면일 때에는 도명부터 기록하며, 번지 없는 등록기준지는 무번지라 기록하게 된다. 등록기준지가 여러 번지에 걸쳐 있을 때에는 그 중의 1개 지번을 선정하여 등록기준지로 기록하면 된다(예규 제42호 「등록기준지란의 기록방법」).

2) 특정등록사항

특정등록사항은 본인, 부모(양부모 포함), 배우자, 자녀(양자녀 포함)란에 기록되는 성명, 출생연월일, 주민등록번호, 성별, 본에 관한 기록사항을 말한다(규칙 §2iv 본문). 기록대상자가 외국인인 경우에는 성명, 출생연월일, 국적, 외국인등록번호, 성별에 관한 기록사항을 말한다(동 단서). 성명, 출생연월일, 주민등록번호, 성별, 본에 관한 각란의 기록방법에 관하여는 후술한다.

3) 일반등록사항

일반등록사항은 출생에서부터 사망에 이르기까지 법률과 규칙에 따라 본인의 등록부에 기록하는 가족관계등록부사항, 특정등록사항 이외의 모든 신분변동에 관한 기록사항을 말한다(동 §2ⅴ). 즉 등록부의 일반등록사항란에는 출생, 인지, 입양, 파양, 친양자입양(파양), 혼인, 이혼, 친권·관리권·후견, 사망, 실종(부재)선고 및 그 취소, 국적의 취득과 상실, 개명, 성과 본의 변경, 가족관계등록창설, 등록부의 정정 등이 기록된다.

4) 기록사항·기재례·등록사항별 증명서

앞에서 살펴본 바와 같이, 신고사항을 전산정보처리조직을 이용하여 등록

부에 입력하는 행위를 기록이라 한다. 그리고 그 기록을 통해 입력처리된 정보를 법규가 정한 양식에 따라 등록사항별 증명서로 현출시킬 때, 기록된 사항의 내용 및 배열방식을 기재례라 한다. 전산호적시스템 하에서도 호적기재방식을 정형화하여 객관성과 간결성을 유지하고, 호적기록의 전국적 통일을 기하기 위해 대법원은 항목식 기재례를 정하여 전국 호적관서에 시달하였고, 호적기재는 기재례에 따르도록 한 바 있다(호시 §71). 등록부에 원부 개념이 존재하지 않더라도, 등록부의 기록사항을 어떻게 기록해야 전국적인 통일을 기할 수 있으며, 그 기록에 기하여 공시·공증되는 개인의 신분관계증명서에 기록될 사항의 통일이 이루어질 것인가는 마찬가지의 해결 과제라 할 수 있다.

출생·혼인·인지·입양 등에 관한 사항을 등록부에 기록하면서, 같은 내용의 신분관계를 가족관계등록공무원 각자가 다른 방식으로 기록하는 것은, 등록부의 공시기능에 적합하지 않을 뿐만 아니라 가족관계등록공무원의 등록부 기록업무도 어렵게 한다. 이에 등록부시스템 하에서도 법원행정처장이 등록사항별 증명서의 기재례[4]를 정하여 가족관계등록관공서에 시달하였고, 그에 따라 등록부에 기록하게 하고 그 기록에 따라 증명서가 발급되도록 한 것이다(규칙 §21⑨).

등록부에 기록하는 일은 그것을 통하여 개인의 신분관계를 공시·공증하기 위해서이다. 그리고 개인의 신분관계의 공시·공증은 등록사항별 증명서를 통하여 이루어지게 된다. 결국 등록부에 기록되어야 할 사항은 등록사항별 증명서를 통하여 어떠한 사항과 내용이 공시·공증되어야 하는가에 따라 정해지게 된다. 따라서 등록사항별 증명서 기재례라 함은 등록부에 기록된 사항이 등록사항별 증명서에 현출될 때 기재되는 내용의 표현방식 및 항목의 배열방식을 말한다. 즉, 기재례는 등록부에 기록된 기록사항이 종이로 된 등록사항별 증명서에 전산적으로 기재되는 방식이며, 종이로 된 증명서에 전산적으로 기재될 내용을 미리 컴퓨터 화면에서 보여 줄 때의 모습이기도 하다. 또한 가족관

4) 「호적기재례에 관한 구 규칙」 제71조는, 가족관계등록원부라는 개념이 존재하지 않는 새로운 가족관계등록제도 하에서는 등록부에 그 기재례 방식에 따라 기록하는 것이 아니므로 그 의미가 상실되었다. 그러나 증명서를 발급할 때에 호적기재례와 같은 형식으로, 증명하고자 하는 내용을 현출하기 때문에 '등록사항별 증명서 기재례' 개념으로 변용하여 사용하게 된 것이다. 법원행정처는 가족관계등록제도의 시행에 앞서 2007년 12월에 종전의 호적기재례 약 670여 개를 등록사항별 증명서 기재례 개념에 맞게 정비하여 『가족관계등록실무자료집(기재편)』을 발간하였다.

계등록공무원의 등록부 기록에 의하여 보조기억장치에 기록·저장된 가족관계 등록사항에 관한 정보가 법규가 정하는 내용과 형식에 맞게 컴퓨터 화면이나 종이를 통해 가시적으로 나타나게 되는 모습을 말한다. 따라서 등록사항별 증명서 기재례는 가족관계등록공무원에게는 등록부에 신고(신청 등 포함) 사건별로 입력할 사항을 나타내주는 것이며, 전산프로그램 개발자에게는 등록부에 입력된 기록사항을 어떠한 형태로 컴퓨터 화면에 나타내고 종이에 인쇄될 수 있도록 프로그램을 개발할 것인지를 제시해주는 기능을 한다.

등록부 기록과 등록사항별 증명서 기재례라는 개념은 이론상으로는 구분될 수 있다. 그러나 실제로는 기록행위는 기재례라는 결과적인 모습을 보여주기 위한 원인행위이며, 등록부 기록과 등록사항별 증명서의 기재례는 하나의 연장선상에 있는 것이다.

등록사항별 증명서 기재례의 방식에 대하여는 문장식이 아니라 항목별 기재례 방식을 취하여, 등록부에 기록된 사항이 종이로 된 등록사항별 증명서에 전산적으로 기재될 때에 항목식으로 기재된다. 따라서 등록부를 기록할 때에도 문장식이 아닌 항목식으로 기록하게 된다.

4. 기록의 효력

호적제도 하에서도 호적기재의 효력에 대하여 학설과 판례는 추정력을 인정하여 왔다. 즉, 호적은 사람의 신분관계를 증명하는 공문서로서 호적부의 기재는 법률상 그 기재가 적법하게 되었고, 또한 그 기재사항은 진실에 부합되는 것이라는 추정을 받으나, 그 기재에 반하는 증거를 통해 그 추정을 번복할 수 있다고 보았다.[5] 이러한 입장은 등록부제도 하에서도 그대로 유지된다고 보아야 할 것이다. 따라서 등록부에 기록된 사항은 일응 그 기록이 적법하게 되었고 또한 진실에 부합한 것으로 추정을 받게 되나, 그 기록내용에 반하는 증거 또는 그 기록을 무효로 할 사실의 확인에 의하여 그 추정은 번복된다. 그러나 반증에 의하여 등록부 기록의 사실상 추정력이 번복되는 경우에도, 가족관계등록공무원이 임의로 그 기록을 정정할 수 없으며, 위법하거나 사실과 부합하지 않는 등록부의 기록을 바로잡기 위해서는 등록부 정정절차를 거쳐야 한다.

---

5) 대법 1979. 2. 27. 선고, 78다2152 판결 등 참조.

5. 기록의 수단과 문자

(1) 기록수단

시・읍・면의 장은 등록사무를 전산정보처리조직에 의하여 처리하여야 하므로(§11①, 규칙 §17①), 기록사항을 등록부에 기록할 때에는 전자적 정보저장매체인 보조기억장치에 단말기를 통해 자료를 입력하는 방법으로 한다. 이렇게 입력된 정보는 각 개인별로 등록부를 구성하게 된다.

시・읍・면의 장 또는 그 직무대리자가 전산정보처리조직을 이용하여 등록부에 기록하는 때에는 식별부호를 기록하여야 한다(규칙 §64). 등록부의 기록사항에 대한 책임한계와 공증력을 보장하기 위해서이다. 등록사무담임자도 각자 고유의 식별부호를 부여받아 사용하고 있으며, 사건을 수리하여 기록하고 교합하면 자동적으로 식별부호가 저장되어 기록일시와 사무처리공무원 등이 명확히 나타난다.

(2) 기록문자

1) 일반원칙

공공기관의 공문서는 어문규범에 맞추어 한글로 작성하여야 하므로(국어기본법 §14), 등록부상의 기록도 한글로 표기되어야 한다. 이를 위해 등록부의 기록은 한글과 아라비아 숫자로 한다(규칙 §63②). 그러나 특정등록사항란의 성명란은 한자로 표기할 수 없는 경우를 제외하고는 '김철수(金哲秀)'와 같이 한글과 한자를 병기한다.[6][7][8]

---

6) 성명의 표기를 함에 있어서 한자가 없는 순수 한글이름인 경우에는 한글로 성명을 기록한 후 괄호를 하고 성을 한자로, 이름은 한글로 기록한다[예: 성이 한자이고 이름이 한글인 경우에는 '김하늘(金하늘)'](예규 제37호 「가족관계등록부에 성명을 기록하는 방법」 3. 가). 출생신고시에 출생자의 이름을 한글로만 신고한 경우에는 한글 이름만을 가진 경우에 해당되므로 나중에 한자이름을 함께 기록하고자 할 경우에는, 추후보완신고가 아니라 개명절차에 의하여야 한다(동 3. 다).

7) 한자로 된 성을 한글로 기록할 때에는 한글맞춤법에 따라 표기한다. 다만, 일상생활에서 한자 성을 본래의 음가(音價)로 발음 및 표기하여 사용하는 등 성의 한글 표기에 두음법칙 적용의 예외를 인정할 합리적 사유가 있는 경우에는 그러하지 아니하다(예규 제37호 2).

8) 특정등록사항란의 성명란 이외의 곳에 기록하는 성명은 모두 한글로 기록한다(예규 제37호 1, 4).

또한 개명 또는 이름이 정정되어 본인의 일반등록사항란에 개명 또는 정정내용을 기록하는 경우에 이름을 기록하는 때에도 같다(동 §63② i). 본란은 한자로 표기할 수 없는 경우를 제외하고는 한자로 기록한다. 또한 본이 정정되어 본인의 일반등록사항란에 정정내용을 기록하는 때에도 같다(동 §63② ii).

개명 또는 본이나 이름이 정정되어 그 정정내용을 등록부의 일반등록사항란에 기록하는 경우, 이름의 경우는 한글과 한자를 병기하도록 하고, 본의 경우에는 한자로 기록하게 한 것은, 동음이자(同音異字)로 정정되거나 정정 전의 이름의 한자 표기를 알 수 없어 발생하는 문제를 방지하기 위해서이다. 신고서상 사건 본인의 성명이 한자로만 기재된 경우에는 한글 표기를 보정하게 한 후 수리하여야 한다.[9] 이를 빠뜨린 경우라 하더라도 등록부의 성명란에는 한글과 한자를 함께 기록한다(예규 제37호 3. 나).

등록부에 기록할 때에는 약자나 부호를 사용하지 못한다. 다만 한자는 일부 약자의 사용이 허용되고 있다(규칙 §37②).

2) 외국의 국호, 지명 및 인명의 표기

등록부에 기록되는[각종 신고서(법무부장관의 국적 관련 통보서를 포함함다)에 해당 사항을 기재하는 경우도 같다] 외국의 국호, 지명 및 인명은 해당 외국의 원지음(原地音)을 한글로 표기하며, 문화체육관광부가 고시하는 외래어표기법에 의하는 것을 원칙으로 한다(예규 제292호 「외국의 국호, 지명 및 인명의 표기에 관한 사무처리지침」 §2). 신고서에 국호, 지명 및 인명의 외국어(한자를 포함한다) 표기만 있고 해당 외국의 원지음의 한글 표기가 없는 경우에는, 시(구)·읍·면의 장은 이를 보정시킨 뒤 수리하여야 하고, 등록부에도 해당 외국의 원지음을 한글로 기록하여야 한다. 신고서에 기재된 국호와 지명에 대한 해당 외국 원지음의 한글 표기가 외래어표기법에 맞지 아니하는 경우, 시(구)·읍·면의 장은 외래어표기법에 맞는 표기를 부전지(附箋紙)에 적은 후 그것을 신고서에 붙이고, 등록부에는 외래어표기법에 맞추어 기록하여야 한다(동 §3①②).

외국인의 인명은 신고인(법무부장관에 의한 통보자를 포함한다)이 신고서에 한글로 표기한 해당 외국의 원지음대로 등록부에 기록하여야 하며, 이 때 한자

9) 반면에 신고서에 본이 한글로 기재되어 있으면 한자로 추후에 보완하여 기재토록 한 후, 한자로 기록하여야 한다.

는 함께 기록할 수 없다. 다만, 중국 국적자로서 중국에서 발행한 공문서[(예: 거민신분증(居民身分證), 호구부(戶口簿) 등)]에 의하여 조선족임을 소명한 사람에 대하여 신고(법무부장관의 국적 관련 통보를 포함한다)를 하는 경우에, 신고인이 해당 중국 국적자의 인명에 대하여 그에 대응하는 한국 통용의 한자를 소명한 때에는, 그 한국 통용의 한자에 대한 한국식 발음의 한글(한자는 함께 기록할 수 없다)을 그 원지음에 갈음하여 신고서에 표기할 수 있다. 이때 시(구)·읍·면의 장은 신고서에 표기된 한국식 발음의 한글을 그 원지음에 갈음하여 등록부에 기록하여야 하고, 한자는 함께 기록할 수 없다. 이 경우 시(구)·읍·면의 장은 중국에서 발행한 공문서에 기재된 인명의 한자와 신고서에 기재된 한국식 발음의 한글 표기가 서로 일치하는지를 조사하여야 한다. 만약 그 인명이 중국에서 통용되는 간체자로 표기되어 있고, 그 간체자가 한국에서 통용되는 한자에 대한 간체자인지에 관하여 의심이 있을 때에는, 신고인에게 그 간체자에 대응하는 한국 통용의 한자를 소명하도록 요구할 수 있다. 신고인이 해당 중국 국적자의 인명에 대하여 그에 대응하는 한국 통용의 한자를 소명하지 못할 때에는, 시(구)·읍·면의 장은 신고인에게 신고서의 인명 표기를 중국의 원지음에 따라 한글로 표기하도록 보정시킨 뒤, 그 보정된 원지음 표기에 따라 등록부에 기록하여야 한다(동 §3③~⑥).

귀화로 대한민국 국적을 취득한 귀화자에 대하여 귀화통보를 하는 경우에는[10] 그 인명은 해당 외국의 원지음(한자는 함께 표기할 수 없다)을 귀화통보서에 한글로 표기하여야 하고, 등록부에는 귀화통보서에 한글로 표기된 원지음대로 기록하여야 한다.[11] 다만, 귀화자가 중국에서 발행한 공문서에 의하여 조선족임을 소명한 중국 국적자인 경우에, 그 귀화자의 인명에 대하여는 전술한 바

10) 다만, 귀화자의 부모에게 등록부가 있는 경우, 귀화자의 성·본(한자를 포함한다)은 부 또는 모(부를 알 수 없는 경우)의 성·본(한자를 포함한다)을 따를 수 있으나, 이름은 해당 외국의 원지음을 한글로 기록하여야 한다(예규 제292호 §5①). 이 경우에도 중국 국적의 조선족에 대하여는 특례가 인정된다(동 §5②). 위의 경우, 귀화자는 귀화통보서에 기재된 부모가 자신의 부모임을 증명하는 소명자료(예: 중국 국적자의 경우에는 출생증명서, 호구부, 친족관계공증서 등)를 제출하여야 하고, 시(구)·읍·면의 장은 귀화통보서에 기재된 부모의 인명과 그 소명자료에 기재된 부모의 인명이 일치하는지를 확인하여야 한다(동 §5③).

11) 다만, 외국식 성명을 사용하는 귀화자는 등록기준지나 주소지를 관할하는 가정법원의 허가와 이에 따른 신고로 한국식 성과 본을 창설하여 사용할 수도 있다(선례 200805-6).

와 동일하게 처리한다(동 §4).

귀화통보를 하는 경우에, 귀화자의 부모의 성명은 등록사항별 증명서에 의하여 소명된 그 부모의 성명을 기록하여야 한다. 귀화자의 부모에게 처음부터 등록부가 없었거나, 등록사항별 증명서에 의하여 그 성명을 소명할 수 없는 경우, 그 부모의 인명에 대하여는 해당 외국의 원지음(한자는 함께 표기할 수 없다)을 귀화통보서에 한글로 표기하여야 하고, 귀화자 등록부의 부모란에는 부와 모를 귀화통보서에 한글로 표기한 원지음대로 기록하여야 한다. 이 경우 귀화자는 귀화통보서에 기재된 부모가 자신의 부모임을 증명하는 소명자료를 제출하여야 하고, 시(구)·읍·면의 장은 귀화통보서에 기재된 부모의 인명과 그 소명자료에 기재된 부모의 인명이 일치하는지를 확인하여야 한다. 다만, 서로 일치하지 아니하는 경우에는 부모의 인명을 등록부에 기록할 수 없다(동 §6).

외국의 국호와 지명에 관한 등록부의 기록이 외래어표기법에 맞지 아니하는 경우 이해관계인은 외래어표기법에 맞는 한글 표기를 기재하여 시(구)·읍·면의 장에게 직권정정을 신청할 수 있고, 시(구)·읍·면의 장은 간이직권정정절차에 따라 이를 정정하여야 한다(동 §11). 귀화 또는 국적 회복한 외국인의 인명이 해당 외국 방식에 따라 등록부에 기록된 경우(한국 방식의 성명 배열이 아닌 경우), 이해관계인은 한국 방식의 성명 배열에 맞는 한글 표기를 기재하여 시(구)·읍·면의 장에게 직권정정을 신청할 수 있고, 시(구)·읍·면의 장은 간이직권정정절차에 따라 이를 정정하여야 한다(동 §12).

3) 기록문자의 개변(改變)

가족관계등록사항을 보조기억장치에 기록하는 경우 기록상 오자(誤字)나 탈자(脫字)가 있더라도 교합(交合) 전까지는 전산정보처리조직에 의하여 정정이 가능하다. 그러나 교합이 완료된 후에는 오자나 탈자가 있더라도 그대로 정정·삭제·삽입할 수 없고, 등록부 정정절차에 따라야 한다.

6. 폐쇄된 등록부에 대한 기록의 특례

폐쇄된 등록부에는 정정의 경우를 제외하고는 기록하지 않는 것을 원칙으로 한다. 그러나 혼인 외의 자녀가 사망한 부를 상대로 인지판결을 받은 경우에는 사망에 의해 폐쇄된 부의 등록부에 인지사유를 기록하여야 하고, 사망·

부재(실종)선고의 사유로 등록부가 폐쇄된 후 등록부가 폐쇄된 사람의 자녀가 친양자입양되었을 경우에는, 그 폐쇄된 등록부에 자녀가 말소된 사유를 친양자입양으로 기록하여야 한다.

폐쇄된 등록부의 기록을 정정하는 경우에도 부활할 필요 없이 그 등록부의 기록을 정정할 수 있다. 그러나 그 등록부가 위법한 것이어서 폐쇄된 것인 경우에는 그 기록을 정정할 수 없다(예규 제288호 「폐쇄된 가족관계등록부 기록의 정정」).

Ⅱ. 등록부 기록사유

기록사유라 함은 등록부에 사람의 신분관계를 기록하기 위한 일정한 기록원인을 말한다. 법은 기록의 원인으로서 신고 등에 의한 경우(§16)와 직권에 의한 경우(§18, §33)로 구분하여 규정하고 있다. 호적법과 동일하다(호 §17, §22, §43).

1. 신고 등의 기록사유

(1) 신　고

신고는 등록부 기록사유 중에서 가장 기본적이고 원칙적인 것에 해당한다. 대부분의 등록부 기록은 신고에 의하여 이루어진다. 이는 보고적 신고인 경우에는 그 신분관계의 변동사실을 가장 잘 알고 있는 사건 본인 또는 특정관계인으로 하여금 신고하게 하여 등록부에 기록하는 것이 등록부의 진실성을 확보하는 가장 합리적인 방법이기 때문이다. 또한 창설적 신고에서는 개인의 신분관계에 관한 공시를 위하여 신고를 신분행위의 성립·효력요건으로 하고 있는 민법의 규정(민 §812, §878 등)이 그 근거로 된다.

(2) 통　보

등록부의 기록사항 중에는 성질상 신고를 기대할 수 없는 것도 있고, 공익상 신고의무자의 신고에만 의존할 수 없는 것도 있다. 이러한 경우를 대비하여 보충적으로 인정되는 기록사유가 통보이다. 재난으로 인한 사망통보(§87), 사형집행 또는 재소 중 사망(§88)에 기한 사망통보, 국적취득(§93)·귀화허가(§94)·국적회복허가(§95)에 의한 국적통보가 이에 해당된다. 호적법상의 보고가 통보로 변경된 것이다.

(3) 신　청

신청은 시(구)·읍·면의 장에 대하여 위법 또는 착오로 인한 등록부 기록의 정정을 요구하는 행위이다. 제104조부터 제107조까지 규정된 등록부 정정신청이 전형적인 예에 속한다. 위법 또는 착오의 등록부 기록을 정정하기 위해서는 판결이나 등록부 정정허가결정을 받아 시(구)·읍·면의 장에게 그에 따른 등록부 기록의 정정을 신청하여야 한다. 그러나 예규 54호 「가족관계등록부 직권정정 사무처리지침」에 의한 직권정정신청은 가족관계등록공무원의 직권정정기록을 촉구하는 의미의 신청으로서 여기에서 말하는 신청과는 다르다.

(4) 증서의 등본

1) 등록부에 기록을 하는 경우

외국에 있는 대한민국 국민이 그 나라의 방식에 따라 실체적인 창설적 신분행위(혼인, 인지, 입양 등)를 하고 그 나라의 권한 있는 기관에서 작성한 증서의 등본을 재외공관의 장이나 사건 본인의 등록기준지 시(구)·읍·면의 장에게 제출한 경우에는 등록부에 기록하여야 한다(§35). 여기에서 외국이라 함은 국교관계가 있는 외국을 말하나, 미수교국가의 권한 있는 기관에서 작성한 증서의 등본에 의한 등록부 기록도 허용된다(1989. 10. 21. 법정 제1661호 호적선례 참조).

2) 등록부에 기록을 할 수 없는 경우

① 한국인이 신분변동사항에 대하여 거주지 나라의 방식에 따라 고유 의미의 보고적 신고(출생신고, 사망신고 등)를 하더라도, 이는 법에 따른 유효한 가족관계등록신고에 해당되지 아니한다. 따라서 그 수리증명서 등을 교부받은 경우에도 증서 등본의 제출방식에 의한 등록부의 기록은 할 수 없고, 따로 가족관계등록신고를 하여야 한다[예규 제30호 「외국에 거주하고 있는 한국인의 가족관계등록신고절차 등에 관한 사무처리지침」 2. 다. (1)]. 다만 이 경우 그 거주지

나라의 방식에 따라 신고한 사실을 증명하는 서면(예: 수리증명서 등)으로 신고서에 첨부하여야 할 출생증명서나 사망증명서 등을 갈음할 수는 있다.

② 외국에 거주하고 있는 한국인이 외국법원의 확정판결을 받아 전래적 의미의 보고적 신고(재판상 이혼신고, 재판상 인지신고 등)를 하는 경우에, 그 거주지 나라의 방식에 따라 신고한 사실을 증명하는 서면으로는 신고서에 첨부하여야 할 확정판결과 집행판결을 갈음할 수 없다[동 2. 다. (4)].

(5) 항해일지의 등본

선장은 항해 중 선박 안에서 일어난 사건(출생, 사망 등)에 관하여 항해일지를 작성하여야 한다. 등록부 기록사항이 항해일지에 기재된 경우에는 그 등본에 따라 등록부 기록을 하게 된다(§16). 그리고 항해 중 출생 또는 사망이 있는 때에는 선장은 24시간 이내에 출생신고서 또는 사망신고서에 기재할 사항을 항해일지에 기재하고 서명 또는 기명날인한 후, 선박이 대한민국의 항구에 도착했을 때에는 지체 없이 그 항해일지 등본을 그 곳의 시(구)·읍·면의 장에게 발송하여야 한다. 이때 선박이 외국의 항구에 도착하였을 때에는 재외공관의 장에게 발송하고, 재외공관의 장은 외교통상부장관을 경유하여 등록기준지의 시(구)·읍·면의 장에게 발송하여야 한다(§49, §91).

(6) 재판서

여기에서 재판서라 함은 시(구)·읍·면의 장의 위법·부당한 처분에 대한 당사자의 불복신청에 의하여 가정법원이 등록부 기록을 명한 재판서를 말한다(§109~§113). 따라서 가사소송절차에 의한 판결이나 가족관계등록비송절차에 따른 정정결정 등의 재판서는 이에 해당되지 아니한다. 이 경우에는 촉탁이나 등록부 정정신청에 의하여 등록부 기록을 하게 된다.

(7) 촉탁서

가정법원은 대법원규칙으로 정하는 판결 또는 심판이 확정되거나 효력을 발생한 때에는, 대법원 규칙이 정하는 바에 따라 지체 없이 등록사무를 처리하는 사람에게 등록부의 기록을 촉탁하여야 한다(가소 §9).[12] 가정법원의 등록부

12) 가정법원이 등록부의 기록을 촉탁하여야 할 판결 또는 심판은 ① 친권, 법률행위대리권, 재산관리권의 상실선고의 심판 또는 그 실권회복선고의 심판, ② 친권자의 지정과 변경의

기록에 관한 촉탁이 있으면 시(구)·읍·면의 장은 이를 등록부에 기록하여야 한다.

2. 직권에 의한 등록부 기록사유

(1) 의 의

등록부 기록은 신분관계의 변동사실을 가장 잘 알고 있는 사람의 신고에 의하여 이루어지는 것이 원칙이다. 그러나 신고의무자가 신고를 하지 않거나 등록부 정정신청을 하지 않는 경우에는 가족관계등록공무원이 직권으로 등록부 기록을 할 수 있다. 이와 같은 가족관계등록공무원의 직권기록은 신고에 갈음한 직권기록과 가족관계등록정정신청에 갈음한 직권기록으로 구분된다. 전자는 원시적으로 등록부 기록을 직권으로 하는 경우이고, 후자는 등록부에 일단 기록된 등록부 기록을 사후적으로 정정하는 경우이다.

(2) 신고에 갈음한 직권기록

1) 신고의 최고에 따른 직권기록

가족관계등록신고를 게을리한 신고의무자를 알게 된 시(구)·읍·면의 장은 상당한 기간을 정하여 그 기간 내에 신고할 것을 최고하여야 하며, 그 기간 내에 신고를 하지 아니한 때에는 시(구)·읍·면의 장은 다시 상당한 기간을 정하여 신고할 것을 최고할 수 있다(§38①②). 이와 같이 최고를 하여도 신고를 하지 않을 때 또는 최고할 수 없는 때에는 시(구)·읍·면의 장은 감독법원의 허가를 얻어 직권으로 해당 사항을 등록부에 기록할 수 있다(§38③, §18②).[13] 국가 또는 지방자치단체의 공무원이 신고를 게을리한 사람을 안 때에는, 지체 없이 신고 사건 본인의 등록기준지 시(구)·읍·면의 장에게 통지를 하여야 하며, 이 경우 통지를 받은 시(구)·읍·면의 장은 위와 동일하게 처리하여

판결 또는 심판, ③ 후견인의 선임 또는 변경의 심판, ④ 가사소송법 제62조의 규정(사전처분)에 의하여 친권자의 친권, 법률행위대리권, 재산관리권의 전부 또는 일부의 행사를 정지하거나 후견인의 임무수행을 정지하는 재판과 그 대행자를 선임하는 재판이고, ⑤ 위 ④의 재판이 본안심판의 확정, 심판청구의 취하 그밖의 사유로 효력을 상실하게 된 때에도 등록부의 기록을 촉탁하여야 한다(가소규 §5).

13) 규칙 제60조 제2항에 규정된 경미한 사항에 대하여는 감독법원의 허가 없이 직권기록할 수 있다.

야 한다(§38③, §18③).

2) 배우자의 신분변동사유의 직권기록

배우자 일방에 대하여 사망, 실종선고·부재선고 및 그 취소, 국적취득과 그 상실, 성명의 정정 또는 개명의 신고가 있는 때에는 다른 배우자의 등록부에도 그 취지를 직권기록하여야 한다(규칙 §54). 그러나 그 기록이 누락된 때에는 간이직권정정·기록절차(규칙 §60②iii, §61)에 따라 직권기록한다.

3) 자녀의 신분변동사유의 직권기록

혼인 중의 출생자에 대한 출생신고 또는 인지의 효력이 있는 출생신고가 있는 때에는, 출생신고서에 기재된 내용에 따라 출생자에 대한 등록부가 작성된다. 이때 출생자의 등록부의 특정등록사항란에 그 부모 또는 인지한 부의 성명을 기록하고, 그 부모 또는 인지한 부의 등록부 특정등록사항란에도 그 출생자의 성명 등을 직권기록하게 된다(규칙 §55①). 이 경우에도 그 기록이 누락된 때에는 간이직권정정·기록절차(규칙 §60②ii, §61)에 따라 직권기록한다.

혼인 외의 출생자가 혼인 중의 출생자로 된 때 또는 부모의 혼인이 무효로 된 때에는 자녀의 등록부의 일반등록사항란에 그 사유를 직권기록하여야 한다(동 ②). 부모의 혼인이 무효인 경우 그 내용은 부 및 모의 등록부에만 기록하는 것이 개인별편제방식에 부합한다. 그러나 부모의 혼인무효가 자녀의 신분관계에도 영향을 미치므로(혼인 중의 자녀에서 혼인 외의 자녀로), 그 자녀의 등록부에 그 부모의 혼인무효 여부에 대한 내용이 기록될 필요가 있다. 이에 부모의 혼인무효사항을 특별히 자녀의 등록부의 일반등록사항란에 기록함으로써 자녀의 신분관계를 명확히 하고자 한 것이다. 이러한 사유의 기록이 누락된 때에는 간이직권정정·기록절차(규칙 §60②ii, §61)에 따라 직권으로 기록한다.

혼인할 수 있는 나이에 미달하여 혼인신고를 하기 전에 혼인 외 출생자의 출생신고를 하고 그 후에 혼인신고를 할 경우, 시(구)·읍·면의 장은 제30조에 따라 혼인신고서에 그 뜻을 기재하여 신고하게 하고, 규칙 제55조에 따라 자녀의 등록부에 직권으로 혼인 중 자녀의 신분취득사유를 기록하여야 한다(예규 제120호「혼인 외 출생자의 출생신고 후 부모가 혼인한 경우 준정사유의 기록절차」). 부모의 혼인으로 인하여 혼인 중의 자녀의 신분을 취득한 자녀가 있을 경우에도, 시(구)·읍·면의 장은 제30조에 따라 그 혼인신고서 기타사항란에 그 신분취득사유 외에 그 자녀의 성명, 등록기준지를 기재하게 하고, 규칙 제55조 제2항에 따라 직권으로 자녀의 등록부에 신분취득의 기록을 하여야 한다(예규 제159호 「부모의 혼인으로 인하여 준정되는 사람의 처리」). 부모의 혼인신고 전에 사망한 혼인 외의 출생자의 폐쇄된 등록부에도 준정사유가 기록되어야 하므로, 혼인신고서에 혼인 중의 자녀의 신분취득에 관한 기재를 하게 하고, 그 자녀의 일반등록사항란에도 이를 직권기록하여야 한다(예규 제160호 「부모의 혼인 전 사망한 혼인외 출생자의 준정사유 기록」).

부 또는 모의 성과 본이 정정되거나 변경된 경우, 시(구)·읍·면의 장은 그 신고에 따라 그 부 또는 모의 성과 본을 따르는 자녀의 성과 본을 직권으로 정정 또는 변경기록하고, 그 사유를 기록하여야 한다(규칙 §55③). 종래(호시 §62 참조)와는 달리, 부 또는 모의 이름이 정정 또는 변경된 경우에는 이를 연계하여 자녀의 등록부에 직권기록하지 아니한다.

4) 주민등록번호의 직권기록

등록부의 특정등록사항란의 주민등록번호란은 주민등록번호를 부여한 주민등록지 관할 시(구)·읍·면의 장의 통보에 의하여 직권기록한다(「주민등록법 시행령」 §19). 그러나 그 통보의 누락 그밖의 사유로 등록부상 주민등록번호의 기록이 누락되었거나 오류가 있는 경우로서, 주민등록지의 시(구)·읍·면의 장의 정정통보가 있거나 본인 또는 동거하는 친족이 주민등록등(초)본을 첨부하여 그 누락의 기록 또는 정정의 신청을 하는 때에는, 가족관계등록공무원은 감독법원의 허가 없이 직권으로 이를 정정한다. 다만 본인이 신청하는 경우에는 주민등록등(초)본의 첨부 없이 주민등록증을 제시받아 가족관계등록공무원이 그 내용을 확인한 후 주민등록증을 복사하여 신청서에 첨부하고 기록 또는 정정의 절차를 취해야 한다(예규 제45호 「가족관계등록부상 주민등록번호의 기록 및 정정절차」). 이때의 직권기록은 간이직권정정·기록절차(규칙 §61)에 따른다. 비실재 등록부(등록부상 출생연월일과 주민등록번호가 없는 사람, 만 90세 이상이면서 주민등록번호가 없는 사람과 만 110세 이상인 사람의 등록부를 말한다. 예규 제40호 「비실재 가능성이 있는 사람의 가족관계등록부 관리지침」 §2) 대하여 당사자가 실재한다는 소명자료를 제출하거나 당사자에 대하여 가족관계등록신고(신청) 등이 있을 때에는, 가족관계등록공무원은 당사자에게 주민등록등본 등의 소명자료를 제출하게 하여 간이직권으로 등록부에 주민등록번호를 기록해야 한다

(동 §4).

5) 사망사유의 직권기록

사망한 사람이 아닌 다른 사람의 등록부에 착오로 사망이 기록되고 그 등록부가 폐쇄된 경우에는, 직권정정허가에 의하여 그 사망기록은 말소되고 종전의 등록부는 부활된다. 이때 사망한 사람의 등록부에도 간이직권정정절차(그 사망신고서류를 감독법원에 송부한 후에는, 해당 신고서류를 직접 방문하거나 팩시밀리를 사용하여 확인한 후 처리)에 따라 빠뜨리게 된 사망사유를 직권으로 기록하게 된다(예규 제58호 「착오로 다른 사람에게 사망기록을 하였을 경우의 정정방법」).

6) 친권실효 등의 직권기록

시(구)·읍·면의 장은 미성년자의 등록부상에 친권자로 기록된 사람이 사망하거나 실종선고를 받아 친권이 소멸하거나 또는 미성년자의 친부, 친모, 양부, 양모와 혼인하여 친권자의 지정 또는 변경이 발생한 사유가 있음을 알게 된 때에는, 직권으로 미성년자의 등록부에 그 취지를 기록한다. 또한 미성년자의 등록부에 친권자 지정 또는 변경에 관한 기록이 있는 경우, 시(구)·읍·면의 장은 미성년자가 성년에 도달하거나 혼인하여 친권이 종료된 사유가 있음을 알게 된 때에는, 직권으로 미성년자의 등록부에 친권종료인 취지를 기록하게 된다. 이 경우에는 직권기록서가 작성되어야 한다(예규 제286호 「친권자의 지정 또는 변경에 관한 가족관계등록사무 처리지침」 §9). 친권자가 지정·기록된 미성년자가 입양되는 경우에는, 미성년자의 등록부에 기록된 친권자 지정에 관한 기록은 직권말소되나, 미성년인 상태에서 파양되면, 가족관계등록공무원은 이를 직권으로 부활 기록하여야 한다(동 §11). 후견개시신고가 된 미성년자가 혼인한 때에는 혼인신고서 기타사항란에 「혼인으로 인하여 후견종료」라고 기재하게 하고, 등록부에 기록을 할 때에는 혼인사유를 기록한 다음에 「혼인으로 인하여 후견종료」라고 직권기록하게 된다(예규 제87호 「후견개시 신고된 미성년자가 혼인한 때 후견종료 기록 여부」).

(3) 등록부 정정신청에 갈음한 직권정정기록

등록부 정정신청에 갈음한 직권정정기록은 법원의 허가가 있어야 하는 경우와 법원의 허가 없이 하는 경우(간이직권정정기록)로 구분된다.

1) 법원의 허가가 있어야 하는 직권정정기록

등록부의 기록이 법률상 무효이거나 그 기록에 착오나 누락이 있음을 안 때에는 시(구)·읍·면의 장은 지체 없이 신고인 또는 사건 본인에게 그 사실을 통지하여야 한다(§18① 본문). 이 통지는 기간을 정할 필요는 없으나, 상당한 기간을 정할 수도 있다(예규 제51호 「「가족관계의 등록 등에 관한 법률」 제18조 제1항의 통지의 기간」). 착오나 누락이 시(구)·읍·면의 장의 잘못으로 인한 것인 때에는 정정통지의 대상으로 되지 아니한다(§18① 단서). 이와 같은 통지를 하였으나 등록부의 정정을 신청하는 사람이 없는 때 또는 등록부 기록의 착오 또는 누락이 시(구)·읍·면의 장의 과오에 기인한 것인 때에는, 시(구)·읍·면의 장이 감독법원의 허가를 얻어 직권으로 등록부 정정의 기록을 할 수 있다(§18②).[14]

국가 또는 지방자치단체의 공무원이 그 직무상 등록부의 기록에 착오 또는 누락이 있음을 안 때에는, 지체 없이 신고 사건 본인의 등록기준지의 시(구)·읍·면의 장에게 통지하여야 한다. 이 경우 통지를 받은 시(구)·읍·면의 장은 위와 같은 요령으로 처리한다(§18③). 그 과정에서 정정대상이 된 원래의 신고 사건 신고서류를 조사할 필요가 있는 경우에는, 해당 사건을 처리한 시(구)·읍·면의 장에게 재통지를 하고, 재통지를 받은 시(구)·읍·면의 장이 같은 요령으로 정정사건을 처리하게 된다(규칙 §60①).

시(구)·읍·면의 장이 착오로 인하여 법원의 허가를 받지 않고 한 등록부 정정신청[예: 등록부에 여(女)로 기록되어 있음을 남(男)으로, 박경지(朴敬之)를 박경구(朴敬九)로 정정]을 수리하여 처리한 것을 발견한 때에도, 시(구)·읍·면의 장은 신청인 또는 신청 사건의 본인에게 등록부 정정의 통지를 하여야 하며, 통지를 하여도 등록부 정정의 신청을 하는 사람이 없는 때에는, 감독법원의 허가를 얻어 직권으로 등록부 정정의 기록을 할 수 있다(예규 제56호 「가정법원의 허가 없이 이루어진 가족관계등록부정정의 직권정정」).

2) 법원의 허가 없이 하는 직권정정기록

직권정정사항 중 경미한 것은 감독법원의 허가 없이 시(구)·읍·면의 장

14) 그러나 혼인 등 신고로 인하여 효력이 발생하는 행위는 등록부에 기록한 후에, 실체상의 흠결이 있음을 발견하여도 제18조 제2항에 따라 이를 정정할 수 없다(예규 제57호 「혼인 등 신고로 인하여 효력이 생기는 행위에 대한 실체상의 흠결을 이유로 하는 직권정정 여부」).

이 직권으로 등록부 기록을 정정할 수 있으며, 이때에는 직권정정서를 작성하여 감독법원에 보고하여야 한다(§18② 단서, 규칙 §61). 이에 관한 구체적인 사항에 대하여는 후술한다[제5장 Ⅱ. 2. 12) 참조].

3) 신고가 경합된 경우의 직권정정기록

동일한 사건의 신고가 경합되어 뒤에 수리된 신고에 의하여 등록부 기록을 한 때에는, 먼저 수리된 신고에 맞추어 시(구)·읍·면의 장이 직권으로 정정하여야 한다. 동일한 사건에 관한 신고가 시(구)·읍·면의 장을 달리하여 수리된 때에는 뒤에 수리한 시(구)·읍·면의 장이 이를 정정하고, 먼저 수리된 신고서류 사본을 팩시밀리 등의 방법으로 받아서 직권정정서에 첨부한 후 신고서류편철장에 편철하여야 한다(규칙 §57).

4) 전산이기과정의 잘못을 발견한 경우의 직권정정기록

시(구)·읍·면의 장이 전산정보처리조직에 의하여 작성된 등록부상의 기록의 착오 또는 누락이 전산이기과정의 잘못에 의한 것임을 발견한 때에는, 직권정정·기록서를 작성하지 아니하고 그 사유만을 해당 가족관계등록부사항란 또는 일반등록사항란에 기록하여 직권으로 이를 정정할 수 있다. 이때 시(구)·읍·면의 장은 전산정보처리조직에 직권정정·기록가족관계등록부목록을 작성하고 식별부호를 기록하여야 한다(예규 제260호 §5①).

5) 등록기준지 등의 경정기록

일반적으로 행정구역 또는 토지의 명칭이 변경된 때에는 등록부의 기록은 정정된 것으로 보고, 시·읍·면의 장이 그 기록사항을 경정하여야 한다(§19①).[15] 행정구역 또는 토지의 명칭의 변경은 공지의 사실로 볼 수 있기 때문에, 등록부의 변경기록 여부에 따라 그 내용의 효력이 좌우되는 것은 아니다. 따라서 등록부에 그 변경 내용이 반영되지 않았다 하더라도 변경된 것으로 의제할 수 있다. 그러나 등록부의 기록에 변경 전의 명칭을 계속 존치시키는 것은 문제이므로, 시(구)·읍·면의 장으로 하여금 그 기록사항을 경정하게 한 것이다.

---

15) 폐쇄등록부에 관하여는 경정을 필요로 하지 아니한다(예규 제11호 「행정구역, 토지명칭 또는 지번의 변경에 따른 경정방법」 4).

지번(地番)의 변경(무번지가 번지를 갖게 된 경우를 포함한다)은 토지의 분필·합필, 구획정리 등에 의한 지번의 변경·정리 등에 의하여 발생하나, 이것은 일반에게 공지되는 사항에 속하지 아니한다. 따라서 지번의 변경이 있는 때마다, 시·읍·면의 장은 등록부의 기록을 경정하여야 하는 것이다(§19②).

행정구역이나 지번 또는 그 명칭이 변경된 때에는 그 시행일 15일 전까지 법원에 보고한 후(규칙 §14①), 시(구)·읍·면의 장은 등록기준지란에 기록된 행정구역이나 토지의 명칭 또는 지번을 직권으로 경정하여야 한다(동 §67①). 일반등록사항란의 기록은 경정하지 않는다(예규 제11호 1). 등록부의 기록을 경정하는 경우에는, 정정방법을 준용하여 새로운 사항을 바로 기록한다(규칙 §67③, §66). 등록기준지란의 경정사유는 가족관계등록부사항란에 기록한다(예규 제11호 2). 또한 법령의 변경 그밖의 사유로 등록기준지 이외의 등록부의 기록을 경정하는 경우에도 직권경정절차에 의한다(규칙 §67②③). 이때에는 감독법원의 허가 없이 경정하며, 직권정정서의 작성 또한 필요하지 않다.

등록부에 기록되어 있는 사항 중 단기 연호가 발견된 때에는, 시(구)·읍·면의 장은 서기 연호로 경정한다(예규 제36호「단기 연호의 경정」).

Ⅲ. 등록부의 폐쇄

1. 폐쇄의 의의와 사유

등록부 폐쇄는 호적법상의 특정인의 호적에 대한 제적과 말소 양자를 모두 포괄하는 용어이다. 본인이 사망하거나 실종선고·부재선고를 받은 때, 국적을 이탈하거나 상실한 때(종전의 제적사유)에는 등록부를 폐쇄한다(§11②). 그 밖에 등록부가 이중으로 작성된 경우, 착오 또는 부적법하게 작성된 경우, 정정된 등록부가 이해관계인에게 현저히 부당하다고 인정되어 재작성하는 경우(종전의 말소사항)에도 등록부를 폐쇄한다(규칙 §17②). 폐쇄된 등록부는 법원행정처장이 보관·관리한다(§11③).

2. 폐쇄의 방법

시·읍·면의 장이 등록부를 폐쇄하는 때에는 가족관계등록부사항란과 일반등록사항란에 그 취지와 폐쇄사유를 기록하고, 이를 등록사항별 증명서로 발급하는 경우에는 증명서의 우측상단에 '폐쇄'라는 문자가 기록되게 한다(규칙 §65). 등록부가 폐쇄된 사람의 가족인 부, 모, 배우자 또는 그 자녀의 가족관계증명서나 혼인관계증명서 등의 특정등록사항란 각 성명란에 사망 등의 폐쇄사유를 표시하여, 이미 그 사람의 등록부가 폐쇄된 사실이 표시된다. 등록부 재작성의 절차를 완료한 때에도 기존의 등록부에 폐쇄의 표시를 한 후 폐쇄등록부로서 관리하나(예규 제289-7호 「가족관계등록부의 재작성에 관한 사무처리지침」 §6 ④), 이는 본래 의미의 폐쇄는 아니다.

3. 폐쇄등록부의 부활

등록부 폐쇄사유가 없음에 불구하고 잘못 폐쇄된 경우에는, 등록부 정정의 형태로 폐쇄된 등록부를 부활하여야 한다. 등록부가 작성되지 아니한 갑이 사망하였는데 을에 대한 사망신고가 이루어져 을의 등록부가 폐쇄된 후 을의 등록부에 대한 정정절차가 있는 경우(예규 제242호 「갑이 사망하였는데 을에 대한 사망신고를 한 경우의 정정」), 사망 후 1시간 이내에 사망신고를 하여 수리되고 등록에 기록을 완료한 후 그 사망자가 다시 살아나 등록부 정정절차가 있는 경우(예규 제243호 「사망신고가 수리된 후에 다시 살아난 경우의 정정」), 이중등록부 폐쇄의 경우 존치되어야 할 등록부가 잘못 폐쇄된 경우(예규 제289-17호 「이중가족관계등록부의 직권정리에 관한 사무처리지침」) 등이다.

Ⅳ. 등록부의 복구와 재작성

1. 등록부의 멸실과 복구

호적용지로 작성된 호적의 전부 또는 일부가 멸실하였을 때 또는 멸실의 우려가 있을 때에, 멸실 전의 상태로 회복하거나 완전하게 보충하는 절차를 호적의 재제(再製)·보완이라 한다(호 §13). 또한 정보처리시스템에 의하여 기록된 호적·제적 및 그밖의 호적 정보의 전부 또는 일부가 손상되었을 때에는, 중앙관리소의 전산운영책임공무원은 즉시 법원행정처장에게 보고하고 부본 자료에 의하여 복구하여야 하는데, 복구가 불가능한 때에는 호적법 제13조에서 규정한 호적 등이 멸실된 경우로 보아(호시 §23의2), 재제·보완의 절차를 밟아야 한다. 종전의 호적법 규정에 따른 제적부 또는 부칙 제3조에 따라 제적된 전산호적부 및 이미지 전산호적부에 관한 등록사무의 처리는 종전의 호적법 규정에 따르므로(부칙 §4 본문), 현재도 재제·보완의 절차를 따라야 할 경우가 발생할 수 있다.

등록전산정보자료의 일부 또는 전부가 손상되었을 때에는, 전산운영책임관은 즉시 법원행정처장에게 보고하고, 중앙관리소에 작성·보관·관리하고 있는 부본 자료에 의하여 복구하여야 한다. 이 경우 정상적인 전산정보처리조직의 운영이 불가능할 때에는, 전산정보처리조직이 복구될 때까지 부본 자료에 의하여 운영할 수 있다(규칙 §6②). 법원행정처장은 전산운영책임관의 등록전산정보자료의 손상보고가 있는 때에, 그 등록전산정보자료의 복구가 불가능한 경우에는 지체 없이 그 사실을 각 고시하고 등록부의 재작성에 관한 필요한 승인과 처분을 하여야 한다(규칙 §20).

등록전산정보자료와 부본 자료의 각 일부 또는 전부가 동시에 손상된 경우에는, 전산책임운영관은 가족관계정보자료가 손상된 사람 또는 그 이해관계인에게 멸실고시 등의 방법으로 등록 일제신고기간을 정하여 신고하도록 하고, 신고한 자료와 대법원의 등록정보자료, 시·읍·면의 제적 등을 기초로 정보시스템을 복구하여야 한다(규칙 §6③). 이때에도 법원행정처장은 등록전산정보자료와 등록전산정보 부본 자료의 각 일부 또는 전부가 동시에 손상된 경우에는, 지체 없이 그 사실을 각 고시하고 등록부의 재작성에 관한 필요한 승인과 처분을 하여야 한다(규칙 §20).

2. 등록부의 재작성

등록전산정보자료에 대한 멸실고시에 의하여 등록부가 재작성되는 경우 외에도, 이해관계인의 신청에 의하여 등록부가 재작성되는 경우가 있다. 예컨대 시(구)·읍·면의 장의 잘못 또는 당사자 한쪽이나 제3자의 범법행위에 의해 등록부의 기록이 잘못되고, 잘못 기록된 내용이 후에 올바르게 정정되더라도, 그 정정사유 등은 등록부 기록에 그대로 남게 된다. 등록사항별 증명서를 통해 그러한 사실이 공시되는 것은, 인권침해의 소지가 크며 이해관계인에게 현저히 부당한 결과를 초래할 수 있기 때문에, 이해관계인의 신청에 의한 등록부 재작성이 인정되고 있는 것이다.

(1) 이해관계인의 신청에 의한 등록부 재작성 사유

다음의 사유가 있는 때에는 등록부상의 이해관계인은 등록부 재작성 신청을 할 수 있다.

① 당사자 사이에 혼인(입양)의사의 합의가 없음을 원인(민 §815 i, §883 i)으로 하는 혼인(입양)무효판결에 의한 등록부 정정신청으로 해당 등록부가 정정된 때

② 시(구)·읍·면의 장이 등록부에 잘못 기록하였으나 그 기록 내용이 후에 올바르게 정정된 경우 등에 있어 이해관계인의 신청이 있는 다음 어느 하나에 해당하는 등록부

i) 갑남이 을녀와 혼인한 것으로 신고된 것을 잘못하여 다른 사람인 병녀와 혼인한 것으로 기록하였다가 후에 이를 정정회복한 등록부

ii) 갑·을 부부가 이혼한 것으로 신고된 것을 잘못하여 병·정 부부가 이혼한 것으로 기록하였다가 후에 이를 정정회복한 등록부

iii) 갑에 대한 사망신고를 잘못하여 다른 생존자인 을에 대하여 사망기록을 하였다가 후에 이를 정정회복한 등록부

③ 등록부 정정이 이루어진 등록부로서 위 i), ii)에 해당되지 아니하는 등록부 중 관할 가정법원장(지방법원장)이 그 정정사유 등이 기록되어 있는 해당 등록부를 그대로 존치하여 공시하는 것이 사회통념상 이해관계인에게 현저하게 부당하다고 인정하는 때

④ 가족관계등록전산정보처리조직 자료구축과 관련, 구 호적전산정보처리조직상의 호적기재사항에 의하여 등록부를 작성하는 과정에서 잘못 이기한 등록부의 기록사항에 대하여 이해관계인의 신청에 의한 간이직권정정이 이루어졌거나, 시(구)·읍·면의 장에 의한 직권정정이 완료된 후 이해관계인의 재작성신청 또는 직권재작성의 필요가 있는 때

⑤ 등록부 등록사항별 증명서 중 가족관계증명서와 관련하여 호적부 전산화 이전에 분가한 후, 분가 전 호적이 전적 등의 사유로 새로이 편제된 경우와 같이, 전산호적부상의 가족이 아니어서 가족관계증명서에 가족으로 구성되지 않은 경우, 등록부의 기록사항에 대하여 이해관계인의 신청에 의한 간이직권정정이 이루어졌거나 시(구)・읍・면의 장에 의한 직권정정이 완료된 후 이해관계인의 재작성신청 또는 직권재작성의 필요가 있는 때(예규 제289-7호 §2 i ~iv, vi).

(2) 이해관계인의 등록부 재작성신청

위의 사유로 등록부를 재작성하고자 하는 해당 등록부상의 이해관계인은, 시(구)・읍・면의 장에게 등록부 재작성신청을 하여야 한다. 다만, 시(구)・읍・면의 장의 잘못으로 인한 경우를 제외하고는 등록부 정정신청과 동시에 이를 신청할 수 있다(동 §3①).

등록부 재작성신청서에는 재작성신청인과 신청연월일 및 그 사유, 재작성신청인과 등록부에 잘못 기록된 사람과의 관계가 기재되어야 하며, 등록부 정정신청과 동시에 하는 경우를 제외하고는 신청인이 이해관계인임을 소명하는 등록부의 등록사항별 증명서 등을 첨부하여야 한다. 혼인(입양)무효판결에 따른 등록부 재작성신청서에는 혼인(입양)무효판결과 그 확정증명 및 그 혼인(입양)무효가 한쪽 당사자나 제3자의 범죄행위를 원인으로 하여 이루어진 경우에는 이를 소명하는 서면(예컨대, 형사판결문 또는 검사의 기소유예처분 결정문 등)을 첨부하여야 한다. 위 ③의 사유로 인한 등록부 재작성신청서에도 그 등록부 정정이 한쪽 당사자나 제3자의 범죄행위를 원인으로 하여 이루어진 경우에는, 이를 소명하는 위와 같은 서면을 첨부하여야 한다(동 §3②③).

(3) 시(구)・읍・면의 장의 재작성 승인신청

등록부상의 이해관계인으로부터 등록부 재작성신청을 받은 시(구)・읍・면의 장은, 관할 가정법원장(지방법원장)에게 등록부 재작성 승인신청을 하여야 한다. 다만 등록부 정정신청과 동시에 신청하는 때에는 등록부 정정절차를 완료한 후에 그 승인신청을 하여야 한다. 승인신청서에는 재작성신청서(첨부서면을 포함한다)의 사본이 첨부되어야 한다(동 §4).

(4) 등록부 재작성의 승인절차

1) 이해관계인의 등록부 재작성신청의 경우

등록부상의 이해관계인의 등록부 재작성 신청에 따라 등록부를 재작성하는 경우(직권에 의한 재작성을 포함한다)에, 시(구)·읍·면의 장은 감독법원에 재작성의 방법에 관한 품신(稟申)을 하여야 한다. 품신을 받은 감독법원은 즉시 필요한 조사를 하여야 하고, 가정법원장(지방법원장)은 재작성에 관한 승인을 한 후, 승인신청을 한 시(구)·읍·면의 장에게 승인통지를 하여야 한다(동 §5①).

2) 멸실고시에 따른 등록부 재작성의 경우

규칙 제20조에 따른 멸실고시에 따른 등록부 재작성에 필요한 승인과 처분은 다음의 규정에 따른다(동 §5②).

① 법원행정처장은 등록부의 등록전산정보자료와 등록전산정보 부본 자료의 각 일부 또는 전부가 동시에 손상되어 규칙 제20조에 따른 멸실고시를 하여야 할 경우에는, 예규 제289호에 정한 서식에 따라 손상된 등록부의 등록기준지를 관할하는 시(구)·읍·면의 게시판에 1개월 이상 게시하여야 한다. 이와 함께 ㉮ 법원게시판 게시, ㉯ 관보 또는 일간신문 게재, ㉰ 전자통신매체를 이용한 고시 중 어느 하나의 방법으로 고시하여 손상된 등록부에 관한 이해관계인들에 대하여 등록부 재작성에 필요한 소명자료들을 신고하도록 한다.

② 법원행정처장은 규칙 제20조에 따른 멸실고시를 한 때에는, 해당 등록부가 가족관계등록법 부칙 제3조에 따라 호적전산자료를 바탕으로 작성된 것일 경우에는, 작성의 바탕이 되었던 호적의 본적지를 관할하는 시(구)·읍·면의 장에 대하여 그 시(구)·읍·면에 보관하고 있는 재작성에 필요한 자료(제적 등의 사본)들을 송부하게 하여야 한다. 시(구)·읍·면의 장은 위 재작성에 필요한 자료 및 손상된 등록부에 관한 이해관계인들로부터 제출된 멸실회복신고서를 법원행정처에 송부하여야 한다.

③ 법원행정처는 시(구)·읍·면의 장으로부터 송부받은 제적 등의 사본 및 신고자료, 법원이 보유하고 있는 등록전산정보자료 등을 바탕으로 전산정보처리조직상의 손상된 등록부를 재작성한다.

④ 위와는 달리, 법원행정처장은 등록부의 등록전산정보자료와 등록전산정보 부본 자료의 일부에 손상이 발생하였고, 해당 등록부의 등록기준지 관할 시

(구)・읍・면의 장이 재작성하는 것이 업무처리의 효율을 기할 수 있다고 판단되는 때에는, 해당 시(구)・읍・면의 장으로 하여금 재작성하게 할 수 있다. 이 때 재작성에 필요한 자료(법원이 보유하고 있는 등록전산정보자료 등)는 바로 해당 시(구)・읍・면에 송부되도록 조치할 수 있다. 다만, 이 경우 가정법원장(지방법원장)은 해당 시(구)・읍・면의 장에게 승인통지를 하여야 한다.

(5) 등록부 재작성의 방법

등록부 재작성시 이기범위는, 규칙 제20조의 멸실고시에 의한 경우를 제외하고는, 정정이 된 해당 등록부 기록사항과 그 정정에 관한 기록은 이를 이기하지 아니한다. 나머지 기록사항은 모두 그대로 이기한다(동 §6①).

등록부 재작성을 완료한 후 기록되어야 할 사항을 빠뜨린 것을 발견한 경우에, 폐쇄등록부 등의 재작성자료가 있는 때에는 시(구)・읍・면의 장이 제18조 제2항에 따라 감독법원의 허가를 받아 직권으로 기록하고, 위 재작성자료가 없는 때에는 이해관계인 또는 사건 본인이 제104조와 제105조에 따라 가정법원의 허가를 받아 등록부 정정을 신청할 수 있다(동 §6②).

등록부를 재작성한 경우에는 가족관계등록부사항란에 재작성사유를 기록하여야 한다(동 §6③). 등록부상의 이해관계인의 등록부 재작성신청에 따라 등록부를 재작성하는 경우(직권에 의한 재작성을 포함한다)에, 등록부 재작성의 절차를 완료한 때에는, 기존의 등록부에 폐쇄의 표시를 한 후 폐쇄등록부로서 관리한다(동 §6④). 그 중 혼인(입양)무효판결에 따른 등록부 재작성, 시(구)・읍・면의 장이 등록부에 잘못 기록하여 정정한 경우의 등록부 재작성, 그밖에 가정법원장(지방법원장)이 그 정정사유 등이 기록되어 있는 해당 등록부를 그대로 존치하여 공시하는 것이 사회통념상 이해관계인에게 현저하게 부당하다고 인정한 때의 등록부 재작성 절차가 완료되어 폐쇄등록부로 관리하게 된 기존의 등록부에 대하여는 증명서가 발급되지 아니한다(동 §8①).[16]

(6) 재작성 등록부 목록의 송부와 조사

등록부상의 이해관계인의 등록부 재작성 신청에 따라 등록부를 재작성하

---

16) 따라서 재작성 절차의 완료로 폐쇄등록부로 관리하게 된 등록부에는 그 가족관계등록부사항란에 "「대법원 가족관계등록예규」 제41호에 따른 폐쇄로 증명서 발급불가"라는 문구를 기록한 후 관리하게 된다(예규 제41호 §8②).

는 경우(직권에 의한 재작성을 포함한다)에, 시(구)・읍・면의 장이 등록부를 재작성한 때에는, 재작성으로 인하여 폐쇄된 등록부와 재작성으로 인하여 새로 작성된 등록부의 목록을 작성하여 다음달 10일까지 감독법원에 송부하여야 한다. 위 목록을 송부 받은 감독법원은 재작성으로 인하여 폐쇄된 등록부와 재작성으로 인하여 새로 작성된 등록부를 전산정보처리조직을 통해 대조하여 재작성이 올바로 이루어졌는지를 조사하고, 잘못된 점이 있으면 시정 조치하여야 한다(규칙 §70)(예규 제41호 §7).

3. 등록부의 작성

현재의 등록부는 2007년 12월 31일자의 전산호적을 바탕으로 하여 작성되었다. 전산호적은 그 이전의 종이로 만들어진 호적부를 전산 이기한 것이다. 따라서 이 호적부의 전부 또는 일부가 멸실되어 호적에 등재될 수 없었던 사람은, 호적을 재제・보완하여 그에 추완 기재할 수 있을 것이다. 이에 대한 특례로서 등록부 작성제도가 인정되고 있다. 일제 강점, 6・25전쟁 등 사변으로 사망한 희생자로서 호적부 소실로 호적 등재가 누락되어 등록부가 작성되지 아니한 사람에 대한 특례이다.

일제강점하강제동원피해진상규명위원회에서 피해자로 결정된 사람으로서, 일제 강점 하 강제동원 피해로 인하여 등록부가 작성되어 있지 아니하거나 등록부에 사실과 다르게 기록된 경우, 피해자 또는 유족은 시(구)・읍・면의 장에게 등록부의 작성(정정)신청서를 제출하여야 하며, 이를 수리한 시(구)・읍・면의 장은 등록부의 작성이나 기록의 정정을 할 수 있다(「일제강점하 강제동원피해 진상규명 등에 관한 특별법」 §22, 대법원 규칙 제2121호 「일제강점하 강제동원피해 진상규명 등에 관한 특별법에 의한 가족관계등록 사무처리 규칙」 §3~§5, 예규 제202호 「일제강점하 강제동원피해 진상규명 등에 관한 특별법에 의한 가족등록사무처리규칙」에 따른 사무처리지침」). 제주4・3사건진상규명및희생자명예회복위원회에서 희생자로 결정된 사람으로서, 제주4・3사건으로 호적이 소실된 후 해당 호적의 재제과정에서 재제누락, 등재누락 또는 사실과 다른 기재로 인하여 등록부가 작성되어 있지 아니한 사람, 등록부에 사실과 다르게 기록된 사람에 대하여도 희생자 또는 유족이 등록부의 작성(정정)신청서를 제출하면 등록부의 작성과 정정이 행해진다(「제주4・3사건 진상규명 및 희생자명예회복에 관한 특별법」

§11, 대법원규칙 제2122호 「제주4·3사건 진상규명 및 희생자명예회복에 관한 특별법에 의한 가족관계 등록사무처리규칙」 §3~§5, 예규 제289-16호 「제주4·3사건 진상규명 및 희생자명예회복에 관한 특별법에 의한 가족관계등록사무처리규칙」에 의한 가족관계등록사무의 처리방법」). 노근리사건의 희생자에 대하여도 같은 절차가 취해질 수 있다(「노근리사건 희생자 심사 및 명예회복에 관한 특별법」 §12, 대법원규칙 제2120호 「노근리사건희생자심사및명예회복에관한특별법에 의한 가족관계등록사무처리규칙」 §3~§5, 예규 제289-14호 「「노근리사건희생자심사및명예회복에관한특별법에 의한 가족관계등록사무처리규칙」에 따른 사무처리지침」). 한편 거창사건 등의 희생자로서 호적부 소실로 호적 등재시 누락된 사람에 대하여는 등록부의 작성 신청만 인정된다(「거창사건 등 관련자의 명예회복에 관한 특별조치법」 §6, 「거창사건 등 관련자의 명예회복에 관한 특별조치법 시행령」 §12, 예규 제289-15호 「「거창사건 등 관련자의 명예회복에 관한 특별조치법」에 의한 가족관계등록사무의 처리방법」).

사망자에 대한 등록부는 작성과 동시에 폐쇄된다. 등록부 작성에 대하여는 규칙 제20조에 따른 등록부 재작성 승인을 받지 않아도 된다.

Ⅴ. 등록사무의 처리와 전산정보중앙관리소

1. 신고지주의

등록사무는 가족관계의 발생 및 변동사항의 등록에 관한 신고 등을 접수하거나 수리한 신고지의 시·읍·면의 장이 처리한다(§4). 호적법 하에서는 신고 사건에 대한 본적지 처리원칙에 따라 본적지 외의 호적관서에 신고 사건이 접수되면, 접수지관서는 이를 본적지 호적관서에 송부하고, 본적지 호적관서는 이를 송부받아 처리하는 것이 원칙이었다. 그러나 호적전산화가 완료된 이후에는 본적지나 관할에 상관없이 전국의 어느 호적관서에서든지 신고를 받고 이를 심사하여 전산으로 입력할 수 있게 됨으로써 본적지 처리원칙을 유지할 필요가 없게 되었다.

등록사무가 신고지의 등록사무 처리관서의 전산정보처리조직에 의하여 입력・처리됨에 따라 가족관계등록법도 신고지(접수지) 처리원칙을 따르고 있다. 다만, 재외국민의 경우에는 재외공관에서의 등록사무처리가 불가능하므로, 재외공관의 장은 접수한 신고서류를 등록기준지 시・읍・면의 장에게 송부하여 처리하게 된다(§36).

2. 전산정보중앙관리소

시・읍・면의 장은 등록사무를 전산정보처리조직에 의하여 처리하여야 한다(§11①). 이렇게 처리된 개인의 가족관계등록사항에 관한 전산정보는 법원행정처에 설치되어 있는 전산정보중앙관리소에 의하여 집중관리된다. 전산정보중앙관리소는 등록부 등의 보관과 관리, 전산정보처리조직에 의한 등록사무처리의 지원 및 등록전산정보자료의 효율적인 활용을 위한 역할과 활동을 한다(§12①, 규칙 §5①).[17]

법원행정처장은 전산정보중앙관리소에 전산운영책임관을 두고 정보시스템을 종합적으로 관리・운영하여야 하며(규칙 §5②), 필요시 전산정보중앙관리소에 소속된 공무원으로 하여금 가족관계증명서 등 등록에 관한 각종 증명서의 발급사무를 담당하게 할 수 있다(§12②). 이 경우에는 증명서를 전산운영책임관의 명의로 발급하며(규칙 §6④), 증명서발급절차 등의 필요한 사항은 예규로 정한다(동 §6⑤, 예규 제278호 「등록사항별 증명서의 발급 등에 관한 사무처리지침」 참조). 또한 재외공관에서 전산정보처리조직에 의하여 제적 등 등・초본 및 등록사항별 증명서의 교부를 하는 경우에는 전산운영책임관이 그 발급자가 된다(규칙 §6④, 예규 제278호 §19).[18] 이는 재외공관에서의 등록사항별 증명서 발급이나 그밖에 어느 특정 가족관계등록관서에서 전적으로 증명서를 발급하는 것이 적절하지 않은 경우를 대비한 것이다.

17) 전산정보중앙관리소의 구체적인 역할과 가능은 ① 등록부 등과 부본자료의 보관・관리, ② 등록부 등의 색인정보 관리, ③ 사용자정보관리, ④ 각종 코드와 기재례 관리, ⑤ 유관기관과의 정보 연계, ⑥ 가족관계등록통계정보관리, ⑦ 시스템 프로그램의 유지・보수, ⑧ 정보처리 요구사항과 장애내용 접수 및 그 대응과 기술지원, ⑨ 가족관계등록정보 보존관리, ⑩ 가족관계등록정보 보안관리 등이다.

18) 2007년까지 3개소의 재외공관[일본 주재의 도쿄(東京), 후쿠오카(福岡), 오사카(大阪)의 각 영사관]에서 시행하던 전산호적등본 발급서비스에서는 대법원 소재지인 서초구청장 명의로 호적등본이 발급되었다.

Ⅵ. 등록자료의 이용과 증명서의 교부

1. 등록자료의 이용과 개인정보의 보호

개인의 신분관계를 등록하여 이를 공시·공증한다는 신분등록제도의 기본 취지를 감안한다면 등록부의 일반 공개는 불가피하다. 그러나 이로 인한 프라이버시의 침해는 방지되어야 한다.

또한 가족관계등록에 관한 개인의 신분에 관한 전산정보는 다른 행정전산정보보다 기록된 내용이 광범위하고 구체적이기 때문에, 가족관계등록전산정보자료에 대한 접근은 다른 행정정보와는 달리 기본적으로 개인은 물론, 국가기관일지라도 제한되어야 할 필요성이 크다. 국가기관이나 공공기관이 행정 편의를 이유로 가족관계등록 전산정보자료를 이용하고자 하는 경우에 그 이용절차를 엄격하게 규정하여, 대량의 가족관계등록정보이용을 통한 무분별한 가족관계등록정보의 오·남용을 방지할 수 있어야 한다. 일반 국민에 의한 가족관계등록전산정보의 침해 가능성은 증명서 발급요건의 심사절차를 통해 어느 정도 해결될 수 있을 것이나, 국가기관이나 공공기관이 대량의 가족관계등록정보를 이용하거나 활용하고자 할 경우에는, 엄격한 제한절차를 거치도록 하여 가족관계등록전산정보의 오·남용을 막기 위한 통제장치를 마련해야 할 필요성이 크다.

등록전산정보자료를 이용 또는 활용하고자 하는 사람은 관계 중앙행정기관의 장의 심사[19]를 거쳐[20] 법원행정처장의 승인[21]을 받아야 하고, 중앙행정기관의 장이 등록전산정보자료를 이용하거나 활용하고자 하는 경우에는 법원

---

19) 등록전산정보자료를 이용 또는 활용하려는 사람은 ① 자료의 이용 또는 활용의 목적과 근거, ② 자료의 범위, ③ 자료의 제공방식·보관기관 및 안전관리대책에 관한 사항을 기재하여 관계 중앙행정기관의 장에게 그 심사를 신청하여야 하며, 이 경우 신청할 수 있는 자료는 필요한 최소한의 범위에 한한다(규칙 §26①).

20) 신청을 받은 관계 중앙행정기관의 장은 ① 신청 내용의 타당성·적합성·공익성, ② 개인의 사생활 침해의 가능성 및 위험성 여부, ③ 자료의 목적 외 사용방지 및 안전관리대책 확보 여부에 관하여 심사한 후 그 심사결과를 신청인에게 알려야 한다(규칙 §26②).

21) 등록전산정보자료를 이용 또는 활용하려는 사람은 중앙행정기관의 심사결과를 첨부하여 법원행정처장에게 승인신청을 하여야 한다(규칙 §26③ 본문).

행정처장과 협의하여야 한다(§13①).[22] 법원행정처장은 신청 내용의 타당성·적합성·공익성 등 부당한 목적을 위한 정보 요청인지의 여부를 판단하고, 정보시스템에 의하여 신청한 사항의 처리가 가능한지와 신청한 사항의 처리가 등록사무처리에 지장이 없는지의 여부를 심사하여야 한다(규칙 §26④). 그리고 심사한 결과 신청을 승인하거나 협의가 이루어진 때에는 법원행정처장은 전산정보자료제공대장에 그 내용을 기록·관리하여야 한다(동 §26⑤).

제공된 가족관계등록 전산정보자료를 이용 또는 활용하고자 하는 사람은 본래의 목적 이외의 용도로 이용하거나 활용하여서는 아니 된다(§13②). 이를 위반할 경우에는 3년 이하의 징역 또는 1천만원 이하의 벌금에 처한다(§117ⅱ).

2. 등록사항별 증명서의 교부

(1) 증명서의 종류와 기록사항

전산처리되는 등록부에는 가족관계등록법규가 정한 개인의 신분관계에 관한 모든 사항이 기록되어 관리된다. 따라서 이를 그대로 열람하게 하거나 증명서로 발급하게 하는 것은 필요 이상의 개인신분정보를 공개하는 것으로, 사생활 비밀에 대한 침해가 발생할 수 있다. 물론 등록부에는 원부 개념이 없기 때문에 그 자체가 증명서로 발급되지는 아니한다(등록부와 증명서의 이원화). 그러나 등록부를 관리하거나 등록사무를 처리하는 사람이 등록부에 기록된 신분정보를 타인에게 임의로 제공하거나 부당한 목적으로 이용할 수도 있으므로 이를 금지토록 하고(§11⑥), 이에 위반할 경우에는 3년 이하의 징역 또는 1천만원 이하의 벌금에 처하도록 하고 있다(§117ⅰ). 또한 개인의 신분관계를 공시·공증하기 위하여 발급하는 증명서의 발급도 필요사항만을 기재하는 방식을 취하고, 등록부의 기록사항에 관하여 발급할 수 있는 증명서를 가족관계증명서, 기본증명서, 혼인관계증명서, 입양관계증명서, 친양자입양관계증명서로 한정하고(§15①) 그 교부에도 제한을 가하고 있다(§14). 이는 개인의 신분정보보호를 위해서이다.

본인이라 하더라도 증명 목적에 따라 필요한 해당 증명서를 개별 증명서로 발급받을 수밖에 없으며(규칙 §21⑧), 전부 증명서는 발급되지 아니한다.

---

22) 이 경우 중앙행정기관의 장은 자료이용 또는 활용의 목적과 근거 등을 기재한 서면을 제출하고 협의를 요청하여야 한다(규칙 §26③ 단서).

증명서는 법원행정처장이 정한 등록사항별 기재례에 따라 발급된다(동 §21⑨). 각 등록사항별 증명서의 내용과 그 특징 및 기재사항에 대하여 살펴본다.

1) 가족관계증명서

본인과 가족의 신분사항을 증명하기 위한 증명서로서, 여기에는 등록기준지란과 특정등록사항란만이 있는 것이 원칙이다. 가족관계증명서에는 본인을 기준으로 부모·양부모, 배우자, 자녀(양자녀 포함)가 기록되며, 이들의 특정등록사항(성명, 성별, 본, 출생연월일, 주민등록번호)만이 표시된다(§15① i). 형제자매는 법률상 가족이나(민 §779) 본인의 가족관계증명서에는 기록되지 아니한다. 형제자매관계는 부모의 가족관계증명서를 통하여 증명된다.

특정등록사항란에 기록될 각 사항에 대한 변동이 있을 경우에는, 각 가족의 등록부에서 정정 또는 변경하여 업데이트하게 되고, 본인의 가족관계증명서를 발급할 때 연결정보에 의하여 해당 업데이트된 정보가 현출되어 증명서로 발급된다. 따라서 발급된 가족관계증명서의 특정등록사항란은 발급될 당시를 기준으로 유효한 정보만을 증명하게 된다. 이러한 특정등록사항란은 가족관계증명서에만 있는 것이 아니라 각 등록사항별 증명서에 공통적으로 존재한다. 기본증명서에는 본인, 혼인관계증명서에는 본인과 배우자, 입양관계증명서에는 본인, 양부모, 양자녀, 친양자입양관계증명서에는 본인, 친생부모, 양부모, 친양자녀 등의 각 특정등록사항란이 있다.

가족관계증명서에 기록된 가족은 현재 유효한 가족관계에 있는 사람을 표시한다(규칙 §21⑦). 즉, 배우자의 경우 혼인(무효)취소 또는 이혼한 경우나, 양부모의 경우 입양(무효)취소 또는 파양의 경우 그 배우자, 양부모는 등록부의 특정등록사항란에서 말소되어 위 가족관계증명서의 특정등록사항란에 기록되지 아니한다. 다만, 가족이 사망, 국적상실, 부재(실종)선고에 해당하는 경우에는 이 가족은 그대로 두고, 성명란 옆에 사망 등의 사유가 기록되어 증명서로 발급된다(규칙 §21⑥). 위의 사유는 친족관계의 소멸원인이 아니기 때문이다.

가족관계증명서에는 다른 4종류의 증명서에 있는 일반등록사항란이 없는 것이 원칙이다. 가족관계증명서는 현재의 유효한 가족관계만을 증명하기 위한 것이므로 가족의 신분변동사항이 기록될 필요가 없고, 그 상세한 변동사항은 다른 각 증명서의 일반등록사항란에 기록되기 때문이다. 그러나 예외적으로 등록부를 작성하는 과정에서 발생하는 착오로 인한 기재나 누락 등을 정정하는 경우에는, 일반등록사항란을 만들어 그 곳에 이러한 정정사유를 기록하게 된다. 착오로 인한 기록 또는 누락된 가족을 나중에 정정한 경우에는 그 정정사유가 기록될 증명서가 따로 없음을 감안한 것이다. 또한 가족관계증명서 어디에도 정정된 정정사유가 기록되지 아니하면, 정정 전후의 가족사항이 서로 일치되지 않는 사유를 알 수 없게 되는 결과, 상속관계 등에서 혼란이 발생할

[규칙 별지 제1호 서식]

가 족 관 계 증 명 서

등록기준지	서울특별시 영등포구 여의도동 1번지의 1234

구 분	성 명	출생연월일	주민등록번호	성별	본
본 인	김본인(金本人)	1965년 01월 01일	650101-1234567	남	金海

가족사항

구 분	성 명	출생연월일	주민등록번호	성 별	본
부	김일남(金一男)	1941년 02월 01일	410201-1555555	남	金海
모	이일녀(李一女)	1938년 03월 01일	380301-2333333	여	全州
양 부	김양부(金良夫)	1940년 04월 01일	400401-1333333	남	金海
양 모	이양모(李良母)	1942년 04월 02일	420402-2222222	여	全州
배우자	박여인(朴女人)	1968년 02월 02일	680202-2345678	여	密陽
자 녀	정이군(鄭二君)	1973년 11월 20일	731120-1234566	남	全州
자 녀	김일순(金一順)	1990년 01월 01일	900101-2777777	여	金海
자 녀	김순희(金順嬉) 사망	1995년 11월 11일	951111-2888888	여	金海
자 녀	김상준(金尙俊)	1999년 05월 08일	990508-1325626	남	金海

위 가족관계증명서는 등록부의 기록사항과 틀림없음을 증명합니다.

년 월 일

○○시(읍·면)장 ○ ○ ○ 직 인

수 있다는 점도 고려한 것이다.

2007년 12월 31일자의 전산호적을 바탕으로 작성된 등록부의 가족관계증명서에 관하여 유의할 사항을 살펴보면 다음과 같다(예규 제259호 「가족관계등록부 작성을 위한 가족관계기록사항의 이기지침」 참조).

첫째, 특정등록사항란에 기록되는 사람은 2007년 12월 31일을 기준으로 호적에 등재되어 있는 사람에 한하며 그 전에 사망, 국적상실, 부재(실종)선고의 사유로 호적에서 제적된 사람에 대하여는 등록부를 작성하지 않으므로 가족관계증명서에 표시되지 않는다. 다만, 부모·양부모의 경우에는 사망 등의 사유로 제적되었더라도 그 성명만은 기재된다.

둘째, 본인의 부모는 호적상 동일한 가(家)에 입적되어 있었는지 여부 및 생존 여부를 불문하고 그 성명만은 기록되어 가족관계증명서가 발급된다. 이것은 호적에는 부모란이 있고 그 부모란에는 예외 없이 한글로 성명이 기재되어 있었기 때문에 가능하다. 따라서 전산호적정보를 기초로 등록부를 작성하는 과정에서 부모의 특정등록사항 모두가 전산적으로 자동구성되지 않더라도 부모는 한글로 성명만은 기재된다. 물론 전산적으로 자동구성이 가능한 경우에는, 부모의 특정등록사항이 모두 기록된 증명서가 발급될 수 있다. 다만, 이 경우에도 생존한 부모의 경우에만 특정등록사항이 모두 기록되고 사망하였다면 성명만 기록된다.

셋째, 전산호적에는 표시되어 있지 아니하였던 가족 예컨대 이혼 후 재혼한 여자의 경우 인수입적(가봉자입적)하지 아니하였던 전혼 배우자의 소생자녀, 인지에 의하여 부의 호적에 입적되어 있던 혼인 외의 자녀 등은 가족관계증명서에 기록된다.

2) 기본증명서

등록부의 기본이 되는 증명서로서, 여기에는 본인의 등록기준지와 특정등록사항(성명, 성별, 본, 출생연월일, 주민등록번호)이 기록되고, 본인에 관한 기본적인 등록사항인 출생, 국적, 개명, 친권, 사망 등이 기록된다(§15① ii). 즉, 혼인, 입양, 친양자입양에 관한 사항을 제외한 나머지 법과 규칙이 규정하는 본인의 기록사항에 관한 사항을 기록하는 증명서이다. 기본증명서에 기록되는 사항도 발급 당시의 상태만 표시하게 된다. 따라서 성과 본의 변경이 있는 경우, 변경된 성과 본이 기재되고 변경 전의 성과 본은 표시되지 아니한다.

[규칙 별지 제5호 서식]

기 본 증 명 서

등록기준지	서울특별시 영등포구 여의도동 1번지의 1234

구 분	상 세 내 용
작 성	[등록부 작성일] 2008년 01월 01일 [작성사유] 가족관계의 등록 등에 관한 법률 부칙 제3조 제1항
변 경	[변경일] 2008년 01월 03일 [전 등록기준지] 서울특별시 관악구 봉천동 100번지의 3 [처리관서] 서울특별시 영등포구

구 분	성 명	출생연월일	주민등록번호	성별	본
본 인	김본인(金本人)	1965년 01월 01일	650101-1234567	남	金海

일반등록사항

구 분	상 세 내 용
출 생	[출생장소] 서울특별시 중구 명동 1234번지 [신고일] 1968년 02월 15일 [신고인] 부
국적회복	[국적회복허가일] 1975년 01월 02일 [국적회복전국적] 미국 [신고일] 1975년 01월 03일 [신고인] 김일남 [송부일] 1975년 01월 03일 [송부자] 서울특별시 관악구청장
개 명	[개명허가일] 1976년 02월 02일 [허가법원] 서울가정법원 [신고일] 1976년 02월 05일 [신고인] 김일남 [개명전이름] 철수 [개명후이름] 본인
정 정	[직권정정서작성일] 2008년 03월 01일 [정정일] 2008년 03월 01일 [정정전 주민등록번호] 650101-1234578 [정정후 주민등록번호] 650101-1234567 [처리관서] 서울특별시 영등포구

위 기본증명서는 등록부의 기록사항과 틀림없음을 증명합니다.

년 월 일

○○시(읍 · 면)장 ○ ○ ○ 직 인

기본증명서에는 다른 증명서에는 없는 부분이 있는데, 등록기준지란 아래에 있는 부분으로서 '가족관계등록부사항란'이 그것이다. 여기에는 등록기준지의 지정, 변경, 또는 정정에 관한 사항이나, 등록부의 작성 또는 폐쇄에 관한 사항이 기록된다.

3) 혼인관계증명서

혼인과 관련된 신분관계의 변동사항을 증명하는 것으로서, 여기에는 본인

[규칙 별지 제2호 서식]

혼 인 관 계 증 명 서

등록기준지	서울특별시 영등포구 여의도동 1번지의 1234

구 분	성 명	출생연월일	주민등록번호	성별	본
본인	김본인(金本人)	1965년 01월 01일	650101-1234567	남	金海

구 분	성 명	출생연월일	주민등록번호	성별	본
배우자	박여인(朴女人)	1968년 02월 02일	680202-2345678	여	密陽

혼인사항

구 분	상 세 내 용
혼 인	[신고일] 1986년 01월 01일 [배우자] 전여인
이 혼	[협의이혼신고일] 1987년 04월 04일 [배우자] 전여인
혼 인	[신고일] 2008년 02월 01일 [배우자] 박여인 [배우자의 주민등록번호] 680202-2345678 [처리관서] 서울특별시 중구

위 혼인관계증명서는 등록부의 기록사항과 틀림없음을 증명합니다.

년 월 일

○○시(읍·면)장 ○ ○ ○ 직 인

의 등록기준지와 본인 및 배우자의 특정등록사항(성명, 성별, 본, 출생연월일 및 주민등록번호) 그리고, 혼인·이혼에 관한 사항이 기록된다(§15①iii). 혼인관계증명서의 특정등록사항란에는 본인과 현재 유효한 혼인관계에 있는 배우자가 기록되므로, 이혼 또는 취소 또는 무효로 된 혼인의 배우자였던 사람은 기록되지 않는다. 이들은 혼인관계증명서의 일반등록사항란에 그 사유와 함께 성명이 기록될 뿐이다.

배우자가 사망, 국적상실, 부재(실종)선고를 받아 그의 등록부가 폐쇄되더라도, 본인의 혼인관계증명서의 특정등록사항란은 그대로 두고, 성명란 옆에 그 사유가 기록된다. 이러한 사유는 친족관계의 소멸원인은 아니기 때문이다. 그러나 배우자가 사망한 후 생존배우자가 재혼하면 친족관계는 종료되므로(민 §775②), 이때에는 생존배우자의 등록부의 특정등록사항란에서 사망한 배우자가 말소되고, 가족관계증명서와 혼인관계증명서의 각 특정등록사항란에 사망한 배우자는 기록되지 아니한다. 다만, 사망한 배우자의 폐쇄등록부에는 재혼한 생존배우자를 말소하지 않고 그대로 둔다. 상속과 관련하여 사망 후 재혼하여 친족관계가 종료된 생존배우자도 사망 당시에는 정당한 상속인이었으므로 이를 공시·공증하기 위해서이다.

4) 입양관계증명서

입양과 관련된 신분변동사항을 증명하는 것으로서, 여기에는 본인의 등록기준지와 본인, 양부모, 양자녀의 각 특정등록사항(성명, 성별, 본, 출생연월일 및 주민등록번호)과 입양, 파양, 입양 무효·취소에 관한 일반등록사항이 기록된다(§15①iv). 가족관계증명서에서는 양자녀를 자녀로 표시하여 친생자녀와 구별하지 아니하나 입양관계증명서에서는 양자녀로 표시된다. 파양과 입양의 무효·취소의 경우에는 당사자의 등록부에서 상대방 당사자에 대한 특정등록사항이 말소되므로, 입양관계증명서의 특정등록사항란에는 기록되지 않고 일반등록사항란에만 그 사유가 기록된다.

[규칙 별지 제3호 서식]

입 양 관 계 증 명 서

등록기준지	서울특별시 영등포구 여의도동 1번지의 1234

구 분	성 명	출생연월일	주민등록번호	성별	본
본 인	김본인(金本人)	1965년 01월 01일	650101-1234567	남	金海

입양사항

구 분	성 명	출생연월일	주민등록번호	성별	본
양 부	김양부(金養父)	1940년 04월 01일	400401-1333333	남	金海
양 모	이양모(李養母)	1942년 04월 02일	420402-2222222	여	全州
양 자	정이군(鄭二君)	1973년 11월 20일	731120-1234566	남	全州
양 자	김상준(金尙俊)	1999년 05월 08일	990508-1325626	남	金海

구 분	상 세 내 용
입 양	[신고일] 1995년 01월 03일 [양자] 정이군
입 양	[신고일] 1997년 03월 10일 [양부] 김양부 [양모] 이양모
입 양	[신고일] 2008년 01월 03일 [양자] 김상준 [양자의 주민등록번호] 990508-1325626 [처리관서] 서울특별시 중구

위 입양관계증명서는 등록부의 기록사항과 틀림없음을 증명합니다.
단, 친양자입양관계는 친양자입양관계증명서에만 표시합니다.

년 월 일

○○시(읍·면)장 ○ ○ ○ 직 인

5) 친양자입양관계증명서

친양자입양관계증명서에는 본인의 등록기준지와 본인, 친생부모, 양부모, 친양자의 각 특정등록사항(성명, 성별, 본, 출생연월일 및 주민등록번호)과 입양, 파양, 입양 무효·취소에 관한 일반등록사항이 기록된다(§15① v). 친양자입양신고에 의하여 갑의 자녀가 타인의 친양자로 입양되는 경우에는, 갑의 등록부의 특정등록사항란에서 갑의 자녀를 말소하고 일반등록사항란에 그 사유를 기록하게 된다. 따라서 갑의 가족관계증명서에는 더 이상 친양자입양된 자녀가 나타나지 않으며, 갑의 친양자입양관계증명서에는 친양자입양된 자녀가 말소된 사유가 기록되는 것이다. 동시에 친양자입양을 한 양부모의 등록부의 특정등록사항란에 양자녀의 특정등록사항이 기록되고, 친양자입양의 사유는 일반등록사항란에 기록되며, 양부모의 친양자입양관계증명서에는 친양자입양에 관한 사항이 기록된다.

[규칙 별지 제4호 서식]

친양자입양관계증명서

등록기준지	서울특별시 영등포구 여의도동 1번지의 1234

구 분	성 명	출생연월일	주민등록번호	성별	본
본 인	김본인(金本人)	1965년 01월 01일	650101-1234567	남	金海

친양자입양사항

구 분	성 명	출생연월일	주민등록번호	성별	본
친양자	김순희(金順嬉) 사망	1995년 11월 11일	951111-2888888	여	金海

구 분	상 세 내 용
입 양	[친양자입양재판확정일] 2008년 03월 02일 [결정법원] 서울가정법원 [친양자] 정순희 [친양자의 주민등록번호] 951111-2888888 [신고일] 2008년 04월 03일 [신고인] 김본인 [처리관서] 서울특별시 영등포구

위 친양자입양관계증명서는 등록부의 기록사항과 틀림없음을 증명합니다.

년 월 일

○○시(읍·면)장 ○ ○ ○ 직인

또한 친양자로 입양된 자녀의 등록부는 폐쇄되고, 새로 만들어지는 친양자의 등록부의 부모란에 양부모의 특정등록사항이 기록된다. 이때 친생부모란에는 친생부모의 특정등록사항이 기록되며, 일반등록사항란에는 친양자입양된 사유가 기록되어 친양자의 가족관계증명서의 부모란에는 친·양부모가 기록된다. 따라서 친양자의 가족관계증명서에는 친생부모 대신 양부모가 기록된다. 이는 친양자입양으로 친생부모와의 친족관계가 모두 종료되기 때문이다(민 §908의3 ② 본문). 그러나 친양자입양관계증명서에는 친생부모와 친·양부모가 모두 기록되어 친양자입양 전후의 변동사항을 알 수 있게 된다.

(2) 증명서의 교부

호적의 전산화가 완료됨에 따라 호적공개주의원칙에 제한을 가하기 위하여 다음과 같이 호적법규가 개정된 바 있다. 즉, 2000년 12월 29일자로 호주 또는 가족 등이 아닌 신청인이 호적을 열람하거나 등·초본 및 증명의 교부를 청구하는 때에는 신청서에 청구사유를 기재하여야 하며(호 §12②, 호규 §21), 사생활의 비밀침해 등 부당한 목적이 분명한 청구인 때에는 그 열람·교부 및 증명을 거부할 수 있게 하였다(호 §12③). 그러나 청구사유에 대한 소명자료를 첨부하지 않더라도 본적만 알고 있으면 사실상 제한 없이 호적등·초본을 발급받을 수 있었고, 열람 및 등(초)본의 교부 목적이 부당한 것으로 예측된다고 하여 교부청구를 거부하지 못하여, 개인정보의 보호와 사생활의 침해를 방지할 수 없었다. 개인의 신상에 관한 민감한 사항을 담고 있는 개인신분정보는 보다 높은 단계의 정보보호가 요청되므로, 가족관계등록법에서는 증명서의 발급신청자격 및 대상 등에서 보다 엄격한 제한을 가하고 있다. 등록부 자체의 열람은 인정되지 않다. 등록부는 원본 형태가 아니라 전산데이터의 형식으로 관리되며, 전산적으로 관리되고 있는 정보를 증명서의 형태로 공개할 수 있을 뿐이기 때문이다.

1) 교부신청

① **신청인**: 본인 또는 배우자, 직계혈족, 형제자매는 수수료를 납부하고 등록사항별 증명서의 교부를 청구할 수 있다. 대리인이 청구하는 경우에는 본인 등의 위임을 받아야 한다.[23] 다만, 다음의 경우에는 본인 등의 위임 없이

23) 본인 등의 대리인이 등록사항별 증명서의 교부를 청구하는 경우에는 본인 등이 서명 또는 날인한 위임장과 인감증명서 또는 신분증명서(주민등록증, 운전면허증, 여권, 공무원증

증명서의 교부를 신청할 수 있다(§14①, 규칙 §19②, 예규 제278호 §2⑤).[24)]

ⅰ) 국가, 지방자치단체 또는 공공기관이 직무상 필요에 따라 문서로 신청하는 경우로서 근거법령과 사유를 기재한 신청기관의 공문 및 관계공무원의 공무원증(공공기관의 경우는 사원증)을 첨부한 때[25)]

ⅱ) 소송, 비송, 민사집행·보전의 각 절차에서 필요한 경우로서 이를

등을 말하며, 이는 증명서 교부신청에 공통적으로 적용된다) 사본을 제출하여야 한다. 위임장은 원본을 제출하나, 변호사의 경우 등록사항별 증명서의 교부청구의 위임 취지가 명확하게 기재된 소송위임장의 사본을 제출할 수 있다(규칙 §19① 단서, 예규 제278호 §2③).

24) 본인 등의 위임 없이 증명서의 교부를 신청할 수 있는 '정당한 이해관계 있는 사람'(§14①ⅳ)으로서, 규칙 제19조 제2항 제3호는 '그밖에 공익목적상 합리적인 이유가 있는 경우로서 대법원예규가 정하는 사람'을 규정하고, 예규 제12호(예규 제278호에 의해 폐지) 제2조 제3항 제6호는 '그밖에 공익목적상 합리적인 이유가 있다고 인정되는 경우로서 이를 소명하는 자료와 신청인의 신분증명서를 첨부한 때'에도 본인 등의 위임 없이 증명서의 교부를 신청할 수 있는 것으로 규정하고 있었다. 예규 제278호는 이를 삭제하고 있다. 선례에 의하면 '공익목적상 합리적인 이유가 있는 경우'라 함은 국가안전보장이나 질서유지 또는 공공복리의 필요상 신청대상자의 등록사항별 증명서가 필요할 뿐만 아니라, 신청대상자의 위임을 받을 수 없거나 그 위임을 받아 신청하는 것이 적당하지 아니한 경우를 의미한다고 한다. 따라서 행정사가 수임한 업무의 필요상 위임인이 아닌 제3자의 목적사항별 증명서나 제적등본의 교부를 청구하는 것은 이에 해당하지 아니하며, 행정사가 외국에 거주하다가 사망한 사람의 등록부를 정리하기 위하여 그 등록사항별 증명서나 제적등본이 필요한 경우에도 본인의 배우자나 직계혈족 또는 형제자매의 위임을 받아야 한다(선례 200805-4).

25) 기술보증기금은 「기술신용보증법」에 따라 설립되고 신용보증, 신용조사 및 신용정보의 종합관리와 구상권행사 등을 그 업무로 하는 특수공법인으로서, 국가 또는 지방자치단체에 위의 목적수행에 필요한 자료의 제공을 요청할 수 있다. 따라서 기술보증기금이 신용조사 및 신용정보의 종합관리나 구상권행사를 위하여 보증채무자나 제3자의 제적등본 등의 교부를 청구하는 것은 제14조 제1항 제3호의 "다른 법령에서 본인 등에 관한 증명서를 제출하도록 요구하는 경우"에 해당하므로, 기술보증기금이 관계직원의 신분증을 제시하고 청구사유를 소명하는 서면을 첨부하여 신청대상자의 성명과 등록기준지를 기재한 '등록부 등의 기록사항 등에 관한 증명신청서'를 제출하면 신청대상자의 위임 없이도 그 제적등본을 발급받을 수 있다. 그러나 단순한 채권회수 업무는 「기술신용보증법」 제50조 제1항이 정한 업무에 해당하지 아니하므로, 보증채무자나 수익자의 위임이 없는 한 그 제적등본 등을 발급받을 수 없으나, 채권회수업무의 일환으로 법원에 사해행위취소의 소를 제기한 경우에는, 법원의 보정명령서(보증채무자와 수익자 사이의 관계를 소명하거나 피고를 특정하라는 취지가 기재되어 있어야 함)나 제적등본 등에 관한 문서제출명령 또는 사실조회촉탁서를 신청서에 첨부하여 제출하여야 신청 대상자의 제적등본 등을 발급받을 수 있다(선례 200805-1).

소명하는 자료를 첨부한 때[26]

iii) 다른 법령에서 본인 등에 관한 등록사항별 증명서를 제출하도록 요구하는 경우로서 이를 소명하는 자료 및 관계 법령에 따른 정당한 권한이 있는 사람임을 확인할 수 있는 자료를 첨부한 때[27]

iv) 민법상의 법정대리인(후견인, 유언집행자, 상속재산관리인, 부재자재산관리인 등)이 이를 소명하는 자료와 신청인의 신분증명서를 첨부한 때

v) 채권·채무 등 재산권의 상속과 관련하여 상속인의 범위를 확인하기 위해서 등록사항별 증명서가 필요한 경우[28]로서 이를 소명하는 자료와 신청인의 신분증명서를 첨부한 때[29]

---

26) 소유권이전등기청구소송의 절차에서 신청대상자의 등록사항별 증명서를 제출할 것을 요구하는 법원의 보정명령서(인터넷 등기소에서 출력한 보정서 포함)나 사실조회서 또는 촉탁서 등[확정판결문이나 지급명령서는 이에 포함되지 않으며, 사실조회서·촉탁서 등에는 명시적으로 신청대상자의 등록사항별 증명서를 제출하도록 요구하는 내용이 기재되어야 한다(선례 200811-1)]을 첨부하여 신청대상자의 성명과 등록기준지를 신청서에 기재하여 신청대상자의 등록사항별 증명서의 발급을 신청하여야 한다(다만, 신청대상자의 등록기준지를 알지 못하는 경우에는 동사무소를 포함한 발급관서에 출석하여 위 보정명령서 등을 첨부한 신청서에 신청대상자의 주민등록번호를 기재하여 신청하여야 함)(선례 200811-4 가). 2008. 1. 1. 이전 사망자인 신청대상자의 제적등본의 제출을 요구하는 법원의 보정명령서, 사실조회서 또는 문서송부 촉탁서 등이 있는 경우(상속인 특정)에도 이를 첨부한 발급신청서를 제출함으로써 신청대상자인 사망자의 제적등본과 사망자의 제적등본에 기재된 1순위(없으면 2, 3, 4순위) 상속인들의 기본증명서(가족관계증명서나 혼인관계증명서, 입양관계증명서, 친양자입양관계증명서는 제외)를 발급받을 수 있다(선례 200811-2 나).

27) 「별정우체국법」 제19조 제3항은 예규 제278호 제2조 제5항 제3호의 본인 등에 관한 증명서를 제출하도록 요구하는 다른 법령규정에 해당하므로 별정우체국 직원은 자신의 직원신분증과 신청대상자나 그 유족이 수급권자임을 소명하는 연금증서 등을 증명서 발급신청서에 첨부하여야 신청대상자의 위임 없이 등록사항별 증명서를 발급받을 수 있다. 이 경우, 신청인은 신청대상자의 성명과 등록기준지(신청대상자의 등록기준지를 알 수 없는 경우에는 신청대상자의 성명과 주민등록번호) 및 연금업무와 관련하여 신청대상자의 목적별 증명서가 필요하다는 취지의 청구사유를 기재한 증명서 발급신청서를 작성·제출하여야 하며 「별정우체국법」에 증명서 발급에 따른 수수료 면제에 관한 규정이 없으므로 통당 1,000원의 발급수수료도 납부하여야 한다(선례 200808-3).

28) 상속등기(상속대위등기 포함)를 위하여 필요한 등록사항별 증명서 등의 발급범위는 상속인(대습상속인 포함)을 파악하기 위한 경우에 한정되므로 피상속인(피대습자 포함)의 제적등본(폐쇄등록부의 기본증명서, 가족관계증명서 및 친양자입양관계증명서) 및 상속인의 기본증명서만이 그 발급대상이 되며, 상속인의 기본증명서 이외의 등록사항별 증명서는 법원 및 등기관의 보정명령에 의하여 발급받을 수 있다(선례 200811-4 나).

vi) 보험금 또는 연금의 수급권자를 결정하기 위하여 신청대상자에 대한 등록사항별 증명서가 필요한 때

vii) 「공익사업을 위한 토지 등의 취득 및 보상에 관한 법률」에 따른 공익사업을 수행하는 때에 토지 등의 소유자의 상속인을 확인할 필요가 있는 때

위에서 소명자료가 첨부되어야 할 각각의 경우의 구체적인 소명자료에 관하여는 예규 제278호 별지 2에 열거되어 있다.

외국인은 한국인과의 신분행위로 인하여 한국의 제적 또는 등록부에 기록된 외국인 본인 또는 배우자, 직계혈족은 외국인 본인의 신분사항이 기재된 등록사항별 증명서의 교부를 청구할 수 있다. 또한 현재는 외국 국적을 취득함으로써 한국 국적을 상실하였으나, 과거에 출생 등을 원인으로 한국의 제적 또는 등록부에 기록된 외국인 본인 또는 배우자, 직계혈족도 등록사항별 증명서의 교부를 청구할 수 있다. 외국인이 해외에서 우편으로 등록사항별 증명서의 교부를 청구한 때에는 신청서에 정해진 사항을 기재하고 법률상 정당한 청구권자의 신분증명서 사본을 첨부하여야 하며, 대상자의 등록기준지를 기재하여야 한다. 외국인이 본인 등의 위임 없이 등록사항별 증명서의 교부를 청구하는 때에는 직접 시(구)·읍·면사무소에 출석하여 외국인등록증이나 국내거소신고증으로 국내 거주를 소명한 후에 신청서를 작성·제출하여야 하며, 우편으로 등록사항별 증명서의 교부를 청구할 수는 없다(예규 제278호 §4).

본인이 청구하는 경우에는 신청서를 작성하지 아니할 수 있으나,[30] 그밖

---

29) 채권자가 사망한 채무자의 상속인의 범위를 확인하기 위하여 그 채무자의 제적등본 등을 발급받기 위해서는 "등록부 등의 기록사항 등에 관한 증명신청서"에 채무자의 성명과 등록기준지를 기재한 다음 채무자가 사망하였음을 소명하는 서면(예: 채무자의 사망 사실이 기재된 주민등록등·초본 또는 채무자에 대한 사망증명서)과 채권원인증서(확정된 이행판결문 등을 포함)를 첨부하여 이를 가족관계등록관서에 제출하여야 한다. 채권자가 사망한 채무자의 배우자를 피고로 '사해행위취소의 소'를 제기하면서 그 소장에 피고의 성명을 "사망한 채무자의 배우자"로 기재하여 법원에 제출하고, 법원으로부터 "피고의 성명 등 인적 사항을 특정하라"는 취지의 보정명령을 받은 다음 이를 첨부한 발급신청서를 가족관계등록관서에 제출하여야 하며, 이 경우에 동사무소를 포함한 발급관서에 출석한 채권자는 그 신청서에 신청대상자인 채무자의 등록기준지 대신 주민등록번호를 기재하여도 무방하다(선례 200804-3).

30) 국가, 지방자치단체, 공공기관이 전자정부법에 따라 전자문서를 이용하여 근거법령과 사유를 기재한 공문을 송부한 경우에도 신청서 작성과 신분증 제출을 생략할 수 있다(예규 제278호 §7⑤).

의 신청인은 신청서에 신청사유를 기재하여 제출하여야 한다(동 §2②). 또한 신청서에는 대상자의 성명과 등록기준지가 정확하게 기재되어 있어야 한다.[31] 또한 본인 등의 위임 없이 교부신청을 할 수 있는 경우에는 이를 증명·소명할 수 있는 신분증명서나 자료를 첨부하여 제출하여야 한다(규칙 §19③).

시(구)·읍·면의 장이 신청서를 접수할 때에는, 신청인이 신청서의 신청인란에 기재된 사람과 일치하는지를 신분증명서를 통해 확인하여야 한다. 대리인이 청구하는 경우에는 위임인 및 신청서의 신청인란에 기재된 신청인(대리인)의 신분을 확인하여야 한다(예규 제278호 §7①②).[32]

우편으로 등록사항별 증명서의 송부를 청구하는 경우에는, 수수료 외에 우송료를 따로 납부하여야 하고(§14③), 신청서에 정해진 사항을 기재하고 법률상 정당한 청구권자의 신분증명서 사본을 첨부하여야 한다. 이 경우에는 예외 없이 대상자의 등록기준지를 기재하여야 한다. 신청인이 신분증명서 사본을 첨부하지 아니하거나, 등록기준지를 기재하지 아니하거나, 청구사유를 기재하여야 할 사람이 청구사유를 기재하지 아니한 경우 또는 청구사유가 부당한 목적임이 분명한 경우에는, 시(구)·읍·면의 장은 신청서에 그 거부사유를 기재하여 반송하여야 한다(예규 제278호 §8). 신청인이 '대한민국전자정부 홈페이지(www.egov.go.kr)'의 민원서비스시스템에서 요구하는 양식에 따라 각 정보를 입력하고 공인인증서에 의하여 본인 확인 절차를 거쳐, 신청인 본인의 등록부의 등록사항별 증명서(친양자입양관계증명서를 제외한다)의 교부를 청구한 경우에도 신청한 등록사항별 증명서를 우편으로 송부할 수 있다(동 §9).

② **신청사유의 기재**: 교부신청은 신청서에 그 사유를 기재하여 제출하여야 한다. 국가기관 또는 다른 법령에 의한 공공기관 등이 등록사항별 증명서를 청구할 경우에는 각 대상자마다 증명서가 필요한 이유를 구체적으로 명시하여야 한다(규칙 §22① 전단). 정당한 이해관계가 있는 사람이 증명서의 교부를 청구하는 경우에는 각각의 등록사항별 증명서가 필요한 이유를 따로 밝혀야 한다. 이것은 본인의 사생활을 보호하기 위하여 정당한 이해관계를 가지는 사람일지

---

31) 다만, 본인, 배우자, 직계혈족과 그 대리인의 경우에는 성명과 주민등록번호로도 증명서의 교부를 청구할 수 있다(예규 제278호 §7④).

32) 신분확인을 위하여 제출된 신분증명서는 신분을 확인한 후 신청인에게 반환하여야 하나, 신청서는 위임장, 위임인의 인감증명서 또는 신분증명서 사본, 청구사유를 소명하는 자료 등과 함께 가족관계등록민원청구서편철장에 보존한다(예규 제278호 §7③, ④).

라도 모든 등록사항별 증명서의 교부청구를 자유롭게 할 수 있는 것이 아니라, 필요한 증명서만을 교부청구할 수 있게 하기 위해서이다.

본인, 배우자, 직계혈족이 아닌 형제자매, 국가기관, 소송 등의 목적상 필요에 의하여 가족관계증명서를 교부받고자 하는 사람 등은 가족관계증명서가 필요한 이유를 별도로 밝혀야 한다(규칙 §22③). 이는 본인 이외의 다른 가족의 신분정보까지 공개되는 가족관계증명서는 다른 증명서와는 달리 그 교부 요건을 보다 강화할 필요성이 있다는 점과 형제자매에 대해서까지 무제한으로 증명서의 발급을 허용하는 것에 대한 우려를 고려한 것이다.

대리인이 청구하는 경우에는 실제 출석하여 청구하는 그 대리인을 신청인으로 기재하고, 신청인의 자격란에는 "본인의 부" 등으로 표시하며, 주소 등 나머지 신청인란도 대리인에 관한 사항을 기재한다. 이때 청구사유는 위임인의 교부청구의 목적을 기재한다(예규 제278호 §5①②).

본인 등의 위임 없이 청구할 수 있는 사람은 신청서에 신청사유를 기재하고 그 사유를 소명하는 자료를 제출하여야 하고(동 §5③), 시(구)·읍·면의 장은 소명자료 중 원본은 사본에 원본대조확인인을 날인하는 등 원본과 동일하다는 것을 확인한 후에 반환한다. 다만, 채권·채무 등 정당한 이해관계가 있는 금융기관[33]의 경우에는 금융기관의 원본대조확인인을 날인한 사본 및 법인인감증명서로 원본에 갈음할 수 있다(동 §5⑤).

③ **교부의 거부**: 시(구)·읍·면의 장이 신청서를 접수한 때에는 지체 없이 전산정보처리조직에 입력하여야 하나, 교부청구가 등록부에 기록된 사람에 대한 사생활의 비밀을 침해하는 등 부당한 목적에 의한 것이 분명하다고 인정되는 때에는 증명서의 교부를 거부할 수 있다(법 §14④, 예규 제278호 §2⑥). 이

---

33) 이에 해당하는 금융기관으로는 ① 「금융기관부실자산 등의 효율적 처리 및 한국자산관리공사의 설립에 관한 법률」에 따른 한국자산관리공사 및 같은 법 제2조 제1호에 따른 금융기관, ② 「농림수산업자 신용보증법」에 따른 농림수산업자신용보증기금, ③ 「지역신용보증재단법」에 따른 신용보증재단 및 전국신용보증재단연합회, ④ 「한국주택금융공사법」에 따른 주택금융신용보증기금을 운용·관리하는 기관, ⑤ 「신탁업법」에 따른 신탁회사, ⑥ 「증권거래법」에 따른 증권금융회사, ⑦ 「예금자보호법」에 따른 예금보험공사, ⑧ 「중소기업진흥 및 제품구매 촉진에 관한 법률」에 따른 중소기업진흥공단, ⑨ 「중소기업협동조합법」에 따른 중소기업중앙회, ⑩ 「자산유동화에 관한 법률」에 따른 유동화전문회사, ⑪ 「주택저당채권유동화회사법」에 따른 주택저당채권유동화회사, ⑫ 「수출보험법」에 따른 한국수출보험공사이다(예규 제278호 별지 1).

때 부당한 목적의 청구라 함은 혼인 외의 출생자라는 사실이나 이혼경력 등과 같이 일반적으로 타인에게 알리고 싶지 않다고 생각되는 사항을 정당한 사유 없이 단지 호기심으로 알고자 하거나, 그 등록부에 기록된 신분사항을 범죄에 이용하기 위해 청구하는 경우 등을 말한다. 부당한 목적인지 여부는 신청인란과 청구사유란의 기재 및 소명자료의 내용으로 판단한다. 신청인란의 기재를 하지 않거나, 청구사유를 기재하여야 할 사람이 청구사유를 기재하지 않은 경우 또는 신청인이나 청구사유를 허위로 기재한 경우에는 일단 부당한 목적이 있는 것으로 볼 수 있다(예규 제278호 §6).

④ **증명범위의 제한**: 시・읍・면의 장은 등록사항별 증명서를 교부할 때, 각 증명서의 본인 또는 가족의 주민등록번호란 및 일반등록사항란에 기록된 주민등록번호 중 그 일부를 공시하지 아니할 수 있다(규칙 §23①). 등록사항별 증명서에는 본인뿐만 아니라 가족의 주민등록번호가 공시되기 때문에 증명서를 제한 없이 발급하게 되면 개인정보보호의 측면에 문제가 있기 때문이다. 주민등록번호의 공시제한은 등록사항별 증명서의 본인 또는 부모, 양부모, 배우자 및 자녀의 주민등록번호란 및 일반등록사항란에 기록된 주민등록번호의 뒷부분 6자리 숫자를 가리고(예: 080101-3******) 작성하여 교부하는 방법으로 한다(예규 제278호 §10).

2) 친양자입양관계증명서 교부의 특례

친양자입양제도의 취지에 따라 친양자입양관계증명서의 교부에 대해서는 다른 증명서의 경우보다 더 엄격한 제한을 가하여 친양자의 복리를 우선시하고 있다. 친양자입양관계증명서는 다음과 같은 경우에 한하여 교부를 청구할 수 있다(§14②, 규칙 §23③, 예규 제278호 §3①).

i) 친양자가 성년이 되어 신청하는 경우로서 성년자임을 신분증명서에 의하여 소명하는 경우

ii) 혼인 당사자가 민법 제809조의 친족관계를 파악하고자 하는 경우로서 출석한 양 당사자 및 그 신분증명서에 의하여 등록사무담당 공무원이 혼인의사 및 혼인적령임을 확인한 경우

iii) 법원의 사실조회촉탁이 있거나 수사기관이 수사상 필요에 따라 문서로 신청하는 경우(이 경우 각 대상자마다 증명서가 필요한 사유를 구체적으로 기재하고, 관련사건명과 사건접수연월일을 명시하여 청구하여야 한다.)

iv) 민법 제908조의4와 제908조의5에 따라 입양취소 또는 파양을 할 경우로서 이에 관한 법원의 접수증명원이 첨부된 경우

v) 친양자의 복리를 위하여 필요함을 친양자의 양부모가 구체적으로 소명자료를 첨부하여 신청하는 경우

vi) 친양자입양관계증명서가 소송, 비송, 민사집행·보전의 각 절차에서 필요한 경우로서 소명자료를 첨부하여 신청하는 경우

vii) 채권·채무 등 재산권의 상속과 관련하여 상속인의 범위를 확인하기 위해서 사망한 사람의 친양자입양관계증명서를 신청하는 경우로서 소명자료를 첨부하여 신청하는 경우

viii) 등록부가 작성되지 않은 채로 사망한 사람의 상속인의 친양자입양관계증명서가 필요한 경우로서 법률상의 이해관계를 소명하는 자료를 첨부하여 신청하는 경우

ix) 법률상의 이해관계를 소명하기 위하여 친양자의 친생부모·양부모의 친양자입양관계증명서를 신청하는 경우로서 그 해당 법령과 그에 따른 구체적인 소명자료 및 필요 이유를 제시하여 신청하는 경우

x) 성년인 친양자의 친생부모·양부모가 본인의 친양자입양관계증명서를 신청하는 경우로서 친양자가 성년자임을 소명하는 경우

이와 같은 친양자입양관계증명서의 교부에 대한 제한은 교부청구 대상 등록부의 본인이 친양자로 입양되었는지에 관계없이 적용된다(규칙 §23②).

3) 재외국민 및 재외공관에서의 증명서 교부

해외에 거주하는 재외국민도 직접 시(구)·읍·면에 우편으로 등록사항별 증명서의 교부를 청구할 수 있다. 이때에는 신청인의 신분을 확인할 수 있는 서면(해당 국가에서 통용되는 신분증명서 사본 또는 여권 사본 등)을 첨부하여야 한다. 이 경우 시(구)·읍·면의 장은 그 등록사항별 증명서를 신청인에게 직접 송부한다(예규 제278호 §12).

법원행정처장이 지정하는 재외공관은 증명서 교부신청의 접수와 교부사무를 처리할 수 있다(규칙 §24①). 법원행정처장이 지정한 재외공관에서 가족관계등록 전산정보처리조직에 의하여 등록사항별 증명서 교부사무를 처리할 경우,[34] 재외공관의 장은 등록사항별 증명서 교부사무를 담당하는 공무원을 지정 또는 변경하는 때에는 법원행정처장에게 가족관계등록 전산정보처리조직의 사

용 또는 사용해지를 위한 식별부호사용승인신청 또는 해지신청을 하여야 한다(예규 제279호 §3). 재외공관에서 전산정보처리조직에 의하여 등록사항별 증명서를 발급하는 경우에는 전산정보중앙관리소의 전산운영책임관이 그 발급자가 된다(예규 제278호 §16②).

외국의 관공서에서도 사용 용도를 명시한 문서로써 외교통상부 또는 재외공관을 통하여 시(구)·읍·면에 등록사항별 증명서의 교부를 청구할 수 있다. 이 경우 시(구)·읍·면의 장은 사용 용도를 심사한 후 외교통상부를 거쳐 등록사항별 증명서를 외국관공서로 송부할 수 있다. 다만, 일본 주재 한국영사기관(주일본 대한민국대사관영사부, 주오사카 총영사관, 주후쿠오카 총영사관 등)이 일본의 관공서로부터 등록사항별 증명서의 교부를 청구받은 경우에는 일본 외무성을 거친 것에 한하여 등록사항별 증명서를 송부하는데, 이때에는 외교통상부를 거치지 않고 직접 일본 외무성으로 송부할 수 있다(동 §13).[35]

4) 제적 등·초본 및 폐쇄등록부에 대한 등록사항별 증명서 발급

등록사항별 증명서의 발급에 대한 제한은 폐쇄등록부에 관한 증명서의 교부의 경우에 준용된다(§14⑤). 또한 종전의 제적부 또는 등록부의 구축으로 부칙 제3조에 따라 제적된 전산호적부 및 이미지전산호적부에 관한 등·초본의 교부청구에 대하여도 예규 제278호 제1장과 제2장의 규정이 준용된다(예규 제278호 §14). 개인정보의 보호를 강화하기 위하여 이 경우에도 교부청구권자에

34) 이에 관한 사무처리에 관하여는 예규 제279호를 참고할 것.

35) 일본국 외무성이 일본국 주재 한국영사기관에 등록사항별 증명서의 발급을 청구할 경우에는 공무상 필요에 의한 사용용도를 명시한 문서로써 하여야 하며, 일본국 주재 한국영사기관은 그 사용용도를 심사하여 발급 여부를 결정할 수 있다. 일본국 외무성이 일본국 주재 한국영사기관에 한국인의 등록사항별 증명서의 교부를 청구하는 경우는 수수료 면제사유에 해당하지 아니하므로 등록사항별 증명서의 발급수수료를 납부하여야 한다. 또한 일본의 각 변호사회나 그 소속 변호사는, 등록사항별 증명서의 교부를 청구할 정당한 사유가 있는 외국인이나 한국인과의 신분행위로 한국인의 등록부에 기록된 외국인 또는 국적상실자로서 과거에 출생 등을 원인으로 등록부에 기록된 외국인이 아니므로, 본인의 자격으로 직접 일본국 주재 한국영사기관에 등록사항별 증명서의 교부를 청구할 수는 없다. 그러나 일본의 각 변호사회나 그 소속 변호사는 현재 한국에 거주하지는 않지만 등록사항별 증명서의 교부를 청구할 정당한 사유가 있는 외국인이나 한국인과의 신분행위로 한국인의 등록부에 기록된 외국인 또는 국적상실자로서 과거에 출생 등을 원인으로 등록부에 기록된 외국인의 위임을 받아 일본국 주재 한국영사기관에 등록사항별 증명서의 교부를 청구할 수는 있다(선례 200808-5).

관한 제14조 제1항이 준용된다(부칙 §4 단서).[36]

5) 무인증명서발급기에 의한 등록사항별 증명서 발급

시・읍・면의 장은 신청인 스스로 입력하여 등록사항별 증명서(제적 등・초본을 포함하나, 친양자입양관계증명서는 제외된다)를 발급받을 수 있는 무인증명서발급기를 이용하여 증명서의 발급사무를 처리할 수 있다. 무인증명서발급기에 의한 등록사항별 증명서 발급은 본인만 할 수 있으므로, 본인임을 확인하는 절차를 거쳐야 한다(규칙 §25). 본인 확인절차는 무인증명서발급기의 신분증 투입구에 주민등록증을 투입하고 지문인식기에 손가락을 대어, 지문을 전자적으로 대조하는 방법에 따른다(예규 제14호 「무인증명서발급기에 의한 등록사항별 증명서발급에 관한 사무처리지침」 §4).

무인증명서발급기는 시(구)・읍・면 및 그 관할구역 내의 관공서(등록사무를 처리하지 않는 도청, 시청, 군청, 동사무소 등을 말한다) 청사 내부로, 관리자가 용이하게 관리할 수 있는 곳에 설치하여야 한다(동 §3). 무인증명서발급기를 통한 증명서 발급사무는 그 무인증명서발급기가 설치된 청사가 있는 곳의 등록사무를 처리하는 시(구)・읍・면의 장이 관할한다(동 §2).

6) 동사무소에서의 등록사항별 증명서 발급

동장은 소속 시장・구청장을 대행하여 등록사항별 증명서 등을 발급한다. 시장 또는 구청장이 그 소속 동사무소에서 가족관계등록 전산정보처리조직에 의하여 등록사항별 증명서 발급사무를 처리하고자 할 때에는, 그 동사무소를 특정하고 사무담당자를 지정한 후 감독법원의 승인을 받아야 한다. 승인신청과 동시에 그 사무담당자에 대한 식별부호 사용신청을 하여야 한다(예규 제289-3호 「전산정보처리조직에 의한 동사무소에서의 등록사항별증명서 등 발급에 관한 사무처리지침」 §2).

---

36) 제적등본에는 사람의 성명, 생년월일 또는 가족관계에 관한 사항 등이 기록되어 있는 바, 타인의 제적등본을 공개할 경우에는 그 타인 및 가족의 사생활의 비밀 또는 자유를 침해할 우려가 있으므로 이는 일반적인 정보공개청구의 대상이 아니고, 가족관계등록법과 규칙이 정하는 바에 따른 정당한 발급청구권자의 청구에 의해서만 발급될 수 있다(예규 제200811-2 가).

(3) 증명서의 작성방법

등록사항별 증명서는 앞에서 살펴본 서식(규칙 별지 제1호부터 제5호)에 따라 발급된다. 증명서에는 시·읍·면의 장의 직명(직무대리자의 경우에는 대리자격도 표시하여야 한다)과 성명을 기록한 후 그 직인을 찍어야 한다. 증명서가 여러 장으로 이루어지는 때에는 각 장마다 장수와 발행번호를 기록하고 각 장에 걸쳐 직인으로 간인(間印)하여야 한다. 간인은 인증기에 직인을 부착하여 인증할 수 있고, 자동천공방식으로도 할 수 있다. 증명서에 공란이나 여백이 있는 때에는 그 뜻을 표시하여야 한다(규칙 §21①~⑤).

본인, 부모(양부모 포함), 배우자, 자녀(양자녀 포함)의 등록부에 사망[부재(실종)선고, 국적상실 포함] 사실이 기록된 경우에는 등록사항별 증명서의 사망한 사람의 성명란에 "사망"[부재(실종)선고, 국적상실은 각 "부재선고" "실종선고" "국적상실"]이 표시되어야 한다. 이 경우를 제외하고는 가족관계증명서에는 교부당시의 유효한 사항만을 모아서 발급하게 된다(동 §21⑥, ⑦). 등록부의 기록은 법원행정처장이 정한 기재례에 따라 이루어지며, 증명서 또한 그 기재례에 따라 발급된다(동 §21⑨).

(4) 신고서류의 열람 및 기재사항증명

신고인이나 이해관계인은 신고서류에 대하여 소송 등을 위하여 필요한 경우에는 그 열람 및 증명서를 청구할 수 있어야 한다. 그러나 관할 감독법원에 신고서류를 송부하여 감독법원에서 신고서류를 보관하고 있는 경우에는 증명서는 청구할 수 없고, 열람만을 청구할 수 있다(§42④). 감독법원은 그 신고서류의 수리기관이 아니기 때문이다. 법원에 보관되어 있는 신고서류에 대하여는 인증있는 사본을 교부할 수는 없으나, 이해관계인 등의 청구가 있으면 인증없는 단순한 사본을 교부할 수는 있다.

신고인은 신고의 수리 또는 불수리의 증명서를 청구할 수 있다(§42①). 등록사항별 증명서의 교부를 청구할 수 있는 이해관계인은 시·읍·면의 장에게 신고서나 그밖에 수리한 서류의 열람 또는 그 서류에 기재한 사항에 관하여 증명서를 청구할 수 있다(동 §42②). 이해관계인이 등록부 기록사유에 해당하는 서류를 열람할 때에는, 등록사무담임자가 보는 앞에서 하여야 한다(규칙 §27①).

제 3 장

신 고

Ⅰ. 통 칙

1. 신고의 의의와 종류

(1) 신고의 의의

가족관계등록법상의 신고라 함은 사람의 신분관계에 관한 사항을 내용으로 하여 등록사무처리 권한을 가진 시·읍·면의 장에게 행정상의 처분(등록부에 일정한 신분사항을 기록하는 것)을 요구하는 공법상의 행위를 말한다. 시·읍·면의 장은 가족관계등록사항의 신고가 있으면, 그 신고에 대하여 수리 또는 불수리의 처분을 하여야 한다. 한편 민법은 각종 형성적 신분행위와 관련하여 '신고함으로써 그 효력이 생긴다'(민 §812①, §836①, §859①, §878①, §904)고 규정하고 있다. 여기에서의 신고는 수리함으로써 완료되고, 신분관계변동의 효력은 등록부에 기록한 때가 아니라 수리된 때에 발생한다(대법 1991.12.10. 선고, 91므344 판결 참조). 전자는 절차법상의 신고에, 후자는 실체법상의 신고에 해당한다.

(2) 신고의 종류

1) 보고적 신고

보고적 신고라 함은 신고와 관계없이 이미 효력이 발생한 사실과 이미 성립한 법률관계에 관한 신고를 말한다. 출생이나 사망에 의한 법적 효과는 신고에 의하여 발생하는 것이 아니라 그 사실이 발생하였을 때에 생긴다. 따라서 이러한 경우의 신고는 발생한 사실의 공시·공증을 위한 보고라고 할 수 있다.

보고적 신고는 고유의 보고적 신고와 전래의 보고적 신고로 구분된다. 전자는 사실의 발생에 의하여 신분변동효력이 발생하는 경우로서 출생신고, 사망신고, 후견개시신고, 후견종료신고 등이 이에 속한다.[1] 후자는 본래 창설적 신고사항인데, 신분변동사유가 재판 등 특별한 사정에 의하여 이미 발생한 경우 부득이 보고적 신고에 따라 등록부를 정리할 수밖에 없는 경우로서 재판상 이혼신고, 재판상 인지신고, 재판상 파양신고, 친양자입양(파양)신고 등이 이에 속한다. 재외국민이 그 나라의 방식에 따라 신고 사건에 관한 증서를 작성한 경우에 그 증서 등본(혼인증서 등본, 입양증서 등본 등)을 제출하여 신고하는 경우도 이에 해당한다. 그밖에 실종선고(취소)신고, 성과 본 창설신고, 성과 본 변경신고, 개명신고, 가족관계등록창설신고 역시 보고적 신고이다.

보고적 신고사항은 신고하지 않으면 사실상태와 등록부의 기록이 불일치하여 등록부의 공시기능을 해칠 뿐만 아니라 국민의 권리행사에도 손해를 입힐 염려가 있다. 따라서 보고적 신고 사건인 경우에는 반드시 신고의무자와 신고기간을 법정하여 그 기간 내에 신고를 게을리한 사람에게는 과태료의 제재를 가함으로써 신고를 강제하고 있다. 시·읍·면의 장이 신고를 게을리한 사람을 안 때에 상당한 기간을 정하여 신고의무자에게 그 기간 내에 신고할 것을 최고하게 한 것(§38①)도 같은 취지이다.

2) 창설적 신고

창설적 신고라 함은 신고의 수리에 의하여 신분관계의 발생·변경·소멸의 효력을 생기게 하는 신고를 말한다. 창설적 신고는 그 신고를 수리함으로써 신분관계의 효력이 발생하므로 그 성질상 신고의무자나 신고기간의 규정이 없고, 신고를 게을리한 데 대한 제재규정도 없다. 창설적 신고는 강제할 필요 없이 창설적 효력의 발생을 원하는 사람의 자진 신고에 맡기는 것이다. 다만, 유효한 신고를 할 수 있는 신고적격에 대하여는 규정을 두어야 한다.

창설적 신고는 신고의 수리에 의하여 실체법상의 신분관계변동의 효력이 발생하는 실체적 창설신고와 가족관계등록법과 같은 절차법상의 신분관계변동의 효력이 발생하는 절차적 창설신고로 구분된다. 전자에는 혼인신고, 협의이

---

1) 국적취득신고와 귀화신고 등도 보고적 신고에 속하나, 국적 관련 사항에 대한 신고제에서 통보제로 변경됨에 따라 이에 관한 신고는 행해지지 아니한다.

혼신고, 임의인지신고, 입양신고, 협의파양신고 등이 있고 후자에는 등록기준지 변경신고가 있다.

그밖의 신고 유형으로는 ① 신고를 하기 위해서는 가정법원의 판결 또는 허가가 있어야 하는 신고(실종선고, 성과 본의 변경신고, 개명신고 등)와 그렇지 아니한 신고, ② 신고가 독립적으로 이루어지는 독립적 신고와 독립적 신고에 부가하여 이루어지는 부가적 신고(인지신고와 이혼신고에 부가적 신고로 하는 친권자지정신고), ③ 하나의 신고로 하나의 신분관계변동의 효력이 발생하는 단순신고와 하나의 신고로 2개 이상의 복합적 신분관계변동의 효력이 발생하는 복합신고(부의 혼인 외의 자녀에 대한 친생자 출생신고), ④ 신고가 수리되면 그 신고사항이 등록부에 기록되는 일반신고와 기록할 수 없거나 기록할 필요가 없는 특종신고 등으로 구분된다. 특종신고는 등록부에 기록되지 않으므로 신고인의 청구에 의한 수리증명서의 교부 또는 이해관계인의 청구에 의한 기재사항증명서의 교부나 열람에 의하여 신고된 사실을 공개하게 된다.

특종신고서류는 등록부에 기록을 마친 신고서류에 해당하지 아니하므로, 이를 감독법원에 송부할 필요는 없다(규칙 §68① 참조). 가족관계등록부 존재신고 등이 없는 한 가족관계등록을 할 수 있을 때까지 시・읍・면의 장이 접수순서에 따라 특종신고서류편철장에 편철하여 보존하게 된다(규칙 §69①, 예규 제66호「가족관계등록신고서류의 보존・관리 등에 관한 사무처리지침」3). 특종신고서류편철장에 편철하여야 할 신고서류로는 가족관계등록불명자・무등록자에 대한 신고서류,[2] 부미정(父未定)의 출생신고서류,[3] 태아인지신고서류, 인지된 태아의 사산신고서류,[4] 출생신고가 되어 있지 아니한 사람에 대한 사망신고서류,[5] 외국인에 대한 신고서류 등이 있다.

태아인지신고, 이혼의사 철회신고, 혼인신고수리불가신고 및 혼인신고시 자녀가 모의 성과 본을 따르기로 하여 협의서를 제출한 경우는 특종신고서류등 접수장에도 접수에 관한 기록을 하여야 한다(규칙 §69③). 접수장을 전산정

2) 예규 제22호「가족관계등록부가 없거나 분명하지 아니한 사람에 관한 신고서의 접수방법」.

3) 예규 제90호「부 미정의 출생신고가 있는 경우의 처리」.

4) 예규 제125호「인지신고된 태아가 사산한 경우의 사무처리지침」.

5) 예규 제190호「출생신고가 되지 않은 사람에 대한 사망신고가 있는 경우의 사무처리지침」.

보처리조직에 의하여 작성한 경우에는 그 전산기록을 보존하는 것으로 갈음할 수 있다(규칙 §86). 특종신고서류 등 접수장에 접수에 관한 기록을 하게 한 것은 전국 어느 등록관서에서도 위와 같은 신고사실을 전산적으로 확인할 수 있게 함으로써 업무처리에 착오가 없도록 하기 위해서이다. 다만, 특종신고서류 등 접수장에 모든 특종신고에 관한 서류의 접수기록을 하도록 하지 아니한 점은 그 명칭과 실무가 일치하지 않는 측면이 있다. 그러나 접수지 처리원칙의 가족관계등록제도 하에서 전국 단위로 검색할 필요성이 있는 사건에 대해 검색의 편의를 도모하기 위한 조치로서, 검색의 필요성이 큰 위 4가지 사항만을 기록·관리하게 한 것이다.

2. 신 고 인

(1) 신고의무자와 적격자

신고인이라 함은 특정 가족관계등록의 신고를 하는 사람을 가리키며, 신고를 할 수 있는 사람인 신고적격자와 신고의무자와는 다르다. 즉, 신고의무자는 신고를 하여야 할 법률상의 의무가 있는 사람으로서 신고를 게을리하면 과태료의 제재를 받는다. 이것은 보고적 신고에서 인정되는 개념이다. 신고적격자는 법률상 신고의무는 없으나 유효한 신고를 할 수 있는 사람을 말하며, 신고의무가 없으므로 과태료에 의한 제재 문제는 발생하지 아니한다. 예컨대 사망신고의 경우 동거하는 친족은 신고의무자이나 친족, 동거자, 사망장소를 관리하는 사람, 사망장소의 동장 또는 통·이장은 사망신고를 할 수 있는 신고적격자이다(§85).

신고의무자가 수인인 때에는 그 순위가 정해지기도 한다(§46③). 신고의무자가 미성년자 또는 금치산자인 때에는 친권자 또는 후견인[6]이 신고의무자로 되나, 의사능력이 있는 미성년자나 금치산자는 신고를 할 수 있다(§26①). 신고에서의 의사능력이라 함은 신고 사건의 의미와 효과를 이해할 수 있는 능력을 말하며, 금치산자의 의사능력에 관해서는 의학적 방법에 따르고(§27②, 예규 제67호 「사건본인이 무능력자인 경우의 신고인」), 미성년자에 대하여는 개개의 사건

6) 의사능력 없는 사람의 가족관계등록신고를 후견인이 신고하는 경우, 그 자격을 확인하기 위하여 먼저 후견개시신고를 하여야 한다(예규 제68호 「피후견인이 신고의무자인 경우 후견인이 신고하는 절차」).

마다 일정한 연령을 기준으로 획일적으로 정하고 있다.

또한 신고인은 신고 사건의 본인과도 다르다. 사건 본인이라 함은 등록부의 기록을 필요로 하는 사람을 말한다[예: 인지신고의 경우 인지자와 피인지자, 혼인(이혼)신고의 경우 부(夫)와 처, 입양(파양)신고의 경우 양친자와 양자].

(2) 신고능력

신고능력이라 함은 단독으로 유효한 신고를 할 수 있는 능력을 말한다. 신고능력은 신고의 유효요건이므로 신고능력이 없는 사람의 신고는 수리되지 않는다. 신고 사건의 의미와 효과를 이해할 수 있는 능력을 갖춘 의사능력이 있는 사람은 보고적 신고는 물론, 창설적 신고에서도 신고능력을 가진다.

보고적 신고의 경우 신고의무자가 미성년자 또는 금치산자인 때에는 친권자 또는 후견인이 신고의무자로 되나,[7] 미성년자 또는 금치산자가 의사능력을 가진 때에는 본인이 직접 신고하여도 무방하다. 친권자 또는 후견인이 신고하는 경우에는 신고서에 ① 신고하여야 할 사람의 성명·출생연월일·주민등록번호 및 등록기준지, ② 무능력자가 된 원인, ③ 신고인이 친권자 또는 후견인이라는 사실을 기재하여야 한다(§26). 보고적 신고는 기왕에 이루어진 사실 또는 법률관계에 관한 사후의 신고에 지나지 않고, 미성년자나 금치산자에게 벌칙으로 신고를 강제하는 것도 타당하지 않다. 그러므로 친권자 또는 후견인을 신고의무자로 정하고, 의사능력이 있는 한 미성년자나 금치산자도 본인이 직접 신고할 수 있게 한 것이다.

창설적 신고사항인 형성적 신분행위는 의사능력이 있으면 본인이 단독으로 할 수 있다고 해석하는 것이 통설이다. 다만 우리 민법은 이러한 일반론과는 달리 미성년자와 금치산자의 대부분의 형성적 신분행위의 유효요건으로 친권자나 후견인 등의 동의를 유효요건으로 규정하고 있다(민 §801, §802, §808, §835, §871, §873, §900, §902 등). 하여간 한정치산자가 형성적 신분행위를 하는 경우와 의사능력이 있는 미성년자나 금치산자의 형성적 신분행위의 유효요건으로 친권자나 후견인 등의 동의를 규정하고 있지 아니하여 단독으로 할

7) 사건 본인이 의사능력이 없는 사람인 때에는 법정대리인이 등록기준지변경신고·가족관계등록창설허가신청을 하고 가족관계등록창설허가의 재판이 있을 때에는 그 법정대리인이 신고의무자가 된다(예규 제69호 「의사능력 없는 사람의 등록기준지변경신고·가족관계등록창설신고」).

수 있는 경우에는, 그 신고도 단독으로 할 수 있다고 보아야 할 것이다. 즉, 무능력자가 그 법정대리인의 동의 없이 할 수 있는 행위에 대해서는 무능력자가 신고하여야 하며, 금치산자가 신고하는 경우에는 신고서에 신고 사건의 성질 및 효과를 이해할 능력이 있음을 증명할 수 있는 진단서를 첨부하여야 한다(§27).

3. 신고의 대리

(1) 임의대리에 의한 신고

1) 보고적 신고

신고는 서면이나 말로 할 수 있다(§23①). 서면에 의한 보고적 신고는 사자(使者)나 우편에 의한 신고서의 제출이 가능하므로 임의대리에 의한 신고는 허용되지 아니한다. 그러나 말로 하는 보고적 신고의 경우에 신고인이 질병 또는 그밖의 사고로 출석할 수 없는 때에는 대리인으로 하여금 신고하게 할 수 있다(§31③ 본문).[8] 대리인이 말로 신고하는 경우에는 대리권한을 증명하는 서면(위임장 등)을 첨부하여야 한다(규칙 §36).

2) 창설적 신고

창설적 신고도 말로 신고하는 경우에 한하여 임의대리에 의한 신고가 허용된다. 그러나 창설적 신고 중에서 본인의 의사가 절대로 존중되어야 하는 인지(§55), 태아의 인지(§56), 입양(§61), 파양(§63), 혼인(§71), 이혼(§74) 등과 같이 대리에 친하지 않은 신고의 경우에는 대리인에 의한 신고가 허용되지 않는다(§31③ 단서).

임의대리에 의한 신고는 말로 하는 신고에 한하여 허용되므로 시・읍・면의 장은 신고 대리인의 진술 및 신고연월일을 기록하여 신고 대리인에게 읽어 들려주고, 신고 대리인으로 하여금 그 서면에 서명하거나 기명날인하게 하여야 한다(§31③). 시・읍・면의 장이 이에 따라 신고서를 작성한 경우에는 신고서 여백에 그 취지를 기재하고 직명과 성명을 기재한 후 직인을 찍어야 한다(규칙

---

8) 대리인이 출생신고를 말로 할 경우에는 등록부에 신고인에 대한 기재례는 "【신고인】 부 대리인○○○"로 한다(예규 제34호 「신고인의 대리인이 말로 신고한 경우의 신고인 표시 방법」).

§35).

(2) 법정대리에 의한 신고

1) 보고적 신고

보고적 신고의무자가 미성년자이거나 금치산자인 경우에는 법정대리인인 친권자와 후견인도 신고의무자로 되어 신고를 하여야 한다(§26 본문). 이 경우 법정대리인의 신고는 신고의무자로서의 신고이므로 서면에 의한 신고도 가능하다. 임의대리의 경우와 다른 점이다.

2) 창설적 신고

창설적 신고는 의사능력이 있는 경우에는 미성년자나 금치산자가 직접 신고하여야 하고, 법정대리인이 신고할 수 없다. 따라서 의사능력이 없는 미성년자나 금치산자는 법정대리인의 동의가 있더라도 신고할 수 없을 뿐만 아니라, 법정대리인이 대신하여 신고할 수도 없다. 형성적 신분행위는 대리에 친하지 않기 때문이다. 다만 대락입양의 경우 대락을 대리로 보는 것이 다수설과 판례의 입장이다. 따라서 양자녀가 15세 미만이어서 민법 제869조에 따라 법정대리인이 입양을 승낙한 경우에는 법정대리인이, 15세 미만자의 협의파양의 경우에는 파양을 협의한 사람이 신고하여야 한다(§62① 본문, §64① 본문).

창설적 신고의 경우 그 사건 본인이 출석하지 않은 때에는 사건 본인의 신분증명서를 제시하거나 인감증명서를 첨부하여야 한다(§23② 제1문). 이 경우에는 법정대리인 또는 협의를 한 사람의 출석 또는 신분증명서의 제시가 있거나 인감증명서의 첨부가 있으면 신고 사건 본인의 신분증명서의 제시 또는 인감증명서의 첨부가 있는 것으로 본다(규칙 §32③).

4. 신고방법

(1) 서면에 의한 신고

1) 신고서의 작성

각종 신고서의 양식은 대법원 예규로 정한다. 예규로 신고서 양식을 정하는 경우 가족관계에 관한 등록에 관한 등록신고가 다른 법령으로 규정한 신고를 갈음하는 때에는, 미리 관계 부처의 장과 협의하여야 한다(§24, 규칙 §29, 예규 第289호 「가족관계등록사무의 문서양식에 관한 예규」 참조).

신고서에는 공통적으로 ① 신고 사건, ② 신고연월일, ③ 신고인의 출생연월일[9]·주민등록번호·등록기준지 및 주소, ④ 신고인과 신고 사건의 본인이 다른 때에는, 신고 사건의 본인의 등록기준지·주소·성명·출생연월일 및 주민등록번호와 신고인의 자격을 기재하고, 신고인이 서명하거나 기명날인하여야 한다[10](§25①).

신고하여야 할 사람이 미성년자 또는 금치산자이어서 친권자나 후견인이 신고의무자로 신고하는 때에는 ① 신고하여야 할 사람의 성명·출생연월일·주민등록번호 및 등록기준지, ② 무능력자가 된 원인, ③ 신고인이 친권자 또는 후견인라는 사실을 신고서에 기재하여야 한다(§26②)

가족관계등록 여부가 불분명한 사람과 등록부가 없는 사람도 가족관계등록신고를 할 수 있다. 따라서 일반신고서류와 쉽게 구별할 수 있게 하기 위하여 신고인 그밖의 사람이 가족관계등록이 되어 있지 않거나 분명하지 않은 경우에는 신고서류에 그 취지를 기재하여야 한다(규칙 §34①). 또한 외국인에게는 등록기준지가 없으므로 사건 본인이나 그 부 또는 모가 외국인인 경우에는 신고서의 등록기준지란에 그 국적을 기재하여야 한다(동 §34②).

혼인, 입양 및 협의상 파양과 같이 신고에 증인[11]을 필요로 하는 사건의 신고에서는 증인은 신고서에 주민등록번호 및 주소를 기재하고 서명하거나 기명날인하여야 한다(§28). 이때 증인은 성년자이고, 2인이어야 한다(민 §812②, §878②, §904). 협의이혼신고는 성년자인 증인 2인이 연서한 서면으로 하여야 하나(민 §836②), 협의이혼신고서에 가정법원의 이혼의사확인서 등본을 첨부한 때에는 증인 2인의 연서가 있는 것으로 본다(§76). 즉, 이혼신고서에 증인 2인의 기재를 생략할 수 있다.

신고서에 기재사항을 빠짐없이 기재해야 하는 것은 아니다. 그 중 신고서에 기재하여야 할 사항으로서 존재하지 아니하거나 알지 못하는 것이 있을 때

---

9) 법에 따라 신고서류를 작성한 경우 그 신고서류에 주민등록번호가 기재사항으로 되어 있어 주민등록번호를 기재한 때에는 출생연월일의 기재를 생략할 수 있다(§25②).

10) 신고서에 서명 또는 기명날인을 할 수 없을 때에는 무인(拇印)할 수 있다. 이 경우 담당공무원은 본인의 무인임을 증명한다는 문구를 기재하고 기명날인하여야 한다(규칙 §33, 예규 第70호 「창설적 신고에 있어서 날인을 갈음하는 방법」).

11) 혼인·이혼·입양 및 파양에 대하여 동의를 한 사람도 그 사건의 증인이 될 수 있다(예규 第72호 「혼인, 이혼, 입양 및 파양에 동의한 사람의 증인적격」).

에는 그 취지를 기재하여야 한다. 다만, 시·읍·면의 장은 법률상 기재하여야 할 사항으로서 특히 중요하다고 인정되는 사항을 기재하지 아니한 신고서는 수리하여서는 아니 된다(§29). 예컨대 신고인이나 신고 사건 본인의 성명(다만, 성명 미정의 출생신고는 수리되나, 후에 추완신고에 의하여 추완이 가능하다), 창설적 신고에서 형성되는 신분관계에 관한 사항 또는 출생신고의 경우 생년월일 등을 기재하지 아니한 신고서는 수리되지 아니한다.

등록부에는 법령상 특히 신고서의 기재사항으로 되어 있는 것 이외에도 더 많은 사항들이 기록되며, 이러한 사항도 원칙적으로 신고서에 기초하여 기록되어야 한다. 따라서 신고서에는 법령상 정해진 사항 외에도 등록부에 기록하여야 할 사항을 더욱 분명하게 하기 위하여 필요한 사항이 있으면 이러한 사항도 기재하여야 한다(§30).

신고에 의해 등록부를 작성하는 경우, 신고서에 등록부의 기록사항인 성과 본 또는 출생사유 등의 기재가 없거나 등록부에 기록하여야 할 사항을 명확하게 함에 특히 필요한 것은, 신고서에 이를 기재하게 하여 등록부에 기록하게 된다. 만일 이것을 신고서에 빠뜨린 때에는 추후 보완신고를 하게 하여 기록하여야 한다(예규 제76호「가족관계등록부를 작성할 때, 등록부의 기록사항 등이 신고서에 기재되지 않은 경우의 추후 보완」). 반면에 등록부 기록사항으로서 불명확한 것에 대하여 알 수 있는 사항은 제30조 또는 제108조에 따라 신고서에 이를 기재하게 하여 등록부를 작성하며, 알 수 없는 사항은 제29조 또는 제108조에 따라 신고서에 그 뜻을 기재하게 하여야 한다(예규 제46호「가족관계등록부의 작성과 불명확한 사항의 신고서 기재」).

2) 신고서의 기재방법

등록부는 신고서에 기초하여 기록된다. 따라서 신고서의 기재방법에 대하여도 앞에서 살펴본 등록부의 기록방법과 동일해야 할 것이 요청된다. 신고서는 한글과 아라비아숫자로 기재하여야 한다. 다만, 사건 본인의 성명은 한자로 표기할 수 없는 경우를 제외하고는 한자를 병기(併記)하여야 하고,[12] 사건 본인의 본은 한자로 표기할 수 없는 경우를 제외하고는 한자로 기재하여야 한다.

12) 등록부에 성명을 기록하는 방법에 관해서는 예규 제37호 참조.

신고서의 글자는 명확하게 기재하여야 한다. 신고서의 기재를 정정한 경우에는 여백에 정정한 글자의 수를 기재하고 신고인이 날인하여야 한다(규칙 §31). 이때에는 신고인 본인의 정정날인만으로 족하며, 그 이외의 증인과 동의권자 등의 정정날인은 필요하지 아니하다(예규 제74호 「신고서 기재사항의 정정방법」).

신분에 관한 사항, 정정사항 또는 신고인이 다수인 경우에 하나의 용지에 기재하기 어려운 때에는, 신고서의 해당란에 "별지 기재와 같다"란 뜻을 기재하고 별지에 이를 함께 기재할 수 있다(예규 제71호 「여러 개의 사건을 동일 신고서에 기재하여 신고하는 방법」).

3) 신고서에 첨부할 서류

민법과 가족관계등록법은 각종 신고시 신고서에 첨부하여야 할 서류에 대하여 규정하고 있다.[13] 민법에서 미성년자와 금치산자의 형성적 신분행위와 관련하여 부모 또는 후견인, 친족회의 동의·승낙이 필요한 것으로 규정하고 있음은 전술한 바와 같다. 이처럼 신고 사건에서 부·모 또는 다른 사람의 동의 또는 승낙이 필요한 경우에는 신고서에 그 동의 또는 승낙을 증명하는 서면을 첨부하여야 한다. 다만, 친족회가 동의를 하는 경우에는 친족회의 결의록을 첨부하여야 하며, 그밖의 동의 또는 승낙에서는 동의 또는 승낙을 한 사람으로 하여금 신고서에 그 사유를 부기하고 서명 또는 기명날인하게 할 수 있다. 또한 신고 사건, 신고인 또는 신고사항 등에 있어서 재판 또는 관공서의 허가를 요하는 사항이 있는 경우에는 신고서에 그 재판서 또는 허가서의 등본을 첨부하여야 한다(§32).

신고서의 첨부서류가 외국어로 작성된 것인 때에는 번역문을 첨부하여야 한다(규칙 §30). 이는 신고서 심사의 정확성과 신속성을 위해서이다.

4) 신고서류 등의 제출 통수

시·읍·면의 장에게 신고를 하는 경우에는 접수지 처리원칙에 따라 신고서와 첨부서류 1통만 제출하면 된다. 그러나 재외공관의 장이나 동장이 신고서를 수리한 때에는, 수리 후에 사건 본인의 등록기준지 시·읍·면의 장에게

---

13) 가족관계등록법이 규정하고 있는 첨부서류에 대해서는 해당 신고 부분에서 설명한다.

신고서를 송부하여야 한다(§21②, §36). 그리고 재외공관의 장이나 동사무에서 수리한 신고서류는 그 부본을 접수순서에 따라 편철한 후 각 장마다 장수를 기재하고 1개월마다 목록을 붙여 연도별로 가족관계등록신고서류편철장에 편철하여 보존한다. 따라서 재외공관이나 동사무소에 신고를 하는 경우에는 그 신고서와 첨부서면은 2통을 제출하여야 한다(통계자료로 추가되는 것은 별도이다). 다만, 재외공관이나 동사무소의 장이 상당하다고 인정한 때에는 신고인으로 하여금 1통만을 제출하게 하고, 나머지는 그 등본을 작성하여 이를 신고서류에 갈음하여 활용할 수 있다.

등본을 작성하여 신고서류에 갈음하여 활용하고자 할 경우, 신고서류의 등본은 원본과 동일한 서식에 의하여 전자복사기로 작성하되, 문자가 선명히 나타나고 변색 또는 퇴색될 염려가 없게 하여야 한다. 재외공관이나 동사무소의 장이 신고서류의 등본을 작성하는 때에는, 신고서의 우측 상단 적당한 여백에 "이 등본은 신고서류 원본과 틀림없음을 인증합니다"라는 인증문을 기재하고 직인을 날인하여야 하며, 신고서류가 여러 장으로 이루어진 때에는 각 장에 걸쳐 직인으로 간인을 하여야 한다. 이 경우 인증문은 고무인을 사용할 수 있다. 신고인이 신고서류의 복사본을 작성하여 제출한 경우에는, 그 복사본을 이용하여 위와 같은 절차에 따라 신고서류의 등본을 작성할 수 있다(예규 제83호 「가족관계등록신고서류 등의 제출 통수에 관한 사무처리지침」).

(2) 말로 하는 신고

신고는 말로도 할 수 있다. 말로 신고하려 할 때에는 신고인은 시・읍・면의 사무소에 출석하여 신고서에 기재하여야 할 사항을 진술하여야 한다(§31①). 시・읍・면의 장은 신고인의 진술 및 신고연월일을 기록하여 신고인에게 읽어 들려주고 신고인으로 하여금 그 서면에 서명하거나 기명날인하게 하여야 한다(동 §31②).

신고인의 진술에 따라 시・읍・면의 장이 신고서를 작성한 경우에는 신고서 여백에 그 취지를 기재하고 직명과 성명을 기재한 후 직인을 찍어야 한다(규칙 §35).

신고인이 질병 또는 그밖의 사고로 출석할 수 없는 때에는 대리인으로 하여금 말로 신고하게 할 수 있으나, 창설적 신고 중 본인의 의사가 절대로 존중되어야 할 인지, 입양, 파양, 혼인, 이혼신고 등은 대리인에 의한 신고가 허용되지 않는다(§31③). 이것을 제외한 그밖의 창설적 신고는 말로 신고하는 경우에 한하여 임의대리에 의한 신고가 가능하다.

그러나 창설적 신고는 신고로 인하여 효력이 발생하는 등록사건으로서, 신고인의 신분관계에 관한 사항에 중대한 영향을 미친다. 그러므로 그 사건 본인이 출석하여 직접 신고하지 않고 대리신고하는 경우와 사자가 신고서를 제출하는 경우(예: 혼인 당사자가 다른 한쪽 당사자의 사자로서 혼인신고서를 제출하는 경우)에는, 본인의 진정한 의사를 확인하기 위하여 사건 본인의 주민등록증·운전면허증·여권, 국제운전면허증, 전자카드식공무원증, 외국국가기관 명의의 신분증 그밖에 예규 제23호「가족관계등록신고 사건접수시 신고인 등 확인방법」에서 정하는 신분증명서를 제시하거나, 신고서에 신고 사건 본인의 인감증명서를 첨부하여야 한다. 이 경우 본인의 신분증명서를 제시하지 아니하거나 본인의 인감증명서를 첨부하지 아니한 때에는 신고서를 수리하여서는 아니 된다(§23②, 규칙 §32②). 시·읍·면·동의 장은 신고인 또는 제출인이 출석하지 아니한 신고 사건 본인의 신분증명서를 제시한 때에는, 그 신분을 확인한 후 신고서류의 뒤에 그 사본을 첨부하여야 한다(규칙 §32①).

5. 신고장소

신고는 신고 사건 본인의 등록기준지 또는 신고인의 주소지나 현재지에서 할 수 있다(§20①). 신고장소에 관해서는 아무런 제한을 두고 있지 않다. 종래의 호적법은 신고 장소의 하나로 거주지 등 일시체류지를 의미하는 현주지를 규정하고 있었으나, 이를 현재지로 변경하여 어디서나 자유롭게 신고할 수 있게 하였다. 신고지 처리원칙(§4)에 따라 등록사무가 처리되므로 신고인은 전국 어디서나 등록신고를 할 수 있고, 그 신고에 기하여 신고를 접수한 그 등록관서에서 바로 등록부에 기록하게 된다. 이와 같이 접수지 가족관계등록관서에서 등록사무가 처리되기 때문에, 등록부의 일반등록사항란에는 해당 사건을 처리한 시·읍·면을 표시하여야 한다(규칙 §45② 본문).

출생신고와 사망신고는 부가적으로 정한 장소에서도 할 수 있다. 즉, 출생신고는 출생지에서 할 수 있고, 기차나 그밖의 교통기관 안에서 출생한 때에는 모(母)가 교통기관에서 내린 곳, 항해일지가 비치되지 아니한 선박 안에서 출생한 때에는 그 선박이 최초로 입항한 곳에서 신고할 수 있다(§45). 사망신고도 사망지·매장지 또는 화장지에서 할 수 있고, 사망지가 분명하지 아니한 때에는 사체가 처음 발견된 곳에서, 기차나 그밖의 교통기관 안에서 사망한 때에는 그 사체를 교통기관에서 내린 곳에서, 항해일지를 비치하지 아니한 선박 안에서 사망한 때에는 그 선박이 최초로 입항한 곳에서 할 수 있다(§86).

시에서의 출생·사망신고는 그 신고의 장소가 신고 사건 본인의 주민등록지 또는 주민등록을 할 지역과 같은 경우에는 신고 사건 본인의 주민등록지 또는 주민등록을 할 지역을 관할하는 동을 거쳐 할 수 있다. 이 경우 동장은 소속 시장을 대행하여 신고서를 수리하고, 동이 속하는 시의 장에게 신고서를 송부한다(§21). 신고와 수리는 동사무소에서도 할 수 있으나, 그 기록은 관할 시·구청에서만 할 수 있다.

대한민국의 국민이 아닌 외국인에 관한 신고는 그 거주지 또는 신고인의 주소지나 현재지에서 할 수 있다(§20②). 재외국민은 그 지역을 관할하는 재외공관의 장에게 신고를 할 수 있으나(§34), 다른 지역을 관할하는 재외공관의 장에게 신고를 할 수는 없다. 신고를 받은 재외공관의 장은 이를 수리하여 1개월 이내에 외교통상부장관을 경유하여 등록기준지 시·읍·면의 장에게 송부하여야 하고(§36), 등록기준지 시·읍·면의 장은 이를 기초로 등록부에 기록한다. 재외국민은 거주하고 있는 지역에 재외공관이 설치되어 있는 경우에도, 신고 사건 본인의 등록기준지 시(구)·읍·면의 장에게 직접 우편의 방법으로 제출하거나, 귀국하여 등록기준지 또는 현재지 시(구)·읍·면에 제출하는 방법으로 신고를 할 수 있다(예규 제30호 2).

재외국민이 그 거주지국의 방식에 따라 신고 사건에 관한 증서를 작성한 경우에는 3개월 이내에 그 지역을 관할하는 재외공관의 장에게 그 증서의 등본을 제출하여야 한다(§35①). 서류를 수리한 재외공관의 장은 1개월 이내에 외교통상부장관을 경유하여 본인의 등록기준지 시·읍·면의 장에게 송부하여야 한다(§36). 거주지역이 재외공관의 관할에 속하지 아니하는 경우에는 신고인이 3개월 이내에 등록기준지의 시·읍·면의 장에게 증서의 등본을 발송하여야 한다(§35②). 그러나 재외국민은 한국에 거주하고 있는 사람과 동일하게 보고적 신고사항에 대하여 신고의무를 진다. 보고적 신고 대상인 신분변동사실에 대하여 거주지 나라의 법에 따라 그 나라의 관공서 등에 가족관계등록신고를 한 경우에도 동일한 신고사항에 대한 신고의무가 면제되는 것은 아니다.

등록되어 있는지가 분명하지 아니한 사람 또는 등록되어 있지 아니하거나 등록할 수 없는 사람에 관한 신고는 수리되더라도 등록부에 기록할 수 없다.[14] 그 후 그 사람에 관하여 등록되어 있음이 판명된 때 또는 등록할 수 있게 된 때에는, 신고인 또는 신고 사건의 본인은 그 사실을 안 날부터 1개월 이내에 수리된 신고 사건을 표시하여 처음 그 신고를 수리한 시·읍·면의 장에게 그 사실을 신고하여야 하고(§22), 그에 따라 등록부에 기록하게 된다.

등록기준지 변경신고의 경우에는 새롭게 변경하고자 하는 등록기준지의 시·읍·면의 장에게 신고하여야 한다(규칙 §4③). 한편 혼인신고수리불가신고는 신고인이 자신의 등록기준지, 주소지 또는 현재지의 시·읍·면에 출석하여 신고서를 제출하여야 하며(예규 제139호 「혼인신고수리불가신고서가 제출된 경우 등에 관한 사무처리지침」 1), 이혼의사철회신고는 이혼신고가 접수되기 전에 자신의 등록기준지, 주소지 또는 현재지의 시·읍·면의 장에게 제출하여야 한다(규칙 §80①).

6. 신고기간

신고기간이라 함은 이미 효력이 발생한 사실과 성립한 법률관계에 관하여 그 사실 또는 법률관계가 있는 때로부터 신고를 하여야 할 일정한 기간을 말한다. 신고기간은 신고를 강제할 필요가 있는 보고적 신고에 대해서만 정해지며,[15] 그 기간은 원칙적으로 1개월이다.

신고기간은 원칙적으로 신고 사건 발생일부터 기산하며, 재판의 확정일부터 기산하여야 할 경우에 재판이 송달 또는 교부 전에 확정된 때에는 그 송달 또는 교부된 날부터 기산한다(§37). 또 신고인의 생존 중에 우송한 신고서는 그 사망 후라도 시·읍·면의 장은 수리하여야 하며, 그 신고서가 수리된 때에는 신고인의 사망시에 신고한 것으로 본다(§41). 의사능력이 없는 미성년자가 하여야 할 신고로서 그 친권자가 없는 때에는, 후견인이 신고의무자가 되므로 후견인은 취임한 날부터 신고의무를 지며, 그 신고기간도 취임일부터 진행된다

---

14) 이 신고는 접수장에 기록하고, 가족관계등록부 존재신고가 있을 때까지 특종신고서류편철장에 편철하여 보관한다(예규 제22호).

15) 다만, 창설적 신고인 협의이혼신고는 가정법원으로부터 협의이혼의사확인서 등본을 교부 또는 송달받은 날부터 3개월 이내에 하여야 하나, 이는 협의이혼신고의 절차적 요건으로서 그 성질이 다르다.

(예규 제80호「친권자가 없는 무능력자의 신고기간의 기산일」).

1개월의 기간계산은 역에 따라 계산하고(예규 제79호「1개월의 신고기간 계산」), 말일이 토요일 또는 공휴일에 해당하는 때에는 다음날에 만료한다(민 §161, 예규 제281호「신고기간의 만료일」). 시·읍·면의 장은 신고기간이 경과한 후의 신고라도 수리하여야 한다(§40). 이는 신고기간을 경과하면 과태료의 부과가 문제될 뿐(§122), 불수리의 원인은 아니기 때문이다.

시·읍·면의 장은 신고를 게을리한 사람을 안 때에는 상당한 기간을 정하여 신고의무자에 대하여 그 기간 내에 신고할 것을 최고하여야 하며, 신고의무자가 그 기간 내에 신고를 하지 아니한 때에는 시·읍·면의 장은 다시 상당한 기간을 정하여 최고할 수 있다. 최고를 할 수 없는 때 및 최고를 하여도 신고를 하지 아니한 때에는, 감독법원의 허가를 받아 직권으로 기록하거나 간이직권정정에 의하여 기록할 수 있다(§38).

7. 신고서의 처리

(1) 신고서류의 접수

1) 의　의

신고의 접수라 함은 가족관계등록에 관한 신고서류나 신고사실을 접수할 권한 있는 가족관계등록관공서가 수취하여 관리하는 행위를 말한다. 이는 사실행위로서 신고를 적법·유효한 것으로 인정하여 그 절차에 따라 이를 처리하는 행정처분인 '수리'와는 다른 개념이다. 여기에서 신고서류라 함은 신고서와 신청서뿐만 아니라 기아발견조서(§52②), 사망통보서(§87, §88, §90), 국적상실통보서(§98), 증서의 등본(§35, §49), 직권기록(정정)허가서(§18, §38), 직권기록(정정)서(규칙 §61), 가정법원의 등록부 기록 촉탁서(가소 §9, 가소규 §5, §6), 그밖의 등록부 기록의 원인이 되는 모든 서류를 말한다(예규 제280호「신고서류의 접수절차」 §1).

2) 접수방법

시·읍·면·동의 장이나 재외공관의 장이 신고서류를 접수하거나 송부받은 때에는, 심사에 앞서 그 첫장 표면의 여백에 접수인을 찍고, 접수번호 및 접수연월일을 기재한 후 처리자가 날인하여야 하며, 신고인이 청구하는 경우에는 접수증을 교부하여야 한다(규칙 §40①②). 신고서류를 접수하거나 송부받은 때에는 제23조 제2항과 규칙 제32조에 따른 본인, 신고인 또는 제출인의 신분 확인절차를 거쳐야 한다(동 §40③).

신고는 우송의 방법으로도 할 수 있는데,[16] 우편접수하는 경우에 신고 사건 본인의 신분증명서 사본이 첨부된 때에는 이를 통하여 신분확인을 할 수 있다. 그러나 신고로 인하여 효력이 발생하는 등록사건인 경우에는 신고 사건 본인의 인감증명서가 첨부되거나, 규칙 제32조 제3항에 따른 법정대리인 등의 인감증명서가 첨부된 때에 이로써 신분확인을 할 수 있다. 이에 따른 신분증명서 사본이나 인감증명서가 첨부되지 않은 경우에는 신고를 수리하여서는 아니 된다(동 §40④, ⑤).[17]

접수된 신고서류에는 첫 장 표면의 상부 우측 여백에 처리상황란을 만들

16) 신고서류가 우편에 의하여 접수된 경우에는 그 신고서에 '우편제출'이라고 기재한다(예규 제280호「신고서류의 접수절차」§3②).

17) 신고 사건별 신고인 등 확인방법에 관한 대비표(예규 제23호 별지)

<table>
<tr><th>구 분</th><th>신고서 제출 방법</th><th>본인 출석 여부</th><th>서명 또는 날인방법</th><th>신분증명서 제시 및 첨부서면</th></tr>
<tr><td rowspan="2">보고적 신고</td><td>출석</td><td></td><td>서명, 날인</td><td>출석자 신분증명서(출생·사망신고서를 제출인이 접수하는 경우, 신고인의 신분증명서 사본 첨부)</td></tr>
<tr><td>우편</td><td></td><td>서명, 날인</td><td>신분증명서 사본</td></tr>
<tr><td rowspan="8">창설적 신고</td><td rowspan="6">출석</td><td rowspan="2">양쪽 출석</td><td>서명</td><td>출석자 신분증명서</td></tr>
<tr><td>날인</td><td>출석자 신분증명서</td></tr>
<tr><td rowspan="2">한쪽 출석</td><td>서명</td><td>불출석자 신분증명서 또는 서명공증서, 출석자 신분증명서(그러나, 사실혼존재확인의 판결에 의한 혼인신고와 협의이혼신고시 불출석자 신분증명서 또는 서명공증서는 불필요)</td></tr>
<tr><td>날인</td><td>불출석자 신분증명서 또는 인감증명서, 출석자 신분증명서(그러나, 사실혼존재확인의 판결에 의한 혼인신고와 협의이혼신고시 불출석자 신분증명서 또는 인감증명서는 불필요)</td></tr>
<tr><td rowspan="2">양쪽 불출석, 제출인 출석</td><td>서명</td><td>불출석자 신분증명서 또는 서명공증서, 출석자 신분증명서</td></tr>
<tr><td>날인</td><td>불출석자 신분증명서 또는 인감증명서, 출석자 신분증명서</td></tr>
<tr><td rowspan="2">우편</td><td></td><td>서명</td><td>서명공증서</td></tr>
<tr><td></td><td>날인</td><td>인감증명서</td></tr>
</table>

어 각 해당사항을 기재한 후 처리자가 날인하여야 한다(규칙 §42). 재외공관의 장이나 동장이 신고를 접수하고 수리하여 등록기준지 시(구)·읍·면의 장이나 동이 소속하고 있는 시(구)의 장에게 송부하는 경우에도, 신고서에 처리상황란을 설치하고 각 해당 사항란을 기재하고 날인한 후에 송부하여야 한다(예규 제280호 §3③).

3) 접수번호

시·읍·면·동의 장이나 재외공관의 장은 접수장[18]에 접수 또는 송부받은 사건을 접수번호 순서대로 기록하여야 한다. 접수번호는 접수하는 시·읍·면에서 순차로 일련번호를 매기며, 접수번호는 매년 갱신한다. 접수장의 사건명은 신고의 종류에 따르며, 신고의 추후보완의 경우에는 신고서식 비고란에 원래의 접수번호도 부기한다(규칙 §41).

이혼신고와 친권자지정신고 등과 같이 하나의 신고서로 여러 가지의 사항을 신고하는 경우에는 각 사항별로 접수번호를 부여한다. 사건 본인이 여러 사람인 경우에는 등록부에 기록을 필요로 하는 사건 본인마다 접수번호를 부여하나 혼인, 이혼, 입양, 파양 및 인지신고의 경우에는 사건 본인의 수와 관계없이 1건으로 접수한다(예규 제280호 §4).

4) 접수일자의 기준

신고서류에 찍는 접수인의 접수일자는 시(구)·읍·면·동의 장이나 재외공관의 장이 실제로 신고서류를 받은 일자를 기재한다. 재외공관의 장이나 동장이 가족관계등록신고를 접수하고 수리하여 등록기준지 시(구)·읍·면의 장이나 동이 소속하고 있는 시(구)의 장에게 송부하는 경우, 등록기준지 시(구)·읍·면이나 동이 소속하고 있는 시(구)의 사무소에서의 접수일자는 송부일자가 아니라 송부받은 일자를 기록한다(동 §3).

---

18) 시·읍·면·동의 장이나 재외공관의 장이 신고서류를 접수한 때에는 가족관계등록사건접수장을 작성하게 된다. 접수장의 기록방식은 예규 제25호 「가족관계등록사건접수장의 기록방식」에 규정되어 있다. 한편 정보시스템에 의하여 작성한 부책과 서류는 그 전산기록을 보존하는 것으로 부책과 서류의 보존에 갈음할 수 있으나(규칙 §86), 정보시스템에 의하여 접수업무를 처리한 접수담당자가 매일 업무를 마친 때에 전산입력된 접수기록을 출력하여 비치하여야 한다(규칙 §41④). 가족관계등록사건 접수장을 열람하고자 하는 민원인의 요구에 부응하기 위해서는 출력되어 편철된 접수장이 편리하기 때문이다.

(2) 신고서류의 심사

가족관계등록공무원은 신고서류를 접수한 때에는 원칙적으로 지체 없이 심사하여 접수한 당일에 수리 여부를 결정하여야 한다(규칙 §43①, 예규 제35호 「신고서류의 심사와 수리한 신고사항이 허위임이 명백한 경우의 기록거부」). 가족관계등록사건의 심사방법에 관하여는 법규상 요구하는 자료를 제출받아 그 자료 범위 내에서 심사하는 형식적 심사주의를 취하고 있다. 따라서 그 적법성 여부의 판단이 모호하다고 하여 법규에 규정되지 않은 다른 자료를 제출하도록 하는 것은 타당하지 않다. 그러나 이러한 형식적 심사권의 범위 내에서도 이미 제출된 서류를 보완하는 부수적인 자료의 제출을 요구할 수 있어야 등록부에 요구되는 진실성이 확보될 수 있다. 이에 시·읍·면·동의 장이나 재외공관의 장은 신고서류를 심사하기 위하여 필요한 때에는, 등록부의 등록사항별 증명서나 그밖의 서류를 제출하게 할 수 있게 하고 있다. 다만 등록사무가 전산으로 등록·관리되므로 신고서류에 첨부하여야 할 제적 등·초본이나 등록사항별 증명서를 시·읍·면·동·재외공관에서 정보시스템에 의하여 확인할 수 있는 경우에는 첨부하지 아니한다(규칙 §44).

또한 가족관계등록공무원은 신고서류에 미비된 점이 있으면 이를 보완 또는 추후 보완하게 하여야 한다. 이 경우 필요한 때에는 신고인으로 하여금 이미 접수된 신고서류의 기재사항을 보충하거나 정정하게 할 수 있다(예규 제35호).

(3) 신고서류의 수리와 기록

신고의 수리라 함은 등록사무처리자가 신고를 적법·유효한 것으로 인정하여 그 처리를 인용하는 행정처분을 말한다. 반면에 불수리라 함은 신고가 위법 또는 무효임을 이유로 그 처리를 거부하는 행정처분을 말한다. 시·읍·면·동의 장이나 재외공관의 장이 신고서류를 접수한 때에는 지체 없이 그 수리 여부를 결정하며, 이를 수리한 때에는 그 신고 사건에 무효사유가 없으면, 즉시 등록부에 기록을 하여야 한다(규칙 §45①). 신고가 형식상 요건을 갖추고 있는 경우에는 그에 따른 기록절차를 밟아야 한다. 그러나 신고사항이 허위임을 공적으로 확인할 수 있거나 허위인 것이 명백한 경우에는 그 기록을 거부할 수 있다(예규 제35호). 시·읍·면의 장이 신고를 수리하지 아니한 때에는 그 사유를 지체 없이 신고인에게 서면으로 통지하여야 한다(§43).

신고를 수리 또는 불수리한 경우에는 접수장의 수리사항란에 그 취지와 일자를 기록하여야 한다. 그러나 접수 당일 수리한 신고 사건에 대하여는 그러하지 아니하다(규칙 §43②). 신고서가 수리되면 신고인은 잘못이나 그밖의 이유로 신고서의 취하 또는 취소를 하지 못한다. 신고서류에 착오가 있는 경우에는 등록부 정정절차를 거쳐야 한다(예규 제26호 「신고의 수리 후 신고의 취하 또는 취소 여부」).

신고서류의 심사결과 추후보완 또는 보완할 수 없는 미비사항이 있는 경우에는, 이를 불수리하여 그 취지를 고지부(告知簿)에 기재하고, 신고인에게는 신고불수리통지를 하여야 한다. 이 경우에는 불수리통지서 부본 1통을 작성하여 신고서류와 함께 불수리신고서류편철장에 편철한다. 신고인의 행방불명 등의 사유로 불수리통지서가 반송되어 온 경우에는 그 소재를 알 때까지 위 부본에 가철하여 보관한다(예규 제289-6호 「불수리한 신고서류의 처리」). 신고서 이외의 첨부서류는 신고인의 청구에 따라 되돌려 줄 수 있다(규칙 §47).

신고인은 신고의 수리 또는 불수리의 증명서를 청구할 수 있고, 이해관계인은 시·읍·면의 장에게 신고서나 그밖에 수리한 서류의 열람 또는 그 서류에 기재한 사항에 관하여 증명서를 청구할 수 있다(§42①②). 이는 소송 등에서 신고한 신고서류에 대하여 열람이나 증명서가 필요한 경우가 있음을 고려한 것이다.

8. 신고의 최고·철회·추완

(1) 최　고

등록부에는 정확한 사실이 반영되고, 그에 기초하여 개인의 신분관계가 공시·공증되어야 한다. 이를 위하여 보고적 신고사항에 대하여는 신고의무자를 법정하고 신고의무자가 신고를 게을리하는 경우에는 과태료의 제재를 가하고 있다(§122). 이와 함께 시·읍·면의 장은 신고를 게을리한 사람을 안 때에는 상당한 기간을 정하여 신고의무자에 대하여 그 기간 내에 신고할 것을 최고하여야 할 것을 정하고 있다(§38①). 신고의무자가 위의 기간 내에 신고를 하지 아니한 때에는 시·읍·면의 장은 다시 상당한 기간을 정하여 최고할 수 있다(§38②). 다시 최고를 할 수 없는 때 또는 최고를 하여도 신고를 하지 아니한 때에는 감독법원의 허가를 받아 직권으로 기록하고 경미한 사항인 경우에는 직권으로 기록하고 감독법원에 보고하여야 한다. 국가 또는 지방자치단체의 공무원이 신고를 게을리한 사람이 있음을 안 때에는 지체 없이 신고 사건 본인의 등록기준지 시·읍·면의 장에게 통지하여야 하고, 통지를 받은 등록기준지의 시·읍·면의 장은 위의 경우와 마찬가지로 감독법원의 허가를 받아 직권으로 기록하거나 간이직권정정절차에 따라 기록할 수 있다(§38③).

(2) 철 회

신고의 철회라 함은 신고를 수리하기 전에 신고인이 신고를 취하 또는 취소하는 의사표시를 말한다. 보고적 신고는 그 성질상 철회가 허용되지 아니한다. 따라서 보고적 신고의 철회가 있는 경우에도, 신고사항이 허위임을 공적으로 확인할 수 있거나 허위인 것이 명백한 경우에 한하여 불수리처분을 할 수 있을 뿐이다(예규 제35호). 그 이외의 경우에는 수리하여 등록부에 기록하여야 한다.

그러나 창설적 신고의 경우는 신고의사가 신고서를 작성할 때에는 물론이고 제출, 접수 및 수리할 때까지 계속되어야 하므로, 수리 전에는 철회가 허용된다. 신고의 철회로 신고의사가 결여되면 그 신고는 수리할 수 없고 불수리처분을 하여야 한다. 신고서류는 시·읍·면의 장이 접수순서에 따라 특종신고서류편철장에 편철하여 보존하게 된다(규칙 §69①). 다만, 협의이혼의사의 확인을 받은 당사자가 이혼의사를 철회하고자 하는 경우에는 이혼신고가 접수되기 전에 자신의 등록기준지, 주소지 또는 현재지 시·읍·면의 장에게 협의이혼의사의 확인법원 및 확인연월일을 기재한 이혼의사철회서를 이혼의사확인서 등본과 함께 제출하여야 하고, 재외국민인 경우에는 등록기준지에 제출하여야 한다(규칙 §80①). 가족관계등록공무원은 협의이혼의사철회서면을 가족관계등록문서건명부에 접수하고, 가족관계등록문서건명부와 그 철회서면에 접수연월일과 접수시각을 분명하게 기록하여야 한다(예규 제276호 「협의이혼의 의사확인사무 및 가족관계등록사무 처리지침」 §25②). 이혼의사의 확인을 받은 다른 쪽 당사자가 이혼신고를 먼저 접수한 경우에는 그 이혼신고를 수리하여야 하기 때문이다(규칙 §80②). 이혼신고서와 이혼의사철회서면의 접수시각이 같은 경우에는 이혼의사철회서면이 먼저 접수된 것으로 처리한다(예규 제276호 §27⑥).

(3) 경 합

신고의 경합이라 함은 동일한 사건에 대하여 동일한 신고인 또는 수인의 신고의무자로부터 여러 개의 신고가 수리된 경우를 말한다. 이 경우에는 먼저 수리된 신고에 따라 등록부에 기록하여야 한다. 따라서 뒤에 수리된 신고에 따라 등록부에 기록한 때에는 먼저 수리된 신고에 맞추어 등록부의 기록을 정정하여야 한다. 이 경우 신고가 시·읍·면을 달리하여 수리된 때에는 뒤에 수리한 시·읍·면의 장이 이를 정정하고, 먼저 수리된 신고서류 사본을 팩시밀리 등의 방법으로 받아 직권정정서에 첨부한 후 신고서류편철장에 편철하여야 한다(규칙 §57).

(4) 추 완

추완은 추후보완의 준말이다. 신고의 추완이라 함은 신고를 수리한 후 등록부에 기록하기 전에 그 신고의 흠결을 보정하는 절차를 말한다. 따라서 수리 전에 신고의 흠결을 정정하는 절차인 보정이나 등록부에 기록한 후 신고의 흠결을 정정하는 등록부 정정절차와는 다르다.

시·읍·면의 장은 신고를 수리한 경우에 흠결이 있어 등록부에 기록을 할 수 없을 때에는 신고인 또는 신고의무자에게 최고하여 보완하게 하여야 한다(§39). 신고에 의하여 등록부를 작성할 경우, 신고서에 등록부의 기록사항인 성과 본 또는 출생사유 등의 기재가 없거나, 등록부에 기록하여야 할 사항을 명확하게 하기 위하여 특히 필요한 것으로서 신고서에 기재되어야 사항이 신고서에 누락된 때에도 추후 보완신고를 하게 하여 기록하여야 한다(예규 제76호). 신고에 부모 그밖의 사람의 동의를 필요로 하는 경우, 신고서에 그 동의의 흠결이 있음에도 불구하고 이를 수리한 것을 발견하였을 때에는, 그 신고사건에 사실상 동의하였으나 이를 증명하는 서면의 첨부 또는 신고서의 기재만을 빠뜨린 데 지나지 아니하는 경우에는 동일한 방법으로 이를 추후 보완하게 할 수 있다(예규 제75호 「동의를 빠뜨린 신고의 추후보완」). 추후보완의 최고는 가족관계등록사건을 접수하여 수리한 신고지의 시(구)·읍·면의 장이 하여야 한다[예규 제77호 「추후보완의 최고를 하여야 할 시(구)·읍·면의 장」].

9. 신고서류의 송부와 보존

(1) 신고서류의 송부

시·읍·면의 장은 등록부에 기록할 수 없는 등록사건의 신고서류는 접수순서에 따라 특종신고서류편철장에 편철하여 보존하나(규칙 §69①). 등록부에 기록을 마친 신고서류는 1개월마다 다음 달 10일까지 접수순서에 따라 편철한 후 각 장마다 장수를 기재하여 그 목록과 함께 사건을 처리한 시·읍·면사무소를 감독하는 법원에 송부하여야 한다(§114, 규칙 §68①). 신고서류목록은 2부를 작성하며, 그 중 1부는 신고서류에 첨부하고 나머지 1부는 신고서류송부목록편철장에 편철하여 보존한다. 신고서류를 송부할 때에는 그 목록의 첫 장 표면의 여백에 발송인과 직인을 찍어야 한다.

동사무소 또는 재외공관에서 수리한 신고서류는 그 부본을 접수순서에 따라 편철한 후 각 장마다 장수를 기재하고 1개월마다 목록을 붙여 연도별로 신고서류편철장에 편철하여 보존하나, 필요에 따라 분책하거나 합철할 수 있다(규칙 §68②~④). 동장이 수리한 출생·사망신고서류를 동이 속하는 시의 장에게 송부하거나 재외공관의 장이 수리한 신고서류를 본인의 등록기준지 시·읍·면의 장에게 송부할 경우에는, 송부하는 신고서류의 첫장 표면의 여백에 발송인과 직인을 찍고, 이미 과태료를 부과한 때에는 그 취지를 기재하여야 한다(규칙 §46).

감독법원에 대한 신고서류의 송부는 부득이한 경우를 제외하고는 직접 교부하는 방법에 의한다(예규 제66호 1. 가). 그러나 시·읍·면에서 우편으로 감독법원에 송부할 때에는 등기우편으로 하여야 한다(예규 제47호 「신고서류 등의 우편송부방법」).

신고서가 법원에 송부 도중 분실된 경우에는, 가족관계등록사건접수장에 의하여 분실한 신고서의 수, 그 종류, 사건 본인의 성명, 접수연월일과 분실경위를 기재한 조서를 작성하고, 그 신고 사건에 의하여 등록부에 기록을 한 등록사항별 증명서를 첨부하여야 한다. 이 등록사항별증명서에는 그 각 증명서에 신고서 분실로 인하여 사건 본인의 신고사항의 기재가 있는 등록사항별 증명서를 제출한다는 사유를 기재하고, 시(구)·읍·면의 장이 서명 날인한 부전지를 첨부하여야 한다. 오류가 있는 가족관계등록사건 건수표는 가족관계등록사건접수장에 의하여 다시 작성 제출하여야 한다(예규 제62호 「신고서가 감독법원에 송부 중 분실된 경우의 처리방법」).

한편 재외공관 또는 동장이 수리한 신고서가 우송 도중 분실되었을 경우에는, 재외공관 또는 동의 장은 그 신고서가 폐기되지 아니한 때에는, 그 등본을 작성하여 등록기준지(동사무소의 경우에는 소속 시 또는 구) 관할 시(구)·

읍·면의 장에게 송부하여 등록부에 기록하게 하고, 신고서가 폐기된 때에는 신고인으로 하여금 다시 신고하게 하고, 전의 신고서 접수연월일을 기재한 서면을 첨부하여 등록기준지(동사무소의 경우에는 소속 시 또는 구) 관할 시(구)·읍·면의 장에게 송부하여 등록부에 기록하게 한다(예규 제49호 「재외공관 및 동사무소에서 수리된 신고서가 우송 도중 분실된 경우의 처리」).

(2) 신고서류의 조사

감독법원은 시·읍·면의 장으로부터 신고서류를 송부받은 때에는 지체 없이 등록부의 기록사항과 대조하고 조사하여야 한다.[19] 조사 결과 그 신고서류에 위법·부당한 사실이 발견된 경우에는 시·읍·면의 장에 대하여 시정지시 등 필요한 처분을 명하여야 한다(§115①②, 규칙 §70).

(3) 신고서류의 보존과 열람

감독법원의 조사를 마친 신고서류는 시·읍·면별 및 연도별로 접수순서에 따라 신고서류편철부에 편철하나, 필요에 따라 분책하거나 합철할 수 있다. 신고서류목록은 신고서류와 일치하는지 여부를 확인한 후 신고서류편철부에 신고서류와 함께 송부된 순서에 따라 편철하여 보존한다. 보존기간은 그 연도의 다음 해부터 기산하여 27년이다(규칙 §83 ii).

이해관계인은 법원에 보관되어 있는 신고서류와 종전의 호적·제적부본의 열람을 청구할 수 있다(규칙 §72①). 호적전산화가 완료된 이후에는 감독법원에 호적부본을 송부하지 아니하였으나, 그 전에 송부되어 보관하고 있는 호적부본에 대하여는 열람청구가 있을 수 있기 때문에 이를 열람대상에 포함시킨 것이다. 열람은 관계공무원이 보는 앞에서 하여야 한다(동 §72③). 이것은 열람시 신고서류 등의 훼손 가능성을 우려한 조치이다. 그리고 친양자입양에 관한 신고서류 등의 열람은 친양자입양관계증명서의 발급청구와 같이 그 열람을 엄격하게 제한할 필요가 있기 때문에, 친양자입양관계증명서를 청구할 수 있는 사람만 열람할 수 있는 것으로 제한하고 있다(동 §72②).[20]

---

19) 조사방법에 관하여는 예규 제65호 「신고서류 등의 조사방법」 참조.

20) 신고서류의 보존·관리·열람에 관해서는 예규 제66호를 참고할 것.

Ⅱ. 출생신고

1. 의의와 성질

사람은 생존하는 동안 권리와 의무의 주체가 되므로(민 §3), 출생은 사람이 권리의 주체가 될 수 있는 시기(始期)이며 모든 신분관계발생의 기초가 된다. 따라서 출생신고는 권리의 주체가 되는 시기를 등록하는 것이고, 친자관계를 등록·공증하는 의미를 가진다. 또한 출생신고를 통해 등록부를 창설하게 되고, 등록부는 한국 국적을 가진 사람만이 가질 수 있으므로 국적을 증명하는 일이기도 하다.

출생신고는 출생이라는 사실을 신고하여 공시·공증하기 위한 보고적 신고이다. 부가 혼인 외의 자녀에 대하여 출생신고를 한 때에는 그 신고에 인지의 효력이 인정되므로(§57), 이 경우는 창설적 신고로서의 성질도 가진다.

2. 친 생 자

(1) 혼인 중의 자녀

혼인성립의 날부터 200일 후 또는 혼인관계 종료의 날부터 300일 내에 출생한 자는 부(父)의 친생자로 추정된다(민 §844). 판례는 한국의 구관습에 따르면 혼인신고를 하지 아니한 채 내연관계로서 동거생활 중 처가 포태한 자녀의 출생일자가 그 부모의 혼인신고일 뒤에 있고 그 사이의 기간이 200일이 되지 않는다고 하여도 이러한 자녀는 출생과 동시에 당연히 그 부모의 혼인 중의 자녀로서의 신분을 취득한다고 보고 있다.[21] 현행법을 이와 같이 확장해석할 경우에는 혼인신고 전에 동거 또는 사실혼 관계에 있던 부부의 혼인성립의 날부터 200일 이내에 출생한 자녀에 대하여도 혼인 중의 출생자로 신고하여야 할 것이다. 반면에 친생추정이 미치는 기간 내에 출생한 자녀라 할지라도, 그 기간 내에 부부가 별거하여 처가 부(夫)의 자녀를 포태할 가능성이 전혀 없는

---

21) 대법 1963.6.13. 선고, 63다228 판결.

상황에서 자녀를 출산한 경우와 같이 부(夫)의 친생자가 아니라는 사실이 객관적으로 명백한 경우에는 친생추정이 미치지 아니한다.[22] 따라서 이러한 경우에는 친생부인의 소가 아니라 친생자관계부존재확인의 소를 제기할 수 있다. 재판이 확정되면 소를 제기한 사람은 판결확정일부터 1월 이내에 판결의 등본과 그 확정증명서를 첨부하여 혼인 외의 자녀로 출생신고를 하거나 인지신고를 하여 등록부를 정정할 수 있다(§107).

친생추정을 받는 혼인 중의 자녀는 친생부인의 소에 의하여 그 추정의 효력이 배제되지 아니하는 한, 이를 부인하고자 하는 경우에도 출생신고를 하여야 한다(§47). 이는 친생부인의 소가 제기된 경우에도 부 또는 모에게 출생신고의 의무가 있음을 규정한 것일 뿐, 출생신고에 의하여 친생자임을 승인하게 되는 것은 아니다. 따라서 혼인 중의 여자가 다른 남자와의 사이에서 출생한 자녀는 친자관계에 관한 재판을 거치지 않고 다른 남자의 자녀로 출생신고를 할 수 없다(예규 제91호「혼인 중의 여자가 다른 남자와의 사이에서 출생한 자녀에 대한 출생신고방법」). 또한 중혼은 취소원인(민 §810, §816 i)이고 그 취소의 효력은 기왕에 소급하지 아니하므로(민 §824), 중혼으로 취소할 수 있는 혼인 당사자 사이에서의 출생한 자녀는 혼인 중의 자녀로 출생신고를 하여야 한다(예규 제93호「중혼 중의 출생자의 출생신고」).

2005년 민법개정에 따라 여자가 재혼하는 경우 혼인관계종료 후 일정한 기간(재혼금지기간)의 경과를 기다리지 않아도 무방하다. 따라서 여자가 혼인관계종료의 날로부터 100일 내에 재혼하고, 재혼성립의 날로부터 200일 후, 전혼관계종료의 날로부터 300일 내에 자녀가 출생한 경우에는 부(父)의 추정이 경합된다. 이러한 경우에는 당사자의 청구에 의하여 가정법원이 부를 정하게 된다(민 §845). 가정법원의 결정이 있기 전에도 모는 부 미정의 출생신고를 하여야 한다(§48①).[23]

혼인 외의 출생자는 그 부모가 혼인한 때에는 그때부터 혼인 중의 자녀의 신분을 갖게 된다(민 §855②). 이른바 준정에 의한 혼인 중의 자녀이다. 따라서

---

22) 대법 1983.7.12. 선고, 82므59 판결.

23) 부 미정의 출생신고가 접수된 때에는, 부가 확정될 때까지 등록부에 기록할 수 없는 신고로 보아 이를 특종신고서류편철장에 편철하여 두었다가, 부를 정하는 판결의 확정 후, 추후보완신고에 의하여 부 또는 모의 성과 본을 따라 등록부를 작성하게 된다(예규 제90호).

부(父)가 혼인 전의 출생자를 혼인 후에 혼인 중의 출생자로 출생신고를 한 때에는 인지신고의 효력(§57)과 부모의 혼인에 의한 혼인 중의 자녀의 신분취득의 효력이 동시에 발생한다. 따라서 이를 수리하고(예규 제88호 「부가 혼인 전의 출생자를 혼인 후에 혼인 중의 출생자로 출생신고할 때의 처리」), 시(구)·읍·면의 장은 자녀의 등록부에 직권으로 혼인 중의 자녀의 신분취득사유를 기록하여야 한다(규칙 §55②, 예규 제120호).

출생신고의무자의 출생신고가 있는 경우 출생신고서에 기재된 내용에 따라 출생자의 등록부를 작성한다(규칙 §55① 전단). 즉, 출생자의 등록부의 등록기준지는 출생신고서에 기재된 등록기준지를 기록하고, 출생자 본인의 등록부의 출생자 본인에 관한 특정등록사항란의 성명란, 출생연월일란, 주민등록번호란, 성별란, 본란에는 출생자의 해당 사항을 기록한다. 또한 부모에 관한 특정등록사항란에는 부모의 특정등록사항을 각각 기록하고, 부모의 등록부의 자녀에 관한 특정등록사항란에 자녀의 특정등록사항을 기록하여(동 후단), 부모와 자녀 각각의 가족관계증명서에 각각 서로 현출되도록 하여야 한다. 부모의 한 쪽이 외국인인 경우 등으로 등록부가 작성되지 아니한 경우에는 신고서에 기재된 대로 자녀의 등록부의 부(또는 모)에 관한 특정등록사항란에 부(또는 모)의 특정등록사항을 기록한다. 부모가 혼인신고시 자녀의 성과 본에 대하여 모의 성과 본을 따르기로 협의한 때에는, 출생신고시 부모가 혼인신고 당시 자의 성과 본을 모의 성과 본으로 따르기로 협의하였다는 취지도 함께 기록한다.

(2) 혼인 외의 자녀

혼인 외의 출생자는 그 생부나 생모가 인지할 수 있고(민 §855①), 인지함으로써 친자관계가 발생한다. 다수설과 판례에 따르면 모자관계는 기아(棄兒)와 같은 특수한 경우를 제외하고는 임신과 분만이라는 사실에 의하여 확정되므로 인지를 필요로 하지 않는다.[24] 따라서 생부가 인지하기 전이라도 혼인 외의 출생자는 모가 출생신고를 하여야 한다(§46②).[25] 혼인 외의 자녀에 대하여 모

24) 대법 1967.10.4 선고, 67다1791 판결.

25) 모가 등록부에 등록되어 있는지가 분명하지 아니하거나 등록되어 있지 아니한 경우에는 모에게 배우자가 없음을 증명하는 공증서면 또는 2명 이상의 인우인의 보증서를 제출하게 하여야 한다(예규 제98호 「혼인 외 출생자의 출생신고시 모가 유부녀가 아닌 사실의 증명」).

가 출생신고를 하는 경우에는 자녀는 모의 성과 본을 따라 등록부를 작성한다. 다만 부의 성과 본을 알고 있는 경우에 부의 성과 본을 따를 수는 있으나, 부라고 인정되는 사람의 등록부에는 아무런 기록도 하지 않는다. 모의 등록부의 자녀에 관한 특정등록사항란에 자녀의 특정등록사항을 기록하고, 자녀의 등록부의 모에 관한 특정등록사항란에 모의 특정등록사항을 기록한다.

생부가 인지신고에 갈음하여 혼인 외의 출생자에 대한 출생신고를 할 때에는 모의 혼인관계증명서를 제출하게 하여야 한다. 다만, 시(구)·읍·면·동·재외공관의 장이 전산정보처리조직에 의하여 그 내용을 확인할 수 있는 경우에는 그러하지 아니하다(예규 제89호「부의 혼인 외의 자에 대한 출생신고시 주의사항」). 이 출생신고는 생부만 할 수 있고, 출생신고를 하면 부와 모의 등록부의 자녀에 관한 특정등록사항란에 자녀의 특정등록사항을 기록하고, 자녀의 등록부의 부모에 관한 특정등록사항란에 부모의 특정등록사항을 각각 기록하여 각각의 가족관계증명서에 서로 현출되게 하여야 한다.

3. 기　아

기아라 함은 부모를 알 수 없는 유아로서 출생신고의무자가 없거나 분명하지 아니한 사람을 말한다. 기아를 발견한 사람 또는 기아 발견의 통지를 받은 국가경찰공무원은 24시간 이내에 그 사실을 시·읍·면의 장에게 통보하여야 한다(§52①). 보호시설에 수용된 아동이 부모를 알 수 없고 또한 수용의 동기가 기아였던 경우에는 발견의 시기와 아동의 연령에 불구하고 보호시설의 장이 시(구)·읍·면의 장에게 기아발견통보를 할 수 있다(예규 제118호「보호시설의 장이 기아발견통보를 한 경우에「가족관계의 등록 등에 관한 법률」제52조 따른 처리절차」). 기아발견통보를 받은 시·읍·면의 장은 소지품, 발견장소, 발견연월일시, 그밖의 상황, 성별, 출생의 추정연월일을 조서에 기재하여야 한다. 이 경우 그 조서를 신고서로 본다(§52②). 작성된 기아발견조서는 문서건명부에 기록하고 성·본의 창설허가를 받을 때까지 등록부에 기록하지 않고 보관한다(예규 제289-11호「기아에 대한 성·본의 창설절차」1).

기아발견조서를 작성한 시(구)·읍·면의 장은 그 기아발견조서의 등본을 첨부하여 가정법원에 성 및 본의 창설허가를 청구하여(민 §781④) 기아의 성과 본을 창설한 후 이름과 등록기준지를 정하여 등록부에 기록하여야 한다(§52③).

가정법원으로부터 성·본의 창설허가재판서 등본의 송부를 받았을 때에는 문서건명부에 기록하고 기아발견조서에 첨부하여 같은 기아발견조서를 신고서로서 접수장에 접수함과 동시에 등록부를 작성한다(예규 제289-11호 3). 기아에 대하여 소지품에 그 성명과 본의 표지가 있는 때에도 성·본창설허가를 받아야 그 성과 본을 따르게 할 수 있다(예규 제104호 「기아에게 성과 본의 표지가 있는 경우」). 기아의 등록부를 작성하는 경우에는 부모의 성명란은 빈칸으로 하고, 성별란에는 남 또는 여로 기록한다(예규 제116호 「기아 가족관계등록부의 부모란 기록」).

부 또는 모가 기아를 찾은 때에는 1개월 이내에 출생신고를 하고 등록부의 정정을 신청하여야 한다. 이 경우에는 시·읍·면의 장이 확인하여야 한다(§53). 기아에 대하여 그 부 또는 모가 출생신고를 할 때에는 기아발견조서에 의하여 작성된 등록부의 등록사항별 증명서를 첨부하여 출생신고를 하여야 한다. 출생신고서 양식 중 '기타사항란'에 부 또는 모가 기아를 찾아 제53조 제1항에 따라 기아의 출생신고를 한다는 뜻을 기재하게 하여 수리한다. 부모가 기아를 찾아 출생신고를 함과 동시에 기아의 등록부 정정신청을 하는 경우 기아의 출생신고를 수리한 시(구)·읍·면의 장은 제출된 등록부 정정신청서 여백에 기아발견조서에 의하여 작성된 등록부의 기록과 출생신고의 내용이 동일하다고 인정되는 때에는 그 취지를 기재하고 날인하여야 한다. 이에 따라 동일인 여부를 확인한 후 동일인이 틀림없으면 기아발견조서에 의하여 작성된 등록부를 폐쇄하며(예규 제289-12호 「부모가 기아를 찾은 때의 사무처리지침」), 출생신고에 의하여 자녀의 등록부의 부모에 관한 특정등록사항란에는 부모의 특정등록사항을 기록하고, 부모의 등록부의 자녀에 관한 특정등록사항란에는 자녀의 특정등록사항을 기록한다. 이 경우 등록부 정정신청을 할 때에는 법원의 허가를 필요로 하지 아니한다.

기아에 대하여 기아발견통보나 출생신고의 절차를 밟기 전에 기아가 사망하였을 때에는 사망신고와 동시에 그 절차를 밟아야 한다(§54).

4. 고 아

고아(孤兒)라 함은 부모를 알 수 없는 사람으로서 기아 아닌 사람을 말한다. 고아에 대한 성·본의 창설허가신청은 본인 또는 법정대리인(「보호시설에 있는 고아의 후견직무에 관한 법률」에 따라 후견직무를 행할 사람으로 지정된 사람 및 법원의 선임후견인 등을 포함한다)이 가사소송법에 따라 관할 가정법원(지방법원 및 지원)에 한다. 신청서에는 대리권(법정대리인 경우)을 증명하는 서면 및 그 밖의 소명서류를 첨부한다. 성·본의 창설허가를 받은 신청인은 같은 허가재판서 등본을 첨부하여 가족관계등록창설허가를 받아 시(구)·읍·면의 장에게 가족관계등록창설신고를 한다. 위 가족관계등록창설신고서를 수리한 시(구)·읍·면의 장은 등록부를 작성한다. 기아 아닌 고아 등이 부모를 찾은 경우에는 제104조에 따른 등록부 정정절차를 취하여야 한다(예규 제105호 「기아 아닌 고아 등에 대한 성·본의 창설절차」).

5. 신고의무자

(1) 혼인 중의 출생자

혼인 중 출생자의 출생신고는 부 또는 모가 하여야 한다(§46①). 부 또는 모가 출생신고를 할 수 없는 경우에는 ① 동거하는 친족, ② 분만에 관여한 의사, 조산사 또는 그밖의 사람이 순위에 따라 출생신고를 하여야 한다(동 ③). 동거하는 친족이라 함은 출생 당시에 출생자와 동거하는 친족을 말하며, 동거라 함은 일상생활 관계에서 가족적인 상태에 이르렀음을 말하며, 단순히 일시적으로 동일 가옥 내에서 거주하는 것에 불과한 사람은 동거자라 할 수 없다(예규 제96호 「「가족관계의 등록 등에 관한 법률」 제46조 제3항의 「동거하는 친족」의 의미」). 분만에 관여한 의사, 조산사라 함은 의사나 조산사의 자격을 가진 사람으로서 분만에 관여한 사람을 말한다. 그밖의 사람이라 함은 의사나 조산사가 아닌 사람으로서 분만에 관여한 사람을 말하며 가족 여하를 불문한다. 후순위신고의무자가 출생신고를 할 경우에는 선순위자가 신고할 수 없는 사유를 신고서에 기재하여야 한다(예규 제95호 「후순위 신고의무자가 출생신고를 할 경우에 신고서에 선순위자의 신고 불능사유 기재」).

(2) 혼인 외의 출생자

혼인 외 출생자의 출생신고는 모가 하여야 하고, 모가 출생신고를 할 수 없는 때에는 ① 동거하는 친족, ② 분만에 관여한 의사, 조산사 또는 그밖의 사람이 순위에 따라 출생신고를 하여야 한다(§46②③).

(3) 그밖의 경우

1) 부 미정의 자녀

부성추정이 경합되어 부 미정인 자녀의 출생신고는 모가 하여야 하고, 모가 출생신고를 할 수 없는 때에는 ① 동거하는 친족, ② 분만에 관여한 의사, 조산사 또는 그밖의 사람이 순위에 따라 출생신고를 하여야 한다(§48).

2) 항해 중의 출생자

항해 중에 출생이 있는 때에는 선장은 24시간 이내에 출생신고에 관한 기재사항을 항해일지에 기재하고 서명 또는 기명날인하여야 한다. 선박이 대한민국의 항구에 도착하였을 때에는 선장은 지체 없이 출생에 관한 항해일지의 등본을 그 곳의 시·읍·면의 장에게 발송하여야 한다. 외국의 항구에 도착하였을 때에는 선장은 지체 없이 항해일지의 등본을 그 지역을 관할하는 재외공관의 장에게 발송하고 재외공관의 장은 지체 없이 외교통상부장관을 경유하여 등록기준지의 시·읍·면의 장에게 발송하여야 한다(§49). 이 때 혼인 외의 출생자에 대한 항해일지 등본의 발송은 모의 출생신고와 같은 성질을 가지며, 선장의 항해일지 등본의 발송의무는 부모의 출생신고의무에 우선하는 것으로 해석된다.

3) 공공시설에서의 출생자

병원, 교도소, 그밖의 시설에서 출생이 있었을 경우에 부모가 신고할 수 없는 때에는 당해 시설의 장 또는 관리인이 신고를 하여야 한다(§50). 따라서 공공시설의 장 등의 출생신고의무는 부모의 다음 순위이다.

6. 신고기간과 장소

(1) 신고기간

출생신고는 출생한 날로부터 1개월 이내에 하여야 한다(§44①). 이 기간 내에 신고를 하지 아니하면 과태료의 제재를 받는다. 과태료는 출생신고를 수리하는 시·읍·면의 장이 부과하나(규칙 §50①), 출생신고를 받은 동장도 소속 시장·구청장을 대행하여 과태료를 부과·징수한다(동 §50④).

시(구)·읍·면의 장이 출생신고를 게을리한 사람을 안 때에는 신고의무자

(부, 모)에게 최고를 하여야 한다. 신고의무자가 최고기간 내에 신고를 하지 않거나 최고할 수 없는 경우에는 시(구)·읍·면의 장은 감독법원의 허가를 받아 직권으로 출생기록을 하여야 한다.

시(구)·읍·면의 장이 감독법원에 직권기록 허가신청을 할 때에는 ① 부, 모 또는 등록기준지, ② 부모의 주민등록번호, ③ 혼인 중의 자인지 또는 혼인 외의 자인지 여부, ④ 성, 본, 이름, ⑤ 성별, ⑥ 출생일시 및 장소에 관하여 면밀히 확인하고 이를 소명할 수 있는 자료를 첨부하여야 한다. 감독법원은 시(구)·읍·면의 장으로부터 받은 허가서류를 면밀히 확인하여, 위 사항이 틀림이 없고 그 내용이 진실이라는 심증이 가는 경우에는 기록허가를 하여야 하나, 불분명한 경우에는 기록허가를 할 수 없다. 또한 혼인 외의 자에 대하여는 기록허가를 할 수 없다. 감독법원이 서류를 심사함에 있어 필요한 때에는 사실을 조사할 수 있다(예규 제117호 「가족관계의 등록 등에 관한 법률」 제38조 제3항에 따른 출생의 기록에 대한 사무처리지침」).

(2) 신고장소

일반적인 출생신고는 사건 본인의 등록기준지 또는 신고인의 주소지나 현재지에서 할 수 있고(§20①), 출생지에서도 할 수 있다(§45①). 또한 시에서 신고장소가 그 신고 사건 본인의 주민등록지 또는 주민등록을 할 지역과 같은 경우에는 신고 사건 본인의 주민등록지 또는 주민등록을 할 지역을 관할하는 동을 거쳐 출생신고를 할 수 있으며, 동장은 소속 시장을 대행하여 신고서를 수리하고 동이 속하는 시의 장에게 신고서를 송부한다(§21).

모가 기차나 그밖의 교통기관으로 이동하던 중 교통기관 안에서 자녀를 출산한 때에는 모가 교통기관에서 내린 곳, 항해일지가 비치되지 아니한 선박 안에서 출산한 때에는 그 선박이 최초로 입항한 곳에서 신고할 수 있다(§45②).

7. 신고서의 작성과 첨부서류

(1) 신고서의 작성

1) 기재사항

출생신고서에는 출생자와 부모에 관한 사항을 기재하고 신고인에 관한 사항을 기재하여야 한다. 즉 출생신고서에는 ① 자녀의 성명·본·성별 및 등록기준지, ② 자녀의 혼인 중 또는 혼인 외의 출생자의 구별, ③ 출생의 연월일시 및 장소, ④ 부모의 성명·본·등록기준지 및 주민등록번호(부 또는 모가 외국인인 때에는 그 성명·출생연월일 및 국적), ⑤ 혼인신고시 자녀의 성과 본에 대하여 모의 성과 본을 따르기로 한 협의가 있는 경우에는 그 사실, ⑥ 자녀가 출생에 의하여 이중국적을 가지는 경우에는 그 사실 및 취득한 외국 국적을 기재하여야 하고(§44②), 제25조가 규정하는 사항을 기재하여야 한다. 그밖에 제29조와 제30조에 규정된 사항도 기재하여야 할 경우도 있다.

2) 기재문자

출생신고서의 기재는 한글과 아라비아숫자로 한다. 다만 출생자의 성명은 한자로 표기할 수 없는 경우를 제외하고는 한자를 병기하고 본은 한자로 표기할 수 없는 경우를 제외하고는 한자로 기재하여야 한다(규칙 §30①). 이름에는 한글 또는 통상 사용되는 한자를 사용하여야 한다. 통상 사용되는 한자의 범위는 대법원규칙으로 정한다(§44③, 규칙 §37).

3) 기재와 정정의 방법

신고서에 기재하는 글자는 명확하여야 한다. 신고서의 기재를 정정한 경우에는 여백에 정정한 글자의 수를 기재하고 신고인이 날인하여야 한다(규칙 §31). 신고인 이외의 증인과 동의권자 등의 정정날인은 필요하지 않다(예규 제74호).

(2) 신고서의 기재방법

1) 출생자의 등록기준지

출생자의 등록기준지는 신고의무자가 정하여 신고서에 기재한다. 즉, 혼인 중의 자녀를 부 또는 모가 출생신고 하거나 혼인 외의 자녀를 부가 출생신고 하는 경우 및 혼인 외의 출생자를 모가 출생신고 하는 경우 자유롭게 출생자의 등록기준지를 정하여 신고할 수 있고, 그 후 이를 변경할 수 있다(§10, 규칙 §4).

2) 출생자의 성과 본

출생신고서의 성과 본란은 자녀의 성과 본에 관한 민법의 규정에 따라 정해지는 성과 본을 기재하여야 한다. 출생신고서에 출생자(사건 본인)의 성과 본을 기재할 때에는 한자 표기가 병기되어야 하고, 본은 한자로 표기할 수 없는 경우를 제외하고는 한자로 기재하여야 한다(규칙 §31① 단서). 신고서에 자녀의 성과 본을 기재하여야 하는 것은 출생신고서 외에도 인지나 입양신고 등의 경우에도 요청되므로, 여기에서 일괄하여 자녀의 성과 본에 관한 민법 규정의 구체적인 내용과 그에 따른 등록사무의 처리요령에 관하여 살펴보고자 한다.

① **혼인 중의 출생자** : 혼인 중의 출생자는 부의 성과 본을 따른다(민 §781① 본문). 따라서 출생신고서의 성과 본란에는 부의 성과 본을 기재하여야 한다. 다만, d혼인신고시 모의 성과 본을 따르기로 하는 협의서를 제출한 경우에는 모의 성과 본을 따르므로(동 단서), 이때에는 모의 성과 본을 기재한다. 모의 성과 본을 따르기로 하는 협의는, 혼인신고시 협의하지 아니하였던 부부가 이혼 후 동일한 당사자끼리 다시 혼인하는 경우에도 이에 관한 협의를 할 수 있고(예규 제284호「자녀의 성과 본에 관한 가족관계등록 사무처리지침」§3②), 외국의 방식에 따라 혼인이 유효하게 성립된 후, 그 외국에서 작성한 혼인증서의 등본을 제출하여 한국에서 혼인신고를 할 경우에도 협의를 할 수 있다(동 §7①). 혼인신고시 모의 성과 본을 따르기로 하는 협의는 그 협의 이후 협의당사자 사이에서 태어나는 모든 자녀에 대하여 효력이 있다(동 §3②).

혼인 당사자 사이에 모의 성과 본을 따르기로 하는 협의가 있었던 경우에는 협의서를 작성하여 혼인신고시 혼인신고서에 첨부하여 시(구)·읍·면의 장에게 제출하여야 한다. 혼인신고 이후에는 협의서를 제출할 수 없다. 협의서를 제출한 경우, 혼인신고의 수리 이후에는 혼인 당사자들의 합의로 그 협의 내용을 철회할 수 없다.

혼인 당사자가 혼인신고시 그들 사이의 여러 자녀의 성과 본에 대하여 각 자녀마다 따르게 될 성과 본을 다르게 협의(예: 첫째 자녀는 모의 성과 본으로, 둘째 자녀는 부의 성과 본으로 협의한 경우 등)하여 협의서를 제출한 경우에는 그 협의서를 반려하여야 하며, 당사자로 하여금 부 또는 모 어느 하나의 성과 본을 따르는 것으로 통일시켜 제출하도록 하고 그 보완된 협의서에 따라 접수·처리를 하여야 한다. 제출된 협의서는 혼인신고서와 별도로 접수하여 가족관계등록문서건명부에 기록하고 동시에 특종신고서류 등 접수장에 기록하고, 혼인신고서에 가철하여 보존한다(동 §5).

혼인신고시 모의 성과 본을 따르기로 하는 협의서가 제출된 경우, 부 또는 모가 그 자녀의 출생신고를 하는 때에는 출생신고서에 그 사실을 기재하여야 하며, 출생신고서를 접수한 가족관계등록공무원은 전산정보처리조직상의 특종신고서류 등 접수장을 검색하여 협의 당사자 및 협의내용과 접수한 출생신고서에 기재된 내용을 면밀히 대조·확인하여야 한다. 자녀의 성과 본에 관한 협의서를 제출하지 않고 혼인신고를 한 당사자가, 출생신고시에 비로소 모의 성과 본을 따르기로 하는 협의서를 작성하여 제출한 경우, 이 협의서 및 협의서의 취지에 따른 출생신고를 수리하여서는 안 된다(동 §5).

② **혼인 외의 출생자**: 혼인 외의 출생자도 부의 성과 본을 알 수 있는 때에는 부의 성과 본을 따를 수 있으나(규칙 §56), 부를 알 수 없는 때에는 모의 성과 본을 따른다. 따라서 혼인 외의 출생자에 대한 출생신고를 모가 할 경우에 부의 성과 본을 알 수 있는 때에는, 출생신고서에 부의 성과 본을 기재하여야 하고, 이를 알 수 없는 때에는 자신의 성과 본을 기재하여야 한다. 한편 부가 출생신고를 하는 때에는 출생신고서에 자신의 성과 본을 기재하게 된다.

모의 성과 본을 따랐던 혼인 외의 출생자가 부에 의해 인지된 경우에는 부의 성과 본을 따르게 된다. 다만, 인지신고시 부모의 협의에 의하여 종전의 성과 본을 계속 사용하기로 하는 협의서를 제출한 경우에는 종전의 성과 본을 그대로 사용할 수 있으며(민 §781⑤ 본문), 이 경우 자녀의 등록부에 종전의 성과 본을 유지한다는 취지가 기록된다.

인지된 자녀의 성과 본에 관하여 부모가 협의할 수 없거나 협의가 이루어지지 아니한 경우에는, 자녀는 법원의 허가를 받아 종전의 성과 본을 계속 사용할 수 있다(동 단서). 이 경우 시(구)·읍·면의 장은 자녀의 등록부의 자녀의 성과 본을 인지신고의 효력에 따라 일단 부의 성과 본으로 변경·기록하고, 그 후 종전의 성과 본 계속사용허가심판서 등본 및 확정증명서를 첨부하여 성·본 계속사용신고가 있을 경우에, 부의 성과 본으로 기록한 자녀의 성과 본을 다시 종전의 성과 본으로 변경·기록한다(예규 제284호 §8③).

외국의 방식에 의한 인지가 허용되어 그 나라에서 한국인 부가 한국인 혼인 외의 자를 인지하여 외국에서 인지가 성립한 후, 그 외국에서 작성한 인지증서의 등본을 제출하여 한국에서 인지신고를 할 경우의 인지된 자녀의 성과 본에 관한 등록사무처리도 같은 요령으로 처리된다(동 §9).

③ **부(父)가 외국인인 경우**

㉠ **혼인 중 출생자의 부가 외국인이고 모가 대한민국 국민인 경우**: 그 자녀는 모의 성과 본을 따를 수 있다(민 §781②). 이에 따라 출생신고 당시 신

고의무자가 적법한 절차에 따라 출생자의 성과 본을 모의 성과 본으로 결정하여 신고하였다면, 그 이후에는 그 자녀가 친양자로 입양되거나 성과 본 변경절차에 의하지 않는 한 이를 변경할 수 없다. 외국인 부가 귀화 등을 원인으로 대한민국 국적을 취득한 사실 또는 그 후 성과 본을 창설한 사실에 영향을 받지 아니한다. 다만, 이 경우에 자녀의 성을 결정하는 것은 부 또는 모가 친권자의 입장에서 친권을 행사하는 행위이며, 친권은 민법에 따라 행사하여야 하는 것이므로, 만약 부모 중 한쪽이 다른 한쪽의 의사에 반하여 그 자녀의 성을 결정하여 출생신고를 하였다면, 관할 가정법원의 허가를 받아 이를 정정할 수 있다. 모의 성과 본을 따르는 결정의 효력은 모의 성과 본을 따라 출생신고된 해당 자녀에만 한정된다(예규 제284호 §11②~④).

㉡ 혼인 외 출생자의 부가 외국인이고 모가 대한민국 국민인 경우 : 그 자녀는 모의 성과 본을 따른다(동 §11①).[26] 외국인인 부가 한국인인 혼인 외의 자를 인지한 경우에 그 자녀의 성과 본에 관하여는 위 혼인 외의 출생자가 인지된 경우와 동일하게 취급된다(동 §12).

④ **부모를 알 수 없는 경우** : 부를 알 수 없는 자녀는 모의 성과 본을 따른다(민 §781③). 여기서 부를 알 수 없는 자녀라 함은 모가 부라고 인정할 사람을 알 수 없는 자녀를 말하므로, 혼인 외의 자녀라도 부의 성과 본을 알 수 있는 경우에는 부의 성과 본을 따라 출생신고를 하게 되고 그에 따라 가족관계등록을 할 수 있으나, 그 자녀가 인지되기 전에는 자녀의 등록부 부란(父欄)에 부의 성명을 기록할 수 없다(규칙 §56, 예규 제102호 「혼인 외 출생자의 성과 본」). 부모를 알 수 없는 자는 법원의 허가를 얻어 성과 본을 창설한다. 성과 본을 창설한 후 부 또는 모를 알게 된 때에는 부 또는 모의 성과 본을 따를 수 있다(민 §781④).

⑤ **친양자입양의 경우** : 친양자입양은 부부공동입양이 원칙이고, 친양자는 부부의 혼인 중의 자녀로서의 지위를 갖게 되므로 혼인 중의 출생자의 경우와 동일한 방법으로 친양자의 성과 본이 정해진다. 즉, 친양자는 양부의 성과 본을 따르나, 친양자입양을 한 부부가 혼인신고시에 자녀의 성과 본을 모의 성과

---

26) 한국인인 모의 혼인 외의 자녀는 한국인이므로 그 모가 부(父)라고 인정하는 사람이 외국인인 경우, 그 부가 인지하기 전에는 외국인의 성을 따르게 하여 등록부에 기록을 하게 할 수는 없고 모의 성과 본을 따라 기록하여야 한다(예규 제106호 「한국인 여자와 외국인 남자 사이의 혼인 외 자의 성과 본」).

본으로 따르기로 협의한 후 친양자입양을 하는 경우, 친양자는 모의 성과 본을 따른다. 따라서 친양자입양을 신고하는 사람은 양부모의 혼인신고시 그 자녀의 성과 본을 모의 성과 본으로 따르기로 협의하였는지의 여부에 관하여 신고서에 기재하여야 한다(예규 제284호 §6).

⑥ **성과 본의 변경**: 자녀의 복리를 위하여 자녀의 성과 본을 변경할 필요가 있을 때에는 부, 모 또는 자녀의 청구에 의하여 법원의 허가를 받아 이를 변경할 수 있다. 다만, 자녀가 미성년자이고 법정대리인이 청구할 수 없는 경우에는 민법 제777조에 따른 친족 또는 검사가 청구할 수 있다(민 §781⑥). 자녀의 성과 본을 변경할 경우에는 자녀의 성과 본을 변경하는 내용의 가정법원의 성과 본변경허가심판서를 첨부하여 성과 본 변경신고를 하여야 한다. 이 경우 재판을 청구한 당사자는 신고서에 변경 전의 성과 본, 변경한 성과 본, 재판확정일 등을 기재하여 재판확정일로부터 1개월 이내에 성과 본 변경신고를 하여야 하고, 이를 수리한 가족관계등록공무원은 자녀의 성과 본을 심판서의 취지대로 변경·기록하여야 한다(예규 제284호 §15).

3) 출생자의 이름

출생신고서에 자녀의 이름을 기재할 때에도 한자로 표기할 수 없는 경우를 제외하고는 한자를 병기하여야 한다(규칙 §30① 단서). 그러나 이름에 한글과 한자(인명용 한자의 제한범위 내의 것)를 혼합하여 사용한 출생신고는 수리되지 아니한다(예규 제109호 「이름의 기재문자와 관련된 가족관계등록사무 처리지침」 5).

출생신고를 할 때까지 신고의무자가 이름을 짓지 못한 경우 출생신고서의 출생자의 성명란에 '명미정'이라 기재하고 기타란에 그 취지를 기재하여야 한다. 출생자의 이름을 '미정'으로 하여 신고하는 경우에도 이를 수리하여 처리하며, 각 기록에 대한 조치는 추후 신고의무자의 추후보완신고에 의하여 처리하여야 한다(예규 제110호 「출생자의 성명 중 이름이 "미정"으로 신고된 경우의 처리방법」).

출생자에 대한 부와 모의 가족관계증명서에 표시되는 사람과 동일한 이름을 기재한 출생신고도 수리되지 아니한다. 재외공관 또는 동사무소에서 이를 수리하여 등록기준지(동사무소의 경우에는 소속 시·구)에 송부하더라도 출생자의 등록부를 작성해서는 안 된다(예규 제109호 2). 또한 이름은 그 사람을 특정지어주는 공적인 호칭으로서 다른 사람과의 관계에서도 상당한 이해관계를 가지게 되므로, 난해하거나 사용하기에 현저히 불편을 일으키는 것은 쓸 수 없고 이름자가 5자(성은 포함되지 않는다)를 초과하는 문자를 기재한 출생신고는 수리되지 아니한다. 다만 외국인 부와 한국인 모 사이에 출생한 혼인 중의 자에 대하여 부(父)의 성을 따라 외국식 이름으로 부의 나라의 신분등록부에 기재된 외국식 이름을 기재하여 출생신고를 하는 경우와 이미 등록부에 기록되어 있는 이름이나 외국인이 귀화, 국적취득 또는 국적회복으로 가족관계등록신고를 함에 있어 외국에서 종전에 사용하던 이름을 그대로 사용하고자 하는 경우에는 그러하지 아니하다(동 4).

출생신고서에 자녀의 이름을 한자로 표기할 경우, 사용할 수 있는 한자의 범위는 대법원규칙에 의하여 제한되어 있다(§44③, 규칙 §37①②). 출생자의 이름에 사용된 한자 중 대법원규칙으로 정한 인명용 한자 범위에 속하지 아니한 한자가 포함된 경우에는 등록부에 출생자의 이름을 한글로 기록한다(규칙 §37③).

법과 규칙에 따른 인명용 한자의 제한은 출생신고서에 기재하는 출생자의 이름에만 적용되고,[27] 출생자의 성과 본 또는 출생자가 아닌 사람(부모, 신고인 등)의 이름에는 적용되지 아니한다. 이미 등록부에 기록된 이름이나 다른 신고서에 기재하는 이름에도 적용되지 아니한다(예규 제111호 §1①, ③).

시(구)·읍·면·동·재외공관의 장이 1991. 4. 1. 이후에 출생신고를 접수하는 때에는 출생자의 이름에 사용된 한자가 인명용 한자인지의 여부를 심사하여야 한다. 심사는 한자의 자체와 한글 표기가 인명용 한자표에 기재된 것인지에 대하여도 조사하여야 한다(동 §2). 시(구)·읍·면·동·재외공관의 장이 출생자의 이름이 인명용 한자가 아닌 한자로 기재된 출생신고서를 접수한 경우에는, 신고인에게 인명용 한자를 사용하도록 권고하여야 한다. 이 경우 신고인이 권고에 따라 출생신고서의 반려를 원하는 때에는 이를 접수하지 아니하고 반려할 수 있다. 그러나 권고를 할 수 없거나 신고인이 권고에 따르지 아니하는 경우에는 그대로 접수하나, 출생자의 이름 중 인명용 한자가 아닌 한자에 붉은색으로 표시를 하고 그 좌측 여백에 가족관계등록사무담임자가 날인한 다음, 등록부에 출생자의 이름을 한글로 기록한다.[28] 이름에 쓰인

---

27) 기아발견조서에 기아의 이름을 기재하는 경우, 등록부가 없는 사람의 가족관계등록창설허가서에 이름을 기재하는 경우, 1991. 4. 1. 이후에 개명하는 경우에도 이 제한은 적용된다(예규 제111호「인명용 한자의 제한과 관련된 가족관계등록사무 처리지침」§1④).

한자 중 1자만 인명용 한자가 아닌 경우에도 이름 전부를 한글로 기록한다(동 §3).

인명용 한자 범위에 속하지 아니한 한자가 자녀의 이름에 기재된 출생신고서는 이를 수리해서는 안 된다.[29] 재외공관이나 동사무소에서 인명용 한자의 범위를 벗어난 한자(이름자 중 1자만이 이에 해당하는 경우도 포함됨)를 이름에 사용한 출생신고서를 착오로 수리하여 등록기준지(동사무소의 경우에는 소속 시·구)로 송부해 온 경우, 가족관계등록관서에서는 신고인에게 인명용 한자를 사용하도록 추후보완을 최고(권고)하고, 이에 따르지 아니할 때에는 등록부에 출생자의 이름을 한글로 기록하여야 한다. 가족관계등록공무원이 인명용 한자의 범위를 벗어난 한자를 이름에 사용한 출생신고서가 착오로 수리되어 그대로 등록부에 기록된 것을 발견한 때에는, 간이직권정정절차(그 출생신고서류를 감독법원에 송부한 후에는 해당 신고서류를 직접 방문하거나 팩시밀리를 사용하여 확인한 후 처리)에 따라 직권으로 그 이름을 한글로 정정한다. 직권으로 이름을 한글로 정정한 경우에는 그러한 뜻을 지체 없이 신고인 또는 신고 사건의 본인에게 알려주어야 한다(예규 제109호 3).

4) 출생일시

출생일시란에는 출생연월일시를 사실과 일치하도록 기재하여야 한다. 출생연월일은 태양력에 따라 기재하여야 한다(「연호에 관한 법률」 참조). 출생신고서에 연월일을 '미상'으로 기재한 신고서는 수리되지 아니한다. 출생연월일과 시각을 신고서에 기재 및 등록부에 기록할 때에는 1일 24시각제를 기준으로 오전 12시는 12시, 오후 10시는 22시, 오후 12시는 다음 날 0시로 기재 및 기록

28) 시(구)·읍·면의 장이 출생자의 이름을 한글로 등록부에 기록한 경우, 출생자의 이름으로 신고된 한자로서 인명용 한자가 아닌 한자의 자체와 발음을 기재하여 다음 달 10일까지 감독법원에 보고하고, 감독법원은 그 내용을 분기별로 정리하여 분기마다 다음달 20일까지 법원행정처에 보고하여야 한다(예규 제111호 §4).

29) 다만, ① 친자관계존부확인 등의 재판에 따른 등록부 정정에 의하여 등록부가 폐쇄된 자녀에 대하여 종전의 이름과 동일한 이름을 기재하여 하는 출생신고 중 종전 이름의 문자가 오자나 속자인 경우 그것을 정자로 정정하여 신고한 경우, ② 출생 후 상당한 기간(약 15년)이 경과한 자녀에 대하여 졸업증서, 면허증, 보험증서 등에 의하여 사회생활에서 널리 두루 쓰이고 있다는 것이 증명되는 이름을 기재하여 신고한 경우에는 수리된다(예규 제109호 1).

하여야 한다. 외국에서 출생한 자의 출생시각은 현지시각을 환산하여 기재하여야 한다. 등록부에 출생연월일을 기록할 때에는, 특정등록사항란의 출생연월일란에는 현지 출생시각을 한국 시각으로 환산하여 그 일자를 기록하고, 일반등록사항란에는 그 현지 시각을 기록하여야 한다(예규 제113호 「출생 또는 사망의 연월일과 시각 및 장소의 기록방법」 1, 예규 제115호 「우리나라 국민이 외국에서 출생한 경우, 가족관계등록부에 출생일시를 기록하는 방법」 참조).[30] 일반등록사항란에 현지 시각을 기록하지 아니한 경우에도, 등록부 정정신청에 의해 이를 기록할 수 있으나, 특정등록사항란의 출생연월일란에 기록된 한국 시각을 현지 시각으로 정정할 수는 없다(호적선례 1997. 9. 19. 법정 3202-294 참조).

다태아의 출생에 대하여는 각각 이를 신고하여야 하며, 이를 등록부의 특정등록사항란에 기록할 때에는 출생연월일 이외에 시분(時分)까지 명확하게 기록하여야 한다[예규 제114호 「다태아(多胎兒)인 경우 출생란의 기록방법」].

5) 출생장소

출생자가 사실상 출생한 장소를 주소지 기재방식에 따라 기재한다. 따라서 자택에서 출생한 때에는 자택의 주소를 기재하고, 병원 등 그밖의 시설에서 출생한 때에는 그 시설의 주소를 기재하고, 항해 중인 선박 안에서 출생한 때에는 '○○항에서 ○○항으로 항해 중 ○○호 선박 안'으로, 기차·자동차·항공기 등 교통기관 안에서 출생한 때에는 '○○발 ○○행 기차(자동차·항공기) 중 ○○지점'으로 기재한다. 출생장소의 주소는 최소 행정구역의 명칭(시·구의 동, 읍·면의 리)까지만 기재하여도 되며 지번의 기재가 없다는 이유로 출생신고의 수리를 거부할 수 없다(예규 제113호 2). 병원에서 출생한 자녀의 출생신고를 할 때에는, 그 신고서 중 출생장소란에는 실제 출생한 장소의 주소를 기재하면 되고, 병원명까지 기재할 필요는 없으나, 병원의 명칭을 기재하여도 무방하다.

6) 부모란

부모란에는 출생자의 부와 모의 성명·본을 기재한다. 혼인 외의 자녀를

---

30) 그러나 출생을 제외한 사망 등 나머지 신고 사건이 외국에서 발생한 경우에는 현지시각을 신고 사건의 발생시각으로 기록하여야 한다(선례 200801-1).

모가 신고하는 경우에는 부에 관한 사항은 기재하지 않으며, 전혼 해소 후 100일 이내에 재혼한 여자가 재혼 성립 후 200일 이후, 직전 혼인의 종료 후 300일 이내에 출산하여 모가 출생신고를 하는 경우에는 부의 성명란에 '부 미정'으로 기재한다. 등록기준지란에는 부나 모가 외국인인 때에는 그 부나 모의 출생신고 당시의 국적을 기재하며, 부와 모의 성명은 부모의 등록부에 기록된 대로 한글 또는 한자로 기재하고, 본은 한자로 기재한다. 모가 혼인 외의 출생자를 출생신고 하는 경우에는 부의 성명을 기재하지 아니한다.

7) 기타사항란

기타사항란에는 소정의 기재사항이 설정되어 있지 아니한 사항을 기재하며 주로 다음과 같은 사항을 기재한다.

① 선순위 신고의무자가 출생신고를 할 수 없는 때에는 그 사유

② 외국에서 출생한 자녀가 대한민국 국민인 때에는 그 현지 출생시각[서머타임 실시기간 중 출생하였다면 그 출생시각 옆에 '(서머타임 적용)'이라고 표시]

③ 외국인인 부의 성을 따라 외국식 이름으로 외국인인 부의 가(家)에 등재되어 있으나, 한국식 이름으로 출생신고를 하는 때에는 외국에서 신고된 성명

④ 민법 제781조 제1항 단서에 따라 혼인신고시 모의 성과 본을 따르기로 협의한 경우 그 취지

⑤ 등록부에 기록해야 할 사항을 분명하게 하는 데 특히 필요한 그밖의 사항

8) 신고인란

출생신고인의 성명과 주소, 주민등록번호 및 전화번호, 신고인 자격을 기재한다. 신고인 자격란에는 부, 모, 동거친족, 분만에 관여한 의사 등 출생신고인으로서의 자격을 기재한다.

(3) 첨부서류

1) 출생증명서

출생신고서에는 의사·조산사나 그밖에 분만에 관여한 사람이 작성한 출생증명서를 첨부하여야 한다. 다만, 부득이한 사유가 있는 경우에는 그러하지

아니하다(§44④).[31] 출생증명서에는 ① 자녀의 성명(다만, 작명되지 아니한 때에는 그 취지) 및 성별, ② 출생의 연월일 및 장소, ③ 자녀가 다태아(多胎兒)인 경우에는 그 취지, 출생의 순위 및 출생시각, ④ 모의 성명[32] 및 출생연월일, ⑤ 작성연월일, ⑥ 작성자의 성명, 직업 및 주소를 기재하여야 한다(규칙 §38).

그러나 의사나 조산사가 작성한 출생증명서는 「의료법시행규칙」 제14조가 규정하는 서식 이외에 보건복지가족부가 정한 양식에 의하여 작성하여야 하며, 이 경우에는 규칙 제38조에 정한 기재사항의 일부가 기재되어 있지 않은 때에도 출생신고를 수리하여야 한다. 의사나 조산사가 아닌 사람으로서 분만에 관여한 사람이 작성한 출생증명서가 없거나 또는 신고 사건 본인이 병원 등 의료기관에서 출생하지 않았으며 출생 당시 분만에 관여한 사람도 없는 때에는 그 사실을 아는 사람이 작성한 출생증명서를 신고서에 첨부하여야 한다. 출생사실을 아는 사람이 작성한 출생증명서에는 증명인의 신분을 증명하는 서면(예, 인감증명서, 주민등록증 사본, 운전면허증 사본, 여권 사본, 공무원증 사본 중 1부)을 첨부하여야 한다.

출생증명서를 의사나 조산사가 작성한 경우에는 그 사본을 출생신고서에 첨부하여도 된다. 다만 사본이 첨부된 출생신고서를 접수한 시(구)・읍・면의 장(동장을 포함한다)은 신고인으로 하여금 그 출생증명서 원본을 제시하도록 하여 그 내용의 부합 여부를 대조 및 확인한 후, 틀림이 없는 경우에는 출생증명서 사본의 적당한 여백에 인증문을 기재하고, 그 직명과 성명을 기재한 다음 직인을 찍어야 한다(예규 제283호 「출생신고서에 첨부할 출생증명서에 관한 처리지침」).

---

31) 미국에서 출생한 우리나라 국민의 미국 공부상 생년월일과 한국 가족관계등록부상 생년월일이 상이하게 기록되는 것을 회피할 목적은 부득이한 사유에 해당되지 아니한다(선례 200807-1).

32) 출생신고서에는 부득이한 사유가 있는 경우를 제외하고 의사나 조산사가 작성한 출생증명서를 첨부하여야 하며, 그 출생증명서에는 모의 성명이 기재되어야 하므로, 출생신고서와 출생증명서상 모의 성명이 상이한 때에는 그 출생증명서를 첨부할 수 없다. 또한 의사나 조산사 이외에 분만에 관여하거나 출생 사실을 아는 사람이 작성한 예규 97호 별지 서식의 출생증명서를 첨부할 수도 있으나, 그것이 사실상 불가능한 경우에는 의사가 작성한 유전자감정서 등 모자관계에 있다는 객관적 자료를 출생신고서에 첨부하여야 한다(선례 200803-2).

2) 그밖의 서류

자녀의 출생 당시에 대한민국 국민인 부 또는 모가 등록부에 등록이 되어 있지 않거나 등록이 되어 있는지가 분명하지 아니한 사람인 경우, 대한민국 관공서가 발행한 공문서(예: 여권, 주민등록등본, 그밖의 증명서 등)를 첨부하게 하여 부 또는 모에 대한 성명, 출생연월일 등 인적 사항을 소명토록 하여야 한다. 부모가 혼인관계에 있는 경우에는 그 사실을 증명하는 서류(혼인증서)를 첨부하여 출생자에 대한 출생신고를 하여야 한다. 이에 따라 그 자녀에 대한 등록부를 작성하게 된다(예규 제94호「부모가 가족관계등록부에 등록되어 있지 않거나 등록되어 있는지가 분명하지 아니한 사람인 경우에 그 자녀의 출생신고의 처리방법」).

부가 혼인 외의 자녀에 대한 출생신고를 할 때에는 친생모가 혼인 외의 자녀를 출생할 당시에 혼인한 여자가 아니었음을 증명하는 서면(모의 혼인관계 증명서)을 첨부하여야 한다(예규 제89호). 그 모가 등록부에 등록되어 있는지가 분명하지 아니하거나 등록되어 있지 아니한 경우에는 모에게 배우자가 없음을 증명하는 공증서면 또는 2명 이상의 인우인의 보증서를 제출하게 하여야 한다(예규 제98호).

Ⅲ. 인지신고

1. 인지의 의의와 종류

인지는 혼인 외의 출생자를 그의 생부 또는 생모가 자기의 자녀라고 인정하는 행위를 말한다. 인지는 피인지자가 사망하거나(민 §857) 아직 출생하지 아니한 태아인 경우에도 할 수 있다(민 §858).

인지에는 임의인지와 강제인지가 있다. 임의인지라 함은 생부 또는 생모가 스스로의 의사에 의하여 인지하는 것을 말하며, 임의인지는 신고에 의하여 효력이 발생한다(민 §859①). 따라서 임의인지신고는 창설적 신고에 속하고, 인지의 효력은 그 자의 출생시에 소급하여 발생한다(민 §860). 이에 비하여 재판상 인지는 생부 또는 생모가 임의로 인지하지 아니할 경우에 부모의 의사와는 관계없이 법원의 재판(조정)에 의하여 인지의 효력을 발생시키는 경우를 말하며,

혼인 외의 출생자와 부 또는 모와의 사이에 법률상 친자관계의 발생을 목적으로 하는 인지청구의 소에 의한다(민 §863). 강제인지에 의한 인지신고는 보고적 신고에 해당한다.

2. 임의인지

(1) 인지권자

인지권자는 혼인 외의 출생자의 생부 또는 생모이다(민 §855①). 임의인지는 형성적 신분행위에 속하므로 인지를 하기 위해서는 의사능력이 있어야 한다. 다만 부가 금치산자인 때에는 후견인의 동의를 얻어야 한다(민 §856).

(2) 피인지자

피인지자는 혼인 외의 출생자이다. 따라서 법률상 타인의 친생자녀로 추정되는 사람은 그 부에 대한 친생부인의 소의 판결이 확정되기 전에는 누구도 인지할 수 없다(예규 제121호 「타인의 친생자녀로 추정되는 사람에 대한 인지여부」).[33] 친생추정이 배제되는 혼인 중의 자녀에 대하여는 친생자관계존부확인의 소(민 §865)에 의하여 친생부가 아니라는 판결이 확정되어야 인지할 수 있다. 타인이 이미 인지하고 있는 경우에는 인지이의의 소(민 §862)를 제기하고 그 판결이 확정되어야 인지할 수 있다. 부모의 혼인이 무효인 때에는 출생자는 혼인 외의 출생자로 되나(민 §855), 그 무효의 혼인 중의 출생자를 부가 출생신고를 하여 그 자녀의 등록부가 작성된 경우에는 그 출생신고에 인지의 효력이 인정되므로(예규 제122호 「무효인 혼인 중의 출생자에 대한 출생신고의 효력」), 인지를 필요로 하지 아니한다.

피인지자는 생존한 혼인 외의 출생자이어야 하나, 혼인 외의 출생자가 사망한 후에도 그 직계비속이 있는 때에는 인지할 수 있다(민 §857). 이때 피인지자의 등록부는 사망에 의하여 폐쇄되었으므로, 인지신고가 있으면 이를 직권으로 부활하여 작성한다. 부활작성한 등록부의 일반등록사항란에 인지사유와 성과 본이 정정된 경우 그 사유, 특정등록사항란에 인지자의 특정등록사항을 기록한 후 폐쇄등록부에 기록된 사망 사유를 이기하고 피인지자의 등록부를 다

---

33) 대법 1968.2.27. 선고, 67므34 판결 참조.

시 폐쇄한다.

부는 포태 중에 있는 자녀에 대하여도 이를 인지할 수 있다(민 §858). 그러나 부의 태아인지신고만으로는 피인지자의 등록부를 작성할 수 없으며, 태아인지신고서를 특종신고서류편철장에 편철한 후 인지된 태아의 출생신고가 있는 경우에 출생자의 등록부를 작성하게 된다. 출생자의 등록부를 작성하는 경우 먼저 특종신고서류편철장에 편철되었던 태아인지신고서에 따라 인지 사항을 먼저 기록한 뒤 인지된 태아의 출생신고사유를 기록하여야 한다. 이때 출생신고는 태아인지신고를 한 신고관서에 신고하여야 한다(§22).

태내에 있는 자녀에 대한 인지신고서에는 그 취지, 모의 성명 및 등록기준지를 기재하여야 한다(§56).

인지된 태아가 사체로 분만된 경우에 출생신고의무자는 그 사실을 안 날부터 1개월 이내에 그 사실을 신고하여야 한다. 다만, 유언집행자가 인지신고를 하였을 경우에는 유언집행자가 그 신고를 하여야 한다(§60). 이 경우 시(구)·읍·면의 장은 사산신고를 수리할지라도 등록부에는 아무런 기재도 하지 아니하나, 특종신고서류편철장에 편철하여야 하기 때문에(예규 제125호) 신고가 필요한 것이다. 사산신고서에는 의사 또는 조산사의 검안서, 태아인지자의 기본증명서, 가족관계증명서 각 1통을 첨부하여야 한다. 태아인지자의 기본증명서와 가족관계증명서는 전산정보처리조직에 의하여 그 내용을 확인할 수 있으면 첨부를 생략할 수 있다.

(3) 유언에 의한 인지

인지는 유언으로도 이를 할 수 있다. 이 경우에는 유언집행자가 인지신고를 하여야 한다(민 §859②). 유언에 의한 인지의 경우 유언집행자는 그 취임일부터 1개월 이내에 인지에 관한 유언서 등본 또는 유언 녹음을 기재한 서면을 첨부하여 신고를 하여야 한다(§59). 유언에 의한 인지는 유언의 효력이 생겼을 때 즉 유언자가 사망하였을 때에 그 효력이 생기는 보고적 신고이다. 유언집행자가 신고를 하기 전에 자녀가 출생한 때에는 유언집행자는 법정기간 내에 유언서의 등본을 첨부하여 인지신고에 갈음하는 출생신고를 하여야 한다(예규 제124호 「유언에 의하여 인지된 태아가 인지신고 전에 출생한 경우의 처리지침」).

3. 강제인지

혼인 외의 출생자와 그 직계비속 또는 그 직계비속의 법정대리인은 부 또는 모를 상대방으로 하여 인지청구의 소를 제기할 수 있다(민 §863). 부 또는 모가 사망한 때에는 그 사망을 안 날로부터 2년 내에 검사를 상대방으로 하여 인지청구의 소를 제기할 수 있다(민 §864).[34] 여기서 사망을 안 날이라 함은 스스로 인지청구를 할 수 있는 의사능력이 있는 상태에서 사망 사실을 안 것을 의미하므로, 자녀에게 의사능력이 없으면 제척기간은 진행되지 아니한다.[35] 인지청구의 소는 나류 가사소송사건이므로 조정전치주의가 적용된다(가소 §50).

4. 인지신고

(1) 신 고 인

1) 임의인지의 신고인

임의인지는 창설적 신고이므로 신고의무자는 없으며 신고적격자만 있을 뿐이다. 신고적격자는 부 또는 모이며, 대리인에 의한 신고는 할 수 없다. 유언에 의한 인지는 유언집행자가 신고하여야 하고(§59), 인지된 태아의 사산신고는 출생신고의무자 또는 유언집행자가 신고의무자로 된다(§60). 이 경우의 신고는 보고적 신고이므로 신고의무자가 신고를 게을리한 때에는 과태료 처분을 받게 된다.

---

34) 모의 혼인 외 출생자로 등록부가 작성된 사람이 가족관계등록이 되어 있지 아니한 채 사망한 부를 상대방(검사를 피고로 한다)으로 인지재판을 청구하여 그 판결이 확정되고 인지신고된 경우에는, 피인지자의 등록부의 일반등록사항란에 인지사유를 기록하고 부란에 부의 성명을 기록하여야 한다[예규 제123호 「가족관계등록이 되어 있지 않은 망부(亡父)를 상대로 한 인지판결이 확정된 경우의 처리지침」]. 일본에는 출생등록이 되어 있으나, 한국에 출생신고가 되어 있지 아니한 혼인 외의 출생자가 등록부가 작성되기 전에 사망한 부를 인지자로 하는 인지판결을 받기 위해서는, 먼저 혼인 외의 출생자에 대한 출생신고의무자인 생모가 일본국 관공서가 발행한 출생신고 등본과 그 번역문을 첨부하여 출생신고를 하고, 그에 따라 등록부가 작성되어야 한다. 생모가 이미 사망한 경우에는, 가정법원의 허가를 받아 등록부를 창설하여야 판결에 따른 인지신고를 할 수 있다(선례 200805-5).

35) 대법 1977.5.24. 선고, 77므7 판결.

2) 강제인지의 신고인

신고의무자는 인지청구의 소를 제기한 사람 또는 조정을 신청한 사람이며, 그 상대방도 신고를 할 수 있다(§58). 그러나 그 상대방은 신고적격자이므로 신고를 게을리하여도 과태료의 처분을 받지 아니한다.

(2) 기간과 장소

임의인지신고는 창설적 신고이므로 신고기간이 없다. 그러나 강제인지신고는 재판의 확정 또는 조정의 성립일로부터 1개월 이내에 하여야 하고(§58①), 유언에 의한 인지는 유언집행자가 그 취임일로부터 1개월 이내에 신고하여야 한다(§59). 인지신고의 장소는 신고지(접수지)처리 원칙에 의하여 제한이 없다. 즉, 신고 사건 본인의 등록기준지 또는 신고인의 주소지나 현재지에서 할 수 있다.

(3) 신고서의 작성과 첨부서류

1) 인지신고서 작성

인지신고서에는 ① 자녀의 성명·성별·출생연월일·주민등록번호 및 등록기준지(자녀가 외국인인 때에는 그 성명·성별·출생연월일 및 국적), ② 사망한 자녀를 인지할 때에는 사망연월일, 그 직계비속의 성명·출생연월일·주민등록번호 및 등록기준지, ③ 부가 인지할 때에는 모의 성명·등록기준지 및 주민등록번호, ④ 인지 전의 자녀의 성과 본을 유지할 경우 그 취지와 내용,[36] ⑤

---

36) 인지신고에 따른 피인지자의 성과 본에 관한 기록은 다음과 같이 처리된다.

혼인 외의 자녀가 모의 성과 본을 따라 출생등록이 되어 있는 경우, 별도의 협의가 없는 경우라면 부의 인지신고에 의하여 피인지자의 성과 본은 인지자의 성과 본으로 변경된다. 따라서 피인지자 등록부의 특정등록사항란에 성과 본의 종전 기록에 대치하여 바로 그 자리에 정정기록하고, 일반등록사항란의 인지 사유 아래 성과 본이 변경된 취지를 기록하게 된다. 피인지자에게 직계비속과 배우자가 있는 경우 피인지자가 성과 본이 변경됨으로 인하여 그 취지도 직계비속과 배우자의 등록부의 일반등록사항란에 기록되어야 하며(이때 배우자의 경우 배우자의 정정된 후의 성명도 기록함), 피인지자의 직계비속의 등록부의 특정등록사항란의 성과 본은 종전 기록에 대치하여 그 자리에 정정된 사항을 바로 기록하고, 피인지자의 배우자의 등록부의 일반등록사항란의 혼인 사유에 기재된 배우자 성명에 선을 긋는다. 한편 민법 781조 5항의 규정에 따라 혼인 외의 자녀에 대하여 부의 인지가 있는 경우 부의 성과 본을 따르지 않고 종전의 성과 본을 계속 사용하고자 하는 때에는, 그에 관한 부모의 협의서를 인지신고시에 첨부하여야 하고 그 취지를 피인

민법 제909조 제4항 또는 제5항에 따라 친권자가 정하여진 때에는 그 취지와 내용을 기재하여야 한다. 강제인지의 경우 인지청구의 소는 가사소송사건이므로 그 신고서에 재판확정일을 기재하여야 한다(§58②).

2) 첨부서류

강제인지에 의한 인지신고의 경우에는 인지판결의 등본 및 확정증명서, 인지의 조정이 성립된 때에는 조정조서 등본 및 송달증명서를 첨부하여야 한다(§58). 유언집행자가 유언에 의한 인지신고를 하는 경우에는 유언증서의 등본이나 유언 녹음을 기재한 서면을 첨부하여야 한다(§59).

혼인 외의 자녀에 대하여 부의 인지가 있는 경우 부의 성과 본을 따르지 않고 종전의 성과 본을 계속 사용하고자 하는 경우 그에 관한 부모의 협의서를 첨부하여야 한다. 부모가 협의할 수 없거나 협의가 이루어지지 아니하여 자녀의 청구에 의하여 가정법원의 성과 본 계속사용허가심판이 확정된 때에는 심판서 등본 및 확정증명서를 첨부하여야 한다. 미성년자인 혼인 외의 자녀가 인지된 경우에 인지자인 부와 피인지자인 혼인 외의 자녀의 모 사이에 친권자 지정에 관한 협의가 이루어진 경우에는 그 협의서를 첨부하고, 협의가 이루어지지 않아 가정법원의 친권자 지정에 관한 심판이 있는 경우에는 심판서 등본 및 확정증명서를 첨부하여야 한다(§55②).

피인지자의 모의 출생 당시 기본증명서, 혼인관계증명서, 가족관계증명서 각 1통도 첨부되어야 하나(전산정보처리조직에 의하여 그 내용을 확인할 수 있는 경우에는 첨부를 생략할 수 있다), 피인지자의 모의 등록부가 없거나 등록되어 있는지가 불분명한 경우에는 그 모가 출생 당시 유부녀가 아니었음을 공증하는 서면 또는 2명 이상의 인우인보증서를 첨부하여야 한다. 한국인 모와 외국인 부 사이의 혼인 외의 자녀에 대하여 한국법 방식에 따른 인지신고를 하는 경우에는 해당 인지행위의 준거법으로 선택한 법과 인지 당사자와의 관련을 증명하는 서면(예: 자녀의 기본증명서와 가족관계증명서 또는 현재 자녀의 상거소지를 증명하는 주민등록 등) 1통, 준거법 소속국의 권한 있는 기관이 발행한 인지의 성립요건구비증명서, 부의 국적 등 신분을 증명하는 서면 1통을 첨부하여야

지자의 인지 사유 아래 기록한다(이때 피인지자에게 배우자와 직계비속이 있는 경우 그들의 등록부에는 아무런 기록을 하지 아니한다).

한다. 한편 한국인 남자와 중국인 여자 사이에 출생한 혼인 외의 자녀의 출생증명서에 의하면 부(父)가 다른 사람으로 기재되어 있으나 그 혼인 외의 자녀를 인지하고자 하는 한국인 남자가 그 출생자의 출생증명서에 기록된 부가 자신과 동일인이라고 주장하는 경우에는, 중국의 권한 있는 기관이 발행한 동일인 증명서나 중국의 권한 있는 기관에 의해서 부의 성명이 정정된 출생증명서를 인지신고서에 첨부하여야 하고, 첨부서면은 모두 중국외교부 또는 각 성, 자치구 및 직할시 외사판공실의 인증을 받아야 하고, 그 한국어 번역문도 함께 첨부하여야 한다(선례 200808-1).

Ⅳ. 입양신고

1. 입 양

입양이라 함은 혈연적 친자관계가 없음에도 불구하고 법률적으로 친자관계를 인정하여 혼인 중의 출생자와 같은 지위를 취득하게 하는 신분행위를 말한다. 입양에는 민법상의 일반입양과 친양자입양, 그리고 「입양촉진 및 절차에 관한 특례법」(다음부터는 '특례법'이라 약칭한다)에 의한 입양이 있다.

2. 민법상의 일반입양

민법상의 일반입양이라 함은 입양당사자의 입양의사의 합치와 입양신고로 성립하며(민 §878), 입양에 의하여 양자가 입양이 성립한 때부터 양친의 혼인 중의 출생자로서의 지위를 갖게 된다(민 §772①). 다만 입양이 성립하더라도 양자의 입양 전 친족관계는 그대로 유지된다. 또한 입양의 효과에 의하여 양자의 성과 본이 양친의 성과 본으로 변경되지 아니한다.

(1) 입양의 성립요건

1) 실질적 성립요건

① 당사자 간에 입양의 합의가 있을 것(민 §883①): 입양의사는 입양신고의

수리시까지 존속되어야 하며, 수리 전에 한쪽이 입양의사를 철회하면 입양신고를 수리하여서는 안 된다.

② 양친은 성년자일 것(민 §866): 미성년자가 양친으로 되는 입양신고는 수리하여서는 안 된다(민 §881). 그러나 일단 수리되면 입양의 무효는 아니고 입양취소사유가 된다(민 §884 i).

③ 양자로 될 사람이 15세 미만인 경우에는 법정대리인의 입양승낙이 있을 것(민 §869): 친권자가 입양의 승낙을 하는 때에는, 입양신고서에 그 승낙에 대한 가정법원의 허가서 등본을 첨부할 필요가 없으나, 후견인이 입양의 승낙을 하는 경우에는, 입양신고서에 그 승낙에 대한 가정법원의 허가서 등본을 첨부하여야 하고, 이를 첨부하지 아니한 입양신고는 수리되지 아니한다(예규 제129호「입양의 동의 또는 대락 및 파양의 대락에 관한 사무처리지침」§2). 친권자인 법정대리인이 입양승낙을 할 경우에는 부모가 공동으로 하여야 하나, 부모가 이혼하여 부모 중 한쪽이 친권자로 정해진 경우에는 지정된 친권자 단독으로 입양승낙을 할 수 있다. 이 규정에 위반한 입양신고는 수리되더라도 무효이다(민 §883 ii).

④ 부모 등의 동의를 얻을 것(민 §870, §871, §873, §874②): 양자로 될 사람이 성년자인지 여부와 관계없이 입양신고서에 부모의 입양동의서가 첨부되어야 한다(다만, 등록부에 법원으로부터 친권이 상실된 사람으로 기록된 부 또는 모의 입양동의서는 첨부할 필요가 없다). 부모가 사망 등 그밖의 사유로 동의할 수 없는 경우에 다른 직계존속이 있으면 그 직계존속의 입양동의서를 첨부하여야 한다(민 §870).

양자로 될 사람이 성년에 이르지 못한 경우에 부모와 다른 직계존속이 없는 때에는, 입양신고서에 후견인의 동의서 및 그 동의에 대한 가정법원의 허가서 등본을 첨부하여야 한다(민 §871). 다만, 입양동의에 대한 가정법원의 허가서 등본을 첨부하여야 할 후견인은 양자로 될 사람의 직계존속이 아닌 사람을 말하며, 입양동의권자인 직계존속이 후견인이 된 경우에는 입양동의서를 첨부하면 되고, 그 동의에 대한 가정법원의 허가서 등본을 첨부할 필요는 없다. 부모 중 어느 한쪽이 친권자로서 15세 미만인 양자로 될 사람을 갈음하여 입양의 승낙을 한 경우에도 친권자가 아닌 다른 부 또는 모의 입양동의서를 입양신고서에 첨부하여야 하고, 후견인이 15세 미만인 양자로 될 사람을 갈음하여 입양의 승낙을 한 경우에도 다른 직계존속이 따로 있으면 그의 입양동의서를 입양신고서에 첨부하여야 한다(예규 제129호 §3). 금치산자는 후견인의 동의를 얻어 양자를 할 수 있고 양자가 될 수 있다(민 §873). 배우자 있는 사람이 양자가 될 때에는 다른 한쪽의 동의를 얻어야 한다(민 §874②).

⑤ 후견인이 피후견인을 입양할 경우에는 가정법원의 허가를 얻을 것(민 §872).

⑥ 부부의 공동입양(민 §874①): 다만 배우자의 전혼 중에 출생한 혼인 중의 자녀를 입양하고자 할 때에는 친생자 관계가 없는 배우자 한쪽이 단독으로 입양할 수 있다. 입양은 혼인 중의 출생자와 같은 지위를 취득하게 하는 창설적 신분행위이므로 자신의 친생자라도 혼인 외의 자녀에 대하여는 입양할 수 있다. 그러나 혼인 중의 자녀에 대하여는 그러한 신분관계를 창설할 필요가 없으므로 이혼한 모가 전혼 중에 출생한 혼인 중의 자녀를 입양할 수 없다. 따라서 혼인 외의 자녀는 생모 및 생모와 혼인한 외국인 배우자가 함께 입양할 수 있다(예규 제130호 「친생자 입양에 관한 사무처리지침」).

⑦ 양자는 양친의 존속 또는 연장자가 아닐 것(민 §877).

2) 형식적 성립요건

입양은 양쪽 당사자와 성년자인 증인 2인이 연서한 서면으로 신고함으로써 그 효력이 생긴다(민 §879). 판례는 당사자인 양친과 양자 사이에 양친자관계를 창설하려는 명백한 의사가 있고 부모의 동의 등 입양의 실질적 성립요건이 모두 구비된 경우에는 입양신고 대신 친생자로서의 출생신고가 행해진 때에도 이를 무효로 보지 아니하고 입양신고로서의 효력을 인정하고 있다.[37] 출생신고에 의한 입양을 인정하고 있는 것이다. 입양신고서에 성년자인 증인 2인이 연서한 서면을 첨부하지 않은 경우에는 수리를 거부하여야 하나, 일단 수리가 되면 입양의 무효나 취소사유가 아니기 때문에 유효하게 효력이 발생한다.

① 입양신고인: 원칙적으로 입양당사자인 양친과 양자가 공동으로 신고하여야 한다. 다만 양자가 15세 미만인 때에는 입양승낙을 한 법정대리인이 신고하여야 한다(§62① 본문).

② 신고기간과 장소: 입양신고는 창설적 신고로서 신고기간은 없다. 신고장소도 신고지(접수지)처리 원칙에 의하여 제한이 없다(§20).

---

37) 대법 1977.7.26. 선고, 77다492 판결.

3) 신고서의 작성과 첨부서류

입양의 신고서에는 ① 당사자의 성명·본·출생연월일·주민등록번호·등록기준지(당사자가 외국인인 때에는 그 성명·출생연월일·국적) 및 양자의 성별, ② 양자의 친생부모의 성명·주민등록번호 및 등록기준지를 기재하여야 한다.

입양에 대한 동의가 필요한 경우에는 입양신고서에 입양에 동의한 사실을 증명하는 서면을 첨부하여야 한다. 그러나 동의한 사람이 입양신고서의 동의자란에 성명과 주민등록번호를 기재하고 기명날인한 때에는 입양신고서에 동의서를 첨부하지 않아도 무방하다(§32①). 양자로 될 사람이 미성년자로서 부모 또는 다른 직계존속이 없어 후견인의 동의를 얻어야 하는 경우와 후견인이 피후견인을 양자로 하는 경우 및 15세 미만자의 입양에 대하여 후견인이 입양을 승낙하는 경우에는 가정법원의 허가서 등본을 첨부하여야 한다(§62).

입양 당사자의 기본증명서, 가족관계증명서 및 입양관계증명서는 전산정보처리조직에 의하여 그 내용을 확인할 수 있는 경우에는 첨부를 생략할 수 있다. 양친이 외국인인 경우에는 그 국적을 증명하는 서면(예: 호적등본, 출생증명서, 여권 사본, 신분등록부 등본 등)을 첨부하여야 하고, 양자가 외국인이고 그 자녀의 본국법이 입양의 성립에 자녀 또는 제3자의 승낙이나 동의 등을 요건으로 하고 있는 경우에는 그 요건을 갖추었음을 증명하는 서면도 첨부되어야 한다.

(2) 입양의 효력

입양에 의하여 양자와 양친 사이에 친자관계가 발생한다. 따라서 입양신고가 있으면 양부와 양모, 양자의 등록부의 일반등록사항란에 입양사유를 기록하고 양부모의 등록부의 특정등록사항란에 양자의 특정등록사항을, 양자의 등록부의 특정등록사항란에 양부모의 특정등록사항을 각각 기록하게 된다. 양자와 양자의 입양 전 친족관계가 단절되지 아니하므로, 양자가 입양된 경우라도 친생부모의 등록부의 특정등록사항란에서 자녀의 특정등록사항을 말소(삭선처리)하여서는 안 된다.

(3) 입양의 무효와 취소

1) 입양무효

당사자 사이에 입양의 합의가 없는 때, 대락권자의 승낙이 없는 때, 양자가 양친의 존속이거나 연장자인 때에는 입양은 무효이다(민 §883). 입양무효는 당연무효이나 당사자나 법정대리인 또는 4촌 이내의 친족은 입양무효확인의 소를 제기할 수 있다(가소 §31, §23). 소의 상대방은 양친자 중 한쪽이 제기하는 경우에는 양친자 중 다른 한쪽이 되고, 다른 한쪽이 사망한 때에는 검사를 상대방으로 한다. 제3자가 소를 제기하는 경우에는 양친자를 상대방으로 하고, 상대방이 모두 사망한 경우에는 검사를 상대방으로 한다(가소 §31, §24).

재판이 확정되면 소를 제기한 사람은 판결확정일부터 1개월 이내에 판결의 등본 및 그 확정증명서를 첨부하여 등록부의 정정을 신청하여야 한다(§107). 또한 입양무효판결이 확정되면 입양으로 인한 법정혈족관계가 없어지고 입양 전 친족관계가 부활되므로, 양자의 등록부의 특정등록사항란에서 양부모의 특정등록사항과 양부모의 등록부의 특정등록사항란에서 양자의 특정등록사항을 말소(삭선처리)한다.

2) 입양취소

미성년자가 양자를 하였을 때, 동의를 얻어야 하는 경우에 동의를 얻지 아니하였을 때, 후견인이 가정법원의 허가를 얻지 아니한 때, 배우자 있는 사람이 단독으로 입양을 한 때, 입양 당시 양친자의 한쪽에게 악질 그밖의 중대한 사유가 있음을 알지 못한 때, 사기 또는 강박으로 인하여 입양의 의사표시를 한 때에는 가정법원에 그 취소를 청구할 수 있다(민 §884).

입양취소의 재판이 확정되면 소를 제기한 사람은 판결확정일부터 1개월 이내에 판결의 등본 및 그 확정증명서를 첨부하여 그 취지의 신고를 하여야 한다. 소의 상대방도 그 취지의 신고를 할 수 있다(§65②, §58). 입양취소에 관한 조정이 성립된 경우에는 조정조서 등본과 송달증명서 각 1부를 첨부하여 그 취지의 신고를 하여야 한다.

입양취소신고서의 작성에는 파양신고에 관한 규정이 준용된다(§65①, §63). 입양취소신고에 따라 양자의 등록부의 특정등록사항란에서 양부모의 특정등록사항이 말소(삭선처리)되고, 양부모의 등록부의 특정등록사항란에서 양자의 특정등록사항을 말소(삭선처리)한다.[38]

---

38) 미성년자가 입양취소(또는 무효)재판확정으로 인하여 입양관계가 종료된 경우 입양으로 인하여 종료되었던 종전의 친권이 부활하므로, 입양취소의 신고가 있으면 그 취지를 양자의 등록부의 일반등록사항란에 기록하여야 한다.

(4) 파 양

1) 협의파양

양친자는 협의에 의하여 파양할 수 있다. 협의파양은 유효하게 성립된 양친자관계를 장래에 있어 해소할 것을 목적으로 하는 형성적 신분행위로서 신고에 의하여 효력이 생긴다(민 §904, §878). 따라서 입양의 경우와 마찬가지로 양자가 15세 미만인 때에는 대락권자(입양승낙을 한 사람이 사망 그밖의 사유로 협의를 할 수 없는 때에는 생가의 다른 직계존속)가 파양의 협의를 하여야 하고(후견인 또는 생가의 다른 직계존속이 파양협의를 하는 때에는 가정법원의 허가를 받아야 한다)(민 §899), 양자가 미성년자인 때 또는 양친이나 양자가 금치산자인 때에는 동의권자의 동의가 있어야 한다(민 §900, §902). 양친이 부부인 때의 협의파양에 대하여는 명시적인 규정이 없으나, 민법 제874조를 유추하여 공동으로 파양하여야 할 것이다.

협의파양은 양쪽 당사자와 성년자인 증인 2인이 연서한 서면으로 신고함으로써 효력이 발생한다. 파양신고인은 그 협의를 한 사람이다(§64① 본문).

협의파양의 경우에도 혼인·협의이혼·입양 등 형성적 신분행위에서의 무효·취소의 법리가 그대로 적용된다. 따라서 당사자, 법정대리인 또는 4촌 이내의 친족은 언제든지 파양무효의 소를 제기할 수 있고(가소 §31, §23, §24 및 §2①나xi, §50), 사기 또는 강박으로 인하여 파양의 의사표시를 한 사람은 파양취소의 소를 제기할 수 있다(민 §904, §823). 파양취소의 효과는 소급하므로 파양무효 또는 파양취소의 재판이 확정되면 소를 제기한 사람은 판결확정일부터 1개월 이내에 판결의 등본 및 그 확정증명서를 첨부하여 등록부의 정정을 신청하여야 한다(§107). 협의파양무효·취소로 인하여 파양의 효력은 없어지고 입양관계가 부활하므로 양자와 양친의 등록부에 그 취지를 기록하고, 양부모의 등록부의 특정등록사항란에 양자의 특정등록사항을 기록하며, 양자의 등록부의 특정등록사항란에 양부모의 특정등록사항을 기록하게 된다.

2) 재판상 파양

재판상 파양이라 함은 민법 제905조가 정한 파양원인이 있는 때 입양 당사자 한쪽이 가정법원에 청구하여 법원의 판결로 성립하는 파양을 말한다. 재판상 파양도 나류 가사소송사건으로 조정절차가 선행한다. 파양재판이 확정된 경우에는 소를 제기한 사람은 재판의 확정일로부터 1개월 이내에 재판서의 등본 및 확정증명서를 첨부하여 그 취지를 신고하여야 하고, 그 소의 상대방도 신고할 수 있다(§66, §58). 파양에 관한 조정이 성립된 경우에는 조정조서등본과 송달증명서 각 1부를 첨부하여 그 취지의 신고를 하여야 한다.

3) 파양신고서의 작성과 첨부서류

파양신고서에는 ① 당사자의 성명 · 본 · 출생연월일 · 주민등록번호 및 등록기준지(당사자가 외국인인 때에는 그 성명 · 출생연월일 · 국적), ② 양자의 친생부모의 성명 · 등록기준지 및 주민등록번호를 기재하여야 하고(§63), 재판상 파양의 경우에는 재판확정일을 기재하여야 한다(§66, §58②).

협의파양신고를 후견인 또는 생가의 다른 직계존속이 하는 때에는 가정법원의 허가서를 첨부하여야 한다(§64① 단서). 또한 협의파양에 관하여 후견인이 파양의 동의를 한 때에는 후견인의 동의서 및 가정법원의 허가서를 첨부하여야 한다(동 §64②).

3. 친양자입양

(1) 의 의

친양자라는 말은 양자가 양친 부부의 혼인 중의 출생자로서의 지위를 갖고 입양 가족의 구성원으로서 완전히 편입되어 동화된다는 의미에서 만들어진 용어이다. 따라서 친양자입양은 완전양자 내지 특별양자의 한국식 표현이다. 입양의 성립이 가정법원의 허가에 의하고 입양에 의하여 양자와 양자의 종전의 친족관계가 종료되는 점에서 일반양자와 본질적으로 다르다.

(2) 요 건

1) 실질적 요건

① 3년 이상 혼인 중인 부부로서 공동으로 입양할 것. 다만, 1년 이상 혼인 중인 부부의 한쪽이 그 배우자의 친생자를 친양자로 하는 경우에는 그러하지 아니하다(민 §908의2 ① i). 이 경우에는 단독으로 입양하게 된다.

② 친양자로 될 사람은 15세 미만일 것(동 ii). 따라서 민법 제869조의 규정에 따른 법정대리인의 입양승낙이 있어야 한다(동 iv). 즉, 양자로 될 사람이 15세 미만인 경우에는 민법 제869조에 따른 일반입양과 친양자입양의 선택이

가능하다.

③ 친양자로 될 사람의 친생부모가 친양자입양에 동의할 것. 다만, 부모의 친권이 상실되거나 사망 그밖의 사유로 동의할 수 없는 경우에는 그러하지 아니하다(동 iii).

2) 형식적 요건

친양자를 하려는 사람은 친양자로 될 사람의 주소지의 가정법원에 친양자입양의 청구를 하여야 한다(민 §908의2①, 가소 §44iv). 친양자입양의 청구에는 ① 친양자로 될 사람의 친생부모가 친양자입양에 동의한 사실 또는 그 동의가 없는 경우에는 민법 제908조의2 제1항 제3호 단서에 해당된다는 것을 나타내는 사정, ② 친양자로 될 사람에 대하여 친권자로서 부모 이외의 사람의 이름과 주소와 친양자로 될 사람의 부모의 후견인의 이름과 주소, ③ 민법 제869조 규정에 따른 법정대리인의 입양승낙, ④ 「사회복지사업법」에 의한 사회복지법인의 입양 알선에 의한 청구인 경우에는, 해당 사회복지법인의 명칭 및 소재지와 친양자로 될 사람이 보호되고 있는 보장시설의 명칭 및 소재지 등을 명백히 하여야 한다(가소규 §62의2).

가정법원은 친양자로 될 사람의 복리를 위하여 그 양육상황, 친양자입양의 동기, 양친의 양육능력 그밖의 사정을 고려하여 친양자입양이 적당하지 아니하다고 인정되는 경우에는 친양자입양 청구를 기각할 수 있다(민 §908의2②). 가정법원은 친양자입양에 관한 심판을 하기 전에 양친으로 될 사람, 친양자로 될 사람의 친생부모, 친양자로 될 사람의 후견인, 친양자로 될 사람에 대하여 친권자로서 부모 이외의 사람, 친양자로 될 사람의 부모의 후견인의 의견을 들어야 한다. 이 경우에 친양자로 될 사람의 친생부모의 사망 그밖의 사유로 의견을 들을 수 없는 경우에는 최근친 직계존속(동순위가 수인인 때에는 연장자)의 의견을 들어야 한다(가소규 §62의3).

친양자입양을 허가하는 심판은 친양자로 될 사람의 친생부모와 친양자로 될 사람의 법정대리인에게 고지하여야 한다(가소규 §62의4). 친양자입양을 허가하는 심판에 대하여는 양친을 제외하고 친양자입양에 대하여 의견진술권을 가지는 사람이 즉시항고를 할 수 있다(가소규 §62의5). 또한 친양자입양에 관한 심판이 확정된 때 법원사무관 등은 지체 없이 해당 친양자입양을 알선한 사회복지법인에 대하여 그 내용을 통지하여야 한다. 해당 친양자입양에 대해서 가정법원으로부터의 촉탁에 응하여 조사를 한 보장시설에 대하여도 마찬가지이다(가소규 §62의6).

친양자입양재판이 확정되면 재판확정일로부터 1개월 이내에 재판서의 등본 및 확정증명서를 첨부하여 입양신고서 기재사항과 재판확정일을 기재한 신고서를 제출하여 친양자입양신고를 하여야 한다(§67). 이 신고는 보고적 신고이다.[39)]

(3) 친양자입양의 취소

친양자로 될 사람의 친생의 부 또는 모는 자신에게 책임이 없는 사유로 인하여 민법 제908조의2 제1항 제3호 단서의 규정에 따른 동의를 할 수 없었던 경우에는, 친양자입양의 사실을 안 날부터 6월 내에 가정법원에 친양자입양의 취소를 청구할 수 있다(민 §908의4①). 그러나 친권자인 친생의 부 또는 모

---

39) 친양자입양신고가 있는 경우 시(구)・읍・면의 장은 친양자의 등록부를 폐쇄하고 친양자에 대하여 등록부를 재작성하여야 한다. 이때 폐쇄되는 등록부의 친양자 본인의 성명란에 "친입양"문언이 표시되도록 하여야 한다. 친양자의 등록부를 재작성함에 있어 친양자의 폐쇄된 등록부의 가족관계등록부사항란 및 일반등록사항란에 기록된 사항만을 전부 이기하는 것을 원칙으로 한다. 다만, 친권자 지정의 기록이 있는 경우에 친권자 지정의 기록은 이기하지 아니한다. 친양자의 등록부의 부모란에는 양부모의 성명 등 특정등록사항을 기록하여야 하며, 친생부모란에 친생부모의 성명 등 특정등록사항을 기록하여야 한다. 또한 친생부모란은 친양자입양관계증명서에만 현출되도록 하여야 한다(예규 제291호 「친양자입양재판에 따른 사무처리지침」 §3). 친생부모의 등록부의 자녀란에서 친양자입양된 자녀를 말소하여 가족관계증명서에 현출되지 않도록 하여야 한다. 말소사유는 일반등록사항란에 기록하되 친양자입양관계증명서에 현출되도록 하여야 한다(동 §5). 친양자입양을 한 양부모의 등록부에 친양자입양사유를 기록하고, 친양자의 성명 등 특정등록사항을 기록하여 가족관계증명서에는 친양자가 자녀로, 친양자입양관계증명서에는 친양자로 현출되도록 하여야 한다. 친양자입양사유는 친양자입양관계증명서에 현출되도록 하여야 한다(동 §6). 한편 일반입양된 양자를 다시 친양자로 입양하는 경우에는 친양자의 등록부 및 일반입양을 한 양부모의 등록부에 입양종료사유를 기록하고, 그 사유는 입양관계증명서의 일반등록사항란에 현출되도록 하여야 한다. 친양자입양으로 인한 입양종료사유를 기록할 때에는 일반입양을 한 양부모의 등록부의 자녀란 및 양자란에서 친양자로 입양된 자녀를 말소하여 가족관계증명서에 현출되지 않도록 하여야 한다. 또한 양자의 등록부에서 친생부모와 일반입양의 양부모의 특정등록사항을 말소하고 친양자입양의 양부모의 성명 등 특정등록사항을 기록한다. 친생부모의 등록부 및 친양자입양을 한 양부모의 등록부에 대한 기록은 위의 경우와 동일하다. 일반입양된 양자가 친양자로 입양이 되는 경우 친양자의 등록부도 재작성하여야 하고, 재작성시 일반입양에 관한 기록도 이기하지 아니한다(동 §7).

가 법정대리인으로서 친양자입양 승낙을 할 수 없었던 경우에는 무효를 주장하지는 못한다. 일반입양의 무효·취소사유에 관한 민법 883조 및 884조의 규정은 적용이 배제되기 때문이다(동 ②). 소송절차에 대하여는 동일한 규정이 적용된다(가소 §30, §31).

친양자입양취소의 경우에도 취소사유가 있더라도 가정법원은 친양자로 될 사람의 복리를 위하여 그 양육상황, 친양자입양의 동기, 양친의 양육능력 그밖의 사정을 고려하여 친양자입양의 취소가 적당하지 아니하다고 인정되는 경우에는 친양자입양취소청구를 기각할 수 있다(민 §908의6, §908의2②). 친양자입양이 취소된 때에는 친양자관계는 소멸하고 입양 전의 친족관계는 부활하나, 소급하지는 아니한다(민 §908의7).

친양자입양 취소의 재판이 확정된 경우 소를 제기한 사람은 재판의 확정일로부터 1개월 이내에 재판서의 등본 및 확정증명서를 첨부하여 친양자입양취소신고를 하여야 한다. 소의 상대방도 재판서의 등본 및 확정증명서를 첨부하여 신고할 수 있다. 신고서에는 재판확정일을 기재하여야 한다(§70, §69). 친양자입양취소에 따른 등록부 기재례는 친양자파양의 경우와 동일하다(예규 제291호 §14).[40]

(4) 친양자입양의 효력

친양자는 부부의 혼인 중 출생자로 본다(민 §908의3①). 따라서 친양자의 성과 본은 민법 781조에 따라 아무런 정함이 없는 경우에는 양부의 성과 본으로, 양부모가 혼인신고시 자녀의 성과 본에 대하여 모의 성과 본을 따르기로 협의가 된 경우에는 양모의 성과 본으로 변경된다(예규 제284호 §6, 예규 제291호 §4).

친양자의 입양 전의 친족관계는 친양자입양이 확정된 때에 종료한다. 다만, 부부의 한쪽이 그 배우자의 친생자를 단독으로 입양한 경우의 배우자 및 그 친족과 친생자 사이의 친족관계는 그러하지 아니하다(민 §908의3②).

(5) 친양자입양의 파양

양친, 친양자, 친생의 부 또는 모나 검사는 양친이 친양자를 학대 또는 유

40) 이에 관한 자세한 내용은 후술하기로 한다.

기하거나 그밖에 친양자의 복리를 현저히 해하는 때 및 친양자의 양친에 대한 패륜행위로 인하여 친양자관계를 유지시킬 수 없게 된 때에는 가정법원에 친양자의 파양을 청구할 수 있다(민 §908의5①). 이때에도 일반입양의 협의파양과 재판상 파양원인에 관한 규정은 적용이 배제된다(동 §908의5②). 소송절차에 대하여는 동일한 규정이 적용된다(가소 §30, §31).

친양자입양이 파양된 때에는 친양자관계는 소멸하고 입양 전의 친족관계는 부활한다. 따라서 친양자의 성과 본도 원래의 성과 본으로 변경된다(예규 제291호 §10).

소를 제기한 사람은 재판의 확정일로부터 1개월 이내에 재판서의 등본 및 확정증명서를 첨부하여 파양신고를 하여야 한다. 그 소의 상대방도 재판서의 등본 및 확정증명서를 첨부하여 친양자 파양의 재판이 확정된 취지를 신고할 수 있다(§69).[41]

4. 특례법상의 입양

(1) 의　의

특례법상의 입양도 입양의사의 합치와 입양신고를 필요로 하고(특례법 §7

---

41) 친양자파양신고가 있는 경우 시(구)·읍·면의 장은 친양자의 등록부에 파양사유를 기록하고, 친양자입양으로 인한 양부모를 말소하고 친생부모의 성명 등 특정등록사항을 부활 기록하여야 한다. 파양사유는 친양자입양관계증명서에 현출되도록 하여야 한다. 파양된 친양자의 폐쇄된 등록부에 친권자 지정의 기록이 있고 파양된 친양자가 파양신고 당시에도 여전히 미성년인 경우에는 친권자 지정에 관한 기록도 부활 기록하여야 한다(예규 제291호 §9). 친생부모의 등록부에는 친양자 파양사유를 기록하고 친양자 파양된 자녀의 성명 등 특정등록사항을 부활 기록하여야 하며, 파양사유는 친양자입양관계증명서에 현출되도록 하여야 한다(동 §11). 친양자입양을 한 양부모의 등록부에는 친양자파양사유를 기록하고, 파양된 친양자를 말소하여 가족관계증명서에 현출되지 않도록 하여야 하고, 파양사유는 친양자입양관계증명서에 현출되도록 하여야 한다(동 §12). 일반입양의 양자를 다시 친양자입양을 하고 친양자입양이 파양된 경우 파양한 친양자의 등록부의 양부모란에 일반입양의 양부모의 성명 등 특정등록사항을 부활 기록하여야 하며, 그 사유를 일반등록사항란에 기록하되 입양관계증명서에 현출되도록 하여야 한다. 이 경우 일반입양의 양부모의 등록부의 양자란에도 파양한 친양자의 성명 등 특정등록사항을 기록하며, 그 사유를 일반등록사항란에 기록하고 입양관계증명서에 현출되도록 하여야 한다. 다만, 친양자파양의 경우에 친양자입양 전의 양부모와 친양자입양의 양부모가 동일인인 경우에는 친생부모와의 친족관계만을 부활 기록하고 일반입양관계는 부활 기록하지 아니한다(동 §13).

①), 입양에 의해 양자와 양자의 종전의 친족관계가 종료되지 아니하는 점에서는 일반입양과 차이가 없다. 요보호아동의 입양을 촉진하고 양자로 되는 사람을 보호하기 위하여 민법상의 일반입양의 요건과 효과에 대해 특례를 인정하고 있다.

(2) 요건상의 특례

요보호아동을 입양하기 위하여 양친은 ① 양자를 부양함에 충분한 재산이 있고, ② 양자에 대하여 종교의 자유를 인정하고 사회의 일원으로서 그에 상응한 양육과 교육을 할 수 있으며, ③ 가정이 화목하고 정신적 · 신체적으로 양자를 부양함에 현저한 장애가 없어야 한다(특례법 §5① i ~iii). 아울러 양친으로 될 수 있는 사람은 25세 이상으로서 양자될 사람과의 연령 차이가 60세 미만인 사람으로 하며, 양친으로 될 사람이 대한민국 국민이 아닌 경우에는 연령이 25세 이상 45세 미만이어야 한다. 다만 가정조사기관이 양친으로 될 사람의 가정환경이 양자를 건전하게 양육하기에 적합하다고 인정하는 경우에는 그러하지 아니하다(특례법 시행규칙 §2).

양자로 되는 요보호아동은 18세 미만으로 ① 보호자로부터 이탈된 사람으로서 시 · 도지사 또는 시장 · 군수 · 구청장이 부양의무자를 확인할 수 없어 「국민기초생활보장법」에 의한 보장시설에 보호 의뢰된 사람, ② 부모(부모가 사망 그밖의 사유로 동의할 수 없는 경우에는 다른 직계존속) 또는 후견인이 입양을 동의하여 보장시설 또는 사회복지사업법에 따른 사회복지법인으로서 허가를 받은 입양기관에 보호 의뢰된 사람, ③ 법원에 의하여 친권상실의 선고를 받은 사람으로서 시 · 도지사 또는 시장 · 군수 · 구청장이 보장시설에 보호 의뢰한 사람, ④ 그밖에 부양의무자를 알 수 없는 경우로서 시 · 도지사 또는 시장 · 군수 · 구청장이 보장시설에 보호 의뢰한 사람이어야 한다(특례법 §4).

양자로 될 사람의 부모의 동의를 얻어야 하고, 부모가 사망 그밖의 사유로 동의할 수 없는 경우에는 다른 직계존속의 동의를 얻어야 하며, 부모나 다른 직계존속을 알 수 없는 경우에는 후견인의 동의를 얻어야 한다. 다만, 부모 또는 후견인이 입양동의를 하여 입양기관에 보호의뢰한 때에는 보호의뢰시의 입양동의로써 입양의 동의로 갈음할 수 있고, 후견인은 가정법원의 허가를 받지 아니하고 입양동의를 할 수 있다. 양자로 되는 사람이 15세 이상인 때에는 본인의 동의가 있어야 한다(특례법 §6). 이처럼 부모 등의 동의가 필요한 경우는 양자로 될 요보호아동의 연령이 15세 이상인 때이다. 양자로 될 사람이 15세 미만인 경우에는 대락권자의 대락이 있어야 한다. 따라서 15세 미만인 요보호아동의 후견인은 요보호아동의 입양에 대한 동의권자가 아니라, 요보호아동을 갈음하여 양친될 사람과 입양의 협의를 하여야 하는 사람으로서 입양을 승낙함에 있어 가정법원의 허가를 받아야 한다. 15세 미만인 요보호아동을 입양할 경우에는 양친될 사람과 후견인이 함께 작성한 입양신고서에 후견인의 승낙에 대한 가정법원의 허가서 등본이 첨부되어야 하는 것이다(선례 200812-1).

외국인이 국내에서 입양을 하는 경우에는 가정법원의 입양인가를 받아야 한다(특례법 §16).[42] 외국인으로부터 입양 알선을 의뢰받은 입양기관의 장이 입양 알선을 하고자 할 때에는 양자로 될 사람의 해외이주허가를 받아야 한다(특례법 §17).

입양 후 6개월이 경과한 후에는 ① 약취 또는 유인에 의하여 보호자로부터 이탈되었던 사람이 양자로 되거나, ② 사기 또는 강박으로 인하여 입양의 의사표시를 한 때를 제외하고는 양자·양친·친부모 기타 그밖의 관계인은 입양취소청구의 소를 제기할 수 없다(특례법 §9).

(3) 효과상의 특례

양자로 되는 사람은 양친이 원하는 때에는 양친의 성과 본을 따른다. 입양이 취소되거나 파양된 경우에는 본래의 성과 본을 회복한다(특례법 §8).

(4) 입양신고

양친으로 될 사람과 양자로 될 사람의 후견인이 입양신고인이 된다(특례법 §7②). 양자로 될 사람의 후견인으로는 입양알선기관의 장이 되는 경우(특례법 §13)와 보호시설의 장 또는 보호시설소재지의 시장·군수·구청장이 지정하는 사람이 되는 경우(「보호시설에 있는 미성년자의 후견직무에 관한 법률」 §3)가 있다.

입양신고서의 기재사항은 민법상의 일반입양신고의 경우와 같다. 다만, 입양의 동의에 있어 다른 직계존속이 동의하는 경우에는, 입양신고서 양식의 동

---

42) 가정법원에 제출하여야 하는 입양인가신청서에는 입양동의서, 입양대상아동확인서, 양친가정조사서, 본국법에 의하여 양친될 자격이 있음을 증명하는 서류, 양친으로 될 사람의 입양서약서 및 재정보증서(본국 정부로부터 공인받은 자가 공증한 것을 말한다) 등의 서류를 첨부하여 한다(특례법 시행규칙 §14).

의자란 중 부 기명날인란을 직계존속 기명날인란으로, 양자로 될 사람이 동의를 하는 경우에는 같은 란 중 양자의 배우자 기명날인란을 양자 기명날인란으로 각각 정정하여 사용하고, 신고인란 중 양자 기명날인란을 후견인 기명날인란으로 정정하여 사용하며, 기타사항란에 양자의 성과 본이 양친의 원에 의하여 양친의 성과 본을 따른다는 뜻을 기재한다(예규 제289-18호 「「입양촉진 및 절차에 관한 특례법」에 따른 가족관계등록사무처리지침」).

입양신고서에는 ① 양자로 될 사람의 양자적격자임을 증명하는 서류, ② 양친으로 될 사람의 가정상황에 관한 서류, ③ 입양을 동의한 사실을 증명하는 서류를 첨부하여야 한다(특례법 §7②). 입양동의서는 동의권자가 입양신고서에 기명날인하는 것으로 갈음할 수 있으나, 부모 · 다른 직계존속 · 후견인 · 15세 이상인 양자의 입양동의서는 첨부되어야 하고, 동의서에는 부모 · 직계존속 또는 후견인임을 증명하는 서류가 첨부되어야 한다(특례법 시행규칙 §3, 예규 제289-18호).

Ⅴ. 혼인신고

1. 혼인의 의의

일반적으로 혼인이라 함은 영속적인 생활공동체를 위하여 법적으로 인정된 남녀 간의 결합을 의미하는 것으로 이해한다. 혼인은 당사자의 자유로운 의사의 합치에 의하여 이루어지며 신고함으로써 그 효력이 발생한다(민 §812).

2. 혼인의 성립요건

(1) 실질적 요건

1) 혼인의사의 합치(민 §815 i)

혼인의사라 함은 사회통념상의 정형적 신분관계로서의 부부관계를 창설하려는 의사를 말하며, 어떤 방편을 위해 혼인신고를 하는 가장혼인은 무효이다.[43] 혼인의사는 신고서면을 작성할 때에는 물론 제출, 접수, 수리할 때까지 계속되어야 한다. 따라서 유효하게 신고서를 작성하였더라도, 그 제출 전에 한쪽이 다른 한쪽에 대하여 혼인의사를 철회하거나 또는 그 제출을 타인에게 의뢰한 경우 그 사람에게 혼인의사를 철회한 때 또는 가족관계공무원에게 혼인의사를 철회하였으니 그 수리를 하지 말도록 말한 때에는, 혼인의 의사합치가 없다고 할 것이므로 그 신고서가 제출되어 수리되었더라도 그 혼인은 무효이다(대법 1983. 12. 27. 선고, 83므28 판결 참조).

2) 혼인적령에 달하였을 것(민 §807)

남녀 모두 만 18세에 달하면 혼인할 수 있다. 등록부상 혼인할 수 있는 나이에 도달하지 못한 사람은 사실상 혼인할 수 있는 나이에 도달하였더라도 혼인신고를 하지 못한다(예규 제141호 「사실상 혼인할 수 있는 나이에 도달하였음에도 가족관계등록부상 혼인할 수 있는 나이에 도달하지 못한 사람의 혼인신고」). 혼인적령에 달한 미성년자가 혼인하는 경우에는 부모 등의 동의가 있어야 하나(민 §808①), 혼인신고는 미성년자 자신이 할 수 있다(예규 제140호 「혼인할 수 있는 나이에 도달한 미성년자의 혼인신고」).

3) 혼인동의를 요하는 경우에는 동의권자의 동의를 얻을 것(민 §808)

미성년자의 혼인에 대한 동의권자는 부모, 후견인, 친족회의 순이고, 금치산자의 혼인에 대한 동의권자는 부모 또는 후견인, 친족회의 순이다. 미성년자 또는 금치산자가 혼인할 경우, 모가 없는 경우에는 부의 동의만으로 혼인할 수 있고(예규 제142호 「혼인에 대한 동의권자」), 양자가 동의를 요하는 혼인을 하는 경우에 양부모와 친생부모가 있는 때에는 양부모의 동의를 받아야 한다(예규 제143호 「양자의 혼인에 대한 동의권자」).

4) 금혼친족간의 혼인이 아닐 것(민 §809)

8촌 이내의 혈족(친양자의 입양 전의 혈족 포함), 6촌 이내의 혈족의 배우자, 배우자의 6촌 이내의 혈족, 배우자의 4촌 이내의 혈족의 배우자인 인척이거나 인척이었던 사람, 6촌 이내의 양부모계의 혈족이었던 사람과 4촌 이내의 양부모계의 인척이었던 사람 사이에서는 혼인하지 못한다. 따라서 사망한 처의 자

---

43) 대법 1980.1.29. 선고, 79므62 · 63 판결.

매와는 혼인할 수 없고(예규 제150호), 사망한 전부(前夫)의 형제와도 혼인할 수 없다(예규 제151호). 마찬가지로 한국인 여자가 일본인 남자와 이혼한 후 이혼한 전부(前夫)의 형제와 재혼한 경우에도 일본인 부(夫의) 본국법상으로는 혼인금지규정의 적용을 받지 않아 한쪽이 유효한 혼인이라 할지라도, 「국제사법」 제36조 제1항에 의하면 혼인의 성립요건은 각 당사자에 관하여 그 본국법에 의하여 이를 정하므로 한국인 여자에 대하여는 민법 제816조 제1호의 적용을 받아 취소혼이 된다(예규 제151호).

5) 중혼이 아닐 것(민 §810)

이미 혼인신고를 한 사람이 이중으로 혼인신고를 하는 경우, 그 혼인신고는 수리되어서는 안 된다(민 §813). 그러나 가족관계등록공무원의 잘못으로 이중의 혼인신고가 수리된 경우에는, 새로운 혼인신고를 받은 때와 같이 후혼 당사자의 등록부의 일반등록사항란에 후혼의 사유를 기록한다. 후혼의 혼인신고가 먼저 기록된 후 전혼에 대한 혼인증서가 제출된 경우와 전혼이 먼저 기록된 후 후혼에 대한 혼인증서가 제출된 경우도 마찬가지이다. 중혼은 혼인의 무효사유가 아니라 취소사유이기 때문이다. 따라서 협의이혼 후 다른 사람과 재혼을 하였으나 그 협의이혼이 무효 또는 취소된 때에는, 종전의 혼인관계는 처음부터 해소되지 않은 것으로 되어 중혼관계가 성립한다. 협의이혼의 무효 또는 취소판결에 따른 등록부 정정신청에 의하여 부와 처의 등록부 일반등록사항란에 기록된 이혼사유를 각각 말소하고, 부와 처의 등록부 특정등록사항란에 말소된 배우자 성명, 출생연월일 등을 각각 부활 기록하게 된다.

배우자의 한쪽이 실종선고를 받아 혼인관계가 해소된 후 잔존배우자가 재혼을 하였으나, 그 후에 그 실종선고가 실종자의 생존을 원인으로 하여 취소된 경우 일단 재혼당사자가 모두 선의인 것으로 추정하여 실종선고가 취소되어도 전혼관계는 부활하지 않는 것으로 보아 처리한다. 다만, 재혼당사자의 양쪽 또는 한쪽이 악의임이 증명되면 중혼관계가 성립하며 그에 따른 등록부 정정절차를 취한다(예규 제155호 「중혼에 관한 가족관계등록사무 처리지침」 1).

(2) 형식적 요건

1) 혼인신고의 방식

혼인 당사자 양쪽이 임의로 하는 혼인신고는 창설적 신고로서, 혼인을 하려는 양쪽 당사자와 성년자인 증인 2인이 연서한 서면으로 하여야 한다(민 §812). 혼인신고서에 성년 증인 2명의 연서와 날인이 없으면 수리를 거부하여야 하나(민 §813), 수리된 경우에는 혼인은 유효하게 성립한다(예규 제144호 「성년증인 2명의 연서(連書)와 날인이 없는 혼인신고서의 수리가부」).

정해진 신고기간은 없고, 신고장소도 신고지(접수지) 처리원칙에 의하여 제한이 없다. 그러나 출생·사망신고와는 달리 신고 사건 본인의 주민등록지 동을 거쳐 신고할 수는 없다(예규 제138호 「주거지 동장에게 혼인신고 가능 여부」). 재외국민 사이의 혼인은 그 외국에 주재하는 대사, 공사 또는 영사에게 신고할 수 있고, 신고를 수리한 재외공관의 장은 1개월 이내에 외교통상부를 경유하여 본인의 등록기준지 시·읍·면의 장에게 송부하여야 한다(민 §814, §36).

신고는 말로 할 수 있으나(§23, §31①②), 대리인으로 하여금 신고하게 할 수는 없다(§31③ 단서). 혼인 당사자 양쪽이 혼인신고서를 작성하여 우송하거나 사자를 시켜 제출할 수도 있다. 혼인 당사자의 생전에 우송한 혼인신고서는 당사자 한쪽이 사망한 후에 도착한 경우에도 수리하여야 하며, 신고인이 사망시에 신고(수리)한 것으로 보게 된다(§41).

혼인신고서에는 ① 당사자의 성명·본·출생연월일·주민등록번호 및 등록기준지(당사자가 외국인인 때에는 그 성명·출생연월일 및 국적), ② 당사자의 부모와 양부모의 성명·등록기준지 및 주민등록번호, ③ 자녀의 성과 본에 대하여 모의 성과 본을 따르기로 하는 협의가 있는 경우에는 그 사실, ④ 8촌 이내의 혈족(친양자의 입양 전 혈족 포함)에 해당되지 아니한다는 사실[44]을 기재하여야 한다(§71).

동의를 필요로 하는 혼인인 경우에는 혼인신고서 양식 기타사항란에 동의권자가 동의의 취지와 주소 및 성명을 기재하고 서명하거나 날인한 경우를 제외하고는 혼인동의서가 첨부되어야 하고, 친족회가 동의를 하는 경우에는 친족회의 결의록을 첨부하여야 한다(§32①). 자녀의 성과 본에 대하여 모의 성과 본을 따르기로 하는 협의를 한 경우에는 혼인 당사자의 협의서를 첨부하여야 한다. 또한 혼인 당사자의 혼인성립의 실질적 요건의 구비 여부를 심사하는 서면으로서 혼인 당사자의 등록사항별 증명서(기본증명서, 혼인관계증명서, 가족관계증

---

44) 가족관계등록의 전산화가 완료되었다고 하더라도, 민법상 근친혼 범위에 속하는지의 여부를 자동검색 하는 것은 기술적으로 불가능하기 때문이다.

명서)를 혼인신고서에 첨부하여야 하나, 전산정보처리조직에 의하여 등록부 기록사항을 확인할 수 있는 경우에는 등록사항별 증명서를 첨부하지 않아도 무방하다. 한국에서 한국인과 외국인이 혼인하는 경우에는 외국인 혼인 당사자의 혼인성립요건 구비증명서(중국인인 경우에는 미혼증명서, 친족관계증명서로 갈음할 수 있음)와 국적증명서(예: 호적등본, 출생증명서, 여권 사본, 신분등록부 등본 등)를 첨부하여야 한다.

2) 혼인신고의 수리

혼인신고는 가족관계등록공무원이나 재외공관의 장이 수리함으로써 완료된다. 혼인신고가 혼인의 유효요건(민 §807~§810)을 갖추고 그밖의 법령에 위반함이 없는 때에는 이를 수리하여야 한다(민 §813).[45] 당사자 한쪽 또는 동의권자의 서명날인이 빠졌거나 권한 없이 작성된 혼인신고서가 수리된 때에, 당사자의 혼인신고의사 및 동의가 있었음이 인정되는 경우에는 그 혼인은 유효하게 성립되나(예규 제149호 「부적법한 혼인신고서가 수리된 경우의 혼인의 효력」), 혼인당사자 한쪽이 혼인신고한 경우에는 수리되어도 무효이다. 다만, 그 후 다른 당사자가 그 혼인에 만족하고 그대로 부부생활을 계속한 경우에는 유효로 된다.[46] 또한 사실혼관계에 있는 한쪽 당사자가 혼인신고를 한 경우에도 상대방이 혼인의사를 명백히 철회하였다거나 당사자 사이에 사실혼관계를 해소하기로 합의하였다는 등의 특별한 사정이 없는 한 그 혼인신고는 유효하다.[47]

시 · 읍 · 면의 장 및 재외공관의 장은 혼인신고와 같은 창설적 신고의 경우 출석하지 아니한 사람의 신분을 확인하기 위하여 출석하지 아니한 본인의 신분증명서를 제시받거나 신고서에 첨부된 인감증명서 또는 신고서의 서명에 대한 공증서 등을 통하여 신분을 확인하여야 한다(예규 제23호). 그렇더라도 혼인의사가 결여된 혼인신고서가 혼인당사자 한쪽에 의하여 작성되고 그 신고가 수리될 가능성은 상존한다. 이러한 혼인신고가 수리되어 혼인사실이 등록부에

45) 혼인신고가 수리되면 부와 처의 등록부의 일반등록사항란에 혼인사유를 기록하고, 각 당사자의 등록부의 배우자에 관한 특정등록사항란에 각 배우자의 특정등록사항을 각각 기록한다. 한쪽 배우자가 외국인(또는 등록이 되어 있지 않거나 등록불명자)인 경우에는 다른 한쪽 배우자의 등록부의 배우자에 관한 특정등록사항란에는 혼인신고서에 기재된 배우자의 관련사항을 기록한다.

46) 대법 1965.12.28. 선고, 65므61 판결.

47) 대법 2000.4.11. 선고, 99므1329 판결.

기록되면, 이를 정정하기 위해서는 혼인무효의 판결을 얻어야 하는 등의 불편을 겪어야 한다. 이에 2003년 1월 1일부터 혼인신고수리불가신고제도를 실시해 오고 있다(호예 제656호, 예규 제139호 「혼인신고수리불가신고서가 제출된 경우 등에 관한 사무처리지침」).

혼인신고수리불가신고를 하려는 사람은 6개월 이내의 범위(접수일부터 기산)에서 혼인신고수리불가 취급을 요하는 기간을 정한 수리불가신고서를 신고인 본인이 신고인의 등록기준지, 주소지 또는 현재지의 시(구)·읍·면에 출석하여 제출하여야 한다. 그 기간을 명확히 하여야 하나, 신고서의 제출 횟수에는 제한이 없다. 혼인신고수리불가 취급 상대방은 특정된 1명이어야 하며, 불특정 다수를 상대로 한 수리불가신고서는 제출할 수 없다. 수리불가 취급기간 내에 혼인신고서가 제출되었을 때에는 그 혼인신고서는 수리할 수 없다. 그러나 기간이 만료되기 전이라도 종전에 혼인신고수리불가신고를 하였던 시(구)·읍·면에 신고인이 출석하여 혼인신고서를 제출한 때에는 이를 수리하여야 한다.

동일 당사자에 대하여 수리불가신고서와 혼인신고수리불가기간 내에 혼인신고서가 제출된 경우에, 수리불가신고서가 먼저 접수된 때에는 혼인신고서가 접수된 가족관계등록사건접수장 비고란에 '혼인신고수리불가신고서(○○년 ○월 ○일 접수)'라고 기록한 후, 혼인신고서를 불수리신고서류편철장에 편철하여 보존하고 혼인신고인에게 불수리통지를 한다. 혼인신고서가 먼저 접수된 때에는 혼인신고서에 따라 등록부를 정리한 후 빠른 시간 내에 그 정리한 등록사항별 증명서를 첨부하여 수리불가신고서를 제출한 당사자에게 그 뜻을 통지한다. 혼인신고서와 수리불가신고서의 접수일이 같은 때에는 접수 선·후를 비교하여 처리하나, 그 선·후의 판명을 할 수 없을 때에는 수리불가신고서가 먼저 접수된 것으로 처리한다.

혼인신고수리불가신고서를 접수한 시(구)·읍·면의 장과 혼인신고서를 접수한 시(구)·읍·면의 장이 서로 다른 경우에는, 혼인신고서를 접수한 시(구)·읍·면의 장은 수리불가신고서를 접수한 시(구)·읍·면의 장에게 혼인신고서가 접수되었음을 알리고, 수리불가신고서를 팩시밀리로 보내줄 것을 요청한 다음 위의 방법에 따라 처리하며, 수리불가신고서 송부요청을 받은 시(구)·읍·면의 장은 즉시 수리불가신고서를 팩시밀리로 송부하여야 한다.

수리불가신고서를 제출한 후 그 철회를 하고자 할 때에는, 혼인신고수리불가신고서의 철회서를 신고인이 수리불가신고서를 제출하였던 시(구)·읍·면에 출석하여 제출하여야 한다. 수리불가신고서의 철회서를 접수한 시(구)·읍·면의 장은, 철회대상인 수리불가신고서 접수란의 비고란에 "년 월 일 철회"라고 기재한 다음, 즉시 전산정보처리조직에 해제(종국)처리를 하여야 한다.

혼인신고서 또는 수리불가신고서가 시(구)·읍·면사무소에 제출된 때에는, 가족관계등록공무원은 전산정보처리조직상의 특종신고 등 접수장을 전국단위로 검색하여 당사자에 대한 수리불가신고서의 접수여부, 혼인신고수리불가기간 및 혼인신고수리불가 취급당사자를 면밀히 조사하여야 한다. 혼인신고수리불가신고서의 철회서도 가족관계등록문서건명부 및 특종신고 등 접수장에 접수하고, 즉시 전산정보처리조직에 등록하여야 한다.

수리불가신고서는 혼인신고수리불가신고서편철장에 편철하여 2년간 보존하며, 신고서를 접수한 시(구)·읍·면의 장이 이를 보존한다. 혼인신고수리불가신고서의 철회서도 수리불가신고서와 함께 혼인신고수리불가신고서 편철장에 편철하여 보존한다.

3. 혼인의 무효·취소

혼인무효사유(민 §815)가 있는 경우에는 혼인신고가 수리되더라도 처음부터 혼인의 효력은 발생하지 아니한다. 따라서 당사자 및 그 법정대리인, 4촌 이내의 친족은 언제든지 혼인무효의 소를 제기할 수 있고(가소 §23), 혼인무효의 판결이 확정된 때에는 판결확정일로부터 1개월 이내에 그 판결의 등본(정본) 및 확정증명서를 첨부하여 등록부 정정신청을 하여야 한다(§107).[48][49]

48) 혼인무효판결에 의한 등록부 정정신청으로 각 당사자의 일반등록사항란에 기록된 혼인사유는 말소(삭선처리)된다. 한편 자녀는 혼인무효판결에 의하여 혼인 외의 자녀가 되므로 그 취지를 자녀의 등록부에 기록한다.

49) 을남과 혼인한 갑녀가 을남이 사망하자 자신의 호적은 그대로 두고 이미 사망한 자매인 병녀의 호적을 사용하여 정남과 혼인하고 그 사이에서 자 무를 출생한 경우, 먼저 이해관계인은 정남이 사망한 병녀와의 혼인신고가 무효임을 이유로 가정법원으로부터 "병녀와 정남의 가족관계등록부상 혼인사유기록을 각 말소하라"는 취지의 등록부 정정허가를 얻어 병녀와 정남의 등록기준지 관할 등록관서에 등록부 정정신청을 한 다음 사망신고에 따라 병녀에 대한 사망기록을 하고 그 등록부를 폐쇄하여야 한다. 이때 사망신고의무자 또는 적격자는 먼저 병녀에 대한 사망신고를 한 후에 그 수리증명서를 첨부하여 위의 정정허가신청을 할 수도 있다. 그리고 민법 제865조에 규정된 이해관계인은 관할 가정법원에서 "무와 병녀 사이에 친생자관계가 없다"는 친생자관계부존재확인판결을 얻어 가족관

혼인취소사유(민 §816)가 있는 경우에는 가정법원에 혼인취소의 소를 제기할 수 있다. 혼인취소사건은 나류 가사소송사건으로서 조정이 선행된다. 그러나 혼인취소는 당사자가 임의로 처분할 수 없는 사항에 속하므로 조정이 성립하여 조정조서가 작성되더라도 이에 기한 신고는 할 수 없고 판결에 의해서만 신고할 수 있다(예규 제170호 「혼인취소와 같은 사항을 조정에 의하여 신고할 수 있는지 여부」). 혼인취소의 판결이 확정되면 혼인은 장래를 향하여 효력을 잃는다(민 §824). 혼인취소의 재판이 확정된 경우에는 소를 제기한 사람은 재판의 확정일로부터 1개월 이내에 재판의 등본 및 확정증명서를 첨부하여 그 취지를 신고하여야 한다. 그 상대방도 신고를 할 수 있다(§73, §58).[50] 혼인취소신고서에 관하여는 이혼신고의 기재사항에 관한 규정이 준용된다(§77, §74).

4. 재판 · 조정 및 특례법상의 혼인신고

(1) 재판 · 조정에 의한 혼인신고

사실혼관계에 있으면서도 당사자 중 한쪽이 혼인신고에 협력하지 아니하는 경우에는, 사실상혼인관계존재확인의 판결을 통하여 일방적으로 혼인신고를 할 수 있다. 즉 사실상혼인관계존재확인의 재판이 확정된 경우에는 소를 제기한 사람은 재판의 확정일로부터 1개월 이내에 재판서의 등본 및 확정증명서를 첨부하여 혼인신고를 하여야 한다(§72). 사실상혼인관계존부확인의 소는 나류 가사소송사건으로 조정이 선행되고, 조정조서가 작성되면 조정을 신청한 사람이 그 조정조서 등본과 송달증명서를 첨부하여 신고하여야 한다.

혼인신고는 원칙적으로 양 당사자가 생존한 경우에 할 수 있으므로, 사실혼관계에 있던 사람이 사망한 후에 사실상혼인관계존재확인의 판결이 확정된 경우에는 그 판결에 기한 혼인신고는 할 수 없다.[51] 또한 제72조는 이 신고를 보고적 신고의 형태로 규정하고 학설도 보고적 신고로 해석하나 판례는 창설

계등록관서에 등록부 정정신청을 하여야 무의 모를 갑녀(생모인 갑녀의 성명과 등록기준지 및 생년월일 또는 주민등록번호가 판결이유에 특정되어야 함)로 정정할 수 있다. 이와 같은 경우에 무는 일단 갑녀와 정남의 혼인외 출생자가 될 것이나, 갑녀와 정남이 새로 혼인신고를 하면, 그때부터 갑녀와 정남 사이의 혼인 중 출생자가 된다(선례 200805-5).

50) 혼인취소신고가 있으면 각 당사자의 등록부의 일반등록사항란에 그 취지를 기록하고 특정등록사항란에서 배우자의 특정등록사항을 각 말소(삭선처리)한다.

51) 대법 1991.8.13. 선고, 91스6 판결.

적 신고로 보고 있다.[52] 따라서 원고가 확정판결에 기하여 혼인신고를 하기 전에 피고가 제3자와 혼인신고를 하면 원고의 판결에 기한 혼인신고는 중혼에 해당되어 수리될 수 없다.

(2) 혼인신고특례법에 의한 혼인신고

「혼인신고특례법」(1968. 12. 31. 법률 제2067호)에 의한 혼인신고라 함은 전쟁 또는 사변이 발생한 때에 전투에 참가하거나, 전투수행을 위한 공무에 종사함으로 인하여 혼인신고를 양쪽 당사자가 하지 못하고, 그 한쪽이 사망한 경우에 생존하는 당사자가 사망한 당사자의 최후의 주소지가 속하는 가정법원의 확인을 얻어 단독으로 혼인신고를 할 수 있게 한 특례제도이다. 이 신고는 보고적 신고로서 신고의무자 한쪽의 사망시에 신고가 있은 것으로 본다. 신고서에는 가정법원의 심판서 등본과 확정증명서가 첨부되어야 한다.

Ⅵ. 이혼신고

1. 협의이혼

(1) 의 의

협의이혼이라 함은 당사자간의 자유로운 의사의 합치에 의하여 혼인관계를 장래에 향하여 해소시키는 신분행위로, 가정법원의 확인을 받아 성년자 2인이 연서한 서면으로 신고함으로써 그 효력이 발생한다(민 §836). 다만 협의이혼신고서에 가정법원의 이혼의사확인서 등본을 첨부한 경우에는 증인 2인의 연서가 있는 것으로 본다(§76).

(2) 실질적 성립요건

1) 당사자 사이에 이혼의사의 합치가 있을 것

이혼의사란 무엇을 말하는가에 대하여는 실질적 의사설과 형식적 의사설

52) 대법 1973.1.16. 선고, 72므25 판결.

의 대립이 있으나, 현재의 판례의 입장은 형식적 의사설에 따라 가장이혼도 유효하다고 본다. 즉 협의이혼에서 이혼의사는 법률상 부부관계를 해소하려는 의사를 말하므로, 일시적으로나마 법률상 부부관계를 해소하려는 당사자간의 합의 하에 협의이혼신고가 된 이상, 협의이혼에 다른 목적이 있더라도 양자간에 이혼의사가 없다고는 말할 수 없고, 따라서 이와 같은 협의이혼은 무효로 되지 아니한다.[53] 이혼의사는 이혼신고서를 작성할 때에는 물론 수리시에도 있어야 한다. 중혼의 경우도 혼인취소의 방법이 아니라 협의이혼을 통하여 중혼관계를 해소할 수 있다(예규 제169호 「중혼인 경우에도 협의이혼할 수 있는지 여부」).

2) 금치산자는 부모 또는 후견인의 동의를 얻을 것(민 §835, §808②③)

(3) 형식적 성립요건

1) 협의이혼의사확인

① 협의이혼의사확인신청서의 작성

협의이혼을 하려는 사람은 등록기준지 또는 주소지를 관할하는 가정법원의 확인을 받아 신고하여야 하므로(§75①), 협의이혼을 하려는 부부는 각자의 등록기준지 또는 주소지 관할 가정법원에 함께 출석하여 협의이혼의사확인신청서를 제출하여야 한다.[54] 부부의 주소가 다르거나 등록기준지와 주소가 다른 경우에는, 그 중 편리한 곳에 부부가 함께 출석하여 협의이혼의사확인신청서를 제출하면 된다. 다만 부부 중 한쪽이 재외국민이거나 수감자로서 출석하기 어려운 경우에는 다른 한쪽이 출석하여 단독으로 신청서를 제출할 수 있다(규칙 §73②, 예규 제276호 §2①). 부부 중 한쪽이 재외국민이거나 수감자인 경우에는 그 신청서에 재외국민 또는 수감자인 당사자에 대한 관할 재외공관 또는 교도소(구치소)의 명칭과 소재지를 기재하여야 한다(예규 제276호 §2④ 전단). 변호사 또는 대리인에 의한 신청은 할 수 없다.

협의이혼의사확인신청서에는 당사자의 성명・등록기준지・주소 및 주민등

53) 대법 1975.8.19. 선고, 75도1712 판결; 대법 1981.7.28. 선고, 80므77 판결; 대법 1993.6.11. 선고, 93므171 판결 등.

54) 당사자 한쪽만이 출석하여 협의이혼의사확인신청서를 제출할 수 없는 때 일지라도, 출석한 당사자가 그 신청서를 작성하려는 경우 법원사무관 등은 신청서의 작성방법 등을 안내하여야 한다(예규 제276호 §7).

록번호, 신청의 취지 및 연월일을 기재하고, 이혼하고자 하는 부부가 공동으로 서명 또는 기명날인하여야 한다.

② 첨부서류

협의이혼의사확인신청서에는 부부 양쪽의 가족관계증명서와 혼인관계증명서 각 1통을 첨부하여야 한다(규칙 §73④ 제1문). 미성년인 자녀(포태 중인 자녀를 포함하나, 이혼에 관한 안내를 받은 날부터 민법 제836조의2 제2항 또는 제3항에서 정한 기간 이내에 성년에 도달하는 자녀는 제외한다)가 있는 경우 그 자녀의 양육과 친권자결정에 관한 협의서 1통 또는 가정법원의 심판정본 및 확정증명서 3통을 제출하여야 한다(규칙 §73④ 제2문). 주소지 관할 가정법원에 신청서를 제출하는 경우에는, 그 관할을 증명할 수 있는 주민등록표 등본 1통도 첨부하여야 한다(예규 제276호 §2②). 또한 부부 중 한쪽이 재외국민이거나 수감자인 경우에는 재외국민등록부 등본이나 수용증명서 등 그에 관한 소명자료 1통을 첨부하여야 한다(동 §2④ 후단).

③ 안내와 상담권고

협의상 이혼을 하려는 부부는 함께 등록기준지 또는 주소지를 관할하는 가정법원에 출석하여 협의이혼의사확인신청서를 제출하고 이혼에 관한 안내를 받아야 한다. 부부 중 한쪽이 재외국민이거나 수감자로서 출석하기 어려운 경우에는 다른 한쪽이 출석하여 협의이혼의사확인신청서를 제출하고 이혼에 관한 안내를 받아야 한다. 재외국민이나 수감자로서 출석이 어려운 사람은 서면으로 안내를 받을 수 있다(규칙 §73①②). 이혼의사확인신청을 한 다음 날부터 3개월 안에 안내를 받지 아니하면 확인신청을 취하한 것으로 의제된다(규칙 §77③).

협의이혼을 하려는 사람은 가정법원이 제공하는 이혼에 관한 안내를 받아야 하고, 가정법원은 필요한 경우 당사자에게 상담에 관하여 전문적인 지식과 경험을 갖춘 상담위원의 상담을 받을 것을 권고할 수 있다(민 §836의2①, 가소규 §12의2). 즉, 가정법원은 전문상담인을 상담위원으로 위촉하여 민법 제836조의2 제1항의 상담을 담당하게 할 수 있고, 상담위원의 일당 및 수당은 매년 대법관회의에서 이를 정하여 국고 등에서 지급할 수 있다(규칙 §73⑤).[55]

---

55) 재판예규 제1234호 「가사재판, 가사조정 및 협의이혼절차의 상담에 관한 예규」(2008. 6. 16) 참고.

가정법원은 미성년인 자녀의 양육과 친권자결정에 관하여 상담위원의 상담을 받은 후 협의서를 작성할 것을 권고한다. 즉 법원사무관 등 또는 가사조사관은 이혼절차, 이혼의 결과(재산분할, 친권, 양육권, 양육비, 면접교섭권 등), 이혼이 자녀에게 미치는 영향 등을 이혼을 하려는 부부에게 안내하여야 하고, 상담위원의 상담을 받을 것을 권고할 수 있다. 그러나 미성년인 자녀가 있는 경우에는 양육과 친권자결정에 관하여 상담위원의 상담을 받도록 권고하여야 한다. 양육 및 친권자결정에 관한 협의가 원활하지 않아 협의서를 확인기일 1개월 전까지 제출할 수 없을 것이 예상되는 경우에는, 지체 없이 가정법원에 심판을 청구할 것을 안내하여야 한다(예규 제276호 §4).

④ 양육·친권자결정 협의서 또는 심판정본의 제출

미성년인 자녀(임신 중인 자녀를 포함하며, 법원이 정한 이혼숙려기간 이내에 성년에 도달하는 자녀는 제외)가 있는 부부는 이혼에 관한 안내를 받은 후, 그 자녀의 양육과 친권자결정에 관한 협의서 1통과 사본 2통 또는 가정법원의 심판정본 및 확정증명서 3통을 제출하여야 한다(민 §836의2④, 규칙 §73④). 당사자가 양육비 부담에 관하여 협의한 경우에는 가정법원은 그 내용을 확인하는 양육비부담조서를 작성하여야 한다. 이 경우 양육비부담조서는 집행권원으로서의 효력을 가진다(민 §836의2⑤). 이에 근거하여 가정법원은 양육비의 직접 지급명령을 내릴 수 있다(가소 §63의2). 부부가 함께 출석하여 신청하고 이혼에 관한 안내를 받은 경우에는, 협의서는 확인기일 1개월 전까지 제출할 수 있고, 심판정본 및 확정증명서는 확인기일까지 제출할 수 있다(예규 제276호 §2③). 미제출 또는 제출 지연시에는 협의이혼확인이 지연되거나[56] 확인받을 수 없다.[57]

---

56) 담당판사는 협의서가 확인기일 1개월 전까지 제출되지 않을 경우 협의서에 대한 검토 및 보정 등을 위하여 확인기일을 연기할 수 있다(예규 제276호 §10③).

57) 미성년인 자녀가 있는 경우 그 자녀의 양육과 친권자결정에 관한 협의서 또는 가정법원의 심판정본 및 확정증명서가 제출되지 아니한 때에는, 담당판사는 속행기일을 지정하고 2회 기일에도 제출하지 아니하면, 법원사무관 등이 그 사유를 기재하여 작성한 진술조서 또는 기일조서와 기록표지의 왼쪽 아래 '불확인'란에 각 날인한다. 미성년인 자녀의 양육과 친권자결정에 관한 가정법원의 심판절차가 계속 중인 때에는 협의이혼의사확인기일을 추후지정하게 되며, 가정법원의 심판종료 후 지정한 확인기일까지 협의서 또는 가정법원의 심판정본 및 확정증명서가 제출되지 아니하면, 담당판사는 법원사무관 등이 그 사유를 기재하여 작성한 진술조서 또는 기일조서와 기록표지의 왼쪽 아래 '불확인'란에 각 날인

자녀의 양육에 관한 협의서에는 양육자의 결정, 양육비용의 부담, 면접교섭권의 행사 여부 및 그 방법이 포함되어야 하며(민 §837②), 협의 내용이 자녀의 복리에 반하는 경우에는 가정법원은 보정을 명하거나,[58] 직권으로 그 자녀의 의사·연령과 부모의 재산상황 그밖의 사정을 참작하여 양육에 필요한 사항을 정한다(동 ③). 양육 또는 친권자결정에 관한 협의가 이루어지지 아니하거나 협의할 수 없는 때에는 가정법원은 직권으로 또는 당사자의 청구에 따라 이에 관하여 결정한다(동 ④, 민 §909④). 위의 가정법원의 심판정본은 이를 가리킨다.

⑤ 확인기일의 지정과 이혼숙려기간의 경과

협의이혼의사확인신청사건의 담당자인 법원사무관 등은 매달 20일경 담당판사로부터 그 다음 달 실시할 협의이혼의사확인의 기일을 협의이혼의사확인기일지정부에 미리 기재하여 지정받아야 하고(예규 제276호 §1①), 확인기일은 일정한 이혼숙려기간이 경과된 이후로 지정되어야 한다. 즉 가정법원에 이혼의사의 확인을 신청한 당사자에게 가정법원으로부터 안내를 받은 날부터 ㉠ 미성년인 자녀(임신 중인 자를 포함)가 있는 경우에는 3개월, ㉡ 성년 도달 전 1개월 후 3개월 이내 사이의 미성년인 자녀가 있는 경우에는 성년이 된 날, ㉢ 성년 도달 전 1개월 이내의 미성년인 자녀가 있는 경우에는 1개월, ㉣ 자녀가 없거나 성년인 자녀만 있는 경우에는 1개월이 경과한 이후로 확인기일이 지정되어 이혼의사의 확인을 받을 수 있게 된다(민 §836의2②, 예규 제276호 §1②).

그러나 가정폭력으로 인하여 한쪽 당사자에게 참을 수 없는 고통이 예상되는 등 신속히 이혼을 하여야 할 급박한 사정이 있는 경우에는 위 기간을 단축 또는 면제할 수 있다(민 §836의2③). 숙려기간 경과의 단축 또는 면제할 필요가 있는 경우에는 그 사유를 소명하는 사유서를 제출할 수 있다. 사유서를 제출할 때에는 법원사무관 등 또는 가사조사관은 상담위원의 상담을 통하여 사유서를 제출하도록 당사자에게 권고하고, 담당판사는 상담위원의 의견을 참

한다(예규 제276호 §11).

58) 자녀의 양육과 친권자결정에 관한 협의가 자녀의 복리에 반하는 경우에는 담당판사는 그 자녀의 의사·연령과 부모의 재산상황, 그밖의 사정을 참작하여 보정을 명할 수 있다. 당사자가 보정에 응하지 않는 경우 담당판사는 법원사무관 등이 작성한 진술조서와 기록표지의 왼쪽 아래 '불확인'란에 각 날인한다. 보정명령에 따라 재협의한 경우 협의서를 재작성하여 제출하게 하고, 법원사무관 등은 기존의 협의서를 폐기한다(예규 제276호 §13).

고하여 이혼의사확인기일을 지정할 수 있다. 상담받은 날 다음 날부터 7일(상담을 받은 경우) 또는 안내받은 날 다음 날부터 7일(상담을 받지 아니한 경우) 이내에 새로운 확인기일의 지정 통지가 없으면 최초에 지정된 확인기일이 유지된다.[59] 이에 대하여는 이의를 할 수 없다. 이혼의사확인기일을 다시 정한 경우 법원사무관 등은 신청서에 기재한 전화연락처 등으로 기일을 통지할 수 있고, 신청서의 확인기일란에 삭선을 긋고 신청서의 적당한 여백에 고무인을 찍은 후 그 통지사실을 기재하여야 한다. 확인기일의 추후지정시 기일을 고지할 때에도, 법원사무관 등은 신청서에 기재한 전화연락처 등으로 기일을 통지할 수 있고 신청서의 적당한 여백에 고무인을 찍은 후 그 통지사실을 기재하여야 한다(예규 제276호 §6).

⑥ **이혼의사의 확인과 조서의 작성**

이혼의사확인신청이 있는 때에는, 가정법원은 부부 양쪽이 이혼에 관한 안내를 받은 날부터 민법 제836조의2 제2항 또는 제3항에서 정한 기간이 지난 후에, 부부 양쪽을 출석시켜 그 진술을 듣고 이혼의사의 유무를 확인하여야 한다(규칙 §74①). 가정법원이 이혼의사를 확인하는 때에, 부부 사이에 미성년자인 자녀가 있는지 여부와 미성년인 자녀가 있는 경우 그 자녀에 대한 양육과 친권자결정에 관한 협의서 또는 가정법원의 심판정본 및 확정증명서를 확인하여야 한다(동 §74②). 양쪽 당사자가 출석하여 진술을 한 경우에는 반드시 진술조서를 작성하여야 하며, 그 조서에는 이혼 당사자 확인, 협의이혼의사의 존부 확인, 당사자 사이에 미성년자인 자녀가 있는지 여부와 그 자녀에 대한 양육과 친권자결정에 관한 협의서 또는 가정법원의 심판정본 및 확정증명서의 제출 여부, 판사의 보정명령요지와 보정 여부, 기일지정 등을 각각 기재한다. 서면으로 보정을 명한 경우에는 그 사본의 첨부로 보정명령요지의 기재를 갈음할 수 있다. 당사자 한쪽 또는 양쪽이 출석하지 아니한 경우에도 그 출석하지 아니한

59) 법원사무관 등은 양쪽 당사자가 출석하여 신청서를 제출하는 때에는, 이혼에 관한 안내를 받은 부부에 한하여 신청 당사자에게 협의이혼의사확인기일지정부에 예정된 기일 중에서 그 기일지정기준에 따른 이혼의사확인기일 2개를 일괄하여 고지하여 준 후, 신청서의 '확인기일'란에 제1회 및 제2회 기일을 기재하여야 한다. 부부 중 한쪽만이 출석하여 신청서를 제출할 수 있는 경우에는, 신청서를 접수하고 출석한 신청 당사자에게 이혼에 관한 안내를 하여야 하나, 이혼의사확인기일은 고지하지 아니한다. 신청 당사자의 요구가 있을 때에는 담당 법원사무관 등은 해당 사건의 기일을 기재한 기일표를 교부하여야 한다(예규 제276호 §5).

사실을 기재한 기일조서를 작성하여야 한다(예규 제276호 §9).

⑦ 확인서의 작성과 교부

가정법원은 부부 양쪽의 이혼의사 및 미성년인 자녀가 있는 경우 그 자녀의 양육과 친권자결정에 관한 협의 또는 가정법원의 심판이 있는지의 여부가 확인되면 확인서를 작성하여야 한다.[60] 다만, 그 협의가 자녀의 복리에 반하는 경우에는 가정법원은 그 자녀의 의사·연령과 부모의 재산상황, 그밖의 사정을 참작하여 보정을 명할 수 있고, 보정에 응하지 않는 경우 확인서를 작성하지 아니한다(규칙 §78①). 확인서에는 당사자의 성명·주소 및 주민등록번호, 이혼의사가 확인되었다는 취지, 확인연월일, 법원을 기재하고 확인을 한 판사가 기명날인하여야 한다(동 §78②).

가정법원의 서기관·사무관·주사 또는 주사보는 확인서가 작성되면 지체 없이 이혼신고서에 확인서 등본을 첨부하여 부부 양쪽에게 교부[61]하거나 송달하여야 한다. 다만, 당사자 중 한쪽이 재외국민이어서 협의이혼의사확인을 촉탁하거나 재외공관의 장에게 협의이혼의사확인을 신청한 경우에는, 재외공관의 장에게 확인서 등본을 송부하고, 재외공관의 장은 이를 당사자에게 교부 또는 송달하여야 한다(동 §78③).

⑧ 협의이혼의사확인의 촉탁

부부 중 한쪽이 재외국민이거나 수감자로서 출석하기 어려워 다른 한쪽이

60) 반면에 양쪽 당사자가 출석하였으나 이혼의사가 없음을 진술한 경우, 담당판사는 법원사무관 등이 작성한 진술조서와 기록표지의 왼쪽 아래 '불확인'란에 각 날인한다. 당사자 한쪽 또는 양쪽이 이혼의사확인기일에 2회에 걸쳐 출석하지 아니한 경우에도, 담당판사는 법원사무관 등이 작성한 기일조서와 기록표지의 왼쪽 아래 '불확인'란에 각 날인한다(예규 제276호 §11).

61) 이혼의사확인 담당판사는 양쪽 당사자에게 이혼의사 및 미성년인 자녀가 있는 경우 그 자녀의 양육과 친권자결정에 관한 협의 또는 가정법원의 심판을 확인하면, 즉시 확인서 및 법원사무관 등이 작성한 진술조서에 각 날인한다. 미성년인 자녀가 있어 그 자녀의 양육과 친권자결정에 관한 협의서를 제출한 경우 그 협의서 및 기록표지 왼쪽 아래의 '확인'란에 각 날인하며, 법원사무관 등은 지체 없이 양쪽 당사자에게 확인서 등본에, 미성년인 자녀가 있는 경우 협의서 등본 또는 가정법원의 심판정본 및 확정증명서를 첨부하여 각 1통을 교부하고, 신청서의 '확인서 등본교부'란에 당사자의 수령인을 받아야 한다. 확인서 등본을 교부할 때에는 법원사무관 등은 당사자에게, 신고의사가 있으면 3개월 이내에 등록기준지, 주소지 또는 현재지 시(구)·읍·면사무소에 이혼신고를 하여야 함을 알려주어야 한다(예규 제276호 §10①②).

출석하여 신청한 경우에는, 관할 재외공관이나 교도소(구치소)의 장에게 협의이혼의사확인을 촉탁하여 그 회보서의 기재로써 그 당사자의 출석·진술을 갈음할 수 있다. 이 경우 가정법원은, 부부 중 한쪽인 재외국민 또는 수감자가 이혼에 관한 안내를 받은 날부터 민법 제836조의2 제2항 또는 제3항에서 정한 기간이 지난 후에, 신청한 사람을 출석시켜 이혼의사의 유무를 확인하여야 한다(규칙 §74③). 다른 한쪽이 협의이혼의사확인신청서를 제출할 때 부부 사이에 미성년인 자녀가 있는 경우, 양육 및 친권자결정에 대한 협의서 1통과 그 사본 2통 또는 가정법원의 심판정본 및 확정증명서 3통을 함께 제출하여야 한다. 이 경우 제출한 협의서가 자녀의 복리에 반할 때 담당판사는 보정을 명할 수 있다. 법원사무관 등은 신청 당사자에게 이혼에 관한 안내를 실시하고, 협의서 제출시 지체 없이 담당판사의 보정절차를 거쳐 재외국민 또는 수감자인 당사자에 대한 관할 재외공관 또는 교도소(구치소)의 장에게 이혼의사의 확인을 촉탁하여야 한다(예규 제276호 §14①). 촉탁서에는 이혼신고서 등본, 이혼안내서, 미성년인 자녀가 있는 경우의 양육 및 친권자결정에 대한 협의서 또는 가정법원의 심판정본 및 확정증명서의 사본, 이혼의사확인회보서 각 1통을 첨부한다. 재외공관장에게 촉탁하는 때에는, 외교통상부 영사과에 관할 재외공관의 정확한 명칭과 소재지를 확인한 다음, 외교통상부를 거치지 않고 바로 관할 재외공관장에게 송부한다(동 §14②).

재외국민 또는 수감자인 당사자의 이혼의사가 확인되지 아니한 회보서가 송부되어 오거나 촉탁 후 상당한 기간[재외공관장에 대한 촉탁인 경우에 송달일부터 6개월, 교도소(구치소)의 장에 대한 촉탁인 경우에 송달일부터 1개월 이상]이 지나도록 회보서가 송부되어 오지 않을 경우에는, 신청 당사자를 법원에 출석시킬 필요 없이 바로 이혼의사가 확인되지 아니한 것으로 처리하며, 신청 당사자에게 그 처리 결과를 통지하여야 한다(동 §15②).

⑨ 재외공관에 협의이혼의사확인신청서가 제출된 경우

부부 양쪽이 재외국민인 경우에는 그 거주지를 관할하는 재외공관의 장(그 지역을 관할하는 재외공관이 없는 때에는 인접지역 관할 재외공관의 장)에게 협의이혼의사확인을 신청할 수 있다(규칙 §75①). 부부 중 한쪽이 재외국민인 경우 또는 부부 양쪽이 재외국민이나 서로 다른 국가에 거주하고 있는 경우에는, 재외국민인 당사자는 그 거주지를 관할하는 재외공관의 장(그 지역을 관할하는 재외공관이 없는 때에는 인접지역 관할 재외공관의 장)에게 협의이혼의사확인신청을 할 수 있다(동 §75②③).

재외공관장이 양쪽 당사자나 한쪽으로부터 협의이혼의사 확인신청을 받은 때에는, 양쪽 당사자 또는 한쪽을 출석시켜 이혼에 관한 안내서면을 교부한 후 이혼의사의 유무와 미성년인 자녀가 있는지 여부를 확인하고, 미성년인 자녀가 있는 경우에는 그 자녀에 대한 양육과 친권자결정에 관한 협의서 1통과 그 사본 2통 또는 가정법원의 심판정본 및 확정증명서 3통을 제출받아 확인하고 그 요지를 기재한 진술요지서를 작성한다. 재외공관장은 진술요지서와 이혼신고서, 협의서 또는 심판정본 및 확정증명서의 내용이 일치하는지 확인한 후, 진술요지서를 신청서에 첨부하여 직인으로 간인한 후 신청서 및 첨부서류를 서울가정법원으로 송부한다(규칙 §75④, 예규 제276호 §17①②).

재외공관의 장으로부터 협의이혼의사확인신청서와 양쪽 당사자에 대한 진술요지서 및 첨부서류를 송부받은 서울가정법원은, 그 진술요지서 및 첨부서류에 의하여 신청 당사자의 이혼의사의 유무와 미성년인 자녀가 있는지 여부 및 미성년인 자녀가 있는 경우 그 자녀의 양육과 친권자결정에 관한 협의 또는 가정법원의 심판을 확인한다(규칙 §76①, 예규 제276호 §18①).

당사자 한쪽만이 재외국민이어서 그가 제출한 협의이혼의사확인신청서와 진술요지서 및 첨부서류를 재외공관장으로부터 송부받은 경우, 서울가정법원은 국내에 거주하는 당사자를 출석하게 하여 이혼에 관한 안내를 실시한 후에, 이혼의사의 유무와 미성년인 자녀가 있는지 여부 및 미성년인 자녀가 있는 경우 그 자녀의 양육과 친권자결정에 관한 협의 또는 가정법원의 심판을 확인한다(규칙 §76②, 예규 제276호 §18②).

협의이혼 양쪽 당사자가 국가를 달리하여 거주하고 있어서 한쪽이 그 거주지의 재외공관에 협의이혼의사확인신청서를 제출하여, 그 재외공관의 장으로부터 협의이혼의사확인신청서와 진술요지서 및 첨부서류를 송부받은 서울가정법원은, 지체 없이 신청 당사자가 아닌 다른 한쪽 거주지의 재외공관의 장에게 협의이혼의사확인의 촉탁을 하여 회보서를 받은 다음, 그 회보서의 기재와 신청 당사자에 대한 진술요지서 및 첨부서류에 의하여 이혼의사의 유무와 미성년인 자녀가 있는지 여부 및 미성년인 자녀가 있는 경우 그 자녀의 양육과 친권자결정에 관한 협의 또는 가정법원의 심판을 확인한다(규칙 §76③, 예규 제276호 §18③).

서울가정법원은 신청서나 첨부서류가 미비한 경우 또는 협의서가 자녀의 복리에 반하는 경우 보정을 명하여 재외공관으로 반송한다(예규 제276호 §18④).

서울가정법원이 이혼의사를 확인할 때에는, 양쪽 당사자 모두 안내를 받은 날부터 민법 제836조의2 제2항 또는 제3항에서 정한 기간이 지난 후 확인하여야 한다(규칙 §76④, 예규 제276호 §18⑤). 이혼의사 및 미성년인 자녀가 있는 경우 그 자녀의 양육과 친권자결정에 관한 협의 또는 가정법원의 심판을 확인하면, 서울가정법원은 확인서를 작성하고, 확인서 등본을 이혼신고서, 미성년인 자녀가 있는 경우 협의서 등본 또는 심판정본 및 확정증명서와 함께 즉시 당사자 거주지 재외공관의 장에게 송부하고, 국내 거주 당사자에게도 송부한다. 이혼의사를 확인할 수 없는 경우에는 확인되지 아니한 것으로 처리하고 불확인통지서를 송부한다(예규 제276호 §18⑥).

확인서 등본이나 불확인통지서를 재외공관에 송부할 때에는, 외교통상부 영사과에 관할 재외공관의 정확한 소재지를 확인한 다음, 외교통상부를 거치지 아니하고 바로 관할 재외공관의 장에게 송부한다(예규 제276호 §18⑦).

⑩ 협의이혼의사확인신청의 취하

이혼의사확인신청인은 관할 가정법원으로부터 규칙 제74조에 따른 확인을 받기 전까지 신청을 취하할 수 있다. 부부 양쪽 또는 한쪽이 제74조 제1항에 따른 관할 가정법원의 출석통지를 받고도 2회에 걸쳐 출석하지 아니한 때에는 확인신청을 취하한 것으로 본다. 부부 중 양쪽 또는 한쪽이 이혼의사확인신청을 한 다음 날부터 3개월 안에 이혼에 관한 안내를 받지 아니한 때에도 확인신청을 취하한 것으로 본다(규칙 §77).

2) 협의이혼신고절차

이혼의사확인신청은 당사자의 등록기준지 또는 주소지의 가정법원의 관할에 속하나, 협의이혼신고는 주소지 또는 현재지에서도 할 수 있다.[62] 또한 가정법원의 확인서가 첨부된 협의이혼신고서는 부부 중 한쪽이 제출할 수 있다(규칙 §79).[63]

62) 이혼신고가 있으면 부와 처의 등록부의 일반등록사항란에 이혼사유를 기록하고 이혼 당사자 각자의 등록부의 배우자에 관한 특정등록사항란에서 배우자의 특정등록사항을 말소(삭선처리)한다.

63) 협의이혼신고서는 가족관계등록사건접수장에 접수하고, 접수장과 그 이혼신고서에 접수연월일과 접수시각을 분명히 기록하여야 한다(예규 제276호 §22).

협의이혼신고는 협의상 이혼을 하고자 하는 사람이 가정법원으로부터 확인서 등본을 교부 또는 송달받은 날부터 3개월 이내에 그 등본을 첨부하여 행하여야 하며, 3개월이 경과한 때에는 그 가정법원의 확인은 효력을 상실한다(§75②③). 따라서 시(구)・읍・면의 장은 협의이혼신고 접수시 가정법원의 확인서 등본 첨부 여부와 그 확인서의 유효기간 경과 여부를 면밀히 조사하여야 한다. 신고서가 가정법원의 확인일로부터 3개월이 경과한 후 제출된 경우에는, 일단 접수 후 송달증명서를 제출하도록 통지를 하고, 추후보완된 송달증명서상의 송달일자로 보아 이혼신고가 확인서 등본의 교부 또는 송달일로부터 3개월 이내이면 이를 수리하여야 하나, 그 기간을 경과하였거나 추후보완기간 내에 송달증명서를 제출하지 않는 경우에는 불수리하여야 한다(예규 제276호 §23①).

이혼하는 부부에게 미성년인 자녀(포태 중인 자는 제외)가 있는 경우에는 시(구)・읍・면의 장은 친권자지정 신고를 함께 수리하여야 한다. 이 경우 시(구)・읍・면의 장은 이혼신고서와 가정법원의 확인서 등본과 친권자결정에 관한 협의서 등본 또는 가정법원의 심판정본 및 확정증명서의 일치 여부를 확인하여야 한다(예규 제276호 §23③). 포태 중인 자녀에 대한 친권자지정 신고는 이혼신고시 수리하지 않고, 포태 중인 자녀의 출생신고시에 수리한다. 이 경우에도 친권자결정에 관한 협의서 등본 또는 가정법원의 심판정본 및 확정증명서를 확인하여야 한다. 포태 중인 자녀의 친권자지정 신고기간은 출생시부터 기산한다(예규 제276호 §23④).

가족관계등록공무원의 불수리처분에 대하여 불복이 있는 사람은 관할 가정법원에 불복신청을 할 수 있다(§109, 예규 제276호 §26①②).

3) 이혼의사의 철회

가정법원의 협의이혼의사확인은 협의이혼신고를 하기 위한 절차적 요건이다. 가정법원의 확인으로 이혼의 효력이 발생하는 것은 아니다. 따라서 가정법원으로부터 협의이혼의사확인을 받은 당사자는 그 신고 전까지 철회할 수 있다. 또한 양쪽 당사자의 이혼의사는 이혼신고시에도 존재하여야 하기 때문에, 협의이혼의사철회서면이 접수된 후 협의이혼신고가 제출된 경우에는 그 이혼신고서를 수리해서는 안 된다.

이혼의사의 확인을 받은 당사자가 이혼의사를 철회하고자 하는 경우에는,

이혼신고가 접수되기 전에 자신의 등록기준지, 주소지 또는 현재지 시・읍・면의 장에게 이혼의사확인서 등본을 첨부한 이혼의사철회서를 제출하여야 한다. 철회서면에는 협의이혼의사의 확인법원과 확인연월일이 기재되어야 한다(예규 제276호 §25①). 다만, 재외국민의 경우에는 등록기준지에 제출하여야 한다. 그러나 가정법원의 확인서가 첨부된 이혼신고서는 부부 중 한쪽이 제출할 수 있으므로, 이혼의사의 확인을 받은 다른 한쪽 당사자가 이혼신고를 먼저 접수한 경우에는 그 이혼신고는 수리되어야 한다(규칙 §80). 이혼신고서와 이혼의사철회서면의 접수시각이 같은 경우에는 이혼의사철회서면이 먼저 접수된 것으로 처리한다(예규 제276호 §27⑤).[64]

이혼의사를 철회한 경우에는 이혼의사확인의 효력이 소멸되므로, 그 철회의사를 철회하더라도 이혼신고를 수리할 수 없으며, 다시 이혼의사확인을 받아야 이혼할 수 있다(동 §26③).

4) 협의이혼의 무효・취소

민법에는 협의이혼무효에 관한 규정이 없으나, 성질상 협의이혼신고가 수리되었지만 이혼의사의 합치가 없는 때에는 무효이다. 판례의 입장은 가장이혼도 유효한 것으로 판단하므로, 협의이혼이 무효로 되는 것은, 협의이혼신고 전에 협의이혼의사가 철회된 후 수리된 협의이혼신고의 경우이다. 이론상으로는 의사무능력자의 협의이혼도 무효이나, 협의이혼의사확인절차를 감안할 때 발생할 가능성은 없다. 가사소송법은 협의이혼무효의 소를 가류 가사소송사건으로 분류하고 있다. 따라서 당사자, 법정대리인 또는 4촌 이내의 친족은 협의이혼무효의 소를 제기할 수 있다(가소 §23). 협의이혼무효의 판결이 확정된 때에는 소를 제기한 사람은 판결확정일로부터 1개월 이내에 판결의 등본 및 그 확정증명서를 첨부하여 등록부의 정정을 신청하여야 한다(§107).

배우자나 제3자의 사기나 강박에 의하여 이혼의 의사표시를 한 사람은 가정법원에 그 취소를 청구할 수 있다(민 §838, §823). 그러나 협의이혼의사확인절차상 발생 가능성은 거의 없을 것이다. 협의이혼취소의 소는 나류 가사소송

64) 따라서 협의이혼의사철회서면은 가족관계등록문서건명부에 접수하고, 가족관계등록문서건명부와 그 철회서면에 접수연월일과 접수시각을 분명하게 기록하여야 하며(예규 제276호 §25②), 접수한 협의이혼의사철회서면은 협의이혼의사철회서편철장에 편철한 후 비치하여야 한다(동 §25③).

사건이므로 조정이 선행한다. 그러나 조정이 성립하더라도 본인이 임의로 처분할 수 없는 사항이므로, 조정조서를 첨부하여 협의이혼취소신고를 할 수는 없다(예규 제170호). 이혼취소의 효과는 소급하므로 이혼취소의 재판이 확정되면 소를 제기한 사람은 판결확정일로부터 1개월 이내에 판결의 등본 및 그 확정증명서를 첨부하여 등록부의 정정을 신청하여야 한다(§107)(예규 제254호 「이혼이 무효이거나 취소된 경우의 가족관계등록부 정정방법」).[65)]

2. 재판상 이혼

재판상 이혼이라 함은 배우자에게 부정한 행위가 있었을 때, 배우자가 악의로 다른 한쪽을 유기한 때, 배우자 또는 그 직계존속으로부터 심히 부당한 대우를 받았을 때, 자기의 직계존속이 배우자로부터 심히 부당한 대우를 받았을 때, 배우자의 생사가 3년 이상 분명하지 아니한 때, 그밖에 혼인을 계속하기 어려운 중대한 사유가 있는 때(민 §840)에 당사자의 의사와는 관계없이 재판(조정)에 의하여 혼인관계를 해소시키는 것을 말한다. 따라서 재판상 이혼신고는 보고적 신고에 속한다.

재판상 이혼은 나류 가사소송사건으로 조정전치주의에 따른다. 조정에 의한 이혼이 성립하면 조정을 신청한 사람은 조정이 성립되거나 조정에 갈음하는 결정이 확정된 날부터 1월 이내에 조정조서 등본과 송달증명서를 첨부하여 이혼신고를 하여야 하고 그 상대방도 할 수 있다(§78, §58, 예규 제84호 「확정판결(조정)에 의한 신고 등」 및 예규 제171호 「이혼조정에 의한 이혼신고 처리지침」).

당사자 간에 조정이 성립하지 아니한 경우에 그 조정신청시에 소가 제기

---

65) 이처럼 입양무효, 파양무효, 파양취소, 혼인무효, 이혼무효, 이혼취소 등과 같이 신분행위의 효력이 처음부터 생기지 않는 경우는 1990. 12. 31. 대법원규칙 제1137호 호적법시행규칙의 개정에 의하여 1991. 1. 1.부터 신고대상에서 정정대상으로 바뀌었다. 따라서 위와 같은 신분행위의 무효 또는 취소의 심판이 1990. 12. 31. 이전에 확정된 경우에도 정정절차에 따라 등록부를 정리하여야 하며, 이 경우의 등록부 정정신청의무기간은 1991. 1. 1.부터 기산한다(예규 제231호 「신분행위의 효력이 처음부터 생기지 않는 사항의 정정방법」). 정정의 경우에는 양 당사자의 등록부 중 이혼에 관한 사항의 기록을 모두 말소하며, 그 이혼 당사자 사이에서 출생한 미성년의 자녀에 대하여 친권자가 지정·신고 되어 있는 때에는, 그에 관한 등록부의 기록은 따로 정정허가를 받을 필요 없이 이혼무효 또는 이혼취소의 판결에 의하여 말소할 수 있다(예규 제254호).

된 것으로 보고(「민사조정법」 §36①), 직권으로 조정에 회부된 재판상 이혼사건은 다시 소송절차로 복귀한다. 재판에 의하여 이혼판결이 확정되면 소를 제기한 사람은 재판의 확정일로부터 1월 이내에 재판의 등본 및 확정증명서를 첨부하여 이혼신고를 하여야 한다. 그 상대방도 신고를 할 수 있다(§73, §58). 나류 가사소송사건의 청구를 인용한 판결이 확정되면 법원사무관 등은 지체 없이 당사자 또는 사건 본인의 등록기준지의 등록사무를 처리하는 사람에게 그 뜻을 통지하여야 하므로(가소규 §7①), 확정된 이혼판결(조정성립의 경우를 포함한다)에 대하여 가정법원으로부터 통지가 있었으나, 당사자가 신고기간 내에 이혼신고를 하지 않는 경우에는, 가족관계등록공무원은 당사자가 이혼신고를 하도록 최고하고, 최고를 하여도 신고하지 아니한 경우에는 감독법원의 허가에 의하여 이혼기록을 하여야 한다(예규 제84호).

확정된 이혼판결에 의하여 등록부상 이혼에 관한 기록이 마쳐진 뒤에, 그 이혼판결이 추후보완항소나 재심에 의하여 취소된 경우에는, 별도의 정정허가를 받음이 없이 제소자가 제107조에 따라 이혼에 관한 사항의 기록에 대한 말소를 구하는 정정신청을 할 수 있다(예규 제255호 「이혼신고의 기초로 된 이혼판결이 취소된 경우의 가족관계등록부정정」). 이에 따라 각 당사자의 등록부의 일반등록사항란에 이혼취소사유를 기록하고, 각 당사자의 등록부의 배우자에 관한 특정등록사항란에 배우자의 특정등록사항을 기록한다.

3. 이혼신고서의 작성과 첨부서류

이혼신고서에는 당사자의 성명 · 본 · 출생연월일 · 주민등록번호 및 등록기준지(당사자가 외국인인 때에는 그 성명 및 국적), 당사자의 부모와 양부모의 성명 · 등록기준지 및 주민등록번호, 민법 제909조 제4항 또는 제5항에 따라 친권자가 정해진 때에는 그 내용을 기재하여야 한다. 따라서 미성년인 자녀가 있는 경우에는 이혼신고시에 친권자결정 협의서 등본 또는 심판정본 및 그 확정증명서를 첨부하여 친권자지정신고를 하여야 한다. 임신 중인 자녀가 있는 경우에는, 이혼신고시가 아니라 그 자녀의 출생신고시에 친권자결정 협의서 등본 또는 심판정본 및 그 확정증명서를 첨부하여 친권자지정신고를 하여야 한다.

이혼신고서에는 협의이혼인 경우에는 협의이혼의사확인서 등본, 재판 · 조정에 의한 이혼인 경우에는 재판서의 등본 및 확정증명서 또는 조정조서 등본 및 송달증명서를 첨부하여야 한다. 재판이혼의 경우에도 성년자인 증인 2인의 연서는 필요하지 않다. 외국법원의 이혼판결에 의한 재판상 이혼인 경우에는 이혼판결의 정본 또는 등본과 판결확정증명서, 패소한 피고가 한국인인 경우에는 그 피고가 공시송달에 의하지 아니하고 소송의 개시에 필요한 소환 또는 명령의 송달을 받았거나 또는 이를 받지 아니하고도 응소한 사실을 증명하는 서면(판결에 의하여 이 점이 명백하지 아니한 경우에 한함)과 위 서류의 번역문을 첨부하여야 한다.

Ⅶ. 친권과 후견에 관한 신고

1. 친 권

(1) 의 의

친권이라 함은 부모라는 신분에 기하여 미성년인 자녀를 보호하고 교양할 권리의무의 총체를 말한다. 친권의 내용으로서 자녀의 신분에 관한 것으로는 보호·교양(민 §913), 거소지정(민 §914), 징계권(민 §915) 등이 있고, 재산에 관한 것으로는 재산관리권(민 §916), 법률행위의 대리권(민 §920), 동의권 및 취소권(민 §7) 등이 있다. 친권을 행사함에는 자녀의 복리를 우선적으로 고려하여야 한다(민 §912). 친권에 관한 등록부 기록사항으로는 친권자의 지정·변경, 친권·법률행위대리권·재산관리권의 상실 또는 회복, 친권행사의 정지 및 그 대행자 선임 등이 있으며, 이는 신고 또는 촉탁에 의하여 미성년자의 등록부에만 기록한다.

(2) 친 권 자

미성년자인 자의 법률상의 부모가 혼인 중인 때에는 친권은 부모가 공동으로 행사한다. 그러나 부모의 의견이 일치하지 아니하는 경우에는 당사자의 청구에 의하여 가정법원이 이를 정한다(민 §909②). 양자의 경우에는 양부모가 친권자가 된다(민 §909① 후문). 부모의 한쪽이 친권을 행사할 수 없을 때에는 다른 한쪽이 이를 행사한다.[66] 따라서 미성년자의 부가 사망한 때에는[67] 그의 생모가 이혼, 재혼 여부를 불문하고 친권을 행사한다.

(3) 친권자의 지정 및 변경

혼인 외의 자녀가 인지된 경우와 부모가 이혼한 경우에는 부모가 협의로 친권자를 지정하고, 협의할 수 없거나 협의가 이루어지지 아니하는 때에는, 가정법원은 직권으로 또는 당사자의 청구에 따라 친권자를 지정하여야 한다. 부모의 협의가 자녀의 복리에 반하는 경우에는 가정법원은 보정을 명하거나 직권으로 친권자를 정한다(민 §909④). 부모의 혼인이 무효인 경우에 그 사이의 출생자에 대하여 부가 출생신고를 한 때에는, 인지의 효력이 발생하므로 이 경우에도 친권자를 지정하여야 한다. 또한 가정법원은 혼인의 취소, 재판상 이혼 또는 인지청구의 소의 경우에 직권으로 친권자를 정한다(민 §909⑤).[68] 그러나 미성년자가 성년으로 되거나 혼인한 때, 부모의 한쪽이 사망하거나 실종선고

---

66) 따라서 친권자로 지정된 사람이 사망, 실종선고, 대리권과 관리권의 상실(사퇴)로 인하여 친권을 행사할 수 없는 경우에도, 다른 부 또는 모가 있는 때에는 후견이 개시되지 않으므로 후견개시신고를 할 수 없다(예규 제286호 §10). 이는 친권자로 지정된 미성년자의 부 또는 모가 사망 등 사유로 친권을 행사할 수 없는 경우에도 생존한 모 또는 부에게 친권을 행사할 의사와 능력이 있는 때에는, 그가 미성년자의 친권자가 되기 때문에 후견이 개시되지 않는다는 취지이므로, 가정법원이 사건 본인인 미성년자의 모에게 친권자로서 사건 본인에 대한 친권을 행사할 능력과 의사가 없음을 인정하여, 사건 본인의 조모를 후견인으로 하는 후견임선임결정을 하였고, 그 조모가 후견인선임결정의 등본을 첨부하여 후견개시신고를 한 경우에는, 그 신고서를 접수한 시(구)·읍·면의 장은 이를 수리한 다음 "신고에 의한 선정후견의 기재"를 하여야 한다(선례 200803-3).

67) 시(구)·읍·면의 장이 미성년자의 등록부상 친권자로 기록된 사람이 사망한 사실을 알게 된 때에는, 직권으로 미성년자의 등록부에 그 취지를 기록하여야 한다(예규 제286호 §9①).

68) 가정법원이 미성년자인 자녀가 있는 부부의 혼인의 취소나 재판상 이혼의 청구를 심리할 때(가정법원이 혼인무효의 청구를 심리하여 그 청구가 인용되는 경우에 부와 부자관계가 존속되는 미성년인 자녀가 있는 경우를 포함한다)에는, 그 청구가 인용될 경우를 대비하여 부모에게 미성년인 자녀의 친권자로 지정될 사람에 관하여 미리 협의하도록 권고하여야 한다(가소 §25). 그리고 가정법원의 협의 권고에 따라 부모 사이에 미성년자인 자녀의 친권자로 지정될 사람에 대한 협의가 성립하거나, 가정법원이 직권으로 이를 정한 때에는 가정법원은 이를 판결 주문에 기재하여야 한다. 다만, 위 협의가 자녀의 복리에 반하는 경우에는, 가정법원은 보정을 명하거나 직권으로 해당 사항을 정하여 판결 주문에 기재하여야 한다(가소규 §18①). 인지청구의 소의 경우에도 동일하다(동 §18②).

(부재선고)된 때 또는 부모의 한쪽이 친권을 상실한 때에는 친권자를 지정할 수 없다(예규 제286호 §1②).

친권자가 지정되어 있는 때에도 가정법원은 자의 복리를 위하여 필요하다고 인정되는 경우에는 자녀의 4촌 이내의 친족의 청구에 의하여 정하여진 친권자를 다른 한쪽으로 변경할 수 있다(민 §909⑥).

친권자지정신고는 협의이혼신고서 또는 인지신고서에 그 취지와 내용을 기재하여 부가적으로 할 수도 있고(§55①, §74①), 독립적으로 신고할 수 있다. 즉, 부모가 협의로 친권자를 정한 때에는 1개월 이내에 그 사실을 공동으로 신고하여야 하고, 부모 중 한쪽이 신고하는 경우에는 그 사실을 증명하는 서면을 첨부하여야 한다(§79①). 부모가 협의할 수 없거나 협의가 이루어지지 아니하여 당사자의 청구에 따라 가정법원이 친권자를 정하거나 가정법원이 직권으로 정하는 재판이 확정된 때에는, 그 재판을 청구한 사람 또는 그 재판으로 친권자로 정하여진 사람이 재판확정일로부터 1개월 이내에 재판서 등본 및 확정증명서를 첨부하여 시(구)·읍·면의 장에게 신고하여야 한다.[69] 소의 상대방도 재판서 등본 및 확정증명서를 첨부하여 신고할 수 있다. 친권자를 변경하는 재판이 확정된 때에도 같다(§79②).[70] 친권자의 지정과 변경은 마류 가사비송사건으로서 조정전치주의에 따르게 된다. 친권자의 지정과 변경에 관한 조정이 성립된 경우에는 조정조서 등본과 송달증명서를 첨부하여 신고하여야 한다.

전술한 바와 같이 협의이혼의 경우에는 친권자결정에 관한 협의서가 작성되어야 한다. 그러나 미성년자의 부모가 이혼하기로 협의하면서 친권자지정에 관한 협의를 한 경우에도, 이혼신고가 수리되기 전에는 친권자지정신고는 수리되지 아니한다. 협의이혼의 경우에 친권자지정신고의 신고기간 1개월은 협의이혼신고가 수리된 때로부터 기산한다(예규 제286호 §3). 인지신고 또는 인지의 효력이 있는 출생신고가 수리되기 전에도 친권자지정신고를 수리할 수 없다(동 §5). 반면에 재판상 이혼을 인용함과 동시에 친권자를 지정한 판결이 확정된

69) 친권에 관한 사항은 미성년자의 등록부의 일반사항란에 기록하므로(규칙 §53), 친권자지정에 관한 사항은 해당 미성년자의 등록부에만 기록한다. 이 경우에 친권자의 성명 및 출생연월일도 기록한다(예규 제286호 §8).

70) 지정된 친권자를 변경하고자 하는 경우에는, 가정법원의 친권자변경심판서의 등본과 확정증명서를 첨부하여 신고하여야 하며, 협의에 의한 친권자변경신고를 수리하여서는 안된다(예규 제286호 §12).

때에는, 이혼신고가 수리되기 전에도 친권자지정신고를 할 수 있다. 이 경우에는 그 판결상의 원고와 친권자로 지정된 사람이 친권자지정신고의 의무를 부담하고, 신고의무기간은 판결확정일로부터 기산한다(동 §4).

가정법원이 친권자의 지정과 변경의 판결 또는 심판을 한 경우에는 등록부에의 기록을 촉탁하여야 한다(가소 §9, 가소규 §5, §6). 촉탁이 있으면 등록사무를 처리하는 사람은 그 촉탁서에 의하여 등록부에 기록을 하여야 한다(예규 제286호 §6①). 촉탁서에는 확정된 판결 등본, 효력을 발생한 심판서의 등본 기타 등록부기록의 원인을 증명하는 서면을 첨부하여야 한다(가소규 §5③).

협의에 의한 친권자와 재판에 의한 친권자가 서로 다른 때에도 그 성립 또는 접수 순서에 관계없이 재판지정의 신고 또는 가정법원의 기록촉탁에 의하여 기록한다. 다만, 협의지정의 신고에 의한 기록이 먼저 이루어진 경우에는, 감독법원의 허가를 받아 이를 말소하고, 재판지정의 신고 또는 가정법원의 촉탁에 의하여 기록한다(예규 제286호 §7 ii).

친권자로 지정된 사람이 사망, 실종선고, 대리권과 관리권의 상실(사퇴)로 인하여 친권을 행사할 수 없는 경우 또는 미성년자가 혼인하거나 성년에 달한 경우에는, 친권자지정의 효력은 상실한다. 친권자지정의 효력이 상실된 사실을 알게 된 시(구)·읍·면의 장은 직권기록서를 작성하고 직권으로 친권자지정사유를 말소(삭선처리)한다(예규 제286호 §9).

(4) 친권의 상실·대리권 또는 관리권의 상실과 사퇴 및 그 회복

친권자가 친권을 남용하거나 현저한 비행 그밖에 친권을 행사시킬 수 없는 중대한 사유가 있는 때에는 가정법원은 자녀의 친족 또는 검사의 청구에 의하여 그 친권의 상실을 선고할 수 있다(민 §924). 또한 친권자가 부적당한 관리로 인하여 자녀의 재산을 위태하게 한 때에는 가정법원은 자녀의 친족의 청구에 의하여 그 법률행위의 대리권과 재산관리권의 상실을 선고할 수 있다(민 §925). 원인이 소멸한 때에는 본인 또는 자녀의 친족의 청구에 의하여 그 회복을 청구할 수 있다(민 §926). 친권이나 관리권의 상실·회복에 관한 재판이 확정된 때에는 그 재판을 청구한 사람은 재판확정일부터 1개월 이내에 재판서 등본 및 확정증명서를 첨부하여 시(구)·읍·면의 장에게 신고하여야 하며, 소의 상대방도 재판서 등본 및 확정증명서를 첨부하여 신고할 수 있다(§79②). 친권·법률행위대리권·재산관리권의 상실선고의 심판 또는 그 실권회복선고의 심판은 등록부기록을 촉탁하여야 할 판결에 속하므로(가소 §9, 가소규 §5), 그 촉탁서에 따라 등록부에 기록한다. 한편 친권 · 법률행위대리권 · 재산관리권의 정지 및 그 대행자의 선임 또는 실효는 법원의 촉탁에 의해서만 기록을 한다(가소규 §5).

법정대리인인 친권자는 정당한 사유가 있는 때에는 가정법원의 허가를 얻어 그 법률행위의 대리권과 관리권을 사퇴할 수 있고, 사유가 소멸한 때에는 사퇴한 권리를 회복할 수 있다(민 §927). 친권자의 법률행위대리권 · 재산관리권의 사퇴 또는 회복허가의 심판은 법원의 촉탁사항이 아니고 통지사항이므로, 신고에 의하여 기록하여야 한다(가소규 §7). 신고서에는 허가심판서 등본이 첨부되어야 한다. 가정법원으로부터 통지서가 도달된 후 당사자가 소정기간 내에 신고가 없으면, 가족관계등록공무원은 지체 없이 당사자에게 신고의 최고를 하고 최고기간 내에 신고하지 아니하면, 감독법원의 허가를 받아 직권으로 기록한다(예규 제84호).

2. 후 견

(1) 후견의 의의

후견제도는 무능력자를 보호 · 감독하며 그 재산을 관리하고 대리함을 목적으로 한다. 따라서 미성년자에 대하여 친권자가 없거나 친권자가 법률행위의 대리권과 재산관리권을 행사할 수 없는 때에는 후견인을 두어야 하며(민 §928), 금치산자 또는 한정치산의 선고가 있는 때에는 그 선고를 받은 사람의 후견인을 두어야 한다(민 §929). 후견에 관한 등록부 기록사항은 후견의 개시, 후견인 경질, 후견의 종료 등이고 무능력자의 등록부에만 기록하고 후견인의 등록부에는 기록하지 아니한다(규칙 §53).

(2) 후견개시신고

1) 후견의 개시

미성년자의 경우에는 친권자가 없거나 친권자가 법률행위의 대리권 및 재산관리권을 행사할 수 없을 때 후견이 개시된다. 금치산선고 또는 한정치산의 선고가 있으면 금치산자 · 한정치산자를 위한 후견이 개시된다.

2) 후 견 인

후견이 개시되면 1인의 후견인을 두어야 한다. 미성년자의 후견인으로는 친권자인 부모의 유언에 의한 지정후견인(민 §931), 법정후견인(민 §932), 선임후견인(민 §936)이 있다. 금치산자와 한정치산자의 경우에는 지정후견인이 없고 제1순위는 법정후견인(민 §933)이고, 제2순위는 선임후견인(민 §936)이다. 법정후견인은 피후견인의 직계혈족, 3촌 이내의 방계혈족의 순위로 후견인이 된다. 다만 기혼자가 금치산 또는 한정치산의 선고를 받은 때에는 배우자가 1순위의 후견인이 되며, 배우자도 금치산 또는 한정치산의 선고를 받은 때에는 직계혈족, 3촌 이내의 방계혈족의 순으로 후견인이 된다(민 §934). 직계혈족 또는 방계혈족이 수인인 때에는 근친자·연장자 우선의 원칙에 따라 후견인이 정해진다. 그리고 양자의 친생부모와 양부모가 모두 생존하여 있는 때에는 양부모를 선순위로, 기타 생가혈족과 양가혈족의 촌수가 동순위인 때에는 양가혈족을 선순위로 한다(민 §935). 법정후견인이 없을 때 또는 후견인이 사망, 결격 기타 사유로 인하여 흠결된 때에 법정후견인이 될 사람이 없는 경우에는 민법 제777조의 규정에 따른 친족 기타 이해관계인의 청구에 의하여 후견인을 선임하여야 한다(민 §936).

미성년자, 금치산자·한정치산자·파산선고를 받은 사람, 자격정지 이상의 형의 선고를 받고 그 형기 중에 있는 사람, 법원에서 해임된 법정대리인 또는 친족회원, 행방이 불명한 사람, 피후견인에 대하여 소송을 하였거나 하고 있는 사람 또는 그 배우자와 직계혈족은 후견인이 되지 못한다(민 §937). 또한 외국인은 후견의 직무 성질상 후견인이 될 수 없다(예규 제184호 「외국인의 후견인 자격 여부」).

3) 후견개시의 신고인 및 첨부서류

후견인이 된 사람은 지정, 법정, 선임을 묻지 않고 모두 후견개시신고를 하여야 한다(예규 제180호 「후견인이 된 자의 후견개시신고 요부」). 후견개시의 신고는 후견인이 그 취임일부터 1개월 이내에 하여야 한다(§80①). 후견은 개시원인의 발생에 의하여 당연히 개시되므로, 이 신고는 보고적 신고이다. 따라서 후견인이 취임한 후에 그 후견개시신고 전에 후견인의 자격으로 가족관계등록신고를 하거나 동의를 하여 그에 따라 등록부에 기록을 한 때에도 그 신고 또는 동의는 유효하다(예규 제73호 「후견인이 취임신고 전에 한 가족관계등록신고나 동의의 효력」). 미성년자의 친권자가 모두 장기간 행방불명인 경우에는 친권자가 없는 때에 해당하여 후견이 개시되므로, 민법에 정해진 순위에 따라 후견인으로 될 사람이 친권자의 행방불명을 증명하는 서면을 첨부하여 후견개시신고를 하여야 한다. 또한 선순위 법정후견인이 후견개시 전에 행방불명된 경우에는 그로 인하여 후견인으로 되지 못하는 사유가 있음을 증명하는 서면을 첨부하여 다음 순위 법정후견인이 후견개시신고를 하여야 한다(예규 제179호「친권자나 선순위 법정 후견인이 행방불명인 경우의 후견개시신고방법」). 선순위자가 있음에도 불구하고 차순위자가 후견개시신고를 하여 등록부에 후견인으로 기록된 경우에는 이해관계인은 가정법원의 허가를 받아 참칭후견인의 신고에 따른 등록부기록의 말소를 신청할 수 있다(예규 제185호「차순위자가 후견인으로 기록되어 있는 경우의 가족관계등록부 정정방법」).

후견개시신고서에는 후견인과 피후견인의 성명・출생연월일・주민등록번호 및 등록기준지, 후견개시의 원인 및 연월일, 후견인이 취임한 연월일을 기재하여야 한다(§80②). 유언에 의하여 후견인을 지정한 경우에는, 가정법원의 검인을 마친 후견인 지정에 관한 유언서, 그 등본 또는 유언 녹음을 기재한 서면을 첨부하여야 한다. 후견인선임의 재판이 있는 경우에는 재판서의 등본을 신고서에 첨부하여야 한다(§82).

(3) 후견인경질신고

후견인결격사유의 발생, 후견인의 사망, 후견인의 사퇴(민 §939), 후견인변경(민 §940), 후견인인 배우자와 피후견인간의 혼인관계종료는 후견인경질사유이다. 후견인이 경질된 경우에는 후임자는 취임일부터 1개월 이내에 그 취지를 신고하여야 한다(§81①). 신고서에는 후견개시신고서에 기재하여야 할 사항을 기재하고(§81②), 법원에서 후견인을 선임한 때에는 재판서 등본, 후견인사퇴에 대한 가정법원의 허가가 있는 때에는 그 재판서 등본, 후견인변경의 재판이 있는 때에는 그 재판서 등본과 확정증명서를 첨부하여야 한다. 후견인을 변경하는 재판이 확정된 때에는 그 재판을 청구한 사람 또는 그 재판으로 후견인으로 정하여진 사람이 그 내용을 신고하여야 하며 그 상대방도 신고할 수 있다(§81③).

(4) 후견종료신고

후견의 종료사유로는 ① 미성년자인 피후견인이 성인이 된 경우, ② 피후견인에 대한 금치산·한정치산선고의 취소, ③ 피후견인인 미성년자에게 친권자가 생긴 때 등이다. 이러한 사유가 발생하면 후견종료사유 발생 당시의 후견인이 1월 이내에 신고하여야 하나, 미성년자가 성년이 되거나 혼인한 경우에는 등록사무를 처리하는 사람이 직권으로 후견종료사유를 기록하여야 한다(§83①). 후견종료신고서에는 피후견인의 성명·등록기준지 및 주민등록번호, 후견종료의 원인 및 연월일을 기재하여야 한다(§83②). 후견종료의 사유가 재판에 의하여 발생한 경우에는 그 재판서의 등본과 확정증명서를 첨부하여야 한다(§83③).

Ⅷ. 사망과 실종에 관한 신고

1. 사망신고

(1) 의 의

사망신고는 사람이 사망한 경우에 하는 보고적 신고이다. 사람은 생존하는 동안 권리와 의무의 주체가 되므로, 출생신고에 의하여 등록부가 작성되고 사망신고에 의하여 폐쇄된다.[71] 사망신고는 확실한 사망 사실이 존재하는 경우에 한하여 할 수 있다. 따라서 등록부상에 100세 이상의 고령자가 있어도 사망신고를 하지 아니하고 또한 시(구)·읍·면의 장이 사망의 사실을 확인하지 못하는 한 직권으로 등록부를 폐쇄할 수 없다(예규 제199호「가족관계등록부상 100세 이상의 사람에 대한 직권 사망기록의 가부」). 다만 수해, 화재나 그밖의 재난으로 인하여 사망한 사람이 있는 경우에는 이를 조사한 관공서는 지체없이 사망지의 시·읍·면의 장에게 통보하여 인정사망으로 처리한다(§87).[72]

---

71) 사망신고가 있으면 사망자의 등록부의 일반등록사항란에 사망에 관한 사항을 기록하고 특정등록사항란의 성명란에 “사망”표시를 하여 사망자의 등록부를 폐쇄하며(규칙 §65), 사망자의 배우자의 등록부의 일반등록사항란에도 사망사유를 기록하여야 한다(규칙 §54). 사망한 사람에 대해서는 본인, 부모(양부모도 포함), 배우자, 자녀(양자 포함)의 등록부의 특정등록사항란에서 그 사망한 사람의 성명란에 사망이 표시되게 한다(규칙 §21⑥).

72) 인정사망으로 처리된 후에도 이해관계인은 사망으로 의제되는 효과를 받기 위하여 실종선고의 청구를 할 수 있다(예규 제200호「인정사망에 따른 가족관계등록 사무처리지침」 §5).

(2) 신 고 인

1) 신고의무자

사망신고의무자는 사망자와 동거하는 친족이다(§85①). 신고의무자는 신고기간 내에 신고를 하지 아니하면 과태료의 제재를 받게 된다. 따라서 사망신고의 신고인이 사망자의 친족인 때에는, 신고의무자인 친족인지 또는 신고적격자인 친족인지를 분명히 하기 위하여, 사망신고서의 기재나 등록부의 기록에서도 이를 구분하게 하며, 사망신고를 접수・처리하는 가족관계등록공무원의 요구가 있을 때에는, 신고인이 동거 여부의 사실을 소명하여야 한다(예규 제186호 「사망신고의 신고인이 친족인 경우의 신고인 자격 기재 및 기록방법」).

항해 중에 사망이 있는 때에는 항해 중에 출생이 있는 때와 동일하게 처리하여야 한다. 또한 병원, 교도소, 그밖의 시설에서 사망이 있었을 경우에 신고의무자가 신고할 수 없는 때에는 해당 시설의 장 또는 관리인이 신고를 하여야 한다(§91, §49, §50).

사망 사건의 신고인이 신고의무자 또는 신고적격자에 해당되지 아니할 경우에는, 사망신고가 수리되지 아니하나(예규 제188호 「신고의무자 또는 신고적격자가 아닌 자의 사망신고」), 사망신고서에 사망진단서 그밖의 사망의 사실을 증명하는 서면이 첨부되어 있는 때에는 문서건명부에 접수하고 그 첨부서면을 자료로 하여 시(구)・읍・면의 장이 감독법원의 기록허가를 받아 직권으로 기록한다(예규 제51호).

2) 신고적격자

신고의무자가 아닌 친족・동거자 또는 사망장소를 관리하는 사람, 사망장소의 동장 또는 통・이장도 사망의 신고를 할 수 있다(§85②). 핵가족・소가족화, 고령사회화 등 여러 원인에 의하여 독거노인의 수가 급증하고 있는 현실에서는, 사망 사실이 있더라도 사망신고가 제대로 이루어지기는 어렵다. 등록부와 현실간의 괴리가 발생하고, 이로 인하여 사망신고를 할 수 있는 사람에 대한 보완적 조치의 필요성이 대두되었다. 이에 사망신고적격자의 범위를 사망장소의 동장 또는 통・이장으로 확대한 것이다. 여기에서 동거자라 함은 사망자의 등록부상의 가족뿐만 아니라 사실상 동거하는 사람을 말하는 것이며, 가족이 아니더라도 세대를 같이하는 사람도 사망신고를 할 수 있다(예규 제187호 「사망신고 적격자인 「동거자」의 의미」).

3) 사망통보의무자

사망 사실이 공무집행과 관련이 있는 경우에는, 공무집행자는 지체 없이 사망을 통보하여야 할 의무를 부담한다.

① **인정사망의 경우** : 수해, 화재나 그밖의 재난으로 인하여 사망한 사람이 있는 경우에는 이를 조사한 관공서는 지체 없이 사망지의 시・읍・면의 장에게 통보하여야 하고, 외국에서 사망한 때에는 사망자의 시・읍・면의 장에게 통보하여야 한다(§87).[73] 여기서 그밖의 재난이라 함은 다수인을 동시에 사망하게 하는 사건으로 해일, 태풍, 지진, 화산폭발, 건물 및 산의 붕괴・폭발, 선박, 항공기, 열차 등의 사고를 말하는 것으로 자살자 또는 변사자 등은 이에 해당하지 아니한다(예규 제200호 §2).

사체가 발견된 사람(사망자를 인식할 수 없는 시신 확인 사망자를 포함한다)뿐만 아니라, 사체 발견 등의 확증은 없으나 주위의 여러 상황을 고려해 볼 때 사망이 확실하거나 그 개연성이 매우 높다고 판단되는 시신 미확인 사망자인 경우에도, 유족의 의사와 관계없이 사망통보를 하여야 한다. 다만 인정사망으로 처리될 사람에 대하여 개별적으로 사망신고가 있고 그것이 수리된 때에는[74] 사망통보를 하지 않는다. 사망자를 조사한 관공서가 사망통보를 한 후 사망자의 가족관계등록 여부가 분명해진 때에는, 그 관공서는 지체 없이 그 취지를 종전에 사망통보를 했던 시(구)・읍・면의 장에게 통보하여야 한다. 사망자를 조사한 관공서가 사망의 통보를 할 때에는, 사망신고서에 기재되는 사항과 사망자의 생년월일과 주소를 기재하여야 한다(동 §3). 사망의 통보를 받은 시(구)・읍・면의 장은 이를 수리하여, 사망자의 등록부에 기록하고, 등록부를 폐쇄하여야 한다(동 §4).

② **사형의 집행 또는 재소자의 사망통보** : 사형의 집행이 있는 때에는, 교도소장은 지체 없이 교도소 소재지의 시・읍・면의 장에게 사망의 통보를 하여야 한다. 재소 중 사망한 사람의 사체를 찾아갈 사람이 없는 경우에도, 교도

---

73) 외국에서 사망이 있었고 그 사망자의 가족관계등록 여부가 판명되지 아니한 경우에는 대법원 소재지 관할 시(구)의 장에게 통보하여야 한다(예규 제200호 §3②).

74) 시신 미확인 사망자에 대하여 조사관공서가 사망통보를 하지 아니한 동안이라도, 사망신고의무자 등은 개별적으로 사망의 사실을 증명하는 서면(진단서, 검안서, 관공서 작성의 사망증명서, 국립과학수사연구소의 사망확인공문, 인우인 2명 이상이 작성한 사망증명서 등)을 첨부하여 사망신고를 할 수 있고, 외국의 관공서에서 발급하는 사망 사실의 증명서면을 첨부하여 사망신고를 할 수 있다(예규 제200호 §6).

소장은 지체 없이 교도소 소재지의 시·읍·면의 장에게 진단서 또는 검안서를 첨부하여 사망의 통보를 하여야 한다(§88).

③ **가족관계등록 여부 불명자 또는 인식 불명자의 사망통보**: 사망자에 대하여 등록이 되어 있는지 여부가 분명하지 아니하거나 사망자를 인식할 수 없는 때에는, 국가경찰공무원은 검시조서를 작성[75]·첨부하여 지체 없이 사망지의 시·읍·면의 장에게 사망의 통보를 하여야 한다(§90①). 사망통보 후 사망자가 등록이 되어 있음이 판명되거나 사망자의 신원을 알 수 있게 된 때에는, 국가경찰공무원은 지체 없이 사망지의 시·읍·면의 장에게 그 취지를 통보하여야 한다(§90②). 통보를 받은 시·읍·면의 장은 사망신고의무자에게 상당한 기간을 정하여 그 기간 내에 사망신고 할 것을 최고하여야 하고, 최고를 할 수 없거나 최고를 하여도 사망신고를 하지 아니한 때에는, 감독법원의 허가를 얻어 직권으로 기록한다(§38). 사망통보가 있은 후에 사망신고의무자 또는 신고적격자가 사망자의 신원을 안 때에는 그 날부터 10일 이내에 사망신고를 하여야 한다(§90③).

(3) 신고기간과 장소

사망신고는 신고의무자가 사망 사실을 안 날로부터 1개월 이내에 신고하여야 한다(§84①). 그러나 신고기간이 지난 후의 신고도 적법한 신고로서의 효력이 있다.

사망신고의 장소는 신고장소에 관한 일반규정에 따라 사건 본인의 등록기준지 또는 신고인의 주소지나 현재지에서 신고할 수 있다(§20). 또한 사망신고는 사망지·매장지 또는 화장지에서도 할 수 있다. 다만, 사망지가 분명하지 아니한 때에는 사체가 처음 발견된 곳에서, 기차나 그밖의 교통기관 안에서 사망이 있었을 때에는 그 사체를 교통기관에서 내린 곳에서, 항해일지를 비치하지 아니한 선박 안에서 사망한 때에는 그 선박이 최초로 입항한 곳에서 할 수 있다(§86). 시에서의 신고장소가 사망자의 주민등록지와 같은 경우에는 사망자의 주민등록지를 관할하는 동의 사무소에 사망신고를 할 수 있다(§21①).

---

75) 검사가 검시를 하였더라도 경찰관은 검시조서를 작성하여 사망지의 시(구)·읍·면의 장에게 사망의 통보를 하여야 한다(예규 제194호 「「가족관계의 등록 등에 관한 법률」 제90조의 검시조서 작성통보」).

(4) 신고서의 작성방법과 첨부서류

1) 기재사항

사망신고서에는 사망자의 성명 · 성별 · 등록기준지 및 주민등록번호, 사망의 연월일시와 장소를 기재하여야 한다(§84②).

① **사망일시**: 사망에 의하여 권리능력이 소멸하고 상속이 개시되므로, 사망신고서에 기재하는 사망연월일 및 사망시각은 정확하게 기재되어야 한다. 사망시각은 24시각제를 기준으로 하여 사망시각이 오후 10시인 때에는 22시로, 오후 12시인 때에는 익일 0시로 기재한다. 사망신고서에 연월일을 '미상'으로 기재한 신고서는 수리되지 아니한다(예규 제113호 1).

② **사망장소**: 최소 행정구역의 명칭(시 · 구의 동, 읍 · 면의 리)까지 기재하면 그 신고를 수리하여야 하며, 지번의 기재가 없음을 이유로 신고의 수리를 거부할 수 없다. 항공기나 차량, 선박 등에서 사망한 때와 같이 그 장소를 특정하는 것이 곤란할 때에는, ○○발 ○○행 ○○호 기차(자동차 · 항공기) 중 ××지점으로 기재할 수 있다. 그러나 위 예시 중 일부를 생략한 경우에도 그 신고를 수리하여야 하며, 군부대에서 발급한 전사확인서의 사망장소가 '○○지구'로 기재된 경우에도 그 신고를 수리하여야 한다(동 2).

2) 첨부서류

사망신고서에는 사망 사실을 증명하기 위하여 사망자의 진단서나 검안서를 첨부하여야 한다(§84①). 진단서는 사망시에 사망자를 진찰한 의사가 작성한 것이고, 검안서는 사망 후에 사체를 검안한 의사가 작성한 사망 사실을 증명하는 내용의 문서이다.

사망신고서에 첨부된 진단서의 사망자 성명이 동음이자(同音異字)인 경우이거나 그 등록기준지, 생년월일 등이 다소 차이가 있어도, 사건 본인임을 인식할 수 있는 때 또는 관공서의 사망증명서 또는 매장인허증 등을 첨부한 때에는, 사망신고를 수리하여야 한다. 재외공관에서 사망자에 대한 사망신고 및 진단서를 송부한 경우에, 그 사망신고 및 진단서에 유명(幼名)을 기재하였으므로 등록부와 일치되지 아니한 때에도 사건 본인임을 인식할 수 있는 때에는 이를 수리하여 등록부에 기록을 하여야 한다(예규 제189호 「사망진단서에 다소의 차이가 있을 경우의 사무처리지침」).

외교관계가 수립되지 않은 국가에서 사망한 사람에 대한 사망진단서를 입수하여 그 진단서에 의하여 사망신고를 할 때에는, 그 신고서에 사망진단서를 입수한 데 대한 사건 본인(사망자)의 등록기준지, 신고인의 주소지 또는 현재지 관할 경찰관서장의 사망진단서를 입수하였다는 신고에 대한 확인서 등 증명서류와 진단서의 번역문 및 번역인의 주소를 소명할 수 있는 공인된 서류를 첨부하여야 한다(예규 제193호 「외교관계가 국가의 사망진단서에 의한 사망신고의 사무처리지침).

부득이한 사정으로 인하여 진단서나 검안서를 얻을 수 없는 때에는 사망의 사실을 증명할 만한 서면으로써 이에 갈음할 수 있고, 이 경우 신고서에 그 진단서 또는 검안서를 얻지 못한 사유를 기재하여야 한다(§84③). 사망의 사실을 증명할 만한 서면으로는 동(리)장 및 통장 또는 인우인 2명 이상이 작성한 증명서 등을 들 수 있다(예규 제192호 「사망의 사실을 증명할 만한 서면」 1). 사망증명서를 작성하는 동(리)장 및 통장 또는 인우인은 사망 사실을 알고 있는 사람이어야 하며,[76] 신고인 자신은 인우보증인이 될 수 없다. 즉, 동(리)장 및 통장이 신고적격자로서 신고를 하는 때에는, 인우보증인으로서 사망증명서를 작성하여 신고서에 첨부할 수 없다. 6·25사변으로 인하여 사망한 사람은 사망을 목격한 사람 또는 사망을 확인한 사람 2명 이상의 증명서를 첨부하여 신고하게 할 수 있다(예규 제192호 2). 위 증명서에는 증명인의 주민등록번호 또는 출생연월일, 등록기준지와 주소를 기재하여야 한다(예규 제192호 3). 또한 증명인이 인우보증인인 경우에는 증명인의 인감증명서, 주민등록증 사본, 운전면허증 사본, 여권 사본, 공무원증 사본 중 하나를, 동·리·통장이 증명인인 경우에는 동·리·통장임을 증명하는 서면이 첨부되어야 한다.

관공서가 작성한 사망증명서[77] 또는 매장인허증을 첨부한 사망신고서는

---

76) 사망증명서를 작성할 수 있는 증명인은 사망자의 사망사실을 알고 있는 사람으로서 사망한 사실을 직접 목격하거나 사망자의 시신을 확인한 사람이어야 하므로, 사망자의 사망당시에 11세 내지 12세였고 사망자의 사망사실을 직접 목격하거나 시신을 확인한 바 없이 남에게 들어서, 즉 전문(傳聞)으로 알고 있는 사람은 사망증명서를 작성할 수 없다(선례 200811-3).

77) 군인이 전투, 그밖의 사변으로 사망하여 각군 참모총장이나 부대장 명의로 작성한 전사확인서는 구 「호적법」(2008. 1. 1. 법률 제8435호로 폐지되기 이전의 것, 다음부터 같음) 제87조 제3항의 "사망의 사실을 증명할 만한 서면"에 해당하나, 2008. 1. 1. 이전에 육군참모총장이 육군규정 142-1호 제20조 제1항 다목에 따라 군복무 중 1년 이상 행방불명된 자에 대하여 그 사망사실을 확인함이 없이 전사사망자에 대한 처리에 준하여 발행한 사

수리된다. 또한 재외국민의 사망신고를 거주지법에 따라 외국관공서에 신고하여 처리된 사망수리증명서 등이 있는 때에는, 사망신고서에 그 증명서만을 첨부하여 사망신고를 할 수 있다. 사망신고서에 사망 사실을 증명할 만한 서면을 첨부할 수 없는 경우에는 실종선고절차를 따를 수밖에 없다.

2. 실종 및 부재선고의 신고

(1) 의 의

부재자의 생사불명상태가 일정기간 계속된 경우에 가정법원의 심판에 의하여 사망한 것으로 의제하는 것을 실종선고제도라 한다(민 §27, §28). 부재선고는 「부재선고 등에 관한 특별조치법」에 따라 등록부에 군사분계선 이북 지역 거주로 표시된 잔류자에 대하여 가족이나 검사의 청구에 의하여 법원이 선고하는 것으로(동법 §3), 부재선고를 받은 사람은 등록부에서 말소되며 상속의 개시(민 §997) 및 혼인에 관하여는 실종선고를 받은 것으로 본다(동법 §4). 실종선고가 모든 민사관계에서 사망한 것으로 의제되는 것과 달리, 상속과 혼인에 관하여서만 사망의제의 효과가 발생하는 점에서 다르나, 잔류자에 대하여 가정법원의 부재선고를 받고 이를 신고하면, 그 부재선고에 따른 등록부의 기록은 실종선고의 경우에 준하여 처리된다. 취소의 경우(동법 §5)도 마찬가지이다(동법 §10).

(2) 실종선고의 신고

실종선고의 신고는 그 선고를 청구한 사람이 재판확정일로부터 1개월 이내에 재판서의 등본 및 확정증명서를 첨부하여 하여야 한다(§92①).[78] 실종선고

망확인증은 사망의 사실을 증명할 만한 서면에 해당한다고 볼 수 없다. 따라서 군복무 중 행방불명자가 그와 같은 사망확인증을 첨부한 사망신고로 호적에서 제적된 경우에는 사건본인을 비롯한 이해관계인이 그 호적이 있는 곳을 관할하는 가정법원에 "사건본인의 제적을 부활하여 사망으로 제적된 사건본인의 사망사유를 말소하고 이를 기초로 사건본인의 등록부를 작성한 다음, 부활한 호족을 제적(말소)하라"는 취지의 허가신청을 하여 허가결정의 등본을 받은 날부터 1개월 이내에 그 등본을 첨부하여 호적의 정정을 신청하여야 한다(선례 200808-8).

78) 실종선고의 신고에 따라 실종자의 가족관계등록부사항란과 일반등록사항란에 그 취지를 기록하고 폐쇄처리하며, 실종자의 배우자 등록부의 일반등록사항란에도 그 취지를 기록하여야 한다(규칙 §54).

의 신고서에는 실종자의 성명·성별·등록기준지 및 주민등록번호, 실종기간의 만료일을 기재하여야 한다(§92②). 재판의 확정에 따른 신고이므로 이것은 보고적 신고이다.

(3) 실종선고취소의 신고

실종(부재)선고에 의하여 실종자는 사망한 것으로 의제되므로, 생존한 사실 또는 사망으로 의제된 시기와 상이한 때에 사망한 사실의 증명만 가지고 이를 번복할 수 없다. 본인, 이해관계인 또는 검사의 청구에 따라 가정법원이 실종선고를 취소하여야 한다(민 §29① 본문). 실종선고의 취소가 있게 되면 실종선고의 신고로 폐쇄되었던 실종자의 등록부를 부활한다.

실종선고취소의 재판이 확정된 경우에 소를 제기한 사람은 재판확정일로부터 1개월 이내에 재판서의 등본 및 확정증명서를 첨부하여 그 취지를 신고하여야 한다(§92③, §58).[79] 이 신고도 보고적 신고이다.

한편 실종선고와 그 취소심판은 등록사무를 처리하는 사람에게 통지하여야 하는 사항이다(가소규 §7). 따라서 가정법원으로부터 실종선고심판(또는 취소심판)이 확정되어 그 통지서를 송부받은 가족관계등록관서에서는 신고인으로부터 신고가 없으면 지체 없이 신고인으로 하여금 신고할 수 있도록 최고하고, 최고하여도 신고하지 않은 경우에는 감독법원의 허가를 얻어 직권으로 기록한다(예규 제84호).

Ⅸ. 국적의 취득과 상실

1. 국적의 취득

출생에 의한 국적취득의 경우(국적 §2)에는, 출생신고에 의하여 국적취득이

79) 실종(부재)선고취소심판이 확정되어 그 신고가 있으면 실종자의 폐쇄등록부를 부활하나 폐쇄등록부에는 아무런 기록을 하지 않고, 등록부가 폐쇄된 원인사유 발생 당시를 기준으로 하여 새로운 등록부를 작성하여야 하고, 배우자의 등록부의 일반등록사항란에 그 취소사유를 직권기록한다.

공시·공증되므로, 국적취득사실이 등록부에 기록되어야 하는 국적취득은 후천적 취득의 경우이다. 국적법상의 국적의 후천적 취득은 법무부장관에 대한 국적취득신고에 따른 취득, 귀화와 귀화에 따른 수반취득, 국적회복, 국적회복에 따른 수반취득이 있다. 종래에는 이 경우 호적관서에 국적취득신고를 함으로써 호적이 편제되었으나(호 §109, §109의2, §110), 2008년 9월 1일부터는 법무부장관의 통보에 의하여 등록부를 작성하고 있다. 법무부장관의 국적 관련 통보에 따른 등록부 작성업무의 전자적 처리를 위하여 국적관련 통보에 필요한 범위에서 법무부와 전산정보처리조직을 연계하여 운영하고 있다(§12① 제2문, 규칙 §5①ⅴ, §80의4①).[80]

(1) 법무부장관에 대한 국적취득신고에 따른 국적취득

1) 인지의 경우

대한민국의 국민이 아닌 사람으로서 대한민국 국민인 부 또는 모에 의하여 인지된 사람이, 대한민국 민법에 의하여 미성년자이고 출생한 당시에 그 부 또는 모가 대한민국의 국민이었을 경우에는, 법무부장관에게 신고함으로써 대한민국의 국적을 취득할 수 있다(국적 §3①). 국적을 취득하는 시기는 신고한 때이다(동 §3②). 법무부장관은 국적취득신고를 수리한 때에는 그 사실을 지체 없이 본인에게 통지하고, 관보에 고시하여야 하며(국시 §2②), 지체 없이 국적을 취득한 사람이 정한 등록기준지의 시·읍·면의 장에게 대법원규칙으로 정하는 사항을 당사자로 하여금 소명받아 통보하여야 한다(§93①).[81] 통보를 받은 시·

---

80) 구체적인 사무처리요령에 대하여는 예규 제290호「국적관련 통보에 관한 사무처리지침」을 참고할 것.

81) 법무부장관이 인지(§93), 귀화(§94), 국적회복(§95)에 따라 대한민국의 국적을 취득한 사람이 정한 등록기준지의 시·읍·면의 장에게 통보할 사항은 ① 국적취득자의 성명, 생년월일, 성별, 주소, 국적취득자가 정한 등록기준지, 국적취득 전에 가졌던 국적, 국적취득 연월일 및 원인, 혼인관계·입양 등 기타 신분변동에 관한 사항, 국적회복자의 경우에는 한국 국적 상실 연월일 및 원인, ② 부, 모, 배우자의 성명, 국적, 생년월일, ③ 국적취득자의 등록부 또는 구 호적이 있는 경우 국적취득자의 등록기준지(본적), 주민등록번호, 본(한자), ④ 자녀의 등록부 또는 구 호적이 있는 경우 자녀의 성명, 등록기준지(본적), 주민등록번호, ⑤ 부, 모, 배우자의 등록부 또는 구 호적이 있는 경우 부, 모 배우자의 등록기준지(본적), 주민등록번호이다(규칙 §80의2①).

통보와 함께 첨부할 서류는 ① 국적취득사실을 증명하는 법무부장관 명의의 통지서 또는 관보 등 1부, ② 국적취득자의 부모, 배우자, 자녀, 혼인 또는 미혼, 입양 등의 신분사

읍 · 면의 장은 이를 기초로 피인지자의 등록부를 작성한다(§93②).

2) 국적재취득의 경우

대한민국 국적을 취득한 외국인으로서 외국 국적을 가지고 있는 사람은 대한민국 국적을 취득한 날부터 6개월 내에 그 외국 국적을 포기하여야 하며, 그 기간이 지난 때에 대한민국 국적을 상실한다(국적 §10). 그 후 1년 내에 그 외국 국적을 포기하면 법무부장관에게 신고함으로써 대한민국 국적을 재취득할 수 있다(국적 §11①). 국적재취득시기는 신고한 때이다(동 §11②). 법무부장관의 통보와 등록부의 작성절차는 인지에 의한 국적취득의 경우에서와 동일하다(국시 §15, §93).

(2) 귀화에 의한 국적취득

대한민국의 국적을 취득한 사실이 없는 외국인은 법무부장관의 귀화허가를 받아 대한민국 국적을 취득할 수 있다(국적 §4①). 법무부장관은 귀화신청자가 일반귀화(동 §5) · 간이귀화(동 §6) · 특별귀화(동 §7)의 요건을 갖추고 있는지를 심사한 후 그 요건을 갖춘 사람에게만 귀화를 허가한다(동 §4②). 국적을 취득하는 시기는 법무부장관이 그 허가를 한 때이다(동 §4③). 법무부장관은 귀화적격심사결과 귀화적격자로 판정된 사람에 한하여 귀화를 허가하며, 귀화를 허가한 때에는 그 사실을 지체 없이 본인에게 통지하고, 관보에 고시하여야 한다(국시 §5). 아울러 법무부장관은 대법원규칙이 정하는 사항에 대하여 소명자료를 받아 귀화자의 등록부를 작성하기에 충분한 사항을 갖춰 시 · 읍 · 면의 장에게 통보하여야 하고, 이 통보를 받은 시 · 읍 · 면의 장은 이를 기초로 귀화자의 등록부를 작성한다(§94). 이처럼 귀화에 의한 국적취득의 경우에도 신고제에서 통보제로 전환됨에 따라, 법무부의 국적취득허가에 관한 내용과 가족관계등록관서에 신고된 내용 간의 불일치가 없어지고, 신고에 따른 민원인의 불편과 문서를 이중으로 제출하여야 하는 문제 등도 해소될 것으로 보인다.

외국인의 자녀로서 대한민국 민법상 미성년인 자녀는 부 또는 모가 귀화허

항을 기재하는 경우에는 그에 관한 소명자료 각 1부, ③ 국적취득자가 조선족인 경우 성명을 원지음이 아닌 한국식 발음으로 기재할 때 조선족임을 소명하는 중화인민공화국 발행의 공문서이나다. 다만, 등록부 또는 전산제적부로 통보사항을 소명할 수 있는 경우에는 가족관계등록사항별 증명서 또는 제적등본을 첨부하지 아니할 수 있다(동 §80의2②).

가를 신청할 때 함께 국적 취득을 신청할 수 있고, 법무부장관이 부 또는 모에게 귀화를 허가한 때에 함께 대한민국 국적을 취득한다(국적 §8). 수반취득을 하고자 하는 자녀는 그 부 또는 모가 법무부장관에게 제출하는 귀화허가 신청서에 수반취득 하고자 하는 뜻을 표시하여야 하고, 부모가 이혼한 경우에는 그 부 또는 모가 수반취득을 신청한 자녀에 대하여 친권 또는 양육권을 가지고 있음을 서면으로 증명하여야 한다. 그 부 또는 모에 대하여 귀화를 허가하는 때에 수반취득에 관한 사항도 함께 통지하고, 관보에 고시하여야 한다(국시 §7). 따라서 법무부장관이 귀화자에 대한 통보를 할 때에 수반취득자의 국적취득사실도 함께 통보된다.[82] 귀화에 따른 수반국적취득자에게도 등록부를 따로 작성하여야 하며, 귀화자의 등록부의 특정등록사항란에 수반취득자의 특정등록사항을, 수반취득자의 등록부의 특정등록사항란에 귀화자의 특정등록사항을 기록한다.

(3) 국적회복에 의한 국적취득

한국 국적자이었던 한국인 및 외국인은 법무부장관의 국적회복허가를 받아 한국 국적을 취득할 수 있다(국적 §9①). 국적회복허가를 받은 사람은 법무부장관이 허가를 한 때에 한국 국적을 취득한다(동 §3). 법무부장관은 국적회복 허가신청자에 대하여 국적회복을 허가한 때에는 그 사실을 지체 없이 본인에게 통지하고, 관보에 고시하여야 한다(국시 §10①). 또한 법무부장관은 국적회복을 허가한 경우 지체 없이 국적회복을 한 사람이 정한 등록기준지의 시·읍·면의 장에게 대법원규칙으로 정하는 사항을 통보하여야 하고(§95①), 통보를 받은 시·읍·면의 장은 국적회복을 한 사람의 등록부를 작성한다(§95② 본문). 국적회복은 국적의 원시취득에 해당하므로 상실되었던 국적과는 동일성이 없다. 그러나 국적회복을 한 사람의 등록부가 있는 경우에는 등록부에 기록된 등

82) 수반국적취득자가 있는 경우 법무부장관이 대한민국의 국적을 취득한 사람이 정한 등록기준지의 시·읍·면의 장에게 통보할 사항은 ① 수반국적취득자의 성명, 생년월일, 성별, 주소, 국적취득자가 정한 등록기준지, 국적취득 전에 가졌던 국적, 국적취득 연월일 및 원인, 입양 등 기타 신분변동에 관한 사항, ② 수반국적취득자의 부, 모의 성명, 국적, 생년월일, ③ 수반국적취득자의 등록부 또는 구 호적이 있는 경우 수반국적취득자의 등록기준지(본적), 주민등록번호, 본(한자), ④ 수반국적취득자의 부, 모의 등록부 또는 구 호적이 있는 경우 부, 모의 등록기준지(본적), 주민등록번호이고, 수반국적취득자에 관한 첨부서류는 국적취득자의 경우에서와 같다(규칙 §80의2③).

록기준지의 시・읍・면의 장에게 그 사항을 통보하여야 한다(동 단서). 국적회복자에게 미성년의 자녀가 있는 경우에는 귀화의 경우와 마찬가지로 수반취득이 인정되고, 절차도 동일하다(국적 §9⑤, 국시 §10②).

(4) 국적취득자의 성과 본 창설신고

외국인이 대한민국 국적을 취득한 경우에는 원칙적으로 외국에서 사용하던 성명을 그 원지음(한자는 함께 기록할 수 없다. 다만, 중국에서 발행한 조선족임을 소명한 중국 국적자인 경우에는, 그에 대응하는 한국 통용의 한자에 대한 한국식 발음의 한글을 그 원지음에 갈음하여 기록할 수 있다)에 따라 한글로 표기하여 등록부에 기록하여야 한다(규칙 §80의2④, 예규 제292호 §4, §10). 그러나 외국의 성을 쓰는 국적취득자가 새로이 한국식 성・본을 정하고자 하는 경우에는 그 등록기준지, 주소지 또는 등록기준지로 하고자 하는 곳을 관할하는 가정법원의 허가를 받고,[83] 그 등본을 받은 날부터 1개월 이내에 그 성과 본을 신고하여야 한다(§96①). 성과 본 창설신고서에는 종전의 성, 창설한 성・본, 허가의 연월일을 기재하여야 하고(§96④), 가정법원 허가의 등본을 첨부하여야 한다(§96⑤). 한국식 성과 본만이 아니라 한국식 이름을 원할 경우에는 등록기준지, 주소지 또는 등록기준지로 하고자 하는 곳을 관할하는 가정법원의 개명허가를 받아 한국식 이름으로 변경할 수 있다.

(5) 국적회복 및 국적재취득자의 성과 본

국적회복자와 국적재취득자는 대부분 종전에 사용하던 한국식 성명을 가지고 있을 가능성이 높다. 이를 고려하여 대한민국의 국적을 회복하거나 재취득하는 경우에는 종전에 사용하던 한국식 성명으로 국적회복신고 또는 국적재취득신고를 할 수 있고(§96②), 이 경우 신고서에는 종전에 사용하던 한국식 성명을 소명하여야 한다(§96③)는 예외를 규정하고 있으나 이는 사실상 사문화된 것으로 보아야 한다. 국적 관련 신고제가 통보제로 전환됨에 따라 국적회복(재취득)통보에 따라 종전의 한국식 성명으로 복귀하게 된다.

대한민국 국적을 회복(재취득)한 사람에 대하여 국적회복(재취득)통보를 하는 경우에, 국적회복(재취득)자가 종전에 우리나라에서 사용하던 성명(한자를 포함한다)을 등록사항별 증명서를 통하여 소명하여(이때에는 인명용 한자의 제한을

---

83) 이 사건의 처리절차에 관하여는 비송사건절차법을 준용한다(규칙 §87①).

받지 아니한다), 법무부장관이 이를 국적회복(재취득)통보서에 기재한 때에는, 시(구)·읍·면의 장은 이를 수리하여 국적회복(재취득)자의 가족관계등록부를 작성하면서 종전의 한국식 성명을 기록하게 된다(예규 제292호 §8①, §10③).

2. 국적의 선택

출생이나 그밖의 사유로 만 20세가 되기 전에 이중국적자가 된 사람은 만 22세가 되기 전까지, 만 20세가 된 후에 이중국적자가 된 사람은 그 때부터 2년 내에 한국 국적과 외국 국적 중 어느 하나를 선택하여야 한다(국적 §12①). 국적을 선택하지 아니한 사람은 국적선택기간이 지난 때에 한국 국적을 상실한다(동 §12②). 이중국적자로서 한국 국적을 선택하려는 사람은 국적선택기간 내에 외국 국적을 포기한 후 법무부장관에게 한국 국적을 선택한다는 뜻을 신고하여야 한다. 법무부장관이 국적선택신고를 수리한 때에는 그 사실을 지체 없이 통지하고 그 사람의 등록기준지(등록기준지가 없는 경우에는 그 사람이 정한 등록기준지)의 시·읍·면의 장에게 대법원규칙이 정하는 사항을 당사자로부터 소명받아 이를 시·읍·면의 장에게 통보하여야 하고(국시 §17②, §98① i),[84] 통보받은 시·읍·면의 장은 이를 기초로 등록부를 정리하여야 한다.

반대로 외국 국적을 선택하려는 사람은 법무부장관에게 한국 국적을 이탈한다는 뜻을 신고할 수 있다(국적 §4① 본문). 국적이탈의 신고를 한 사람은 그 신고를 한 때에 한국 국적을 상실한다(동 §4②). 법무부장관은 국적이탈신고를 수리한 때에는 그 사실을 지체 없이 본인에게 통지하고, 관보에 고시하여야 하며, 그 등록기준지 시·읍·면의 장에게 통보하여야 한다(국시 §18②, §98① ii).[85]

법무부장관은 한국 국적의 취득이나 보유 여부가 분명하지 아니한 사람에

84) 법무부장관이 이중국적자로부터 대한민국의 국적을 선택한다는 신고를 수리한 경우 그 사람의 등록기준지의 시·읍·면의 장에게 통보할 사항은 ① 국적선택자의 성명, 주민등록번호, 등록기준지, ② 국적선택신고수리의 연월일, ③ 포기한 외국 국적이고, 국적선택신고수리통지서를 첨부한다(규칙 §80의3①).

85) 법무부장관이 국적이탈신고를 수리한 경우 그 사람의 등록기준지의 시·읍·면의 장에게 통보할 사항은 ① 국적상실자의 성명, 주민등록번호, 등록기준지, ② 국적이탈신고수리의 원인 및 연월일, ③ 취득한 외국 국적이고, 국적이탈신고수리통지서 또는 관보를 첨부한다(규칙 §80의3②).

대하여 이를 심사한 후 판정할 수 있다.[86] 법무부장관은 국적판정신청자에 대하여 현재도 한국 국적을 보유하고 있는 사람으로 판정한 때에는 그 사실을 지체 없이 본인에게 통지하고, 관보에 고시하여야 한다(국시 §24④). 또한 그 등록기준지의 시·읍·면의 장에게 통보하여야 한다(§98①iii).[87] 판정을 받은 사람은 별도의 국적취득절차를 거치지 아니하고 가족관계등록창설을 할 수 있다(국시 §24⑤). 판정받은 사람이 가족관계등록이 되어 있지 아니한 때에는 그 통보를 받은 시·읍·면의 장이 등록부를 작성하게 된다(§98②).[88][89]

3. 국적의 상실

(1) 국적상실의 원인

이중국적자로서 국적선택의무를 이행하지 아니하거나(국적 §12②), 외국 국적을 선택하여 한국국적 이탈신고를 한 사람(국적 §14②)은 한국 국적을 상실한다. 반대로 한국 국적을 취득한 외국인이 한국 국적을 취득한 날부터 6개월 내에 그 외국 국적을 포기하지 아니한 때에는 한국 국적을 상실한다(국적 §10②).

---

86) 중국에 북한의 해외공민으로 등록되어 있는 사람도, 법무부장관에게 한국 국적 보유 여부에 대한 판정(국적판정)을 신청을 할 수 있고, 법무부장관이 한국 국적자로 판정하면 등록부창설절차를 거쳐 등록부를 가질 수 있다(선례 200802-1).

87) 법무부장관이 대한민국 국민으로 판정한 경우 그 사람의 등록기준지의 시·읍·면의 장에게 통보할 사항은 ① 국적판정자의 성명, 주민등록번호, 등록기준지, ② 국적판정의 연월일이고, 국적판정통지서 또는 관보를 첨부한다(규칙 §80의3③).

88) 이 경우 법무부장관이 통보할 사항에 대하여는 국적취득의 통보사항에 관한 규정을 준용한다(규칙 §80의3④).

89) 1949년 10월 1일 이전에 한국인 부모와 함께 중국으로 이주한 후 현지에서 혼인하여 현재까지 계속 중국에 거주하고 있는 갑녀는 출생으로 한국 국적을 취득하였으나, 1949년 10월 1일 중화인민공화국 정부의 수립과 동시에 갑녀가 자진하여 중국 국적을 취득하여 중국 국적을 취득하였는지의 여부는 분명하지 않다. 이 경우 갑녀는 법무부장관에게 국적판정신청을 하여야 하고, 법무부장관이 현재 대한민국의 국적을 보유한 것으로 판정하여 이를 통지하고 관보에 고시하면, 갑녀는 가족관계등록을 하고자 하는 곳을 관할하는 가정법원의 허가를 받고 그 등본을 받은 날로부터 1개월 이내에 가족관계등록창설의 신고를 하여야 한다. 다만, 갑녀가 법무부장관으로부터 대한민국의 국적을 보유하고 있지 아니하다는 판정을 통지받은 경우에는, 법무부장관에게 국적회복허가신청을 할 수 있고, 그 허가를 통지받은 날로부터 1개월 이내에 시(구)·읍·면의 장에게 국적회복신고를 함으로써 등록부를 가질 수 있다(선례 200804-2).

자진하여 외국 국적을 취득한 사람은 그 외국 국적을 취득한 때에 한국 국적을 상실한다(국적 §15①). 자진하여 외국 국적을 취득하고 한국 국적을 상실한 사람(국적이탈신고를 한 사람은 제외한다)은 법무부장관에게 국적상실신고를 하여야 한다(국적 §16①). 또한 ① 외국인과의 혼인으로 그 배우자의 국적을 취득하게 된 사람, ② 외국인에게 입양되어 그 양부 또는 양모의 국적을 취득하게 된 사람, ③ 외국인인 부 또는 모에게 인지되어 그 부 또는 모의 국적을 취득하게 된 사람, ④ 외국 국적을 취득하여 한국 국적을 상실하게 된 사람의 배우자나 미성년의 자녀로서 그 외국의 법률에 따라 함께 그 외국 국적을 취득하게 된 사람이 그 외국 국적을 취득한 때부터 6개월 내에 법무부장관에게 한국 국적을 보유할 의사가 있다는 뜻을 신고하지 아니하면 그 외국 국적을 취득한 때로 소급하여 한국 국적을 상실한 것으로 본다(동 §16②).

(2) 국적상실신고와 통보

국적상실의 신고는 배우자 또는 4촌 이내의 친족이 그 사실을 안 날부터 1개월 이내에 하여야 하며(§97①), 국적상실자 본인도 할 수 있다(§97④). 신고서에는 국적상실자의 성명·주민등록번호 및 등록기준지, 국적상실의 원인 및 연월일, 새로 외국 국적을 취득한 때에는 그 국적을 기재하여야 하고(§97②), 국적상실을 증명하는 서면(국적이탈신고수리통지서, 외국의 귀화허가서 등본 및 외국국적취득증명서 또는 주재 영사의 확인서, 국적상실을 고시한 관보 등)을 첨부하여야 한다(§97③, 예규 제206호 「국적상실신고에 첨부할 서면」).[90] 신고인의 자격을 증명하는 서면(기본증명서, 가족관계증명서)도 첨부하여야 하나, 전산정보처리조직에 의하여 그 내용을 확인할 수 있는 경우에는 첨부를 생략한다. 시(구)·읍·면의 장은 본인, 배우자 또는 4촌 이내의 친족으로부터 국적상실신고를 수

90) 중국 국적 동포 중 1949. 10. 1. 이전에 한반도 및 그 부속도서에서 중국으로 이주하였거나 중국에서 출생한 사람으로서 1949. 10. 1. 이후까지 중국에서 생존한 사람은 1949. 10. 1.자로 중국 국적을 취득함과 동시에 한국 국적을 상실하므로, 그 중국 국적 동포에 대한 국적상실신고서에는 1949. 10. 1.을 국적상실 연월일로 기재하여야 한다. 또한, 중국 당국이 사망한 중국 국적 동포에 대한 중국 국적 취득증명서나 영사확인서를 발급하지 아니하여, 이를 국적상실신고서에 첨부할 수 없는 때에는 신고 대상자인 사망자와 그 직계혈족이 포함된 중국의 친족관계공증서(중국 공증처의 공증 및 외교부 인증)와 신고 대상자에 대한 사망증명서 및 각 서면의 한국어 번역문을 국적상실신고서에 첨부하여야 한다(선례 200807-4).

리(수리하기 전에 국적보유의사의 신고 여부를 철저히 조사한다)하였을 때에는 지체 없이 기본증명서를 첨부하여 법무부장관에게 통보하여야 한다(예규 제205호 「국적상실신고를 수리한 때의 사무처리지침」).

법무부장관은 ① 그 직무상 한국 국적을 상실하고도 등록부가 폐쇄되지 아니한 사람을 발견하거나, ② 국적상실자로부터 국적상실의 신고를 수리한 때, ③ 공무원이 그 직무상 한국 국적을 상실한 사람을 발견하여 법무부장관에게 행한 국적상실통보를 수리한 때에는 국적상실자의 등록기준지 시·읍·면의 장에게 그 사실을 증명하는 서면을 첨부하여 국적상실의 통보를 하여야 한다(국적 §16③). 또한 법무부장관은 국적상실에 관한 사항을 관보에 고시하여야 한다(국적 §17).

국적상실신고가 있거나 국적상실 통보가 있으면, 국적상실자의 등록부는 폐쇄된다. 국적상실자의 등록부의 일반등록사항란에 그 취지를 기록하고, 배우자 있는 사람이 국적을 상실하는 경우에는 다른 배우자(한국인 배우자)의 등록부의 일반등록사항란에 그 취지를 기록한다(규칙 §54).

Ⅹ. 개명신고 및 성과 본의 변경신고

1. 개명신고

(1) 개명의 의의

개명이라 함은 등록부에 기록된 이름을 법원의 허가를 받아 새로운 이름으로 변경하는 것을 말한다. 이름은 그 사람의 동일성을 나타내는 표상이며 고유성과 단일성을 그 속성으로 하기 때문에 동일한 사람이 복수의 이름을 사용할 수 없다. 또한 임의로 자신의 이름을 변경하여 사용할 수 있다면, 개개인의 동일성 식별이 불가능할 뿐만 아니라 기존의 이름에 터잡아 형성된 사회생활의 질서가 무너질 가능성도 있다. 이러한 혼란을 방지하기 위하여 개명에 대하여 가정법원의 허가를 받도록 하고 있는 것이다.

개명은 적법하게 등록부에 기록된 이름을 사후에 변경하는 것으로 이름에 대한 등록부 정정과는 다르다. 따라서 출생신고서에 기재한 이름과 등록부에 기록된 이름이 서로 다른 경우에는 간이직권정정절차로 정정하며, 출생신고서에 기재를 잘못하였다는 사유로 이름을 변경하고자 하는 경우에는 법원의 개명허가가 있어야 한다(예규 제211호 §4).

(2) 개명허가절차

1) 관할법원

개명하고자 하는 사람은 주소지(재외국민의 경우 등록기준지)를 관할하는 가정법원의 허가를 받아야 한다(§99① 전단). 국내에 주소가 없는 사람은 등록기준지를 관할하는 가정법원에 신청할 수 있다(규칙 §87④). 종래에는 개명허가의 관할 법원을 본적지 또는 주소지 관할 가정법원으로 규정하여(호 §113) 본적지와 주소지에 동시에 다른 이름으로 개명신청을 하는 것도 가능하였다. 중복적 개명신청을 방지하기 위하여 관할을 신청인의 주소지 관할로 규정한 것이다. 물론 주소지 및 등록기준지의 변경이 자유롭게 허용되므로 관할 법원을 한 곳으로 하더라도, 중복신청 문제를 완전히 해소할 수는 없으며(개명신청 후 주소를 변경하여 다른 법원에 다시 개명신청하는 것 등), 기판력이 없으므로 반복적 신청을 완전히 차단할 수는 없다.

2) 신 청 인

개명허가신청인은 개명하고자 하는 사람이다. 개명하고자 하는 사람이 무능력자인 경우에는 법정대리인이 신청하여야 하나, 의사능력이 있는 미성년자는 단독으로 개명허가신청을 할 수 있고(규칙 §87②), 개명허가를 받은 때에는 자신이 신고할 수 있다(예규 제211호 §6). 그러나 이미 사망한 사람에 대한 개명허가신청은 할 수 없다.

3) 신청서 기재사항과 첨부서류

개명허가신청서에는 ① 신청인의 등록기준지, 주소, 성명 및 생년월일, ② 대리인이 신청할 때에는 그 성명과 주소, ③ 신청의 취지와 그 원인사실, ④ 법원의 표시를 기재하고, 신청인 또는 대리인이 기명날인하여야 한다. 신청서에는 1,000원의 인지가 첨부되어야 한다.[91]

91) 재외국민이 개명허가신청서를 재외공관에 제출할 때에는 신청서에 정해진 인지를 붙이거

개명허가신청서에는 ① 등록사항별 증명서 중 기본증명서와 가족관계증명서, ② 주민등록표등 · 초본, ③ 족보(사본)(친족 간에 같은 이름을 가진 사람이 있음을 사유로 또는 항렬자를 따라 개명하고자 하는 때), ④ 친족증명서(종중이나 문중 또는 친족회에서 친족관계가 틀림없음을 증명하는 서면으로 등록부나 족보로 친족관계가 소명이 되지 않거나 불충분할 때에 보충적으로 첨부), ⑤ 그밖의 증명서(구체적인 사안에 따라 경력증명서, 재직증명서, 재학증명서, 졸업증명서, 복무확인서, 생활기록부, 편지, 예금통장 등)를 첨부하여야 한다.

4) 개명허가기준

개명을 허가할 만한 상당한 이유가 인정되고, 범죄를 기도 또는 은폐하거나 법령에 따른 각종 제한을 회피하려는 불순한 의도나 목적이 개입되어 있는 등 개명신청권의 남용으로 볼 수 있는 경우가 아니라면, 원칙적으로 개명은 허가된다.[92] 법원은 개명허가신청사건을 처리하면서 개명신청권의 남용으로 보이는 불순한 의도나 목적을 판단하기 위하여 필요한 경우, 경찰관서에 전과조회, 출입국관리사무소에 출입국사실조회, 전국은행연합회에 신용정보조회 등을 하여 그 자료를 신청사건 등의 판단자료로 활용하여야 한다. 신청사건의 제출자료에 진실성이 의심스럽다고 인정되거나, 위의 판단자료에 의하여 개명허가신청의 불순한 의도나 목적의 유무가 불분명한 경우에는, 본인 또는 참고인의 심문을 적극 활용하여야 한다(예규 제211호 §3). 인명용 한자의 범위를 벗어난 한자로의 개명은 허용되지 아니한다(동 §5).

개명허가신청에 대하여 판사는 비송사건절차에 따라 심리하고 결정한다(규칙 §87①).

(3) 개명신고

개명허가를 받은 사람(사건 본인)이 가정법원의 허가를 받은 후 그 결정등본을 받은 날로부터 1개월 이내에 신고하여야 한다(§99①).[93] 개명허가를 받

나, 그 액면 상당의 현지화(現地貨)를 재외공관장에게 납부하여도 된다(예규 제211호 §10).

92) 대법 2005.11.16. 선고, 2005스26 결정.

93) 신고가 있으면 사건 본인의 등록부의 일반등록사항란에 기재되는 개명 전 · 후의 이름의 괄호 안에 한자를 병기한다. 개명한 사람에게 배우자가 있는 경우 배우자의 등록부의 일반등록사항란에 기록된 혼인사유의 배우자의 성명에 삭선을 긋고 개명사유를 기록한 다

은 사람이 의사능력이 없는 때에는 법정대리인 또는 후견인이 신고의무자가 되고, 의사능력 있는 미성년자 또는 금치산자는 스스로 신고할 수 있다. 신고서에는 변경 전의 이름, 변경한 이름, 허가연월일을 기재하여야 하고(§99②), 허가서 등본을 첨부하여야 한다(§99③).

외국인과의 신분행위(예: 외국인에게 입양된 경우 등) 등으로 그 외국인과 일정한 신분관계가 형성이 되어 그 외국의 법에 따라 개명을 한 경우라 하더라도, 한국 법원에서 개명허가결정을 받은 경우가 아닌 한 그 외국에서 개명한 이름을 한국 등록부에 기록할 수 없다. 이 경우 외국인과 신분행위를 한 사람이 한국 국적을 상실하기 전이라면, 필요에 따라 한국 법원에 개명허가결정을 받아 개명할 수 있다(예규 제211호 §11).

2. 성 · 본 변경신고

(1) 성 · 본의 변경

2005년 개정 전 민법은 성불변의 원칙에 따라 성과 본의 변경을 허용하지 않고 있었다. 현행 민법은 자녀의 복리를 위하여 자녀의 성과 본을 변경할 필요가 있을 때에는 부, 모 또는 자녀(자녀가 미성년자이고 법정대리인이 청구할 수 없는 경우에는 민법 §777에 따른 친족 또는 검사)의 청구에 의하여 가정법원의 허가를 받아 이를 변경할 수 있도록 하고 있다(민 §781⑥). 혼인신고 전에 출생신고가 되고 인지 등으로 부의 성과 본을 따르고 있는 자녀에 대하여, 부모가 혼인신고시 모의 성과 본을 따르기로 한 협의에 의하여 모의 성과 본을 사용하고 있는 자녀와 동일한 성과 본을 따르게 하기 위해서는 성과 본 변경절차를 따라야 한다(예규 제284호 §14).

(2) 관할법원

자녀의 성과 본의 변경허가사건은 라류 가사비송사건에 속한다. 따라서 자녀의 성과 본의 변경허가에 관한 사건은 사건 본인의 주소지의 가정법원이 관할하게 된다(가소 §44 i).

음 개명 후 변경된 배우자의 성명을 기록한다.

(3) 심리절차

가정법원은 자녀의 성과 본의 변경허가 청구를 심리함에 있어 부, 모 및 자녀가 15세 이상인 때에는 그 자녀의 의견을 들을 수 있다. 자녀의 부모 중 자녀와 성과 본이 동일한 사람의 사망 그밖의 사유로 의견을 들을 수 없는 경우에는, 자녀와 성과 본이 동일한 최근친 직계존속의 의견을 들을 수 있다(가소규 §59의2②). 이는 여전히 혈연관계를 중요시하고 있는 법의식을 고려하여 자녀의 부모 중 자녀와 성과 본이 동일한 사람의 사망 그밖의 사유에 따라 그 사람의 의견을 들을 수 없는 경우에는 자녀와 성과 본이 동일한 최근친 직계존속(동순위자가 수인인 때에는 연장자)의 의견을 청취하게 한 것이다. 민법상 성과 본은 혈족계통의 표지이기 때문이다.[94] 의견의 청취는 서면에 의할 수도 있고, 심문에 의할 수도 있는데, 서면으로 의견을 청취하는 경우에는 법원이 의견을 들을 필요가 있다고 인정하는 사람에 대하여 의견청취서를 발송하여 그 회신을 받는 방법을 사용한다.

(4) 허가기준

민법은 성과 본 변경허가기준으로 자녀의 복리만을 규정하고 있다. 성과 본 변경의 필요성은 주로 재혼가정에서 계부와 동거하고 있는 계자녀의 성과 본이 달라서 고통받는 경우에 발생한다. 아직 확립된 허가기준은 없으나, 하급심판례에서는 대체로 재혼가정에서 계부가 성과 본 변경을 신청하는 경우와 재혼과 상관없이 이루어지는 신청의 경우로 나누어 판단하고 있다.

재혼가정에서 계부가 성과 본 변경을 신청하는 경우에는, 자녀의 복리를 최우선적으로 고려하고 사건 본인이 나이(나이가 어릴수록 허가율이 높음)·의사, 친생부와의 관계(친생부와의 면접교섭의 빈도, 양육비 지급상황, 친생부에 의하여 양육되고 있는 다른 자녀들과의 관계 등), 재혼가정의 결속력(동거기간, 계부와 친생모와의 관계, 계부의 전처 소생자녀와의 관계) 등을 중점적으로 심리하여 허가여부를 결정한다. 계부에 의한 성과 본 변경청구에 대하여는 대체로 긍정적으로 검토하고 있다.

재혼과 무관한 상태에서의 성과 본 변경 청구에 대하여는 다소 부정적인 입장을 취한다. 이혼 또는 사별 후 재혼하지 않고 모의 성과 본으로의 변경을

94) 대법 1984.3.31. 선고, 84스8·9 결정.

신청하는 경우는 자녀의 복리보다는 모의 감정이 개입된 경우가 많기 때문이다. 성년에 달한 자녀가 직접 청구하는 경우에는 불편함 또는 부에 대한 불만에서 비롯될 가능성이 크므로, 개명허가의 경우 마찬가지로 범죄인 경력조회나 신용조회절차를 밟기도 한다.

이성양자(異姓養子)에 대한 성과 본 변경청구에 대하여는 긍정적으로 검토한다. 그러나 부나 모의 성이 아닌 다른 성으로의 변경신청에 대해서는 부정적이다.

(5) 성 · 본 변경신고

자녀의 성과 본을 변경하고자 하는 사람은 자녀의 성과 본을 변경하는 내용의 가정법원의 성과 본변경허가심판서 및 그 확정증명서를 첨부하여 성과 본 변경신고를 하여야 한다. 재판을 청구한 당사자는 신고서에 변경 전의 성과 본, 변경한 성과 본, 재판확정일 등을 기재하여 재판확정일로부터 1개월 이내에 성과 본 변경신고를 하여야 하고(§100), 이를 수리한 가족관계등록공무원은 자녀의 성과 본을 심판서의 취지대로 자녀의 등록부에 변경 · 기록하여야 한다(예규 제284호 §15). 성과 본변경심판에 의하여 성과 본이 변경된 사람에게 배우자가 있는 경우에는, 배우자의 등록부의 일반등록사항란에 그 취지를 기록하고, 직계비속이 있는 경우 부(또는 모)의 성과 본이 변경됨으로 인하여 직계비속의 성과 본이 변경될 경우에는 직계비속(자녀)의 등록부의 일반등록사항란에 그 사유를 기록하고 기본증명서에 나타나도록 하여야 하나, 친양자로 입양된 자녀의 경우는 친양자입양관계증명서에 나타나도록 하여야 한다.

XI. 가족관계등록창설신고

1. 의 의

가족관계등록창설이라 함은 대한민국 국민으로서 등록부가 없는 사람에 대하여 처음으로 등록부를 갖게 하는 절차를 말한다. 광의로는 출생신고나 기아발견조서에 기한 등록부 창설, 국적취득자에 대한 등록부 창설 등이 포함되나, 협의로는 가정법원의 허가를 받아 등록부를 창설하는 경우를 가리킨다. ①

대한민국 국민임에도 출생신고의무자의 사망으로 신고가 불가능하거나, ② 부모 불명의 고아로서 출생신고의무자가 불명한 경우[95]나, ③ 군사분계선 이북 지역에 종전의 호적을 가졌던 사람[96]이나 ④ 북한이탈주민으로 보호결정을 받은 사람[97] 등의 경우는 가정법원의 허가에 의하여 새로 등록부를 창설하고

---

95) 대한민국의 국적을 가진 사람이나 부모를 알 수 없는 사람으로서 등록이 되어 있지 않은 사람 중 기아가 아닌 경우에는, 성과 본 창설허가와 가족관계등록창설허가를 받아 가족관계등록창설신고를 하게 하여 새로 등록부를 작성한다. 기아인 경우에는 기아발견조서와 성과 본 창설허가에 의하여 새로 등록부를 작성한다. 한편 대한민국의 국적을 가진 사람이나 부모를 알 수 있는 사람으로서 등록이 되어 있지 않은 사람에 대하여는, 출생신고에 의하여 부 또는 모의 성과 본을 따라 등록부를 작성하게 하여야 하나, 출생신고를 기대할 수 없는 경우에는, 등록이 되어 있지 않은 사람 본인이 가족관계등록창설허가를 받아 가족관계등록창설신고를 하여 등록부를 작성할 수 있다. 가족관계등록창설은 사건 본인 각자가 가족관계등록창설허가신청과 가족관계등록창설신고를 하여야 한다(예규 제214호 「가족관계등록이 되어 있지 않은 사람의 가족관계등록절차」).

96) 군사분계선 이북 지역을 본적지로 하여 종전의 호적을 가졌던 사람의 가족관계등록창설은, 그 본적이 북위 38도선 이북의 군사분계선 이북 지역인 경우에는 1945년 8월 15일을, 북위 38도선 이남의 군사분계선 이북 지역인 경우에는 1950년 6월 25일을 각각 기준으로 하여, 군사분계선 이북 지역에 거주하는 종전 호적의 호주 또는 가족도 등록부를 작성하고, 등록부의 일반등록사항란에 '군사분계선 이북 지역 거주'라고 기록하며, 가족관계등록부사항란에 원적지를 기록하여야 한다(규칙 §52①③). 이 경우 종전 호적상의 호주 또는 가족이 다른 가족 또는 호주에 대한 가족관계등록창설허가를 신청 및 신고를 할 수 있으며, 그 등록부에는 원적지 및 군사분계선 이북 지역에 거주한다는 취지를 기록한다(동 §52②). 그러나 사망자에 대한 가족관계등록창설은 할 수 없다. 등록부에 '미수복지구 거주' 또는 "군사분계선 이북 지역 거주"라고 기록되어 있는 사람이 월남한 경우 가족관계등록신고는 추후보완신고에 의하며, 이에 따라 '미수복지구 거주' 또는 '군사분계선 이북 지역 거주' 기록에 선을 긋고, 일반등록사항란에 그 사유를 기록한다(예규 제217호 「군사분계선 이북지역을 본적지로 종전의 호적을 가졌단 사람의 가족관계등록창설 등」). 반면에 입주하지 못하는 군사분계선 이남 지역을 본적지로 하는 호적을 가졌던 사람의 가족관계등록창설은 일반가족관계등록창설절차를 밟아야 한다(예규 제216호 「입주하지 못하는 군사분계선 이남 지역에 재적하였던 사람의 가족관계등록창설방법」).

97) 「북한이탈주민의 보호 및 정착지원에 관한 법률」 제19조에 따라 가족관계등록창설시 단신보호대상자는 그 사람에 대해서만, 가족이 함께 북한을 벗어나 보호대상자가 다수인 경우에는 각각 등록부를 작성하고, 가족관계등록부사항란에 원적지를 기록해야 한다. 보호대상자의 배우자가 북한에 거주하고 있는 경우에는, 사건 본인의 등록부의 특정등록사항란에 배우자 성명 등을 기록하는 것 이외에 일반등록사항란에 그 혼인사유, 배우자의 성명, 출생연월일 및 배우자가 군사분계선 이북 지역에 거주하고 있는 취지와 그 거주지를 기록한다. 가족관계등록창설허가신청서를 받은 서울가정법원은 지체 없이 허가 여부를 결정하고, 허가결정을 하는 때에는 그 결정 등본을 가족관계등록창설지 관할 시(구)·읍·

(§101①), 친자관계부존재확인 판결 등 등록부 창설의 기초가 되는 실질적인 신분관계에 관한 확정판결이 있는 경우에는, 신고에 의하여 다시 등록부를 창설하게 된다(§103①). 재외국민으로서 등록부를 창설하여야 할 경우에 대하여는 특례가 인정되고 있다.[98]

특수한 경우의 가족관계등록창설의 예로는 「독립유공자예우에 관한 법률」 제4조의2에 따른 가족관계등록창설이 있다. 일제 강점 때에 호적 등재를 거부하거나 국외에서 독립운동을 하다가 호적을 취득하지 못하였던 독립유공자에 대하여 가족관계등록창설을 할 수 있게 하기 위한 조치이다. 그 대상자는 일제의 국권침탈 전후로부터 1945년 8월 14일까지 국내외에서 국권침탈에 반대하거나 독립운동을 위하여 일제에 항거하다가, 그 반대나 항거로 인하여 순국한 사람으로서 그 공로로 건국훈장 등을 수여받은 순국선열과 애국지사 중 구 호적 없이 사망한 사람이다.

독립유공자의 가족관계등록창설 허가신청은 국가보훈처장이 할 수 있다(대법원규칙 제2220호 「독립유공자예우에 관한 법률에 의한 가족관계등록 사무처리규칙」 §2). 국가보훈처장은 서울가정법원에 가족관계등록창설 허가신청서를 제출하며, 독립유공자의 등록기준지를 정할 때 유족이 있는 경우에는 그 의사를 반영하여야 한다(동 규칙 §3①②). 가족관계등록창설 허가신청서에는 국가보훈처가 독립유공자임을 확인한 서면과 국가보훈처가 작성한 공적조서, 가족관계등록창설을 하려는 곳의 시(구)·읍·면의 장이 발급하는 무적증명서, 가족관계등록부의 기록방법에 준하여 작성한 신분표, 본인의 출생·사망사실을 소명하는 자료, 부모를 기록하는 경우 그 소명 자료 등을 첨부하여야 한다(동 §3③④).

가족관계등록창설 허가신청서를 받은 서울가정법원은 지체 없이 허가 여부를 결정하고, 허가결정을 하는 때에는 그 결정 등본을 가족관계등록창설지 관할 시(구)·읍·면의 장에게 송부하여야 한다. 불허가결정을 하는 때에는 그 이유를 명시하여(부전지 등에 명시하여도 된다) 국가보훈처장에게 송부하여야 한다(동 규칙 §4, 예규 제294호 「「독립유공자예우에 관한 법률에 의한 가족관계등록 사무처리규칙」에 따른 사무처리지침」 §3③).

면의 장에게 송부하여야 하며, 불허가결정을 하는 때에는 그 이유를 명시하여(부전지 등에 명시하여도 된다) 통일부장관에게 송부하여야 한다(예규 제219호 「「북한이탈주민의 보호 및 정착지원에 관한 법률」에 의한 가족관계등록창설의 방식 및 절차」).

98) 이에 관해서는 후술한다.

서울가정법원으로부터 독립유공자의 가족관계등록창설 허가결정 등본을 송부받은 시(구)·읍·면의 장은 지체 없이 독립유공자의 등록부를 작성하고, 작성과 동시에 사망기록 후 등록부를 폐쇄한다(동 규칙 §5①, 예규 제294호 §4①). 등록부는 독립유공자 본인에 대해서만 작성되고, 부모가 소명된 경우에는 독립유공자의 등록부 특정등록사항란에 부모의 성명, 출생연월일, 성별, 본을 기록하나 배우자와 자녀의 특정등록사항은 기록하지 아니한다(예규 제294호 §2).[99]

2. 신청요건

등록부는 앞에서 설명한 바와 같이 대한민국 국민의 신분에 관한 사항을 등록·공증하므로, 등록부에 기록되는 사람은 대한민국 국민이어야 한다. 따라서 외국인 또는 무국적자는 가족관계등록창설을 할 수 없다. 또한 등록부의 창설은 현재 생존하고 있는 사람을 대상으로 하기 때문에, 사망한 사람도 원칙적으로 가족관계등록창설을 할 수 없다. 따라서 이미 사망한 사람에 대하여 가정법원의 가족관계등록창설허가가 있더라도 그에 기한 신고는 수리될 수 없다. 다만 가족관계등록창설허가를 받았으나 그 신고 전에 사망한 사람에 대한 가족관계등록창설신고는 배우자 또는 직계혈족이 할 수 있다[§102, 예규 제213호 「가족관계등록창설허가(가족관계등록부정정허가)를 받은 사람이 사망한 경우의 가족관계등록창설신고(가족관계등록부정정신고)」].

가족관계등록창설허가를 신청하여야 할 사람은 대한민국 국민으로서 아직 등록부에 기록되어 있지 아니한 사람을 말한다.[100] 등록이 되어 있는지가 분명하지 않은 사람은 등록의 유무가 판명될 때까지 가족관계등록창설을 할 수 없으나, 후술하는 바와 같이 재외국민에 대하여는 이러한 때에도 가족관계등록창

99) 그러나 가족관계등록창설이 된 독립유공자의 자녀와 그 직계비속 또는 그 법정대리인은 독립유공자의 가족관계등록창설이 된 것을 안 날부터 2년 내에 검사를 상대로 인지청구의 소를 제기할 수 있다(「독립유공자예우에 관한 법률」 §4의2②).

100) 따라서 출생 후 현재까지 자신(갑)의 등록부(호적) 없이 과거에 사망한 자매(을)의 등록부(호적)를 사용해 온 경우에도, 사망한 자매(을)에 대한 사망신고를 하여 그 등록부를 폐쇄하고, 부모의 출생신고에 따라 갑의 등록부를 새로 작성하여야 하나, 출생신고 의무자인 부모가 모두 사망하거나 출생신고를 할 수 없다면, 등록하려는 곳을 관할하는 가정법원에 가족관계등록창설허가신청을 하여 그 허가를 받은 날로부터 1개월 이내에 시(구)·읍·면의 장에게 등록창설의 신고를 하여야 한다(선례 200804-1).

설을 할 수 있는 특례가 인정된다.

3. 신청인 및 관할법원

가족관계등록창설허가는 본인이 신청하여야 한다. 신청인이 무능력자인 때에도 의사능력이 있으면 직접 신청할 수 있다. 즉, 미성년자도 의사능력이 있는 경우에는 가족관계등록창설허가를 신청할 수 있다(규칙 §87②). 무능력자가 의사능력이 없는 때에는 법정대리인이 신청하여야 한다. 관할 법원은 가족관계등록창설의 등록을 하려는 곳을 관할하는 가정법원이다(§101①). 가족관계등록창설허가사건의 처리절차에 관하여는 비송사건절차법이 적용된다(규칙 §87①).

4. 허가신청

(1) 신청서 기재사항과 첨부서류(소명자료)

신청서에는 사건 본인의 성명·출생연월일·등록기준지 및 주소를 기재하여야 한다(규칙 §87③). 또한 신청인의 성명과 주소, 대리인이 신청할 때에는 그 성명과 주소,[101] 신청의 취지[102]와 신청원인사실, 신청의 연월일, 법원의 표시를 기재하고 신청인 또는 대리인이 서명날인하여야 한다.

가족관계등록창설허가를 신청하는 사람은 「비송사건절차법」 제9조 제1항의 신청서에 ① 가족관계등록창설을 하려는 곳의 시(구)·읍·면의 장이 발급하는 가족관계등록부 부존재증명서,[103] ② 읍·면·동의 장이 주민등록법에 의

101) 가족관계등록창설허가신청을 등록이 되어 있지 아니한 사람이 하는 때에는 신청인과 사건 본인이 동일인이므로 신청인 겸 사건 본인으로 기재하며, 후견인이 미성년자의 신청을 대리하는 때에도 신청인 겸 사건 본인은 미성년자이며, 후견인은 대리인으로 기재한다.

102) 신청 취지는 사건 본인이 법원의 허가를 받아 등록부에 기록할 내용을 기재하는 것으로써 등록을 하려는 곳을 표시하여야 하며, 기록내용은 가족관계등록창설 기준시점에 등록부에 기록할 수 있는 신분에 관한 사항을 기록원칙에 따라 작성한다.

103) 가족관계등록부 부존재증명서를 발급받고자 하는 사람은, 등록부가 없는 사람 본인이 가족관계등록창설을 하려는 곳의 시(구)·읍·면의 장에게 신청서를 제출하여야 한다. 신청서를 접수한 시(구)·읍·면의 장은, 첨부서류 등에 의하여 등록부가 없는 사람이 가족관계등록창설 하려는 곳을 포함하여 전국 가족관계등록관서의 등록부에 등록되어 있는지의 여부를 면밀히 조사하여야 하며, 그 결과 신청서에 기재된 대상자의 등록부가 없다고 인정된 때에는 가족관계등록부 부존재증명서를 발급하여야 한다(예규 제287호 §4).

한 주민등록신고를 이행하였음을 증명한 주민등록신고확인서, ③ 성장환경진술서 작성방법에 의한 출생지, 성장지, 성장환경 등을 구체적으로 기재한 성장환경진술서, ④ 성장과정을 뒷받침하는 ㉠ 취학한 사실이 있는 경우 그 학적부, ㉡ 유치원, 병원이나 종교단체가 운영 또는 후원하는 시설, 그밖의 보호 및 위탁시설 등에 입소했던 경우 그 확인서, ㉢ 근로자인 경우 대표자나 감독자의 확인서, ⑤ 성과 본 창설허가 심판서 등본, ⑥ 그밖에 법원이 심리에 필요하다고 인정하는 서류를 첨부하여야 한다(예규 제287호 「가족관계등록창설허가신청 및 가족관계등록창설절차에 관한 사무처리지침」 §3).

(2) 허가재판

가족관계등록창설허가에서 조사되어야 사항은 사건 본인의 한국 국적 보유 유무, 출생사항과 신분관계, 등록되지 아니한 원인 등이다. 이를 위하여 법원은 가족관계등록창설허가신청인에 관한 등록부의 유무, 주거사실 등을 확인하기 위하여 가족관계등록창설지 관할경찰서장 또는 보호시설의 장에게 지문조회 등에 의한 사실탐지촉탁을 하여야 한다(예규 제287호 §5).

법원은 심리를 함에 있어 가족관계등록창설허가신청서와 첨부서류 등을 면밀히 조사, 확인하여 허위의 등록부가 작성되지 않도록 주의를 하여야 하며, 사건 본인을 심문하여야 한다. 다만 사건 본인이 유아이거나 출석하기 어려운 특별한 사정이 있는 경우에는 보호자를 심문할 수 있다. 또한 신청서와 첨부서류, 사실탐지 회보서, 사건 본인 심문에 의하여도 사실관계에 의문이 있을 때에는 참고인 심문을 할 수 있다(동 §6).

가족관계등록창설허가의 재판형식은 결정으로 하여야 한다(비송 §17①). 결정에는 신청을 인용하는 허가결정, 신청절차상의 요건 흠결을 이유로 한 각하결정 및 신청이 이유 없는 경우에 행해지는 기각결정이 있다.

5. 신 고

가족관계등록창설허가를 받은 사람은 허가결정 등본을 첨부하여 신고하여야 한다(§101). 이는 보고적 신고로서 법원의 허가를 받은 후 그 결정 등본을 받은 날로부터 1개월 이내에 신고하여야 하며, 신고장소는 신고지(접수지)처리원칙에 따라 사건 본인의 등록기준지, 주소지나 현재지에서 할 수 있다(§25①).

허가를 받은 사람이 의사능력이 없는 때에는 법정대리인이 신고의무자가 되며(예규 제69호), 가족관계등록창설허가결정을 받은 사람이 신고를 하지 않는 때에는 배우자 또는 직계혈족이 신고할 수 있다(§102).

친자관계부존재확인판결과 같이 가족관계등록창설의 기초가 되는 실질적인 신분관계에 관한 확정판결이 있는 경우에도 가족관계등록창설의 신고를 할 필요가 있다. 판결의 확정에 의하여 사건 본인의 등록부를 폐쇄하고, 새로 확정된 신분관계를 반영하는 등록부를 다시 작성하여야 하기 때문이다. 이 경우에는 가족관계등록창설과 정정절차가 아울러 진행된다. 확정판결에 의하여 가족관계등록창설의 신고를 하여야 할 경우에는, 판결확정일로부터 1개월 이내에 판결의 등본 및 확정증명서를 첨부하여 신고하여야 한다(§103).

제 4 장

국제 및 재외국민의 가족관계등록

Ⅰ. 총　설

1. 국제가족관계등록사무의 의의와 유형

국제교류의 증가에 따라 자국민이 취업이나 유학 등을 이유로 외국에 체류하거나 거주하는 경우가 많아지고, 혼인 · 입양 · 이민이나 재일동포의 경우와 같이 역사적 원인으로 인하여 외국에 정주하는 재외국민의 수는 증대하고 있다. 반대의 경우도 마찬가지이다. 국내에도 체류 외국인의 수는 급증하고 있으며,[1] 그에 따라 한국 내에서 한국인과 외국인 간의 혼인[2]이나 이혼,[3] 입양 또는 외국인

---

1) 통계청의 자료에 의한 국내 외국인등록수의 증가 현황은 표와 같다.

(단위: 명)

	1995	1996	1997	1998	1999	2000	2001	2002	2003	2004	2005	2006	2007	2008
남	70,755	99,813	122,798	107,980	121,135	143,177	153,449	159,356	257,628	278,377	283,998	370,728	438,660	480,136
여	53,126	67,851	78,388	74,808	85,760	100,995	114,181	128,567	179,386	190,806	201,479	261,762	326,769	373,871
계	123,881	167,664	201,186	182,788	206,895	244,172	267,630	287,923	437,014	469,183	485,477	632,490	765,429	854,007

2) 외국인과의 혼인

(단위: 건, %)

	2000	2001	2002	2003	2004	2005	2006	2007	2008
총 혼 인 건 수	332,090	318,407	304,877	302,503	308,598	314,304	330,634	343,559	327,715
외국인과의 혼인	11,605	14,523	15,202	24,776	34,640	42,356	38,759	37,560	36,204
총 혼인건수대비 구성비	3.5	4.6	5.0	8.2	11.2	13.5	11.7	10.9	11.0
증 감	1,782	2,918	679	9,574	9,864	7,716	−3,597	−1,199	−1,356
증 감 률	18.1	25.1	4.7	63.0	39.8	22.3	−8.5	−3.1	−3.6

상호 간에 혼인이나 이혼, 입양 등 신분관계의 변동이 발생하는 일이 많아지게 되었다. 특히 농어촌 지역에서는 배우자를 구하기 어려운 남성이 외국인 여성을 배우자로 맞이하는 이른바 다문화 가족의 수가 점점 증가하는 현상을 보이고 있다. 이와 같은 신분관계에는 그 주체의 전부 또는 일부가 외국인이거나 신분행위가 행해진 장소가 외국이라는 외국적 요소가 포함되어 있기 때문에 자국법만을 가지고 규율할 수는 없다. 신분관계의 공시 또한 마찬가지이다. 이처럼 외국적

국적별 외국인과의 혼인

(단위: 건, %)

	2000	2001	2002	2003	2004	2005	2006	2007	2008	구성비	전년대비 증감률
한국남자+외국여자	6,945	9,648	10,698	18,751	25,105	30,719	29,665	28,580	28,163	100.0	-1.5
중 국	3,566	6,977	7,023	13,347	18,489	20,582	14,566	14,484	13,203	46.9	-8.8
베트남	77	134	474	1,402	2,461	5,822	10,128	6,610	8,282	29.4	25.3
필리핀	1,174	502	838	928	947	980	1,117	1,497	1,857	6.6	24.0
일 본	819	701	690	844	809	883	1,045	1,206	1,162	4.1	-3.6
캄보디아	*	*	*	19	72	157	394	1,804	659	2.3	-63.5
태 국	240	182	327	345	324	266	271	524	633	2.2	20.8
몽 골	64	118	194	320	504	561	594	745	521	1.8	-30.1
우즈베키스탄	43	66	183	328	247	332	314	351	492	1.7	40.2
기 타	962	1,004	969	1,218	1,252	1,136	1,236	1,359	1,354	4.8	-0.4
한국여자+외국남자	4,660	4,839	4,504	6,025	9,535	11,637	9,094	8,980	8,041	100.0	-10.5
일 본	2,630	2,664	2,032	2,250	3,118	3,423	3,412	3,349	2,743	34.1	-18.1
중 국	210	222	263	1,190	3,618	5,037	2,589	2,486	2,101	26.1	-15.5
미 국	1,084	1,113	1,204	1,222	1,332	1,392	1,443	1,334	1,347	16.8	1.0
캐나다	150	164	172	219	227	283	307	374	371	4.6	-0.8
호 주	78	78	90	109	132	101	137	158	164	2.0	3.8
영 국	64	69	86	88	120	104	136	125	144	1.8	15.2
파키스탄	36	63	126	130	100	219	150	134	117	1.5	-12.7
독 일	82	94	81	94	109	85	126	98	115	1.4	17.3
기 타	326	372	450	723	779	993	794	922	939	11.7	1.8

* 기타에 포함.

3) 한국인과 외국인 부부의 이혼

(단위: 건, %)

	2002	2003	2004	2005	2006	2007	2008
총 이 혼 건 수	144,910	166,617	138,932	128,035	124,524	124,072	116,535
• 외국인과의 총 이혼	1,744	2,012	3,300	4,171	6,136	8,671	11,255
총 이혼 대비 구성표	1.2	1.2	2.4	3.3	4.9	7.0	9.7
증 감	50	268	1,288	871	1,965	2,535	2,584
증 감 률	3.0	15.4	64.0	26.4	47.1	41.3	29.8

요소가 있는 가족관계등록에 관한 각종 신고, 심사, 수리와 등록부에의 기록 및 공증에 이르는 사무를 국제가족관계등록사무라 할 수 있다.

국제가족관계등록사무의 대상을 신고와 관련하여 세분하면 다음과 같다.

1) 한국 내에서의 신고

① 한국 내에서 행해진 한국인과 외국인 사이의 신분행위에 기한 신분변동에 관한 창설적 신고(혼인, 이혼, 인지, 입양, 파양 등)

② 한국 내에서의 한국인과 외국인 사이의 재판에 의한 보고적 신고(이혼, 인지, 친양자입양 및 파양 등)

③ 한국 내에서 행해진 외국인과 외국인 사이의 신분행위에 기한 신분변동에 관한 창설적 신고(혼인, 이혼, 인지, 입양, 파양 등)

④ 한국 내에서 발생한 외국인의 신분변동사실에 기한 보고적 신고(출생, 사망 등)

국적별 외국인과의 이혼건수 및 구성비

(단위: 건, %)

	2002	2003	2004	2005	2006	2007	구성비	2008	구성비	증감률
외국인 처의 국적별 이혼건수 및 구성비										
계	380	547	1,567	2,382	3,933	5,707	100.0	7,962	100.0	39.5
중 국	180	274	835	1,425	2,538	3,654	64.0	5,398	67.8	47.7
베트남	7	28	147	289	610	895	15.7	1,078	13.5	20.4
필리핀	28	43	108	140	165	213	3.7	268	3.4	25.8
일 본	78	89	114	116	147	157	2.8	205	2.6	30.6
몽 골	10	6	83	116	132	173	3.0	213	2.7	23.1
우즈베키스탄	3	16	67	75	105	112	2.0	160	2.0	42.9
캄보디아	0	0	4	6	19	99	1.7	178	2.2	79.8
기 타	74	91	209	215	217	404	7.1	462	5.8	14.4
외국인 남편의 국적별 이혼건수 및 구성비										
계	1,364	1,465	1,733	1,789	2,203	2,964	100.0	3,293	100.0	11.1
일 본	1,064	1,113	1,309	1,306	1,466	1,587	53.5	1,556	47.3	-2.0
중 국	51	34	43	123	319	647	21.8	1,041	31.6	60.9
미 국	179	219	260	217	235	257	8.7	238	7.2	-7.4
파키스탄	3	9	15	25	33	35	1.2	32	1.0	-8.6
방글라데시	6	5	9	11	17	32	1.1	33	1.0	3.1
캐나다	7	19	11	21	29	24	0.8	34	1.0	41.7
기 타 (북 한)	54 0	66 0	86 0	86 0	104 0	382 (279)	12.9 (9.4)	359 (163)	10.9 (4.9)	-6.0

2) 외국에서의 신고

⑤ 외국에서 행해진 한국인 사이의 신분행위에 기한 신분변동에 관한 창설적 신고(혼인, 이혼, 인지, 입양, 파양 등)

⑥ 외국에서 발생한 한국인의 신분변동사실에 기한 보고적 신고(출생, 사망 등)

⑦ 외국에서 행해진 한국인과 외국인 사이의 신분행위에 기한 신분변동에 관한 창설적 신고(혼인, 이혼, 인지, 입양, 파양 등)

⑧ 외국에서 외국의 방식에 따라 행해진 한국인과 외국인 사이의 신분행위에 기한 신분변동에 관한 보고적 신고(혼인, 이혼 등) 또는 재판에 의한 보고적 신고(이혼, 인지 등)

2. 국제가족관계등록사무에 관한 준거법규

국제가족관계등록사무를 처리하기 위한 법령으로는 민법, 가족관계등록법과 동 규칙, 국제사법, 국적법 등의 국내법과 각국의 신분관계법령이 있다. 국내법 중 가족관계등록법, 국제사법 및 국적법에 관해서만 간략히 살펴본다.

(1) 가족관계등록법

가족관계등록법은 원칙적으로 한국 내에 거주하는 모든 사람에게 적용되고(속지적 효력), 외국에 거주하는 한국인에게도 적용되므로(속인적 효력), 국제가족관계등록과 관련해서도 기본이 되는 법률이다. 그러나 등록부는 개인의 신분관계를 공시·공증할 뿐만 아니라 국적부로서의 역할을 담당하고 있다. 따라서 국내에 거주하는 사람일지라도 대한민국 국민 아닌 사람(외국인과 무국적자)은 등록부를 가질 수 없고, 그와 관련된 가족관계등록법의 규정은 한국에 거주하는 외국인에게는 적용되지 아니한다. 그리고 치외법권의 특권을 가지는 사람에게도 가족관계등록법은 그 효력이 미치지 아니한다. 아울러 헌법상의 영토조항을 근거로 대한민국의 법률이 북한지역에도 효력을 미치고 북한 주민도 대한민국 국적을 갖는다고 보더라도, 사실상 북한지역에는 대한민국의 통치권이 미치지 못하므로 북한 지역과 북한 주민에게도 가족관계등록법은 그 효력을 미치지 못하는 것이 현실이다. 그러므로 보호대상자로 결정된 북한이탈주민이 남한에 가족관계등록이 되어 있지 아니한 경우에는, 통일부장관의 가족관계등록 창설허가신청에 의하여 등록부가 창설된다(「북한이탈주민의 보호 및 정착지원에 관한 법률」 §19, 예규 제219호).

(2) 국제사법

국제사법은 외국적 요소가 있는 법률관계에 관하여 국제관할권에 관한 원칙과 준거법을 정하는 법이다(국사 §1). 등록사무를 처리할 경우에는, 먼저 외국적 요소가 있는 당해 신분관계가 국제사법에 따라 정해지는 준거법에 의해 유효한 신분관계인가를 검토하여야 한다. 즉 국제가족관계등록에 관한 신고가 제출되면, 이를 처리하기 위해서는 신고에 포함된 신분관계가 국제사법이 지정한 준거법상의 요건을 충족하고 있는지 여부를 심사하여야 한다.

국제사법 제6장은 친족관계의 준거법에 대하여 본국법주의를 따르면서도 혼인의 일반적 효력(국사 §37), 부부재산제(동 §38①), 이혼(동 §39 본문), 혼인 외의 친자관계(동 §41① 단서, §42①), 친자간의 법률관계(동 §45) 등에서 상거소지법을 본국법과 선택적·보충적 준거법으로 규정하고, 부양에 관해서는 부양권리자의 상거소지법에 의하도록 하고 있다(동 §46①). 한편 혼인의 방식에 대하여는 행위지법에 의할 수 있음을 규정하고 있다(동 §36② 본문).

(3) 국 적 법

국적법은 대한민국 국민이 되는 요건을 정한다(국적 §1). 대한민국 국민인지의 여부는 국제가족관계등록에서의 준거법의 결정, 등록부의 창설·폐쇄 등 가족관계등록법의 적용 여부 등에서 중요한 요소로 작용한다.

국적법은 국적취득원인으로 출생·인지·귀화 등을 규정하고 있다. 출생 당시에 부 또는 모가 대한민국의 국민인 경우에는 그 자녀는 대한민국 국적을 취득한다(국적 §2① i). 부모양계혈통주의를 따른 것이다. 대한민국의 국민이 아닌(외국인) 미성년의 자를 대한민국의 국민인 부 또는 모가 인지한 경우에도, 그 자녀에게 자동적으로 대한민국 국적을 부여하는 것이 아니라, 출생 당시에 부 또는 모가 대한민국의 국민이어야 하고, 법무부장관에게 국적취득신고를 하여야 대한민국 국적을 취득하게 된다(국적 §3).

종래에는 인지된 경우와 마찬가지로 대한민국 국민의 처로 된 외국인에게도 자동적으로 대한민국 국적을 부여해 왔으나, 현재는 한국인과 혼인한 배우자는 남녀 모두 아래 요건의 어느 하나를 충족하고, 법부부장관의 귀화허가를 받아야 대한민국의 국적을 취득할 수 있다(국적 §6②).

① 혼인한 상태로 대한민국에 2년 이상 계속하여 주소가 있는 경우

② 혼인한 후 3년이 지나고 혼인한 상태로 대한민국에 1년 이상 계속하여 주소가 있는 경우

③ ① 또는 ②의 기간을 채우지 못하였으나, 그 배우자와 혼인한 상태로 대한민국에 주소를 두고 있던 중 그 배우자의 사망이나 실종 또는 그밖에 자신에게 책임이 없는 사유로 정상적인 혼인생활을 할 수 없었던 사람으로서 그 잔여기간을 채웠고 법무부장관이 상당하다고 인정하는 경우

④ ① 또는 ②의 요건을 충족하지 못하였으나, 그 배우자와의 혼인에 의하여 출생한 미성년의 자녀를 양육하고 있거나 양육하여야 할 사람으로서 ① 또는 ②의 기간을 채웠고 법무부장관이 상당하다고 인정하는 경우

국적취득만을 목적으로 하는 가장혼인을 방지하기 위한 조치이다. 또한 대한민국의 국적을 취득하는 사람의 처는 그의 본국법에 반대규정이 없는 한 부(夫)와 같이 대한민국의 국적을 취득할 수 있었고, 외국인 처의 단독귀화는 허용되지 않았으나(구국적 §8, §9), 혼인한 여성에게 독자적인 국적선택권을 보장하기 위하여 이를 폐지하였다.

대한민국 국적을 취득한 사실이 없는 외국인은 법무부장관의 귀화허가를 받아 대한민국 국적을 취득할 수 있다(국적 §4). 귀화에는 일반귀화(동 §5), 간이귀화(동 §6), 특별귀화(동 §7)가 있다.

출생이나 그밖의 사유에 의해 만 20세가 되기 전에 대한민국 국적과 외국 국적을 함께 가지게 된 이중국적자는 만 22세가 되기 전까지, 만 20세가 된 후에 이중국적자가 된 사람은 그 때부터 2년 내에 하나의 국적을 선택하여야 한다(국적 §12① 본문). 그 기간 내에 한국 국적을 선택하지 아니한 사람은 한국 국적을 상실하게 된다(동 §12②).

Ⅱ. 국제가족관계등록사무의 처리

1. 사무의 관장

가족관계등록법은 원칙적으로 한국 내에서 발생한 외국인의 신분에 관한

사항과 외국에서 발생한 한국인의 신분에 관한 사항에도 적용되므로, 국제가족관계등록사무도 대법원장의 위임에 따라 시・읍・면의 장이 등록사무의 처리에 관한 권한을 갖는다(§3①). 따라서 국제가족관계등록사무도 가족관계의 발생 및 변동사항에 관한 신고 등을 접수하거나 수리한 신고지의 시・읍・면의 장이 처리하게 된다(§4).

한편 대한민국 재외공관의 장은 외국에 있는 대한민국 국민의 가족관계등록에 관한 사무를 처리할 권한을 갖는다(§34). 재외공관의 장은 관할구역 내의 대한민국 국민의 가족관계등록법규에 따른 신고 또는 신청을 받은 경우, 이를 수리하여 1개월 이내에 외교통상부장관을 경유하여 본인의 등록기준지의 시・읍・면의 장에게 송부하여야 하고(§36), 등록기준지의 시・읍・면의 장은 이에 따라 등록부에 기록하게 된다.[4]

2. 신고서의 보관과 공증

외국인에게는 등록부가 작성되지 아니한다. 따라서 한국 내에서 한국인과 외국인 사이에 가족관계등록사건의 신고가 있는 경우에는, 한국인의 등록부의 특정등록사항란에, 신고서에 기재된 외국인의 관련사항을 기록하게 되고, 이를 통해 공시・공증이 가능하다. 그러나 한국 내에서 행해진 외국인 상호간의 혼인, 입양 등의 국제가족관계등록사건의 신고가 있는 경우에는, 등록부를 통하여 공시・공증할 방법이 없으므로, 신고서에 의해서 공시・공증할 수밖에 없다. 그러므로 외국인에 관한 신고서류의 보관 및 공증은 국제가족관계등록사무의 처리에 있어 매우 중요하다.

(1) 신고서의 보관

시・읍・면의 장이 외국인에 관한 가족관계등록의 신고를 수리하였을 때, 이 신고는 가족관계등록을 할 수 없는 신고이므로 접수순서에 따라 특종신고서류편철장에 편철하여 보존한다(규칙 §69① 후단). 이 특종신고서류편철장은 등록부는 아니지만 외국인과 무적자에게는 등록부와 동일한 역할을 한다. 따라서

4) 예규 제31호「재외공관의 장이 수리하여 등록기준지의 시(구)・읍・면으로 송부한 신고서 등에 대한 사무처리지침」참조.

이 장부는 시·읍·면에 영구보존된다(규칙 §82① 1. 다).

(2) 신분관계의 공증

한국인 상호간의 신분관계의 발생·변경·소멸 등의 공시·공증은 등록부의 등록사항별 증명서의 교부에 의하여 행하여지나(§14), 외국인에게는 등록사항별 증명서 교부의 기초가 되는 등록부가 없기 때문에, 증명서의 교부방법에 의한 공시·공증은 불가능하다. 물론 신분관계 당사자 일방이 한국인인 경우에는 한국인의 등록부에 기한 등록사항별 증명서를 통하여 간접적으로 공시·공증은 가능하다. 그러나 한국 내에서 유효한 신분행위를 하였거나 신분변동사실이 발생하였음을 증명하는 일은, 한국인이나 외국인을 불문하고 그 필요성에서는 다르지 아니하다. 이러한 요청에 부응하기 위하여 가족관계등록법에서 신고인은 신고의 수리 또는 불수리증명서를 청구할 수 있고, 이해관계인은 신고서나 그밖에 수리한 서류의 열람 또는 그 서류에 기재한 사항에 관한 증명서를 청구할 수 있게 하고 있는 것이다(§42①②).

3. 신분행위 성립요건 구비증명서에 의한 심사

(1) 연결점으로서의 상거소

국제가족관계등록사건을 처리할 경우에는 먼저 당해 외국적 요소가 포함된 신분관계가 유효한지의 여부가 심사되어야 한다. 즉 외국인을 당사자로 하는 창설적 신고가 있으면, 시·읍·면의 장은 국제사법이 정하는 준거법에 따라 당해 신분행위에 적용될 국내·외의 실질사법을 준거법으로 확정한 다음, 당해 신분행위가 준거법이 정한 실질적 요건을 구비하였는지의 여부를 심사하여야 한다. 형식적 요건은 관계법규가 정한 방식에 따라 신고되었는지의 여부를 심사하면 족하다.

그런데 외국적 요소가 포함된 신분관계의 준거법에 대하여, 국제사법은 당사자의 국적을 연결점으로 하여 정해지는 본국법과 상거소지법 또는 가장 밀접한 관련이 있는 곳의 법으로 규정하며, 혼인의 방식은 혼인거행지법에 의할 수 있다고 규정한다. 따라서 준거법을 결정하기 위해서는 외국인 당사자의 국적을 증명하는 서면이 필요하다. 그러한 서면자료에 근거하여 외국인 당사자의 국적이 인정되고 그에 따라 본국법이 결정된다. 그러나 선택적·보충적 준거법인 상거소지법을 정하기 위해서는 상거소의 개념과 무엇을 기준으로 하여 상거소를 판단하여야 할 것인가, 또한 가장 밀접한 관련이 있는 곳은 어디를 말하는가에 관한 문제가 해결되어야 한다. 이와 관련하여 예규 제33호「신분관계를 형성하는 국제신분행위를 함에 있어 신분행위의 성립요건구비여부의 증명절차에 관한 사무처리지침」은 다음과 같이 해석하고 있다.

상거소라 함은 사실상 생활의 중심지로 일정기간 지속된 장소를 말하며, 상거소지법을 국제신분행위의 준거법으로 하고자 하는 경우에는 다음의 기준에 의하여 상거소인지를 판단할 수 있다.

1) 한국에서의 상거소 인정

① 사건 본인이 한국인인 경우

사건 본인의 주소가 국내에 있는 경우에는 외국에 상거소가 있는 것으로 판명되지 않는 한 한국 내에 상거소가 있는 것으로 보며, 또한 사건 본인이 국외로 전출하여 그 주민등록이 말소된 경우에도 출국일로부터 1년 이내라면 한국 내에 상거소가 있는 것으로 본다. 출국일로부터 1년 이상 5년 이내라면 체류국이 상거소로 인정되는 경우를 제외하고는 한국에 상거소가 있는 것으로 볼 수 있다.

② 사건 본인이 외국인인 경우

사건 본인이 한국 내에 체류한 기간 및「출입국관리법」제10조의 체류자격에 따라 ① 한국에서 출생한 외국인으로서 출국한 사실이 없는 사람, ② 체류자격이 '거주'인 외국인으로서 1년 이상 계속하여 체류하고 있는 사람, ③「출입국관리법」제31조의 외국인등록을 한 외국인(장기체류자), 그 배우자 및 미성년인 자녀로서 5년 이상 계속하여 체류하고 있는 사람은 한국에 상거소가 있는 것으로 처리하며, 그 체류기간 및 체류자격은 외국인등록증 및 여권 등을 자료로 판단한다. 다만, ① 주한외교사절, 주한미군, 단기체류자 등「출입국관리법」제31조 단서의 외국인등록이 면제된 사람, ② 불법입국자 및 불법체류자는 한국에 상거소가 없는 것으로 처리한다.

2) 외국에서의 상거소 인정

① 사건 본인이 한국인인 경우

사건 본인이 해당 국가에서 적법하게 5년 이상 계속하여 체류하고 있는 경우에는 그 국가에 상거소가 있는 것으로 본다. 그러나 사건 본인이 ① 이중국적자인 경우에 한국 이외의 국적국, ② 영주자격을 가지는 국가, ③ 배우자 또는 미성년인 양자로서 체류하고 있는 경우에는 그 외국인 배우자 또는 양친의 국적국에서 1년 이상 계속하여 체류하면 그 체류국에 상거소가 있는 것으로 본다.

② 사건 본인이 외국인인 경우

사건 본인의 국적국에서의 상거소 인정에 관하여는 위의 1) ①에 준하여 처리하고, 국적국 이외의 국가에서의 상거소 인정에 관하여는 위의 1) ②에 준하여 처리한다. 가장 밀접한 관련이 있는 곳의 법을 국제신분행위의 준거법으로 하고자 하는 경우, 해당 장소가 신분행위 당사자와 가장 밀접한 관련이 있는 곳인지는 구체적 상황에 따라 당사자의 체류기간, 체류목적, 가족관계, 근무관계 등 관련 요소를 종합적으로 고려하여 판단하며, 그 판단이 어려울 때에는 감독법원에 질의하고 그 회답을 받아 처리한다.

(2) 성립요건 구비증명서

등록사무를 처리하는 시·읍·면의 장에게는 형식적 심사권한만 부여되고 있기 때문에, 그 적법 여부의 판단이 모호하다고 하여 법규에 규정되지 아니한 다른 자료를 제출하게 할 수는 없다. 그러나 형식적 심사권의 범위 내에서 이미 제출된 서류를 보완하는 부수적인 자료의 제출은 요구할 수 있다. 시·읍·면의 장이나 재외공관의 장은 신고서류를 심사하기 위하여 필요한 때에는 등록부의 등록사항별 증명서나 그밖의 서류를 제출하게 할 수 있는 것이다(규칙 §44①). 따라서 시·읍·면의 장이 국제가족관계등록사건을 처리하면서, 외국인인 신고인에 대하여 자신의 본국법이 정하는 당해 신분행위의 요건을 구비하고 있는지의 여부를 알아보기 위하여, 본국의 권한 있는 당국이 발급한 증명서의 제출을 요구할 수 있다. 반대로 한국인이 외국에서 그 나라가 정한 방식에 따라 신분관계를 형성하는 경우에는 그와 같은 증명의 제출을 요구받을 수 있다. 이에 관한 사무처리지침은 다음과 같다(예규 제33호).

1) 외국에서 한국인과 외국인 간 또는 한국인 간에 그 나라의 방식에 따라 신분관계를 형성하는 신분행위를 하는 경우에 한국인의 해당 신분행위 성립요건 구비증명서의 발급

① 사건 본인인 한국인은 해당 신분행위의 성립요건 구비증명서의 발급을

등록기준지의 시(구)·읍·면의 장에게 청구하거나, 등록사항별 증명서를 첨부하여 등록기준지를 관할하는 지방법원장(지원장) 또는 거주지 관할 재외공관의 장(대사, 영사, 공사)에게 청구할 수 있다.

② 위의 청구를 받은 시(구)·읍·면의 장, 지방법원장 또는 재외공관의 장은 등록사항별 증명서에 의하여 사건 본인의 해당 신분행위에 대한 성립요건 구비 여부를 심사한 후 법률적 장애가 없다고 판단되는 경우에는 증명서를 발급한다.

③ 증명서의 발급청구서는 열람 및 증명청구접수부에 접수하고 증명서를 발급한 경우에는 그 사본 1부와 함께 가족관계등록민원청구서편철장에 편철한다.

2) 한국에서 한국인과 외국인 사이 또는 외국인 사이에 한국법의 방식에 따라, 신분관계를 형성하는 신분행위를 하는 경우 외국인의 해당 신분행위의 성립요건 구비 여부의 증명

① 사건 본인인 외국인이 해당 신분행위의 준거법과 그 신분행위 당사자와의 관련을 증명하는 서면(별표 참조) 및 그 준거법 소속국의 권한 있는 기관(해당 국가의 관공서, 재외공관)이 발급한 해당 신분행위의 성립요건을 구비하고 있다는 증명서를 신고서에 첨부하면, 시(구)·읍·면의 장은 그 요건을 구비한 것으로 보고 그 신고서를 수리하여야 한다. 이 때 그 신분행위의 준거법이 한국법이면 위 신분행위의 성립요건 구비증명서는 첨부할 필요가 없다.

② 외국인이 그 준거법상 ①의 증명서 제도가 존재하지 않기 때문에 그러한 증명서를 신고서에 첨부할 수 없는 경우에는, 준거법 소속국의 한국 주재 재외공관의 장 앞에서 사건 본인이 선서한 선서서(해당 신분행위를 함에 있어 준거법상 어떠한 법률적 장애도 없다는 뜻을 구체적으로 명시하여 선서하고, 재외공관의 장이 그것을 증명 또는 서명한 서면)를 제출하여 위 ①의 증명서에 갈음할 수 있다.

③ 외국인이 위 ① 증명서나 ②의 선서서를 첨부할 수 없는 경우(예를 들면 외교관계가 없는 국가의 국민인 경우)에는, 그러한 서면 등을 얻을 수 없다는 뜻과 준거법에 의한 해당 신분행위의 실질적 성립요건을 구비하고 있다는 뜻을 기재한 서면을 공증받아 제출함과 동시에, 준거법 소속국의 권한 있는 기관으로부터 발급받은 신분관계를 증명하는 서면(예: 출생증명서, 여권사본 등) 또는 외국인등록증명서(외국인등록부에 기재되어 있는 신분관계사항을 함께 기재한다)를 첨부하도록 하여, 그러한 자료에 의하여 준거법상 당해 신분행위의 성립요건

구비 여부를 심사한 후 그 수리 여부를 결정한다.

④ 위 ③의 공증서면은 준거법상 해당 신분행위의 요건을 모두 구비하고 있음을 요건별로 구체적으로 기재한 것이어야 하며, 단순히 "이 신분행위를 함에 있어 준거법상의 모든 요건을 구비하고 있음"과 같이 형식적이고 추상적으로 기재한 것만으로는 부족하다.

[별표] 국제신분행위 준거법 및 그 첨부서면

<table>
<tr><th>국제
신분
행위</th><th>준 거 법</th><th colspan="2">첨 부 서 면</th><th>비 고</th></tr>
<tr><td>혼인</td><td>각 당사자의 본국법(국사 §36①)</td><td colspan="2">·각 당사자의 국적을 증명하는 서면 (예; 호적등본, 출생증명서, 여권사본, 등록사항별 증명서 등)</td><td></td></tr>
<tr><td rowspan="4">이혼</td><td>1. 부부의 동일한 본국법 (국사 §39, §37 i)</td><td colspan="2">·부부의 국적을 증명하는 서면</td><td></td></tr>
<tr><td>2. 부부의 동일한 상거소지법(국사 §39, §37 ii)</td><td colspan="2">·부부의 국적을 증명하는 서면
·부부의 상거소를 증명하는 서면(예; 주민등록등본, 주민등록증 사본, 재외국민등록부 등본, 국내거소신고증 사본, 외국인등록사실증명원, 외국인등록증 등)</td><td>부부의 국적이 서로 다른 때에만 해당</td></tr>
<tr><td>3. 부부와 가장 밀접한 관련이 있는 곳의 법(국사 §39, §37iii)</td><td colspan="2">·부부의 국적 및 상거소를 증명하는 서면
·부부와 가장 밀접한 관련이 있는 곳임을 증명하는 서면(예; 주민등록등본, 주민등록증사본, 재외국민등록부등본, 국내거소신고증 사본, 외국인등록사실증명원, 외국인등록증 등)</td><td>부부의 국적이 서로 다르고 또한 상거소도 다른 때에만 해당</td></tr>
<tr><td>* 부부 중 한쪽이 대한민국에 상거소가 있는 대한민국 국민인 경우에는 대한민국법 우선 적용(국사 §39 단서)</td><td colspan="2">·부부 중 한쪽이 한국인임을 증명하는 서면
·부부 중 한국인인 한쪽의 상거소가 한국에 있음을 증명하는 서면</td><td></td></tr>
<tr><td rowspan="2">인지</td><td>자녀의 출생당시 모의 본국법(인지자가 부 또는 모인 경우)(국사 § 41① 본문)</td><td>·자녀의 출생당시 모의 국적을 증명하는 서면</td><td rowspan="2">자녀가 외국인인 경우, 그 자녀의 본국법이 해당 신분행위의 성립에 자녀 또는</td><td rowspan="2">이들 준거법 중 해당 신분행위에 적용할 준거법은 인지 당사자가 선택할 수 있다.</td></tr>
<tr><td>인지 당시 인지자의 본국법 또는 인지자가 인지 전에 사망한 때에는 인지자의 본국법(인지자가 부 또</td><td>·인지 당시 인지자의 국적을 증명하는 서면 또는
·인지 전에 인지자가 사망한 사실을 증명하는</td></tr>
</table>

<table>
<tr><td rowspan="3">인지</td><td>는 모인 경우)(국사 §41 ②, ③)</td><td>서면과 그 사망 당시 인지자의 국적을 증명하는 서면</td><td rowspan="3">제3자의 승낙이나 동의 등을 요건으로 하는 경우에는 그 요건을 갖추었음을 증명하는 서면도 첨부하여야 한다(국사 §44).</td><td rowspan="3"></td></tr>
<tr><td>자녀의 출생 당시 부의 본국법 또는 부가 자녀의 출생 전에 사망한 때에는 부의 사망 당시 본국법(인지자가 부인 경우)(국사 §41① 단서, ③)</td><td>· 자녀의 출생 당시 부의 국적을 증명하는 서면 또는
· 자녀의 출생 전에 부가 사망한 사실을 증명하는 서면과 그 사망 당시 부의 국적을 증명하는 서면</td></tr>
<tr><td>현재 자녀의 상거소지법(인지자가 부인 경우)(국사 §41① 단서)</td><td>· 현재 자녀의 상거소를 증명하는 서면</td></tr>
<tr><td>입양</td><td>입양 당시 양친의 본국법(국사 §43)</td><td>· 양친의 국적을 증명하는 서면</td><td>상동</td><td></td></tr>
<tr><td>파양</td><td>입양 당시 양친의 본국법(국사 §43)</td><td colspan="2">· 양친의 국적을 증명하는 서면</td><td></td></tr>
<tr><td>후견</td><td>피후견인의 본국법(국사 §48①)</td><td colspan="2">· 피후견인의 국적을 증명하는 서면</td><td>피후견인이 대한민국에 상거소 또는 거소가 있는 외국인으로서 국제사법 제48조 제2항 각 호의 사유가 있는 경우는 제외</td></tr>
</table>

4. 재외국민의 등록사무의 처리

재외국민의 각종 가족관계등록신고 등(「재외국민의 가족관계등록창설, 등록부정정 및 등록부정리에 관한 특례법」에 따른 신청은 제외된다. 이에 관하여는 따로 설명한다)에 따른 등록사무는 다음과 같이 처리한다(예규 제32호 「재외국민의 가족관계등록신고 등에 관한 사무처리지침」).

등록기준지의 시(구)·읍·면의 장은 재외공관으로부터 송부받은 신고서에 따라 등록사무를 처리한다. 행위지법인 외국법에 따라 혼인, 인지 및 입양 등을 하고, 등록기준지에 그 증서를 첨부하여 가족관계등록신고를 하는 경우에는, 신고서에 혼인 등의 신고일에 대하여는 외국에서의 신고(수리)일자를 기재하여야 한다. 재외공관의 장이 외국지명을 한자로만 표기하고 한글표기를 하지 않은 신고서를 접수한 경우에는, 직접 그 신고서의 한자로 표시된 지명 옆에 그 한자 지명에 대한 해당 외국에서의 발음을 한글로 괄호 안에 함께 기재하고, 그 신고서를 수리하여 등록기준지의 시(구) · 읍 · 면의 장에게 송부하여야 하고, 시(구) · 읍 · 면의 장은 한자로 된 외국 지명을 해당 외국에서의 발음대로 등록부에 한글로 기록한다.

재외국민의 신고서에 규칙 제63조가 정하는 문자기재방식에 위반하거나, 번지를 빠뜨리거나 착오로 잘못 기재된 경우, 동의를 요하지 않는 사건에 대한 동의 등 사소한 내용을 빠뜨리거나 착오가 있는 경우에도, 등록기준지의 시(구) · 읍 · 면의 장은 등록부의 기록에 지장이 없는 한 이를 고쳐서 등록부에 기록을 하여야 한다. 등록기준지의 행정구역이나 그 명칭이 이미 변경되었음에도 불구하고, 신고서에 종전의 행정구역이나 명칭을 기재한 경우에는 이를 바로잡아 처리하여야 한다.

신고서에는 법정첨부서류 외에 다른 자료(예: 재산증명, 재일거류민단의 보증서 등)를 첨부할 것을 요구하여서는 안 되며, 재일동포가 신고한 경우 그 첨부서류 중 일본국 관공서 발행의 호적신고서 등본, 호적 등 · 초본, 그밖의 증명서에도 번역문을 첨부하여야 한다(규칙 §30②). 재외공관의 장은 신고인(신청인)으로부터 신고서와 첨부서류를 각 2통 제출받아야 하나, 그 통수가 부족한 때에는 1통 더 제출할 것을 신고인(신청인)에게 요구하거나 직접 첨부서류의 등본 또는 부본을 작성하여 처리한다.

등록기준지의 시(구) · 읍 · 면의 장이 신고서류의 불비를 이유로 반송하려고 하는 경우에는 그 불비 사유를 소명하여 감독법원의 승인을 받아야 하고, 반송하는 경우에는 그 불비 사유를 부전지 등에 구체적으로 밝혀 함께 송부하여야 한다. 반송하는 신고서류가 재외공관으로부터 송부되어 왔던 것인 때에는, 외교통상부장관 및 재외공관의 장을 거쳐 신고인에게 이를 송부하여야 하고, 그 반송서류에는 반드시 수령인(신고인)의 주소와 성명을 명시하여야 한다.

등록기준지의 시(구) · 읍 · 면의 장이 재외공관으로부터 송부받은 신고서류에 의하여 등록부에 기록을 한 경우에는, 지체 없이 변동이 있는 등록사항별 증명서 1통을 작성하여 외교통상부장관을 거쳐 재외공관에 송부하여야 하며, 이 경우에는 그 등록사항별 증명서 등의 적당한 여백에 공관의 문서번호를 밝혀야 한다. 등록기준지의 시(구) · 읍 · 면의 장이 재외국민으로부터 수수료 및 우송료를 첨부하여 등록사항별 증명서 등의 교부신청을 받은 경우에는, 지체 없이 이를 발급하여 송부하여야 하고, 등록사항별 증명서 등을 발급함에는 그 내용이 선명하게 나타나도록 하여야 한다.

5. 신고통칙

(1) 신 고 인

신고인의 능력에 관한 제26조 및 제27조의 규정은 국제가족관계등록사건의 신고에도 적용된다. 그러나 사건 본인이 외국인인 경우 무능력자인가의 여부, 누가 친권자 또는 후견인으로 되는가는 국제사법 규정(국사 §13, §14, §45, §48)에 따라 정해지는 준거법에 의하게 된다.

(2) 신고장소

1) 한국에 있는 외국인의 신고

대한민국의 국민이 아닌 사람(외국인)에 관한 신고는, 그 거주지 또는 신고인의 주소지나 현재지에서 할 수 있다(§20②). 한국인의 경우에는 본인의 등록기준지에서도 신고를 할 수 있지만(§25①), 외국인에게는 등록기준지가 없기 때문에 그 거주지에서 신고할 수 있게 한 것이다.

2) 외국에 있는 한국인의 신고

외국에 있는 대한민국 국민은 그 지역을 관할하는 대한민국 재외공관의 장에게 신고할 수 있다(§34). 외국에 거주하고 있는 한국인도 그 거주하고 있는 지역에 재외공관이 설치되어 있는 경우에도, 일반원칙에 따라 신고 사건 본인의 등록기준지의 시(구)·읍·면의 장에게 직접 우편의 방법을 이용하거나 귀국하여 등록기준지 또는 현재지 시(구)·읍·면에 제출하는 방법으로 가족관계등록신고(보고적·창설적 신고를 포함한다)를 할 수 있으나[예규 제30호 2. 가. (1)], 그 편의를 고려하여 특별한 신고방법을 인정하고 있는 것이다. 그러나 한국 내 사건 본인의 등록기준지 이외의 다른 시(구)·읍·면의 장이나 다른 지역을 관할하는 재외공관의 장에게 신고를 할 수는 없다[동 2. 가. (2)].[5)]

---

5) 외국에 있는 한국인의 신고에 관한 구체적인 사무처리에 대하여는 따로 살펴보기로 한다.

(3) 신고서의 기재사항

신고서의 일반적 기재사항에 관하여는 제25조 제1항에 규정되어 있다. 소정된 사항 중 '등록기준지'에 관한 부분은 외국인의 신고에는 적용될 여지가 없다. 사건 본인이나 그 부 또는 모가 외국인인 경우에는 신고서의 등록기준지란에 그 국적을 기재하게 된다(규칙 §34②).

(4) 신고서의 첨부서류

신고서의 첨부서류에 관한 제32조의 규정은 국제가족관계등록사건에도 적용된다. 그리고 전술한 바와 같이 한국에서 한국인과 외국인 간 또는 외국인 간에 한국법의 방식에 따라 신분관계를 형성하는 신분행위를 하는 경우에, 외국인에 대하여는 그 준거법상 신분행위의 실질적 성립요건을 구비하고 있는지 여부를 심사하기가 어려운 일이므로, 당해 외국인으로 하여금 신분행위의 실질적 성립요건을 구비하고 있음을 증명하는 서면을 첨부하게 하고 있다(예규 제33호 2). 신고서의 첨부서류가 외국어로 작성된 것인 때에는 번역문을 첨부하여야 한다(규칙 §30②).

(5) 외국에 있는 한국인의 가족관계등록신고

가족관계등록법은 그 속인적 효력으로 인하여 외국에 있는 한국인에도 적용되므로, 외국에 거주하고 있는 한국인도 한국에 거주하고 있는 사람과 동일하게 보고적 신고사항에 대하여 법에 따른 신고의무를 진다. 보고적 신고대상인 신분변동사실에 대하여 거주지 나라의 법에 따라 그 국가의 관공서 등에 신고를 한 경우에도, 동일한 신고사항에 대한 신고의무가 면제되는 것은 아니다. 이와 같이 신고의무가 부과되는 보고적 신고사항에는 출생, 사망과 같은 고유의 보고적 신고와 재판상 인지신고, 재판상 이혼신고, 외국의 방식에 의한 신고 사건에 대한 증서를 작성한 경우 등과 같은 전래의 보고적 신고가 모두 포함된다(예규 제30호 1. 가, 나, 다). 따라서 외국에서 발생한 한국인의 출생, 사망 등 보고적 신고 사건에서도 신고기간의 경과로 인한 과태료의 처분을 받을 수 있다(§122). 외국에 있는 한국인이 그 나라의 방식에 따라 신고 사건에 관한 증서를 작성한 경우에는, 3개월 이내에 그 지역을 관할하는 재외공관의 장에게 그 증서의 등본을 제출하여야 하는데(§35①), 그 증서의 등본을 제출하지 아니한 때에는 신고를 게을리한 데 따른 과태료 부과의 대상이 되는 것으로 해석된다.

등록기준지변경과 같은 절차적 창설적 신고사항과 혼인, 입양과 인지 등과 같은 실체적 창설적 신고사항 중 국제사법상 그 방식의 준거법이 한국법인 경우에는, 법이 정한 절차에 따라 그 신고를 할 수 있다(예규 제30호 1. 라).

외국에 있는 한국인이 그 나라의 방식에 따라 신고 사건에 관한 증서를 작성하고, 그 증서의 등본을 제출하는 방법으로 본인의 등록부에 기록할 수 있는 경우는, 외국에 거주하고 있는 한국인이 그 거주지 나라의 방식[6]에 의하여 실체적인 창설적 신분행위(혼인, 입양, 인지, 이혼과 파양 등)를 하여 신분행위가 성립된 때에만 가능하다. 이 경우 증서의 방식은 국가마다 상이하고 다양하나, 관공서 등 일정한 권한을 가진 사람이 그 신분행위가 성립된 사실을 증명한 서면이면 그 명칭을 불문하고 인정된다. 증서의 등본은 신분행위 당사자 1명이 그 지역을 관할하는 재외공관의 장이나 사건 본인인 한국인의 등록기준지의 시(구)·읍·면의 장에게 우편의 방법을 이용하거나 직접 제출할 수 있다(예규 제30호 2. 나).

한편 거주지 나라의 법이 정한 방식에 따라 그 국가의 관공서 등에 한 신분변동사항에 대한 보고적 신고는, 법에 따른 유효한 신고로 볼 수 없으므로, 따로 신고를 하여야 한다. 따라서 외국에 거주하고 있는 한국인이 신분변동사항에 대하여 거주지 나라의 방식에 따라 보고적 신고를 한 후 그 「수리증명서」 등을 교부받은 경우에도, 증서의 등본을 제출하는 방식에 의한 등록부의 기록은 할 수 없다. 다만, 외국에 거주하고 있는 한국인이 출생, 사망 등과 같은 고유 의미의 보고적 신고를 하는 경우에는, 신고서에 첨부하여야 할 출생증명서나 사망증명서 등을 갈음하여 그 거주지 나라의 방식에 따라 신고한 사실을 증명하는 서면(예: 수리증명서 등)을 첨부할 수 있다. 그러나 외국에 거주하고 있는 한국인이 외국법원의 확정판결을 받아 재판상 이혼신고, 재판상 인지신고와 같은 전래적 의미의 보고적 신고를 하는 경우, 거주지 나라의 방식에 따라 신고한 사실을 증명하는 서면으로는 신고서에 첨부하여야 할 확정판결과 집행판결을 갈음할 수는 없다. 이 경우에는 신고서에 그 확정판결과 가사소송법 및 민사소송법에 따른 집행판결을 제출하여야 한다.

---

6) 외국에 거주하고 있는 한국인 간 또는 한국인과 외국인 간에 그 거주지 나라의 방식에 따라 신분행위를 할 수 있는 것은 국제사법상 그 신분행위 방식의 준거법으로 행위지법을 적용할 수 있는 경우를 말한다.

Ⅲ. 출　　생

1. 국제출생신고

국제출생신고라 함은 한국인과 외국인 사이에 한국 또는 외국에서 출생한 자녀, 한국에 있는 외국인 사이에 출생한 자녀, 그리고 외국에서 한국인 사이에 출생한 자녀에 대한 출생신고와 같이 외국적 요소가 포함되어 있는 출생신고를 말한다. 국제출생신고가 있는 경우 그 출생자가 한국 국적을 갖는 사람이라면 가족관계등록에 관한 일반신고와 같이 처리하면 되나, 한국 국적을 갖지 아니하는 사람이라면 외국인에 관한 신고로 처리하여 그 신고서류는 특종신고서류편철장에 편철하게 된다. 따라서 국제출생신고에 관한 사건을 처리함에는 출생에 의한 한국 국적의 취득 여부에 관한 문제가 선결되어야 한다.

2. 한국인과 외국인 사이에서 출생한 자녀에 대한 출생신고[7)]

(1) 한국인 남자와 외국인 여자 사이의 출생자

1) 혼인 중의 자녀인 경우

부 또는 그밖의 출생신고의무자(국내에 거주하는 외국인인 모를 포함한다)의 출생신고에 의하여 출생자의 등록부가 작성된다.[8)]

2) 혼인 외의 자녀인 경우

부의 출생신고만으로 등록부를 작성할 수 없다. 따로 외국인에 대한 인지절차에 따라 부가 인지신고를 하고, 국적법에 따라 법무부장관에게 신고하여 그 자녀가 한국 국적을 취득하거나(미성년인 경우), 법무부장관으로부터 귀화허

---

7) 예규 제108호 「한국인과 외국인 사이에서 출생한 자녀에 대한 출생신고 처리방법」.

8) 이 때 자녀의 등록부의 부모에 관한 특정등록사항란에 부모의 특정등록사항을 각각 기록하여야 하므로, 외국인인 모의 성명 등을 기록하여야 한다. 그러나 외국인인 모에게는 등록부가 없으므로, 출생신고에 따라 기록하게 되는 부모의 등록부의 특정등록사항란과 관련해서는 부의 등록부의 특정등록사항란에만 자녀의 특정등록사항이 기록된다.

가를 받고(성년인 경우), 국적취득통보 또는 귀화통보에 의하여 등록부를 작성하게 된다. 따라서 외국의 국적을 취득하지 않은 출생자에 대한 출생신고를 수리하여 특종신고서류편철장에 편철한 후, 자녀가 한국 국적을 취득하여 그 등록부를 작성할 때에 출생사유를 기록하게 된다. 다만, 태아로서 인지신고된 피인지자는 그 부의 출생신고로써 등록부를 작성할 수 있다.

(2) 한국인 여자와 외국인 남자 사이의 출생자

1) 혼인 중의 자녀인 경우

자녀는 출생과 동시에 한국 국적을 취득하게 되므로 모 또는 그밖의 출생신고의무자(국내에 거주하는 외국인인 부를 포함한다)의 출생신고에 의하여 출생자의 등록부가 작성된다(예규 제285호「외국인 부와 한국인 모 사이에 출생한 혼인 중의 자의 성과 이름표기 및 가족관계등록부에 기록하는 절차」2). 외국인인 부가 외국에서 행한 출생신고도 신고적격자에 준하여 이를 수리하며, 외국인인 부가 이미 출생신고를 하여 부의 성을 따라 부의 나라의 신분등록관계장부가 작성되어 있는 경우에도 이를 할 수 있다(동 1).

출생신고는 그 자녀가 출생한 지역을 관할하는 재외공관의 장에게 하거나 직접 자녀의 등록기준지로 정한 곳을 관할하는 시(구)·읍·면의 장에게 우송하거나 귀국하여 제출할 수 있다. 귀국하여 제출하는 경우에는 신고인의 주소지 또는 현재지 시(구)·읍·면에도 제출할 수 있다(동 5). 출생신고서에는 의사, 조산사 그밖의 분만에 관여한 사람이 작성한 출생증명서를 첨부하여야 하나, 이에 갈음하여 외국의 권한 있는 기관에서 발행한 그 나라의 방식에 의한 출생신고에 대한 증서 등본(호적등본 또는 수리증명서 등)을 첨부하여 신고할 수 있다. 그리고 자녀의 출생 당시 모가 한국인임을 증명하는 서면(등록사항별 증명서 등)을 첨부하여야 한다(동 6). 한편 개정된「국적법」이 시행된(1998. 6. 14.) 이후에 외국인인 부와 한국인인 모 사이에 출생한 혼인 중의 자녀는 만 21세가 끝나는 날까지 한국 국적을 선택하지 않으면 한국 국적을 상실하므로(국적 §12), 만 22세가 넘는 사람에 대한 출생신고는 이를 수리할 수 없다(예규 제285호 7).

2) 혼인 외의 자녀인 경우

한국인인 모와 외국인인 부 사이에 출생한 혼인 외의 자녀는 출생에 의하여 한국 국적을 취득하므로, 모 또는 그밖의 출생신고의무자의 출생신고에 의하여 출생자의 등록부가 작성된다. 이 경우 자녀는 모의 성과 본을 따르게 되며, 부는 표시될 수 없다.

한편 혼인 외의 자녀에 대하여 외국인인 부의 인지신고가 있는 때에는, 자녀의 일반등록사항란에 기록할 인지사유와 자녀의 등록부의 부에 관한 특정등록사항란에 기록할 부에 관련된 사항은 인지신고서에 기록된 내용을 기록하고, 자녀가 부의 국적을 취득하고 한국 국적을 상실하여 국적상실신고를 하면 그에 따라 자녀의 등록부를 폐쇄하게 된다.

(3) 한국인과 외국인 사이에 출생한 자녀의 출생신고서에 기재할 수 있는 사건 본인의 성과 본 · 이름

1) 한국인 남자와 외국인 여자 사이의 출생자

① **혼인 중의 자녀** : 한국인인 부와 외국인인 모 사이의 혼인 중의 자녀에 대한 성과 본을 정하는 절차에 관하여는 민법 제781조 제1항이 적용되므로(예규 제284호 §13), 자녀의 성과 본은 부의 성과 본을 따르게 된다. 다만, 부모가 혼인신고시에 모의 성과 본을 따르기로 협의한 경우에는 모의 성과 본을 따르게 된다(동 §3①). 협의는 서면에 의하여야 하고 작성된 협의서는 혼인신고시에 시(구) · 읍 · 면의 장에게 제출하게 된다. 「국제사법」 제36조에 따라 외국의 방식에 의한 혼인이 허용되어 그 외국의 방식에 따라 혼인이 유효하게 성립된 후, 그 외국에서 작성한 혼인증서의 등본을 제출하여 한국에서 혼인신고를 할 경우, 혼인신고시에 자녀가 모의 성과 본을 따르기로 협의한 때에도 그 자녀의 성과 본은 모의 성과 본을 따른다(동 §7).

② **혼인 외의 자녀** : 혼인 외의 자녀가 부에 의해 인지된 경우에는 부의 성과 본을 따른다. 다만, 인지신고시 종전의 성과 본을 계속 사용하기로 하는 협의서를 제출한 경우에는 종전의 성과 본을 그대로 사용할 수 있으며(민 §781⑤ 본문), 이 경우에는 자녀의 등록부에는 종전의 성과 본을 유지한다는 취지를 기록하여야 한다. 부모가 협의할 수 없거나 협의가 이루어지지 아니한 경우에는, 자녀는 법원의 허가를 받아 종전의 성과 본을 계속 사용할 수 있다(동 단서). 국제사법 제41조에 따라 외국의 방식에 의한 인지가 허용되어 그 나라에서 한국인 부가 한국인 혼인 외의 자녀를 인지하여 외국에서 인지가 성립된 후, 그 외국에서 작성한 인지증서의 등본을 제출하여 한국에서 인지신고를 할

경우에도, 종전의 성과 본을 계속사용하기로 하는 내용의 협의서를 한국에서의 인지신고시 제출한 때에는 종전의 성과 본을 그대로 사용할 수 있으며, 이 경우 자녀의 등록부에는 종전의 성과 본을 유지한다는 취지를 기록하여야 한다(예규 제284호 §9).

2) 한국인 여자와 외국인 남자 사이의 출생자

① **혼인 중의 자녀** : 모가 한국인이고 부가 외국인인 혼인 중의 자녀(1998. 6. 14. 이후 출생자)는 부모양계혈통주의에 의하여 출생과 동시에 한국 국적을 취득한다. 이 경우 자녀는 모의 성과 본을 따를 수 있다(민 §781②). 출생신고 당시 신고의무자가 이에 근거하여 출생자의 성과 본을 모의 성과 본으로 결정하여 신고하였다면, 그 이후에는 그 자녀가 친양자로 입양되거나 성과 본의 변경절차에 의하지 않는 한 이를 변경할 수 없다. 외국인인 부가 귀화 등을 원인으로 대한민국 국적을 취득한 사실 또는 그 후 성과 본을 창설한 사실에도 영향을 받지 아니한다. 다만, 부모 중 한쪽이 다른 한쪽의 의사에 반하여 그 자녀의 성을 결정하여 출생신고를 하였다면, 이는 위법한 가족관계등록에 해당되므로 가정법원의 허가를 받아 정정할 수 있다(예규 제284호 §11③).

이처럼 한국인 여자와 외국인 남자 사이에 출생한 혼인 중의 자녀에 대하여는 그 자녀가 외국인인 부의 성을 따라 부의 나라의 신분등록관계장부가 작성되어 있는 경우이거나, 아직 출생신고를 하지 않아 부의 나라의 신분등록관계장부가 작성되어 있지 않은 경우이거나를 불문하고, 외국인인 부의 성을 따르거나 한국인인 모의 성과 본을 따라 출생신고를 할 수 있다(예규 제285호 3). 이 때 외국인인 부의 나라의 신분등록관계장부에 부의 성을 따라 외국식 성으로 기재되어 있는 출생자가 그와 다른 성으로 출생신고를 하는 경우에는 그 외국에서의 성도 함께 기록하게 된다.

출생신고서에 기재할 사건 본인의 이름에 대하여는, 그 자녀가 외국인인 부의 성을 따라 외국식 이름으로 부의 나라의 신분등록관계장부에 기록되어 있는 경우에도, 부 또는 모의 어느 성을 사용하든 외국인인 부의 성을 따라 부의 나라의 신분등록관계장부에 기록된 외국식 이름[9] 또는 새로운 한국식 이

9) 부의 나라의 신분등록관계장부에 외국인인 부의 성을 따라 외국식 이름으로 기록되어 있는 경우에는, 그 이외의 새로운 외국식 이름을 기재한 신고서는 이를 수리할 수 없다(예규 제285호 4. 나).

름을 신고서에 기재하여 신고할 수 있다(동 4. 가).

가족관계등록공무원이 외국인인 부의 성을 따르고 한국식 이름을 기재한 신고서나, 한국인인 모의 성을 따르고 외국식 이름을 기재한 신고서를 접수한 때에는, 우선 외국인인 부의 성을 따를 경우에는 외국식 이름으로, 한국인인 모의 성을 따를 경우에는 한국식 이름으로 기재하여 신고하도록 추후보완을 최고(권고)하되, 이에 응하지 않을 때에는 수리하여 기록한다(동 4. 다). 부의 나라의 신분등록관계장부에 외국인인 부의 성을 따라 외국식 이름으로 기록되어 있는 경우, 그와 다른 성 또는 이름으로 출생신고를 하는 때에는, 출생신고서의 기타란에 외국에서 신고된 성명을 기재하여야 한다. 이 경우 가족관계등록공무원은 사건 본인의 일반등록사항란에 출생에 관한 사항을 기록할 때에 출생장소 다음에 괄호하고 외국에서의 성명을 기록한다(동 4. 라). 일단 외국인인 부의 성을 따라 외국식 이름으로 등록부에 기록된 후에는 한국인인 모의 성과 한국식 이름으로 변경하기 위해서는, 창성절차와 개명절차를 거쳐야 하고, 추후보완신고 또는 등록부의 정정절차를 통해서는 변경할 수 없다(동 4. 바).

② **혼인 외의 자녀**: 혼인 외 출생자의 부가 외국인이고 모가 한국인인 경우, 그 자녀는 모의 성과 본을 따른다(예규 제284호 §11①). 한국인인 모의 혼인 외의 자녀는 한국인이므로, 그 모가 부라고 인정하는 사람이 외국인인 경우, 그 부가 인지하기 전에 외국인의 성을 따르게 하여 등록부에 기록을 하게 할 수는 없고, 모의 성과 본을 따라 기록하게 된다(예규 제106호). 외국인인 부가 한국인인 혼인 외의 자녀를 인지한 경우에, 그 자녀의 성과 본에 관하여는 한국인 간에 출생한 혼인 외의 자녀의 인지의 경우와 동일하게 처리한다(예규 제284호 §12).

3) 외국식 성명 표기의 제한

외국식 성 또는 이름을 사용하더라도 신고서와 등록부에는 로마자 등이 아닌 그에 대한 당해 외국에서의 발음(원지음)대로 한글로 표기하며, 문화체육관광부가 고시하는 외래어 표기법에 의하는 것을 원칙으로 한다(예규 제285호 4. 마; 예규 제292호 §2). 즉, 외국인의 인명은 신고인이 신고서에 한글로 표기한 해당 외국의 원지음대로 등록부에 기록하여야 하며, 이 경우 한자는 함께 기록할 수 없다(예규 제292호 §3③). 다만, 중화인민공화국에서 발행한 공문서(예: 거민신분증, 호구부 등)에 의하여 조선족임을 소명한 중국 국적자에 대하여 가족관계등록신고를 하는 경우에, 신고인이 해당 중국 국적자의 인명에 대하여 그에 대응하는 한국 통용의 한자를 소명한 때에는, 그 한국 통용의 한자에 대한 한국식 발음의 한글(한자는 함께 기록할 수 없음)을 그 원지음에 갈음하여 신고서에 표기할 수 있으며, 시(구)·읍·면의 장은 신고서에 표기된 한국식 발음의 한글을 그 원지음에 갈음하여 등록부에 기록하여야 한다. 이에 관한 구체적인 사무는 예규 제292호에 따라 처리한다(예규 제285호 4. 마; 예규 제292호 §3④, ⑤, ⑥ 참조).

이름은 그 사람을 특정하여 주는 공적인 호칭으로서 다른 사람과의 관계에서도 상당한 이해관계를 가지게 된다. 이를 고려하여 출생신고서에 기재된 한국식 이름도 난해하거나 사용하기에 현저히 불편을 일으키는 것이어서는 안되기 때문에, 이름의 글자수가 5자(성은 포함되지 않는다)를 초과할 수 없도록 제한을 가하고 있다. 그러나 외국인인 부와 한국인인 모 사이에 출생한 혼인 중의 자에 대하여 부의 성을 따라 외국식 이름으로 부의 나라의 신분등록부에 기재된 외국식 이름을 기재하여 출생신고를 하는 경우와 이미 등록부에 기록되어 있는 이름이나 외국에서 종전에 사용하던 이름을 그대로 사용하고자 하는 경우에는 이러한 제한을 받지 아니한다(예규 제109호 4).

(4) 한국인이 외국에서 출생한 경우 출생일시의 기재[10)]

출생자의 등록부의 특정등록사항란의 출생연월일란에는 현지 출생시각을 한국시각으로 환산하여 그 일자를 기록하고, 일반등록사항란의 출생사유에 현지시각을 기록하게 된다. 따라서 출생신고서에 출생시각을 기재할 때에도, 현지 출생시각과 한국시각으로 환산된 출생시각을 기재하여야 한다. 출생신고서에 현지 출생시각만을 기재한 경우에는, 가족관계등록공무원은 그 환산된 한국시각을 함께 기재하도록 보정시킨 뒤 수리하여야 하나, 이를 간과하여 수리하였다면 세계 각 지역의 시차대조표에 의하여 한국시각을 환산하여 등록부의 특정등록사항란의 출생연월일란에 기록해야 한다.[11)]

---

10) 예규 제115호.

11) 출생신고서에는 현지시각이 기재되어 있으나, 첨부한 출생증명서에는 현지시각이 기재되어 있지 아니한 경우에, 시(구)·읍·면의 장이 그 추완을 최고(권고)할 수 없거나 최고(권고)하여도 신고인이 첨부한 증명서상 현지시각을 보완할 수 없는 때에는, 그 신고대로 수리하여 신고서에 기재된 현지시각에 따라 기록할 수밖에 없으나, 출생증명서뿐만 아니

Ⅳ. 혼 인

1. 국제혼인

국제혼인이라 함은 한국에서 한국인과 외국인 사이에 이루어지는 혼인, 한국에서 외국인 사이에 이루어지는 혼인, 외국에서 한국인과 외국인 사이에 이루어지는 혼인, 외국에서 한국인 사이에 이루어지는 혼인 등과 같이 외국적 요소가 포함되어 있는 혼인을 말한다. 이에 관한 가족관계등록사건 즉 국제혼인신고 사건을 처리하기 위해서는, 먼저 당해 국제혼인이 국제사법상 유효한지의 여부가 검토되어야 한다.

혼인의 성립과 관련하여 국제사법은 "혼인의 성립요건은 각 당사자에 관하여 그 본국법에 의한다"(국사 §36①)라고 규정하여 본국법주의를 취하고 있다. 여기에서 '혼인의 성립요건'은 혼인의 실질적 성립요건을 의미한다. 혼인의 형식적 성립요건인 혼인의 방식에 관하여는 따로 규정하고 있다(국사 §36②). 그리고 '본국법'은 혼인 당시의 본국법을 의미하며, "각 당사자에 관하여 그 본국법에 의한다"라고 함은 양 당사자의 본국법이 중복적으로 적용되어 양 당사자가 양 본국법이 요구하는 실질적 성립요건을 모두 구비하여야 한다는 의미가 아니라, 양 당사자가 각자의 본국법이 요구하는 실질적 성립요건을 각각 구비하면 된다는 의미이다.

가족관계등록공무원이 국제혼인신고를 수리하기 위해서는 혼인 당사자 양쪽이 각자의 본국법상 혼인의 실질적 성립요건을 구비하고 있는지 여부를 심사하여야 한다. 혼인 당사자 한쪽이 한국인인 경우에는 큰 어려움이 없을 것이나, 외국인인 혼인 당사자에 대한 혼인의 실질적 성립요건의 구비 여부를 판단하기는 쉽지 않다. 그래서 전술한 바와 같이 한국에서 한국인과 외국인 사이 또는 외국인 사이에 한국법의 방식에 따라 혼인하는 경우에는, 사건 본인인 외국인이 준거법 소속국의 권한 있는 기관(해당 국가의 관공서, 재외공관)이 발급한

라 출생신고서에도 현지시각이 기재되어 있지 않은 때에는 이를 수리할 수 없다(선례 200801-1).

혼인의 실질적 성립요건을 구비하고 있다는 증명서 등을 첨부하면 가족관계등록공무원은 그 요건을 구비한 것으로 보고, 그 혼인신고서를 수리할 수 있게 한 것이다(예규 제33호 2. 가).

국제사법상 국제혼인의 방식에 관하여는 대체로 혼인거행지법주의를 따른다. 종래 국제사법의 입장도 영사혼(민 §814)의 경우를 제외하고는 혼인거행지의 법에 의하도록 한 바 있다(「섭외사법」 §15① 단서). 그러나 국제혼인의 방식에 관한 준거법을 혼인거행지법으로만 제한하게 되면, 당사자에게 많은 불편을 줄 수 있고, 혼인의 자유를 해할 수 있다는 지적을 받아 왔다. 이러한 비판을 받아들여 현행 국제사법에서는 "혼인의 방식은 혼인거행지법 또는 당사자 일방의 본국법에 의한다"라고 규정하고 있는 것이다(국사 §36② 본문). 다만, 한국에서 혼인을 거행하는 경우에 혼인 당사자 중 한쪽이 한국인인 때에는 한국의 혼인방식에 따르도록 하였다(동 단서). 이와 같은 경우에도 한국법이 아닌 다른 한쪽 당사자의 본국법에 의한 방식만 가지고도 혼인이 성립될 수 있게 하면, 그 혼인관계가 한국의 등록부에는 전혀 공시되지 않은 채 유효하게 성립되어 신분관계에 혼란을 가져올 수 있으며, 그 혼인관계에서 출생한 자녀의 국적이나 지위가 불안정해질 수 있음을 고려한 것이다.

2. 한국에서 한국인과 외국인 사이의 혼인

(1) 외국인의 혼인성립요건 구비증명서

한국에서 한국인과 외국인 사이에 혼인을 하는 경우에는, 혼인의 실질적 성립요건은 각 당사자에 관하여 그 본국법에 의하나, 혼인의 방식은 한국 가족관계등록법에 따라 신고를 하여야 한다(국사 §36). 따라서 외국인인 혼인 당사자의 국적을 증명하는 서면과 그가 그의 본국법에 따라 혼인성립요건을 구비하고 있음을 증명하는 서면 등을 첨부하여 제71조에 의한 혼인신고를 할 수 있다. 외국인의 혼인성립요건 구비증명서는 예규 제33호에 의한다. 다만, 미국인인 주한미군의 혼인능력증명은, 미국법에 의하여 공증인 직무를 행할 수 있도록 지명된 미군장교(법무관)가 발행한 것으로 확인된 당사자 서약에 대한 증명서를 첨부할 수 있다[예규 제161호 「한국인과 외국인 사이의 국제혼인 사무처리지침」 1. 가 (1)].

한편 한국에서 한국인과 혼인하는 중국인은 미혼임을 증명하는 서면 및 친족관계를 증명하는 서면을 제출하거나, 혼인성립요건 구비증명서로서 중국의 권한 있는 기관이 발급한 증명서에 중국외교부 또는 각 성, 자치구 및 직할시 외사판공실의 인증(확인)을 받아야 한다. 주중 한국공관의 영사확인은 필요하지 아니하다. 또한 중국인이 중국 혼인법에서 정한 혼인적령에 이르지 아니한 경우에도 한국 민법 제807조에서 규정한 연령에 이른 때에는 혼인적령에 미달하였다는 것을 이유로 하여 그 혼인신고의 수리를 거부할 수 없으며, 혼인 당사자인 중국인이 만 18세 이상인 경우에는 그 부모 등의 혼인동의서의 첨부를 요구할 수 없다[동 1. 가 (2) 및 (3)].[12]

한국에서 한국인과 베트남인이 혼인하는 경우에는 베트남인의 혼인성립요건 구비증명서가 첨부되더라도, 가족관계등록공무원이 한국인과 베트남인 사이의 혼인신고를 수리하는 경우, 해당 한국인에 대하여는 한국 민법 제813조에 따라, 해당 베트남인에 대하여는 베트남 「혼인 · 가족법」 중 혼인관련규정(§9~§17)에 따라 혼인성립요건의 구비 여부를 각각 심사하여야 한다(예규 제162호 「한국인과 베트남인 사이의 혼인에 관한 사무처리지침」 2). 시(구) · 읍 · 면의 장에게 혼인신고를 할 때에는 혼인신고서 외에 ① 그 베트남인의 베트남 최후주소지(또는 거주지)를 관할하는 지역의 인민위원회 위원장 명의로 발행된 '혼인상황확인서'와 그 한국어 번역문, ② 한국주재 베트남대사 또는 영사 명의로 발행된 '혼인요건인증서', ③ 그 베트남인의 국적이 베트남임을 증명하는 서면(예: 호적등본, 출생증명서, 여권사본 등)과 그 한국어 번역문 등의 서류를 첨부하여야 한다. 그리고 신고일 현재 베트남 남성이 만 20세, 베트남 여성이 만 18세에 이르지 못한 혼인적령 미달자인 경우에는, 위의 서면 이외에 베트남인의 부모 등이 작성한 혼인동의서나 승낙서를 첨부한 혼인신고서가 제출되었다 하더라도 가족관계등록공무원은 그 혼인신고서를 수리해서는 안 된다. 반면에 신고일 현재 혼인 당사자인 베트남 여성이 만 18세 이상 만 20세 미만일 경우에는, 위의 서면 이외에 따로 베트남 여성의 부모 등이 작성한 혼인동의서나 승낙서의 첨부를 요구할 수 없다(동 4).

---

12) 한중 양국 정부는 위 · 변조된 혼인관계서류에 의한 한중 양 국민 간의 불법혼인을 방지하기 위하여 한중 양국 간의 국제결혼절차에 관한 양해각서를 체결하여 1996년 11월 8일부터 2003년 6월 30일까지 이 양해각서에 따라 중국 방식에 따라 국제결혼절차를 처리해 왔다. 이 양해각서는 2003년 7월 1일부터 효력을 상실하였고 구 예규 제650호에서 정한 사무처리지침에 따라 한국인과 중국인의 혼인신고가 처리되어 왔다.

한국에서 한국인과 혼인하는 외국인이 외교관계가 없는 국가의 국민이어서 혼인성립요건 구비증명서를 첨부할 수 없는 경우에는, 그러한 서면 등을 얻을 수 없다는 뜻과 준거법에 의한 해당 신분행위의 실질적 성립요건을 구비하고 있다는 뜻을 기재한 서면을 공증받아 제출하여야 한다. 동시에 준거법 소속국의 권한 있는 기관으로부터 발급받은 신분관계를 증명하는 서면(예: 출생증명서, 여권사본 등) 또는 외국인등록증명서(외국인등록부에 기재되어 있는 신분관계사항을 함께 기재한다)를 첨부하도록 하여, 그러한 자료에 의하여 준거법상 당해 신분행위의 성립요건 구비여부를 심사한 후 그 수리 여부를 결정하게 된다. 위의 공증서면은 준거법상 해당 신분행위의 요건을 모두 구비하고 있음을 요건별로 구체적으로 기재한 것이어야 한다. 단순히 "이 신분행위를 함에 있어 준거법상의 모든 요건을 구비하고 있음"과 같이 형식적이고 추상적으로 기재한 것만 가지고는 충분하지 아니하다(예규 제33호 2. 다, 라).

한국에서 한국인과 혼인하는 당사자가 무국적자인 경우에는 상거소지법 또는 거주지법이 그의 본국법에 갈음하므로(국사 §3②), 상거소지법 또는 거주지법상의 혼인성립요건 구비증명서를 첨부하면 되나, 그러한 증명서를 첨부할 수 없는 경우에는 외교관계가 없는 국민인 경우에서와 같은 요령으로 처리하면 된다고 본다.

(2) 혼인신고의 절차 및 기록방법

혼인신고는 한국인 혼인 당사자의 등록기준지 또는 신고인의 주소지나 현재지 및 외국인인 당사자의 거주지 중 한 곳을 선택하여 할 수 있다(§20). 가족관계등록공무원이 국제혼인신고를 수리하여도, 외국인의 본국에는 혼인신고서를 송부하지 아니한다[예규 제161호 1. 나. (3)].

현행 국적법은 한국인과 혼인한 외국인 처에게 혼인과 동시에 한국 국적을 취득하는 것으로 규정하고 있지 아니하다. 따라서 외국인인 처의 혼인성립요건 구비증명서를 첨부하여 제71조에 따라 혼인신고서가 제출되고, 이를 수리한 시(구)·읍·면의 장은 부의 등록부의 일반등록사항란에 혼인사유만을 기록하고, 등록부의 배우자에 관한 특정등록사항란에는 혼인신고서에 기재된 배우자의 관련 사항을 기록한다. 나중에 법무부장관의 귀화허가를 얻고 귀화통보가 되면 그 때에 처의 등록부를 작성한다[동 1. 나. (1)].[13] 귀화통보에 의해 등록부가 작성되면 귀화자는 가족관계등록부 존재신고를, 한국인 배우자와의 혼인신고가 되어 있는 시(구)・읍・면의 사무소에 하여야 한다. 가족관계등록부 존재신고가 있으면, 그 신고에 의하여 귀화자의 일반등록사항란에 혼인사유의 기록과 가족관계등록부 존재신고의 사유를 기록하고, 한국인 부의 등록부 특정등록사항란의 배우자의 특정등록사항을 삭선처리하며, 다시 각 혼인 당사자의 등록부의 특정등록사항란에 배우자의 특정등록사항을 각각 기록한다. 한편 혼인 중의 자인 직계비속이 있는 경우, 직계비속의 등록부의 모란에 대하여도 동일한 방법으로 처리한다. 한국인이 여자인 경우에는 처의 등록부의 일반등록사항란에 혼인사유를 기록하고, 후에 처가 외국 국적을 취득하여 한국 국적을 상실하면 국적상실신고에 의하여 처의 등록부를 폐쇄한다[동 1. 나. (2)]. 부가 귀화하여 한국 국적을 취득하게 되면 위와 동일한 요령으로 처리하게 된다.

3. 한국에서 외국인 사이의 혼인

한국에서 외국인 사이에 혼인을 하는 경우에는 거행지법인 한국법이 정하는 방식에 따라 혼인신고를 할 수 있으며, 이 때에는 혼인 당사자가 각자의 본국법에 의하여 혼인성립요건을 구비하고 있음을 증명하는 서면(본국 관공서 또는 주한공관의 증명)을 첨부하여 거주지 또는 현재지의 가족관계등록공무원에게 신고하여야 한다. 또 가족관계등록공무원은 당사자의 청구에 의하여 혼인신고수리의 증명을 발급할 수 있다(§42①). 그러나 한국에 머물고 있는 중국 남자와 프랑스 여자가 중국 풍습에 따른 혼례식을 마치고, 주한 중화인민공화국 대사관에 그 혼인신고를 한 것만으로는 거행지법인 한국법에 의한 혼인이 유효하게 성립한 것으로 볼 수는 없다(예규 제167호 「한국에 거주하는 외국인 사이의

---

13) 한국인과 혼인한 외국인은 등록부가 없기 때문에 외국인과 혼인한 한국인이 혼인신고를 할 경우에는 해당 외국 관공서 또는 한국 관공서가 발행한 공문서(예: 여권, 주민등록등본, 그밖의 증명서 등)에 의하여 외국인 배우자에 대한 성명, 출생연월일 등의 인적 사항을 소명하여야 한다. 혼인신고가 수리되면 한국인의 등록부에 혼인사유를 기록하나 외국인 배우자의 등록부를 작성해서는 안 된다. 후에 외국인 배우자가 한국 국적을 취득하여 등록부를 작성하게 된 때에는, 신고인 또는 신고 사건의 본인은 그 사실을 안 날로부터 1개월 이내에 신고 사건을 표시하여 혼인신고를 수리한 시(구)・읍・면의 장에게 그 사실을 신고하여야 한다(§22)(예규 제163호 「외국인 또는 가족관계등록부가 없는 사람 등과의 혼인신고가 있는 경우의 사무처리지침」). 이에 기해 한국인 배우자의 등록부의 일반등록사항란에 그 취지를 기록하게 된다(규칙 §54 ii).

혼인신고」). 반면에 각자의 본국법상 혼인의 실질적 성립요건을 구비한 벨기에인과 이탈리아인이 한국주재 이탈리아 대사관에서 혼인하면서 한국법이 정한 방식(혼인신고)이나 이탈리아 민법이 정한 방식(혼인공고와 혼인식 거행)에 따라 혼인한 경우에는 한국에서도 혼인의 유효한 성립을 인정할 수 있다(선례 200806-6).

4. 외국에서 한국인 사이의 혼인

외국에 있는 한국인 사이의 혼인은 거행지법의 방식에 의하거나 한국법이 정한 방식에 의할 수 있다(국사 §36②). 외국에 있는 한국인 사이의 혼인은 그 외국에 주재하는 대사, 공사 또는 영사에게 할 수 있고, 신고를 수리한 대사, 공사 또는 영사는 지체 없이 그 신고서류를 한국의 등록기준지를 관할하는 가족관계등록관서에 송부하여야 한다(민 §814).

외국에서 한국인 사이에 거행지인 그 나라의 방식에 따라 혼인을 하고 혼인증서를 작성한 경우에는, 3개월 이내에 그 지역을 관할하는 재외공관의 장에게 그 증서의 등본을 제출하여야 한다(§35①). 재외공관의 장이 이를 수리한 때에는 1개월 이내에 외교통상부장관을 경유하여 본인의 등록기준지의 시·읍·면의 장에게 송부하여야 한다(§36). 대한민국의 국민이 있는 지역이 재외공관의 관할에 속하지 아니하는 경우에는, 3개월 이내에 등록기준지의 시·읍·면의 장에게 증서의 등본을 발송하여야 한다(§35②). 아울러 혼인 당사자인 한국인 등록기준지의 시(구)·읍·면의 장에게 직접 우편의 방법을 이용하거나 귀국하여 등록기준지 또는 현재지 시(구)·읍·면에 제출할 수도 있다[예규 제30호 2. 가. (1)].

외국 방식에 의한 혼인의 성립시기는 외국에서 혼인이 성립한 일자이다. 따라서 재일동포가 일본방식에 따라 혼인한 경우의 성립시기는 일본 당국에 신고한 날이다(예규 제165호 「재일동포가 일본방식에 의한 혼인을 한 경우의 혼인 성립시기」). 혼인 당사자의 등록부의 일반등록사항란의 혼인일란에도 거행지(외국)방식에 따른 혼인성립 연월일을 기록한다. 그리고 일반등록사항란의 증서등본 제출일란에는 혼인증서 등본을 재외공관에 제출한 경우에는 재외공관의 장이 그 증서의 등본을 접수한 연월일을, 송부일란에는 시(구)·읍·면의 사무소에서 접수한 연월일을 기록한다.

외국 방식에 의한 혼인증서 등본의 제출은 외국에서 그 나라의 방식에 따라 이미 성립한 혼인에 관하여 한국인 혼인 당사자의 등록부에 그 혼인사실을 기록하기 위하여 하는 보고적 신고의 성질을 갖는다. 따라서 재외국민이 거행지 방식에 따른 혼인을 하고 적법한 혼인증서의 등본을 발급받아 재외공관에 제출하면, 그 혼인은 이미 성립한 것이므로 재외공관의 장은 그 혼인증서를 수리하여 등록기준지의 시(구)·읍·면의 장에게 송부하여야 한다.[14] 등록기준지의 시(구)·읍·면의 장이 중혼임을 발견한 경우에도, 재외공관의 장이 수리하여 발송한 그 증서 등본의 내용에 따라 중혼 당사자의 등록부의 일반사항란에 후혼의 사유를 기록하여야 한다. 중혼은 혼인의 무효사유가 아니라 취소사유에 불과하므로(민 §816, §810) 취소되지 않는 한 유효한 혼인으로 되기 때문이다.[15]

5. 외국에서 한국인과 외국인 사이의 혼인

외국에서 한국인과 외국인 사이에 혼인하는 경우에는, 거행지법의 방식에 의하거나 혼인 당사자 한쪽의 본국법이 정한 방식에 의할 수 있다(국사 §36②).

외국에서 한국인과 외국인 사이에 거행지인 그 나라의 방식에 따라 혼인을 하고 혼인증서를 작성하는 경우에는, 3개월 이내에 그 지역을 관할하는 재외공관의 장에게 그 증서의 등본을 제출하여야 한다(§35①). 재외공관의 장이 이를 수리한 때에는 1개월 이내에 외교통상부장관을 경유하여 혼인 당사자인 한국인의 등록기준지의 시·읍·면의 장에게 송부하여야 한다(§36). 혼인 당사

14) 재일동포인 남자(甲)가 같은 동포 여자(乙)와 일본국에서 거행지 방식에 의한 혼인을 하고 일본국에서 혼인후 출생자의 출생신고를 하였으나 부(夫)가 사망한 후, 혼인증서 등본 및 자녀의 출생신고 수리증명서를 부의 등록기준지의 시(구)·읍·면에 송부하여 왔을 경우, 부의 등록기준지의 시(구)·읍·면에서는 갑남과 을녀의 등록부에 혼인사유를 각각 기록함과 동시에 혼인해소사유를 기록해야 하며, 자녀에 대해서는 출생신고에 의한 등록부를 작성하여야 한다(예규 제166호 「재일동포 남녀가 일본에서 혼인하고 부가 사망한 뒤 혼인증서등본을 부의 등록기준지에 송부한 경우의 사무처리지침」).

15) 마찬가지로 재외동포인 혼인한 남자가 다시 일본에서 일본방식에 따라 일본 여자와 혼인신고를 하고 적법한 혼인증서를 발급받아 재외공관에 제출하였다면, 그 혼인은 이미 성립한 것이므로 그 혼인이 중혼에 해당되는 경우에도 재외공관의 장은 이를 수리하여야 한다(예규 제164호 「재일동포인 혼인한 남자가 다시 일본 여자와 혼인하였다는 혼인증서의 등본을 제출한 경우」).

자인 한국인 등록기준지의 시(구)·읍·면의 장에게 직접 우편의 방법을 이용하거나 귀국하여 등록기준지 또는 현재지 시(구)·읍·면에 제출할 수도 있다[예규 제30호 2. 가. (1)].

외국 방식에 의한 혼인의 성립시기는 외국에서 혼인이 성립한 일자이므로 혼인 당사자인 한국인의 등록부의 일반사항란의 혼인일란에는 거행지(외국) 방식에 따른 혼인성립 연월일을 기록한다. 전술한 바와 같이 외국 방식에 의한 혼인증서 등본의 제출은, 외국에서 그 나라의 방식에 따라 이미 성립한 혼인에 관하여 한국인 혼인 당사자의 등록부에 그 혼인사실을 기재하기 위하여 하는 보고적 신고의 성질을 갖는다. 혼인을 한 외국 방식에 따라 혼인이 성립되었음을 증명하는 서면, 즉 혼인거행지국의 권한 있는 기관이 발행한 혼인증서 등본 및 그에 대한 번역문을 첨부하여 하나[예규 제161호 2. 가 (1)], 중국인이나 베트남인과 혼인하는 경우에는 다음과 같은 서면이 첨부되어야 한다.

중국에서 중국 방식에 따라 중국인과 혼인한 경우에는 중국 방식에 따라 혼인이 성립되었음을 증명하는 서면에 중국외교부 또는 각 성, 자치구 및 직할시 외사판공실의 인증(확인)을 받은 서면이 첨부되어야 한다. 다만 주중 한국공관의 영사확인은 필요하지 아니하다[동 2. 가 (2)].

베트남에서 베트남 방식에 따라 혼인한 경우 혼인 당사자인 한국인은, 등록기준지의 시(구)·읍·면의 장이나 등록기준지를 관할하는 지방법원장(지원장) 또는 베트남 주재 한국대사나 영사에게 기본증명서와 혼인관계증명서를 각 첨부하여 혼인성립요건 구비증명서의 발급을 청구할 수 있고(가족관계등록전산정보처리조직에 의하여 확인할 수 있는 경우에는 기본증명서와 혼인관계증명서의 제출은 생략될 수 있다), 시(구)·읍·면의 장이나 지방법원장(지원장) 또는 베트남주재 한국대사나 영사는, 기본증명서와 혼인관계증명서 또는 가족관계등록전산정보처리조직에 의하여 해당 한국인이 혼인성립요건을 구비하였는지의 여부를 심사한 후 법률적 문제가 없다고 인정하는 때에는 증명서를 발급한다. 위의 청구서는 열람 및 증명청구접수부에 접수하고, 증명서를 발급한 경우에는 그 사본 1부와 함께 가족관계등록민원청구서편철장에 편철한다. 혼인 당사자인 한국인이 제35조에 따라 베트남에서 베트남의 방식에 따라 혼인을 등록하고, 베트남인의 혼인 당시 주소지(또는 거주지)를 관할하는 지역의 인민위원회 위원장의 명의로 발행된 혼인증서의 등본을 교부받은 때에는, 그 날부터 3개월 이내에 베트남 주재 한국 대사나 영사 또는 등록기준지 또는 현재지 시(구)·읍·면의 장에게 위 혼인증서의 등본과 그 한국어 번역문을 각 첨부하여 혼인신고를 하여야 한다[예규 제162호 3].

(1) 한국인이 남자인 경우 혼인신고의 절차 및 기록방법

한국인 혼인 당사자는 혼인을 한 외국 방식에 따라 혼인이 성립되었음을 증명하는 서면을 첨부하여 그 지역을 관할하는 재외공관의 장에게 제출하거나, 혼인을 한 외국 지역이 재외공관의 관할에 속하지 아니한 때에는, 본인의 등록기준지의 시(구)·읍·면의 장에게 혼인증서의 등본을 발송하여야 한다. 이를 접수한 시(구)·읍·면의 장은 외국인 처가 혼인신고에 의하여 한국의 국적을 취득하는 것이 아니므로, 부(夫)의 등록부의 일반등록사항란에 혼인사유만을 기록하였다가 나중에 귀화통보가 있을 때에 처의 등록부를 작성한다[동 2. 나. (1)].

(2) 한국인이 여자인 경우 혼인신고의 절차 및 기록방법

혼인을 한 외국 방식에 따라 혼인이 성립되었음을 증명하는 서면을 접수한 처의 등록기준지의 시(구)·읍·면의 장은 처의 등록부의 일반등록사항란에 혼인사유를 기록하고, 후에 처가 외국 국적을 취득하여 한국 국적을 상실하면 국적상실신고에 의하여 처의 등록부를 폐쇄한다[동 2. 나. (2)].

재외국민과 외국인 사이에 혼인이 성립되어 증서 등본 제출에 의한 혼인신고가 있는 경우, 혼인증서 등본상의 한국인 당사자 성명과 등록부상 성명이 일치하지 아니하더라도 동일인임이 확인되면 이 혼인신고는 수리된다.

혼인증서 등본상 혼인의 실질적 요건에 흠결이 있어도, 그 흠결이 혼인의 무효사유에 해당하지 아니하면 혼인신고는 수리된다. 또한 혼인증서 등본에 사소한 흠결이 있더라도 이를 수리하여야 하며, 혼인증서 등본상 외국인 당사자의 성명과 신고서상에 기재된 성명이 서로 다를 때에는, 혼인증서 등본에 따라 등록부 기록을 한다(동 2. 다).

혼인신고서류에 의문이 있는 경우에는 감독법원에 의견을 구하여 처리하고, 특히 중국인의 서류의 진위 여부에 의문이 있을 때는 서류의 사본을 첨부하여 외교통상부 영사과나 주중 한국대사관에 그 서류가 진정하게 작성되었는지 여부를 조회하여 처리한다(동 4).

외교관계가 없는 외국국민과의 혼인도, 외교관계가 있는 국민과 혼인한 경우에 준하여 처리한다(동 3).

Ⅴ. 이 혼

1. 국제이혼

한국에서 한국인과 외국인 사이에 이루어지는 이혼, 한국에서 외국인 사이에 이루어지는 이혼, 외국에서 한국인과 외국인 사이에 이루어지는 이혼, 외국에서 한국인 사이에 이루어지는 이혼 등과 같이 외국적 요소가 포함된 이혼을 국제이혼이라 한다. 국제이혼신고사건을 처리하기 위해서는 먼저 당해 국제이혼이 국제사법상 유효한지의 여부가 검토되어야 한다.

국제사법은 이혼의 준거법에 관하여 혼인의 일반적 효력의 준거법을 준용하고 있다(국사 §39 본문, §37). 준거법을 복수로 하여 단계적 연결방법을 취하고 있는 것이다. 우선 1단계로 신분문제에 있어 기본원칙인 본국법주의에 따라 부부의 동일한 본국법에 따르나, 부부의 국적이 달라 동일한 본국법이 없는 경우에는 2단계로서 부부의 동일한 상거소지법이 준거법으로 된다. 부부의 동일한 상거소지법도 없는 경우에는 마지막 3단계로서 부부와 가장 밀접한 관련이 있는 곳의 법이 준거법으로 된다. 다만, 부부 중 일방이 대한민국에 상거소가 있는 대한민국 국민인 경우에는 대한민국법이 준거법으로 된다(국사 §39 단서).[16)]

2. 협의상 국제이혼

이혼에 대한 각국의 입장은 매우 상이하다. 이혼을 허용하더라도 재판상

---

16) 이혼하는 부부 중 한쪽이 한국에 상거소를 둔 한국인인 경우에 그가 협의이혼신고서를 한국에서 가족관계등록공무원에게 제출하면, 가족관계등록공무원은 이혼의 성립 여부를 검토하기 위해 준거법을 정해야 한다. 이때 부부의 동일한 본국이 한국이거나 동일한 상거소지가 한국인 경우에는 한국법의 요건을 검토하여 수리하면 족하다. 그러나 그러한 공통점이 없다면 부부와 가장 밀접한 관련이 있는 곳의 법을 적용해야 하는데, 이는 매우 곤란하다. 더욱이 이혼의 경우에는 동일한 상거소지도 없는 때가 많고, 또한 이러한 문제가 발생할 가능성이 매우 크기 때문에 실무상의 난점을 감안하여 둔 내국인조항이다. 반면에 공서를 이유로 당사자의 본국법 이외에 법정지인 한국법에 의해서도 이혼원인이 있어야 한다는 유보조항(「섭외사법」 §18 단서)은 삭제되었다.

이혼만을 인정하는 국가가 있는 반면, 재판이혼과 협의이혼을 모두 인정하는 국가도 있다. 따라서 이혼의 준거법 소속국이 협의이혼제도를 인정하고 있는 경우에는 그에 따른 협의이혼을 할 수 있다. 또한 부부 중 한쪽이 대한민국에 상거소가 있는 대한민국 국민인 경우에는, 대한민국 법이 이혼의 준거법으로 되므로, 이 경우에는 한국법에 의하여 협의이혼신고를 할 수 있다. 그리고 이혼의 준거법 소속국이 재판상 이혼만을 인정하고 협의이혼을 인정하지 않는 경우에도 반정(국사 §9①)에 의하여 한국법이 적용되는 경우에는 한국법에 의한 협의이혼이 가능하다.[17]

이혼의 준거법 소속국이 협의이혼을 인정하고 있는 경우에는, 국제혼인신고의 경우와 마찬가지로 협의이혼성립요건 구비증명서를 발급받아 이혼신고를 할 수 있다.[18] 따라서 일본에 거주하는 한국인 남자와 일본인 여자와의 이혼에 있어, 그 행위지인 일본법에 따라 이혼하고 그 증서(이혼수리증명 또는 이혼기재가 된 호적등본)를 재외공관장을 통하지 않고, 부(夫)의 등록기준지 관할 시(구)·읍·면으로 직접 송부하였을 때에도 이를 수리하여야 한다(예규 제172호 「외국 방식에 의한 이혼성립증서를 등록기준지 관할시(구)·읍·면으로 직접 송부한 경우 처리지침」).

그러나 외국에 협의이혼제도가 있는 경우라도 양쪽 모두가 대한민국 국민인 경우, 그 나라의 이혼 방식에 한국 민법에서와 같은 가정법원에 의한 협의이혼의사확인절차를 거치도록 하고 있지 아니하는 이상, 그 나라의 방식에 의한 협의이혼은 인정되지 아니하므로, 이러한 이혼신고서는 수리되지 아니한다. 다만, 2004. 9. 19.까지 일본의 방식에 따라 협의이혼이 성립된 경우 그 증서의 등본을 제출하면, 이를 수리하여 등록부에 기록을 하여야 한다(예규 제276호 §24). 재외국민이 협의이혼을 할 경우에도 가정법원의 협의이혼의사확인을 받아 이혼신고를 하여야 한다.[19]

---

17) 한국법에 의한 협의이혼신고절차에 관하여는 이 책 제3장 Ⅵ 이혼신고 참조.

18) 배우자 한쪽이 외국인이고 외국 방식에 따라 이혼을 한 경우, 그 증서의 등본과 번역문을 각 첨부하여 이혼신고를 하여야 한다.

19) 재외국민의 협의이혼에 관하여는 이 책 제3장 Ⅵ 이혼신고를 참고할 것.

3. 재판상 국제이혼

(1) 한국법원의 이혼판결에 의한 이혼신고

당사자 또는 분쟁이 된 사안이 법정지인 대한민국과 실질적인 관련이 있는 국제민사사건인 경우에는 대한민국 법원이 국제재판관할권을 가진다. 이 경우 실질적 관련의 유무를 판단함에는 국제재판관할 배분의 이념에 부합하는 합리적인 원칙에 따라야 한다(국사 §2①). 여기에서 '실질적 관련'이라 함은 한국법원이 재판관할권을 행사하는 것을 정당화할 수 있을 정도로 당사자 또는 분쟁 사안이 한국과 관련성을 갖는 것을 의미한다. 그 구체적인 인정 여부는 법원이 개별 사건마다 종합적인 사정을 고려하여 판단하게 된다. 그리고 구체적인 관할의 유무를 판단할 때에는, 민사소송법 또는 가사소송법상의 토지관할에 관한 규정 등 국내법상의 관할에 관한 규정을 참작하고 국제재판관할의 특수성을 고려하여야 한다(동 §2②). 이와 같은 국제재판관할에 관한 국제사법의 규정에 따라 한국법원에 국제재판관할권이 인정되어 한국법원에 의하여 이혼재판이 확정된 경우에는, 소를 제기한 사람은 재판의 확정일로부터 1개월 이내에 그 재판서의 등본과 확정증명서를 첨부하여 이혼신고를 하여야 한다(§78, §58).

(2) 외국법원의 이혼판결에 의한 이혼신고

외국법원의 이혼판결도 ① 대한민국의 법령 또는 조약에 따른 국제재판관할의 원칙상 그 외국법원의 국제재판관할권이 인정될 것,[20] ② 패소한 피고가 소장(訴狀) 또는 이에 준하는 서면 및 기일통지서나 명령을 적법한 방식에 따라 방어에 필요한 시간만큼 여유를 두고 송달받았거나(공시송달이나 이와 비슷한 송달에 의한 경우를 제외한다), 송달받지 아니하였더라도 소송에 응하였을 것, ③ 그 판결의 효력을 인정하는 것이 대한민국의 선량한 풍속이나 그밖의 사회

---

20) 국제이혼사건에서 이혼판결을 한 외국법원에 재판관할권이 있는 것으로 인정되기 위해서는, 그 이혼소송의 피고가 행방불명 그밖에 이에 준하는 사정이 있거나, 피고가 적극적으로 응소하여 그 이익이 부당하게 침해될 우려가 없다고 보이는 예외적인 경우를 제외하고는, 피고의 주소가 그 나라에 있을 것을 요건으로 한다(대법 1988.4.12. 선고, 85므71 판결)(예규 제175호 「국제이혼사건에 대하여 외국법원의 재판관할권이 인정되기 위한 요건」).

질서에 어긋나지 아니할 것, ④ 상호보증이 있을 것이라는 요건을 모두 갖추면 한국에서도 그 효력이 있다(민소 §217). 한국에서도 효력이 있는 외국판결에 의한 이혼신고도 한국법원의 이혼판결에 의한 경우와 마찬가지로 그 판결의 정본 또는 등본과 판결확정증명서, 위의 요건 ②를 충족하였음을 증명하는 서면(판결의 정본 또는 등본에 의하여 이에 관한 사항이 명백하지 아니한 경우에 한한다) 및 위 각 서류의 번역문을 첨부하여야 한다. 다만, 오스트레일리아에서와 같이 외국법원이 정본 또는 등본과 그 확정증명서에 갈음하여 이혼증명서를 발급한 경우에는 그 증명서를 첨부할 수 있다. 외국판결에 의한 이혼신고가 제출되면, 가족관계등록공무원은 이혼신고에 첨부된 판결의 정본 또는 등본에 의하여 해당 외국판결이 한국에서 효력이 있기 위해 구비하여야 할 조건을 충족하고 있는지 여부를 심사하여 그 수리 여부를 결정하여야 한다. 그 조건의 구비 여부가 명백하지 아니한 경우에는 반드시 관계서류 전부를 첨부하여 감독법원에 질의하고 그 회답을 받아 처리하여야 한다(예규 제173호 「외국법원의 이혼판결에 의한 가족관계등록사무 처리지침」).[21)]

Ⅵ. 인 지

1. 국제인지

국제인지란 당사자의 한쪽이 외국인인 인지, 한국에서 외국인 사이에 이루어지는 인지, 외국에서 한국인 사이에 이루어지는 인지 등과 같이 외국적 요소가 포함되어 있는 인지를 말한다.

21) ① 외국판결의 확정 여부가 불분명한 경우, ② 송달의 적법 여부가 불분명한 경우, ③ 외국법원의 판결절차가 진행될 당시 피고가 해당 외국에 거주하지 않은 경우, ④ 그밖에 외국판결의 효력이 의심스러운 경우에는 반드시 관계서류 모두를 첨부하여 감독법원에 질의하고 그 회답을 받아 처리하여야 한다. 다만, ① 외국판결상의 피고인 대한민국 국민이 해당 외국판결에 의한 이혼신고에 동의하거나 스스로 이혼신고를 한 경우, ② 외국법원의 이혼판결에 대하여 「민사집행법」 26조 및 27조에 따른 집행판결을 받은 경우에는 감독법원에 질의를 요하지 아니한다(예규 제174호 「외국법원의 이혼판결에 의한 이혼신고」).

국제인지사건에서 친자관계의 성립에 관하여는 자녀의 출생 당시 모의 본국법에 의하나, 부자 간의 친자관계의 성립에 관하여는 자녀의 출생 당시 부의 본국법 또는 현재 자녀의 상거소지법에 의할 수 있다(국사 §41①). 그 외에 인지 당시 인지자의 본국법에 의할 수도 있다(동 §41②). 이 때 부가 자녀의 출생 전에 사망한 때에는, 사망 당시 본국법을 그의 본국법으로 보고, 인지자가 인지 전에 사망한 때에는 사망 당시 본국법을 그의 본국법으로 본다(동 §41③). 이와 같이 국제사법에서는 인지의 성립에 관한 준거법 결정에 선택적 연결방법을 택하여 인지가 용이하게 성립될 수 있도록 하고 있다. 그러나 자녀가 인지를 원하지 않는 경우, 인지로 창설된 부자관계가 모에게 예기치 않은 영향을 주는 경우 또는 자녀가 성년에 달하여 부모가 부양받을 목적으로 자녀의 의사에 반하여 인지를 하는 경우도 발생할 수 있기 때문에, 인지의 성립을 쉽게 하는 것이 반드시 자녀를 위한 것이라고 말할 수 없다. 이를 고려하여 인지에 의한 친자관계의 성립에 관하여 자녀의 본국법이 자녀 또는 제3자의 승낙이나 동의 등을 요건으로 할 때에는 그 요건도 갖추어야 한다고 규정한 것이다(국사 §44).[22]

---

22) 한국인이 외국인을 한국에서 인지할 때에는 그 준거법 소속국의 권한 있는 기관(당해 국가의 관공서, 재외공관)이 발행한 인지의 성립요건을 구비하였음을 증명하는 서면, 외국인인 피인지자의 본국법이 인지의 성립에 피인지자 본인 또는 제3자의 동의나 승낙을 요건으로 하는 경우에는, 그 동의서나 승낙서와 각 서면의 한국어 번역문 이외에, ① 준거법을 자녀 출생 당시 모의 본국법에 의할 경우에는 출생 당시 모의 국적증명서면, ② 자녀 출생 당시 부의 본국법에 의할 경우에는 출생 당시 인지자의 국적증명서면, ③ 인지 당시 인지자의 본국법에 의할 경우에는 인지 당시 인지자의 국적증명서면, ④ 현재 자녀의 상거소지법에 의할 경우에는 현재 피인지자의 상거소를 증명하는 서면을 각각 첨부하여야 한다. 그런데, 당사자의 선택으로 인지의 준거법이 되는 중국의 가족법은 부성의 추정과 인지에 관한 별도의 규정을 두지 않고, 부자관계의 추정에 대해서는 생리상 부자관계가 있는 경우에는, 법률상의 부자관계를 인정하는 소위 혈통주의(사실주의 또는 게르만주의)가 채택되고 있으므로, 중국인 병남과 혼인한 중국인 을녀가 한국인 갑남과의 사이에서 정을 출생한 다음에 병남과 이혼한 경우에, 갑남이 시(구)·읍·면의 장에게 정에 대한 인지신고를 하면서 그 신고서에 정이 갑남과 을녀 사이에서 출생하였다는 취지가 명확하게 기록되어 있는 중국 자치성 공증처 명의의 출생공증서를 첨부하였다면 이를 중국의 권한 있는 기관이 발행한 인지성립요건 구비증명서로 인정할 수 있다. 따라서 갑남은 중국의 권한 있는 기관이 발행한 인지성립요건 구비증명서로서 갑남이 정의 생부라는 취지가 기록된 중국 자치성 공증처 발행의 출생공증서와 정 출생 당시에 을녀가 중국인이었음을 증명하는 서면(①의 경우에 해당) 또는 정의 현재 상거소지가 중국임을 증명하는 서면(④의 경우에 해당) 및 이들 각 서면의 한국어 번역문을 첨부하여 정에 대한 인지신

인지의 방식에 관해서는 국제사법에 특별한 규정이 없으므로 법률행위의 방식에 관한 일반규정을 적용할 수밖에 없다. 따라서 인지의 준거법이 될 수 있는 자녀의 출생 당시 모의 본국법, 부자 간의 인지의 경우에는 자녀의 출생 당시 부의 본국법 또는 현재 자녀의 상거소지법, 인지 당시 인지자의 본국법 중 하나를 당해 인지행위의 준거법으로 선택하여 그 나라의 방식으로 인지를 할 수 있고(국사 §17①, §41, §44), 인지행위지법의 방식에 따라서도 인지를 할 수 있다(국사 §17②).

2. 한국인 모와 외국인 부 사이에서 출생한 혼인 외의 자녀에 대한 인지

한국인인 모와 외국인인 부 사이에 출생한 혼인 외의 자녀는 한국 국적을 취득한 자녀이므로, 혼인 외의 자녀에 대한 출생신고의무자인 생모의 출생신고에 의하여[23] 그 자녀의 등록부가 작성된다. 상술한 바와 같이 외국인인 부는 인지의 준거법이 될 수 있는 자녀의 출생 당시 모의 본국법인 한국법, 자녀의 출생 당시 부의 본국법, 현재 자녀의 상거소지법, 인지 당시 인지자인 부의 본국법 중 하나를 해당 인지행위의 준거법으로 선택하여 그 나라의 방식으로 인지를 할 수 있고, 인지행위지법의 방식에 따라 인지를 할 수도 있다.

(1) 한국법의 방식에 의한 인지

외국인인 부는 ① 해당 인지행위의 준거법으로 선택한 법과 인지 당사자와의 관련을 증명하는 서면(자녀의 가족관계증명서와 기본증명서 또는 현재 자녀의 상거소지를 증명하는 주민등록등본 등), ② 그 준거법 소속국의 권한 있는 기관이 발행한 인지성립요건 구비증명서, ③ 부의 국적 등 신분을 증명하는 서면을 첨부하여 인지신고를 하여야 한다. 이 때 인지신고서 양식의 기타사항란에 그 인지의 준거법 소속국명, 준거법과의 관련 사유를 기재하여야 한다(예: 준거법—한국, 자녀의 출생 당시 모의 본국법). 그러나 인지의 준거법으로 한국법을 선택한 경우에는 인지성립요건 구비증명서를 따로 첨부할 필요가 없다(예규 제

고를 할 수 있다(선례 200807-2).

23) 외국인인 부는 혼인 외의 자녀를 제57조에 따라 친생자녀로서 출생신고를 할 수 없고, 혼인외 자녀의 생모와 외국인인 부가 후에 혼인을 하더라도, 그에 의하여 외국인인 부와 혼인 외의 자녀 사이에 친자관계가 발생하는 것은 아니다(예규 제289-13호 4).

289-13호「한국인 모와 외국인 부 사이에 출생한 혼인 외 자에 대한 인지 및 부모의 혼인에 따른 가족관계등록사무 처리지침」 2. 가).

인지자인 외국인인 부에게는 등록부가 없으므로, 인지신고가 있는 경우 피인지자의 생모의 출생신고에 의해 작성된 자녀의 등록부의 일반등록사항란에 인지에 관한 사항을 기록하고, 특정등록사항란에 인지자의 특정등록사항을 기록한다. 인지 후 피인지자가 외국의 국적을 취득하고 한국국적 상실신고를 하는 때에는 피인지자의 등록부는 폐쇄된다(동 3).

(2) 외국법의 방식에 의한 인지

외국인인 부가 인지행위지법 또는 인지의 준거법인 외국법이 정한 방식에 따라 인지절차를 마친 때에는, 그 나라의 권한 있는 기관이 발행한 인지에 관한 증서와 번역문을 시(구)·읍·면에 제출하여야 한다. 외국 방식에 따라 인지가 성립되어 그 증서의 등본을 제출하여 한국에 인지신고를 하는 경우, 피인지자의 성과 본은 부의 성과 본을 따르나, 피인지자의 종전의 성과 본을 계속 사용하기로 하는 부모의 협의서가 첨부된 경우에는 종전의 성과 본을 계속 사용할 수 있다(예규 제284호 §12, §8~§10).[24] 인지신고시 종전의 성과 본을 계속 사용하기로 하는 협의서가 첨부되지 않아 외국인인 부의 성과 본을 따라야 할 경우에는, 인지자의 성과 본(외국인의 경우 본이 없는 경우에는 본을 기록하지 않음)으로 정정하고, 그 사유를 피인지자의 등록부의 일반등록사항란에 기록하고, 협의서가 첨부된 경우에는 피인지자의 성과 본은 변경되지 않고 그 사유를 피인지자의 등록부의 일반등록사항란에 기록하게 된다.

(3) 한국인이 외국인을 인지한 경우

대한민국 국민인 부 또는 모가 외국인을 인지하는 경우, 피인지자는 인지신고에 의하여 한국 국적을 자동으로 취득하지 아니한다. 피인지자가 미성년인 경우에는 국적취득신고, 성년자인 경우에는 귀화신고에 의하여 한국 국적을 취

24) 외국의 방식에 의한 인지가 허용되어 그 나라에서 한국인 부가 한국인 혼인 외의 자녀를 인지하여 외국에서 인지가 성립된 후, 그 외국에서 작성한 인지증서의 등본을 제출하여 한국에서 인지신고를 할 경우에도, 종전의 성과 본을 계속 사용하기로 하는 내용의 협의서를 한국에서의 인지신고시 제출한 때에는, 종전의 성과 본을 그대로 사용할 수 있으며, 이 경우 자녀의 등록부에는 종전의 성과 본을 유지한다는 취지를 기록하여야 한다(예규 제284호 §9①).

득하게 된다(국적 §3, §7). 인지신고에 따라 인지자의 등록부의 일반등록사항란에 인지사유만을 기록하였다가 피인지자에 대한 국적취득(또는 귀화)통보에 따라, 피인지자의 등록부를 작성한다(예규 제126호 「한국인이 외국인을 인지 또는 입양한 경우 등의 사무처리지침」1). 피인지자는 최초 인지신고한 시(구)·읍·면의 장에게 가족관계등록부 존재신고를 하고, 가족관계등록부 존재신고에 의하여 각 당사자의 등록부의 특정등록사항란에 각 당사자의 특정등록사항을 기록함과 동시에 인지자의 등록부의 특정등록사항란에 기록된 종전 피인지자의 특정등록사항을 삭선처리하게 된다. 한편 피인지자는 인지신고에 의하여 부의 성과 본을 따르므로 성과 본이 변경된 사유가 기록되고, 종전의 성과 본을 유지한다는 취지의 신고가 있는 경우에는 그 사유가 기록된다.

Ⅶ. 입양과 파양

1. 국제입양과 파양

국제입양과 파양이라 함은 당사자의 한쪽이 외국인인 입양과 파양, 한국에서 외국인 사이에 이루어지는 입양과 파양, 외국에서 한국인 사이에 이루어지는 입양과 파양 등과 같이 외국적 요소가 포함되어 있는 입양과 파양을 말한다.[25] 국제입양과 파양의 준거법은 입양 당시 양친의 본국법이다(국사 §43). 다만 입양의 성립에 관하여 양친의 본국법만 적용하고 양자측의 법은 전혀 고려되지 않을 경우에는, 자녀의 이익이 침해되거나 자녀에 대한 보호가 소홀해질 수 있기 때문에, 입양에 의한 친자관계의 성립에 관하여 자녀의 본국법이 자녀 또는 제3자의 승낙이나 동의 등을 요건으로 할 때에는 그 요건도 갖추어야 할 것을 요구하고 있다(국사 §44). 이 때에는 자녀의 본국법이 중첩적으로 적용된다. 국제입양과 파양의 방식에 관해서는 국제사법에 특별한 규정이 없으므로 법률행위의 방식에 관한 일반규정이 적용된다. 따라서 입양행위의 준거법인 입

25) 「입양촉진 및 절차에 관한 특례법」 제16조 및 제17조에 의한 국외입양도 양친이 외국인인 국제입양에 해당하나, 민법이 규정하고 있는 일반입양에서의 입양당사자의 자격 등 입양요건과 입양절차 및 효과 등에 대한 특례가 인정되고 있는 경우이다.

양 당시 양친의 본국법에 정한 방식으로 입양을 할 수도 있고(국사 §17①, §43), 입양행위지법의 방식에 따라 입양을 할 수도 있다(국사 §17②).

2. 국제입양신고

(1) 한국에서 한국인과 외국인 사이의 입양

한국에서 한국인 양친과 외국인 양자 사이에 이루어지는 입양의 경우에는, 양친의 본국법이나 행위지법이 모두 한국법이기 때문에 가족관계등록법의 규정에 따라 입양신고를 하여야 한다. 한국에서 외국인 양친과 한국인 양자 사이에 이루어지는 입양의 경우에도 행위지법인 한국의 가족관계등록법에 따라 입양신고를 할 수 있다. 수리된 외국인에 관한 입양신고는 특종신고서류편철장에 편철하여 보존하게 된다(예규 제134호 「입양증명서의 교부에 관한 사무처리지침」 2. 나). 신고인은 입양신고 수리증명서를 청구할 수 있고(§42①), 이 입양신고 수리증명서 또는 한국인 양자의 등록부에 따른 입양관계증명서[26]에 의하여 국제입양증명서가 발급된다(예규 제134호 2. 다).

국제입양신고에 대하여도 국제혼인신고의 경우에 적용되는 예규 제161호가 준용된다(예규 제134호 1). 따라서 양친인 외국인이 한국에서 입양신고를 할 때에는, 양친의 국적을 증명하는 서면(가족관계등록등본, 출생증명서, 여권사본, 신분등록부 등본 등)과 그가 그의 본국법에 의하여 입양성립요건을 구비하고 있음을 증명하는 서면(본국의 관공서, 재외공관 등 권한 있는 기관 발행)을 첨부하여야 한다. 양자로 될 사람이 외국인인 경우에는, 그 사람의 본국법이 입양의 성립에 자녀 또는 제3자의 승낙이나 동의 등을 요건으로 하는 경우에는 그 요건을 갖추었음을 증명하는 서면을 첨부하여야 한다.[27] 그리고 양친이 주한미군인 경

---

26) 한국인이 외국인의 양자가 되었다 하더라도 그 국적을 취득할 때까지는 한국 국적을 상실하는 것이 아니므로 등록부를 폐쇄해서는 안 되고(외국인에게 입양된 양자가 외국 국적을 취득하여 한국 국적을 상실하게 될 때 폐쇄한다), 입양사유만을 기록하게 된다(예규 제133호 「한국인이 외국인의 양자로 된 경우의 가족관계등록부 폐쇄 여부」).

27) 따라서 한국인을 양친으로 하고 중국인을 양자로 하는 국제입양을 한국에서 한국방식에 따라 할 경우에는, 양자의 본국법인 중국입양법에 따라 ① 양자가 될 중국인이 10세 미만인 때에는 중국공증처가 발행한 그 친부모의 동의에 관한 성명서를, ② 양자가 될 중국인이 10세 이상 14세 미만인 때에는 그 친부모 및 본인의 동의에 관하여 중국공증처가 발행한 성명서를 입양신고서에 첨부하여야 한다. ③ 양자가 될 중국인이 14세 이상 18세

우에는 미국법에 의하여 공증인 직무를 행할 수 있도록 지명된 미군장교(법무관)가 발행한 것으로 확인된 당사자 서약에 대한 증명서를 입양성립요건 구비증명서로 첨부하여도 무방하다[예규 제161호 1. 가 (1) 단서].

외국인이 한국에서 한국인 고아를 입양하여 양친의 본국에 양자로 입적하게 할 경우에는, 한국에서 합법적으로 입양이 성립되었다는 취지의 증명서가 필요하다. 따라서 입양신고를 수리한 시(구)·읍·면의 관할 가정법원장(지원장)은 외국인인 양친이 입양신고 수리증명서 또는 입양사유가 기록된 입양관계증명서를 제출하는 경우에는 입양증명서를 교부하여야 한다. 입양증명서는 영문(모든 외국인에게 적용)으로도 교부할 수 있다(예규 제135호「외국인의 양자가 된 사람의 입양증명서 교부 및 서식」). 그러나 입양증명서는 양친의 본국에 양자를 입적하게 하기 위하여 요청되는 입양성립을 증명하는 것이므로, 외국인이 한국에서 한국인으로서 고아가 아닌 사람을 입양하는 경우에도 입양증명서는 교부된다(예규 제134호 2. 가).

한국에서 한국인과 외국인 사이의 입양신고가 있게 되면, 한국인의 등록부의 일반등록사항란에 입양사유를 기록하고, 특정등록사항란에 입양신고서에 기록된 내용에 따라 외국인 양친 또는 양자의 특정등록사항을 기록하게 된다. 외국인 양자가 귀화로 한국 국적을 취득하면 양자의 등록부를 작성하고, 양자의 등록부가 작성되면 가족관계등록부 존재신고를 양부모와의 입양신고가 있었던 시(구)·읍·면의 장에게 하여야 한다. 가족관계등록부 존재신고에 의하여 양자의 등록부의 일반등록사항란에 입양사유를, 양부모의 등록부의 특정등록사항란에 양자의 특정등록사항을, 양자의 등록부의 특정등록사항란에 기록된 종전 양자에 관한 사항을 말소(삭선처리)하게 된다. 외국 방식에 의한 입양으로 인하여 양자가 대한민국 국적을 취득하는 경우에도 같은 방법으로 처리하며, 양자의

미만인 때에도 그 친부모 및 본인의 동의에 관한 중국공증처 발행의 성명서를 첨부하여야 하나, 임의의 형식에 의한 친부모 및 본인의 동의서를 첨부해도 무방하다. 따라서 양자가 될 중국인이 15세 미만이고 그 친부모가 양자를 갈음하여 입양신고서에 신고인으로서 서명 또는 인장을 날인한 경우에는, 그 친부모의 공증된 입양 동의의 성명서나 임의의 형식에 의한 동의서를 따로 첨부할 필요가 없고, 양자가 될 중국인이 15세 이상 18세 미만으로서 그가 신고인의 자격으로 입양신고서에 서명 또는 인장을 날인한 경우에는, 그 친부모의 공증된 입양 동의의 성명서나 임의의 형식에 의한 동의서는 첨부하여야 하나, 따로 본인의 공증된 입양 동의의 성명서나 임의의 형식에 의한 동의서를 첨부할 필요는 없다(선례 200803-7).

입양사유의 기록은 한국인 양부모의 등록부에 기록된 입양사유와 동일하게 기록된다. 한편 외국인에게 입양된 한국인 양자가 외국 국적을 취득하면 그때 국적상실에 따라 양자의 등록부는 폐쇄된다.

한국인이 외국인에게 입양되더라도 친양자입양이 아닌 한 양자의 성과 본이 변경되는 것은 아니므로, 양자의 등록부상의 성과 본은 변경되지 아니한다. 민법 제781조 제6항에 의한 성과 본의 변경허가를 받아 한국인 양자의 성을 외국인 양친의 성으로 변경할 수 있다고 본다. 한국인 양자의 이름도 법원의 개명허가를 받아야 외국식 이름으로 고칠 수 있다(예규 제131호 「한국인이 외국인에게 입양되었을 경우 그 성과 본의 변경 가능 여부」).[28)]

(2) 한국에서 한국인과 외국인 부부가 한국인을 입양하는 경우

국제입양의 준거법은 입양 당시 양친의 본국법이므로(국사 §43), 부부공동입양의 경우 양친으로 되는 부부의 국적이 서로 다른 경우에는, 부부 각자의 본국법이 준거법으로 적용된다. 예컨대, 한국인을 남편으로 하고 일본인을 처로 하는 부부가 한국인을 입양할 경우에는, 한국인 양부와 양자 사이에는 한국 민법을, 일본인 양모와 양자 사이에는 일본 민법을 적용하며, 양친과 양자별로 각각의 본국법에 따라 입양의 실질적 요건을 심사하여야 한다. 따라서 한국인 남편이 일본인 처와 공동으로 한국인을 입양하고자 할 경우에는, 그 입양신고서에 일본의 관공서나 재외공관 등 권한 있는 기관이 발급한 일본인 처에 대한 입양요건 구비증명서와 그 국적을 증명하는 서면을 첨부하여야 한다. 그러나 일본의 관공서나 재외공관 등 권한 있는 기관이 입양요건 구비증명서를 발급하지 아니하여 이를 입양신고서에 첨부할 수 없는 경우에는, 일본인 처가 한국에 주재하는 일본의 재외공관의 장 등의 앞에서 "한국인을 양자로 하는 입양을 함에 있어 일본 민법상 어떠한 법률적 장애도 없다"는 뜻을 구체적으로 명시하여 선서하고, 재외공관의 영사 등이 그것을 증명 또는 서명한 선서서를 입양신고서에 첨부함으로써 입양요건구비증명서에 갈음할 수 있다(선례 200803-1).

---

28) 「입양촉진 및 절차에 관한 특례법」 제8조 제1항은 양친이 원하는 때에는 양자의 성과 본은 양친의 성과 본을 따르는 것으로 규정하나, 이 경우도 양친이 대한민국 국민인 경우에 한하는 것으로 해석한다(예규 제289-19호 1. 라).

(3) 한국에서 외국인 사이의 입양

한국에 거주하는 외국인 사이에 이루어지는 입양도 행위지법인 한국법이 정하는 방식에 따라 입양신고를 할 수 있다. 이 입양신고는 가족관계등록을 할 수 없는 신고이므로, 신고서류를 특종신고서류편철장에 편철하여 보존하게 된다(규칙 §69①). 한국에서 입양신고를 마친 외국인은 그 입양신고를 수리한 가족관계등록관서에 입양신고 수리증명서를 청구할 수 있다(§42①).

(4) 외국에서 한국인 사이의 입양

입양은 입양행위의 준거법인 입양 당시 양친의 본국법이 정한 방식이나 입양행위지법의 방식에 따라 할 수 있으므로, 외국에 있는 한국인 사이의 입양은 양친의 본국법인 한국법이 정한 방식에 의하거나 행위지법인 외국법의 방식에 의할 수 있다.

외국에서 한국인 사이에 행위지인 그 나라의 방식에 따라 입양을 하고 입양증명서를 작성한 경우에는, 3개월 이내에 그 지역을 관할하는 재외공관의 장에게 그 증서의 등본을 제출하여야 한다(§35①). 직접 재외공관의 장에게 입양신고를 할 수도 있다(민 §882, §814, 법 §34), 입양신고서 또는 입양증서의 등본을 수리한 재외공관의 장은 수리한 때부터 1개월 이내에 외교통상부장관을 경유하여 본인의 등록기준지의 시・읍・면의 장에게 송부하여야 한다(§36). 입양신고서는 입양 당사자인 한국인 등록기준지의 가족관계등록관서의 장에게 우편의 방법을 이용하거나 귀국하여 직접 제출할 수도 있다.

(5) 외국에서 한국인과 외국인 사이의 입양

외국에서 한국인과 외국인 사이의 입양의 경우 양친이 한국인인 때에는, 양친의 본국법인 한국의 가족관계등록법의 규정에 따라 입양신고를 할 수 있고, 행위지법인 외국법이 정한 방식에 따라 입양절차를 따를 수도 있다. 양친이 외국인인 때에는 양친의 본국법이나 행위지법인 외국법이 정한 방식에 따라 입양절차를 따라야 한다.

3. 외국인에게 입양된 사람이 파양되는 경우의 처리절차

한국인이 외국인의 양자로 되었다가 파양된 경우 양자가 외국의 국적을 취득하기 전이라면, 파양신고는 외국 당국에서 발행한 그 외국의 국적을 취득하기 전이라는 증명서와 외국법에 의하여 파양이 허용된다는 증명서를 첨부하여 신고하여야 한다. 예컨대 한국인이 미국인의 양자가 되어 미국 국적을 취득한 후라면 양자는 한국 국적을 상실(국적 §15② ii)하였으므로, 파양되더라도 등록부에 파양의 기록을 하는 것이 아니라 국적회복절차를 취해야 한다. 외국 국적을 취득하기 전이라면 파양신고는 미국 당국에서 발행한 미국 국적 취득 전이라는 증명서와 미국법에 의하여 파양이 허용되는 증명서(국사 §43)를 첨부하여 신고하여야 한다(예규 제136호 「외국인에게 입양된 사람이 파양되는 경우의 사무처리지침」).

4. 친양자입양의 경우

친양자입양에 외국적 요소가 포함되어 있는 경우에도 일반입양의 경우와 다르지 않다. 이에 대한 준거법도 입양 당시 양친의 본국법으로 되며(국사 §43), 양자의 이익을 보호하기 위한 규정(국사 §44)도 적용된다. 또한 입양의 방식도 입양행위의 준거법인 입양 당시 양친의 본국법에 정한 방식으로 입양을 할 수도 있고(국사 §17①, §43), 입양행위지법의 방식에 따라 입양을 할 수도 있다(국사 §17②). 다만 친양자입양에 의하여 양자와 친양자 입양 전의 친족관계는 종료되므로(민 §908의3② 본문), 그에 따른 취급상의 차이가 있을 뿐이다.

(1) 한국인 부부가 외국인 자녀를 한국에서 친양자하는 경우

양자가 외국인이고 양친이 한국인이므로 친양자입양의 준거법은 한국법이다(국사 §43). 입양행위지도 한국이므로 양친은 친양자로 될 사람이 한국 내에 주소를 둔 때에는, 친양자 될 사람의 주소지를 관할하는 가정법원에 친양자입양허가심판을 청구하여야 한다(민 §908의2①, 가소 §44iv). 한국 내에 주소가 없는 때에는 대법원소재지의 가정법원인 서울가정법원에 청구하여야 한다(가소 §35). 가정법원의 친양자입양재판이 확정되면, 확정일로부터 1개월 이내에 재판서의 등본 및 확정증명서를 첨부하여 친양자입양신고를 하여야 한다(§67①).

친양자입양에 의하여 친양자는 양친의 혼인 중의 자녀가 되므로(민 §908의3①), 친양자의 성과 본은 민법 제781조에 따라 아무런 정함이 없는 경우에는 양부의 성과 본으로, 양부모가 혼인신고시 자녀의 모의 성과 본을 따르기로 협의가 된 경우에는 양모의 성과 본으로 변경된다고 보아야 할 것이다. 친양자입양신고가 있으면 양친의 등록부의 일반등록사항란에만 친양자입양사유를 기록하고, 특정등록사항란에는 친양자입양신고서에 기재된 친양자의 특정등록사항을 기록하게 된다. 친양자입양에 의해서도 외국인 친양자가 자동적으로 한국 국적을 취득하게 되는 것은 아니므로, 친양자가 한국 국적을 취득하면 그때 친양자의 등록부를 작성하게 된다.

(2) 외국인 부부가 한국에서 한국인을 친양자입양을 하는 경우

이 경우의 준거법은 양친의 본국법이므로, 입양행위지법인 한국법의 방식에 의한 친양자입양허가재판에 따라 입양을 할 수 있을지라도, 입양의 실질적 요건은 양친의 본국법에 의하게 된다. 양친의 본국법에 한국의 친양자제도와 유사한 양자제도가 인정되는 때, 즉 국가기관의 관여에 의해 입양이 성립하며, 입양의 성립에 의하여 양자와 친생부모의 친자관계가 단절되는 양자제도가 인정되고 있는 때에는, 실질적 요건을 구비하였는가를 검토하여 한국법원은 친양자입양을 허가하는 재판을 할 수 있을 것이다. 아울러 입양의 성립요건으로서 한국인 양자의 친생부모의 동의(민 §908의2①iii), 법정대리인의 승낙(민 §908의2①iv)도 요구된다(국사 §44).

친양자입양재판이 확정되면, 일반양자입양의 경우에 준하여 처리할 수 있게 된다. 그러나 친양자 입양을 한 외국인 양친에게는 등록부가 없기 때문에, 친양자입양신고서가 수리되더라도 친양자의 등록부의 일반등록사항란에 친양자입양사유를 기록하고, 특정등록사항란에는 친양자입양신고서에 기재된 양부모의 특정등록사항을 기록하게 된다. 친양자의 등록부에 기한 가족관계증명서에는 친생부모 대신 친양자입양을 한 양친이 친생부모로 현출되어야 하므로, 특정등록사항란에 기록된 친생부모를 말소(삭선처리)하고 대신 친양자입양을 한 양친을 기록하게 된다. 다만 친양자의 등록부에 기한 친양자입양관계증명서에는 친양자입양을 한 양친과 친생부모가 모두 나타나게 한다. 또한 친생부모의 등록부의 일반등록사항란에는 자녀가 타인에게 친양자 입양된 취지를 기록하고, 특정등록사항란에서 타인의 친양자가 된 자녀의 기록을 말소(삭선처리)하게 된다.

이 경우 한국인 자녀의 성과 본은 그 상거소지법에 따르게 되므로(국사 §45), 그에 따라 변경 여부 및 변경방법이 정해진다. 후에 자녀가 외국 국적을

취득한 경우 자녀의 등록부는 폐쇄된다.

(3) 외국인과 한국인 부부가 한국인을 한국에서 친양자입양을 하는 경우

이 경우 친양자입양의 실질적 성립요건에 관한 준거법은 외국인 양친에 대하여는 그의 본국법이, 한국인 양친에 대하여는 한국법이 된다(국사 §43). 입양의 방식에 대하여는 입양행위지법이 준거법으로 될 수 있으므로, 이 경우에도 입양행위지법인 한국법에 따른 친양자입양신고도 가능하다. 친양자입양재판이 확정되어 친양자입양신고가 있게 되면, 한국인 친양자의 등록부의 일반등록사항란에는 친양자입양사유를, 특정등록사항란에는 한국인 양친에 대한 특정등록사항과 외국인 양친에 대하여는 친양자입양신고서에 기록된 특정등록사항을 기록하고, 한국인 양친의 등록부의 일반등록사항란에는 친양자입양사유를, 특정등록사항란에는 친양자의 특정등록사항을 기록하게 된다. 한편 친양자 입양으로 친생부모의 등록부의 일반등록사항란에 자녀가 타인에게 친양자 입양된 취지를 기록하고, 특정등록사항란에서 타인의 친양자가 된 자녀의 기록을 말소(삭선처리)하게 된다.

Ⅷ. 친권과 후견

1. 국제친권

친자 간의 법률관계는 부모와 자의 본국법이 모두 동일한 경우에는 그 법에 의하고, 그 외의 경우에는 자녀의 상거소지법에 의한다(국사 §45). 외국적 요소가 있는 친권관계도 친권자인 부모와 자녀의 본국법이 동일하면 그에 의하고, 그렇지 아니한 경우에는 자녀의 상거소지법이 적용된다. 따라서 외국인과 한국인 부부 사이의 자녀는 출생에 의해 한국 국적을 취득하나 상거소지가 한국인 경우이어야 한국법이 준거법으로 된다. 이에 따라 자녀에 대한 친권자의 지정 또는 변경, 친권 · 법률행위대리권 · 재산관리권의 상실 또는 회복, 정지 및 그 대행자선임 등이 있으면, 자녀의 등록부에만 신고나 촉탁에 의해 일반등록사항란에 이를 기록하게 된다(규칙 §53).

2. 국제후견

성년후견·미성년후견을 구분하지 아니하고 외국적 요소가 포함된 후견관계에 대하여는 피후견인의 본국법에 의한다(국사 §48①). 다만, 대한민국에 상거소 또는 거소가 있는 외국인으로서 ① 그의 본국법에 의하면 후견개시의 원인이 있더라도, 그 후견사무를 행할 사람이 없거나 후견사무를 행할 사람이 있더라도 후견사무를 행할 수 없는 경우, ② 대한민국에서 한정치산 또는 금치산을 선고한 경우, ③ 그밖에 피후견인을 보호하여야 할 긴급한 필요가 있는 경우에 해당하는 후견에 한하여서 대한민국 법에 의한다(동 §48②).

후견에 관한 기록은 무능력자의 등록부의 일반등록사항란에만 기록하고, 후견인의 등록부에는 기록하지 아니한다(규칙 §53). 그리고 한국법상 외국인은 후견인으로 될 수 없다(예규 제184호).

Ⅸ. 사망과 실종

1. 사 망

사망에 의해 자연인의 권리능력은 소멸하므로, 그 준거법은 권리능력에 관한 준거법인 본인의 본국법이다. 외국적 요소가 포함된 사망신고는 다음과 같이 처리된다.

(1) 한국에 거주하는 외국인이 한국에서 사망한 경우

가족관계등록법은 한국 내에 있는 외국인에게도 적용되므로 사망신고의무자와 사망신고의 장소에 관한 규정은 외국인 사망의 경우에도 적용된다. 따라서 사망한 외국인에게 한국인 배우자가 있으면 한국인 배우자는 사망신고의무를 지고, 그 사망신고에 의하여 한국인 배우자의 등록부에는 일반적인 사망기재례에 따른 혼인해소사유를 기록하고, 신고서류는 특종신고서류편철장에 편철된다(예규 제196호「외국인 배우자가 사망한 경우의 사망신고와 한국인 배우자의 혼인해소사유 기록절차」1). 그 이외의 경우의 외국인에 대한 사망신고가 있으면 신고서류는 특종신고서류편철장에 편철하게 된다(규칙 §69①).

(2) 재외국민이 외국에서 사망한 경우

외국에 거주하는 한국인이 사망한 경우에는 그 거주지를 관할하는 재외공관에 사망신고를 할 수 있고(§34), 사망신고를 수리한 재외공관의 장은 수리한 때로부터 1개월 이내에 외교통상부장관을 경유하여 본인의 등록기준지의 시·읍·면의 장에게 송부하여야 한다(§36). 물론 사망자의 등록기준지의 시·읍·면의 장에게 사망신고서를 우송하여 신고할 수 있고, 신고의무자가 한국 내에 있는 때에는 그 주소지 또는 현재지에서도 할 수 있다. 또한 재외국민의 사망신고가 거주지법에 따라 등록된 경우에는, 사망을 증명하는 증서를 첨부하여 등록기준지의 시·읍·면의 장에게 신고할 수 있다. 즉, 일본에 거주하는 한국인의 사망신고를 거주지법인 일본법에 따라 일본 당국에 신고하여 사망수리증명 등이 있는 경우에는, 사망신고서에 그 증서만을 첨부하여 등록기준지의 시(구)·읍·면에 신고할 수 있다(예규 제195호「재외국민이 외국에서 사망신고를 한 경우 그 수리증명만을 첨부하여 신고할 수 있는지 여부」). 다만 외교관계가 수립되지 않은 국가에서 사망한 한국 국민에 대한 사망진단서를 입수하여 그 진단서에 의하여 사망신고를 할 때에는, 그 신고서에 사망진단서를 입수한 데 대한 사건 본인(사망자)의 등록기준지, 신고인의 주소지 또는 현재지 관할 경찰관서장의 사망진단서를 입수하였다는 신고에 대한 확인서 등 증명서류와 진단서의 번역문 및 번역인의 주소를 소명할 수 있는 공인된 서류를 첨부하여야, 사망신고가 수리된다(예규 제193호).

(3) 한국인 배우자인 외국인이 외국에서 사망한 경우

한국인의 외국인 배우자가 외국에서 사망한 경우, 한국인 배우자 그밖의 이해관계인이 사망신고를 하거나 그밖의 방법으로 외국인 배우자의 사망사실을 증명할 만한 서면을 제출하는 때에는, 이를 직권기록의 신청으로 보아 처리한다. 서류를 접수한 시·읍·면의 장은 감독법원의 허가를 받아 직권으로 한국인 배우자의 등록부에 혼인해소사유를 기록한다(예규 제196호 2).

(4) 외국에서 사망한 사람의 사망연월일시

외국에서 사망한 재외국민의 사망신고서에도 사망연월일시가 기재되어야 하고, 신고서에 연월일을 '미상'으로 기재하였을 때에는 수리되지 아니한다(예규 제113호 1). 재외국민의 출생신고서에 출생연월일시를 기재할 경우에는, 현지시각을 한국시각으로 환산하여 기재하게 하여 등록부의 특정등록사항란에 기록하나(예규 제115호), 사망자의 등록부에는 현지 사망시각으로 기록하여야 한다는 것이 선례(선례 200801-1, 호적 선례 1995. 10. 21. 법정 3202-469)의 입장이다. 이에 의하면 한국인 배우자인 외국인이 외국에서 사망한 경우에도, 사망에 의한 혼인해소일을 현지시각으로 한국인 배우자의 등록부에 기록하여야 할 것이다. 그러나 사망일시는 상속개시시를 정하거나 상속인을 결정함에 있어 매우 중요한 요소이고, 재외국민의 상속인이 국내에 거주하는 경우에는 현지시각을 한국시각으로 환산하여 처리해야 할 필요성은 출생의 경우와 다르지 않다. 이러한 점에 비추어 보면 재외국민의 사망일시의 기재와 기록에 대하여 예규 제115호를 유추적용하는 것이 타당하다고 본다. 한편 사망신고서와 사망증명서에 사망한 현지시각이 모두 기재되어 있지 아니한 경우, 시(구)·읍·면의 장이 그 추완을 최고(권고)할 수 없거나 최고(권고)하여도 신고인이 첨부한 증명서상 현재시각을 보완할 수 없는 때에는 이를 그대로 수리하여도 무방하다(선례 200801-1).

2. 실 종

실종선고는 권리능력의 소멸에 관한 문제이므로 원칙적으로 당사자의 본국법이 준거법으로 된다. 그러나 당사자의 본국에서 실종선고가 이루어지지 아니하거나 실종선고제도를 두고 있지 아니한 경우에는 불합리한 경우가 발생할 수도 있다. 예컨대 한국에 주소나 거소를 두고 있던 외국인이 그 생사가 분명하지 아니한 상태에서, 한국에 그의 재산이 있거나 한국법에 따라 처리하여야 할 법률관계가 있는 때에도 실종선고에 의한 법률관계의 확정은 불가능하기 때문이다. 이를 고려하여 외국인의 생사가 분명하지 아니한 경우에 대한민국에 그의 재산이 있거나 대한민국 법에 의하여야 하는 법률관계가 있는 때, 그밖에 정당한 사유가 있는 때에는 한국법원은 대한민국 법에 의하여 실종선고를 할 수 있도록 예외적 관할을 규정하고 있는 것이다(국사 §12). 가족관계등록법은 한국에 있는 외국인에게도 적용되므로(속지적 효력), 실종선고를 청구한 사람은 재판확정일로부터 1개월 이내에 재판서의 등본 및 확정증명서를 첨부하여 실종선고의 신고를 하여야 한다(§92①). 다만 외국인에게는 등록부가 없기 때문에 그 신고서류는 특종신고서류편철장에 편철하여 보관하게 된다.

한국법원에 예외적 관할권이 인정되어 한국법원이 실종선고를 하는 때에는 한국법이 준거법으로 적용되고, 그 적용범위는 실종선고의 직접적 효과뿐만 아니라 간접적 효과까지 포함되는 것으로 해석하는 것이 일반적 견해이다. 마찬가지로 재일동포에 대한 일본국의 실종선고는 그 효력이 일본에 있는 부재자의 재산과 일본의 법률에 의하여야 할 부재자에 관한 법률관계에 미치는 것이므로 법에 따라 신고할 사항이 아니다(예규 제197호 「재일동포에 대한 일본국의 실종선고의 효력」).

X. 재외국민의 가족관계등록

1. 준거법규

앞에서 설명한 바와 같이, 외국에 있는 한국인에 대하여도 국내의 가족관계등록에 관한 준거법규는 적용된다. 다만 해외에 장기간 거주하고 있는 재외국민의 경우 국내에서와는 달리, 신분관계의 변동을 법정기간 내에 신고 등의 절차를 취할 수 없는 어려움을 겪게 된다. 아울러 호적에 의해 개인의 신분관계가 공시되기 시작한 이후에도, 장기간의 해외체류로 인하여 국내에 호적을 가지지 못하게 된 재외국민도 발생하였고, 호적이 있더라도 실체관계와 일치되지 아니하거나 신분변동사항을 제대로 정리하지 못하고 있는 경우가 많았다. 이러한 사정을 감안하여 1967년 1월 16일에 법률 제1865호로 「재외국민의 취적에 관한 임시특례법」이 제정되었고, 이를 전면 개정한 법률이 1973년 6월 21일의 법률 제2622호인 「재외국민취적 · 호적정정 및 호적정리에 관한 특례법」이었다. 호적제도가 폐지되고 호적법이 가족관계등록법으로 대체된 데 따라 동법의 명칭이 「재외국민의 가족관계등록창설, 등록부정정 및 등록부정리에 관한 특례법」(다음부터는 '특례법'이라 한다)으로 변경되고 조문의 정리가 이루어졌다.

2. 특례법의 적용범위

외국의 일정한 지역에 계속하여 90일 이상 거주하거나 체류할 의사를 가지고 체류하는 대한민국 국민은, 그 체류하는 지역의 주소나 거소를 관할하는 재외공관(대사관 · 총영사관 · 영사관 · 분관 또는 출장소)에 등록하여야 한다(재외국민등록법 §2). 특례법은 「재외국민등록법」의 규정에 따라 등록된 사람에 한하여 적용된다(특례법 §2①). 따라서 해외에 장기체류하는 사람이라도 재외공관에 등록을 하지 아니한 사람은 특례법의 적용대상이 아니다. 또한 특례법은 법원에 대한 가족관계등록창설 및 등록부 정정허가신청, 가족관계등록공무원에 대한 등록부 정정신청 및 가족관계등록법에 따른 신고와 신청에 관한 사항 중 출생, 인지, 입양, 혼인, 사망 등으로 인하여 등록부가 작성 또는 폐쇄되어야 할 사람의 신청에만 적용된다(특례법 §3).[29]

신청에서도 신청서 양식과 첨부서류가 간단하고 그 신청절차 또한 간편하며, 가족관계등록법에 규정되어 있지 아니한 재외공관의 장의 조사확인에 의한 등록부의 정정을 인정하는 등의 특례가 규정되어 있다.[30] 그러나 재외국민은 이 특례법에 따라서만 신고나 신청을 하여야 하는 것은 아니다. 본인의 선택에 따라 내국인과 동일하게 관할 가정법원 또는 시 · 구 · 읍 · 면의 장에게 직접 제출할 수도 있다(특례법 §3② 단서). 특례법은 재외국민에게 절차상의 편의를 부여하기 위한 것으로 그 근간은 가족관계등록법이다. 따라서 이 특례법에 규정되어 있지 아니한 절차에 관하여는 가족관계등록법과 그밖의 관련법규가 적용된다.

3. 외국지명의 기재와 첨부서류에 관한 특례

(1) 외국의 한자 지명의 기재

재외공관의 장이 외국의 지명을 한자로만 표기하고 한글표기를 하지 않은

---

29) 등록부 정리신청의 대상은 출생, 사망 등 보고적 신고사항과 행위지법인 외국법에 의한 인지증서, 입양증서, 혼인증서, 이혼증서 등 그 증서 등본이 첨부된 경우에 한하며, 외국법원의 확정판결에 의하여서는 할 수 없다.

30) 또한 특례법에 의한 등록부에 관한 각종 절차에 소요되는 비용도 국가 또는 지방자치단체가 부담하고(특례법 §7), 신청인 등이 부담하지 아니한다.

신고서를 접수한 때에는, 한자로 표기된 지명 옆에 그 한자 지명에 대한 해당 외국에서의 발음을 한글로 ( ) 안에 함께 기록하고, 그 신고서를 수리하여 시(구)・읍・면의 장에게 송부하여야 한다. 시(구)・읍・면의 장은 외국 지명인 한자를 해당 외국에서의 발음대로 등록부에 한글로 외래어표기법에 맞게 기록한다(예규 제273호 「「재외국민의 가족관계등록창설, 등록부정정 및 등록부정리에 관한 특례법」에 의한 가족관계등록 사무처리지침」 §3).

(2) 첨부서류

신청서에는 법정의 첨부서류 외에 다른 자료(예: 재산증명, 재일거류민단의 보증서)를 첨부할 것을 요구할 수 없다. 신청인과 사건 본인이 다른 경우에는 사건 본인에 대한 서류를 첨부하여야 하나, 신청인이 다른 사람의 등록부정리 신청과 함께 자신의 등록부정리신청을 하는 경우, 그 다른 사람의 등록부정리가 자신의 등록부정리의 전제가 되는 때(예: 신청인이 부모의 등록부정리신청과 함께 자신의 혼인 중의 자녀로서의 출생정리신청을 한 때)에는, 신청인이 아닌 사건 본인에 대한 서류 중 재외국민등록부 등본 및 외국인등록부 등본(또는 영주권 사본)은 이를 첨부하지 않아도 무방하다.

첨부서류가 외국어로 된 경우에는 번역문이 첨부되어야 한다. 종전에는 재일동포가 신청하는 경우에는, 그 첨부서류 중 재판서(일본의 재판소에서 판결을 통하여 얻은 판결이나 결정)를 제외하고 일본국 관공서 발행의 호적신고서 등본, 호적 등・초본 그밖의 증명서는 번역문이 첨부되지 않아도 되었으나, 현재는 이들 서류에도 번역문이 첨부되어야 한다.

신청서에 재외국민등록부 등본이 첨부되어야 할 경우, 재일동포의 신청에서는 재외공관에서 확인한 재일거류민단장 발행의 재외국민등록증명으로 이를 갈음할 수 있다. 또한 특례법에 의한 정정 또는 정리사항이 사망자에 관한 것일 때에는, 다른 첨부서류에 의하여 그 정정 또는 정리사항이 소명되는 경우에는 재외국민등록부 등본을 첨부하지 않아도 된다.

거류국의 외국인등록부 등본 및 영주권사본은 그 중 하나만 첨부하면 되고, 이들 서류에 국적이 '조선'이라고 기재[31]되어 있어도 무방하다(동 §4).

31) 이러한 경우는 재외공관에 이미 재외국민등록을 하여 한국 국적으로의 변경이 이루어졌음에도 불구하고, 일본국 행정관공서에 대하여는 국적변경신청을 하지 아니하여 외국인등록부에 여전히 국적의 표시가 '조선'으로 되어 있는 때에 발생한다.

4. 가족관계등록창설허가신청

가족관계등록창설허가신청은 재외국민으로서 등록부가 작성되어 있지 않거나 등록부가 되어 있는지 여부가 분명하지 않은 사람이 새로 등록부를 창설하기 위한 신청이다. 본래 가족관계등록창설은 등록이 되어 있지 않은 사람만이 할 수 있으며(§101), 등록이 되어 있는지가 분명하지 않은 사람은 등록의 유무가 판명될 때까지 가족관계등록창설을 할 수 없으나, 특례법은 이러한 때에도 가족관계등록창설을 할 수 있게 한 것이다. 가족 중 일부만이 재외국민등록을 하여 특례법에 따른 요건을 갖추었을 경우에는 그 사람만이 가족관계등록창설을 할 수 있다(동 §6).

신청인은 사건 본인이다. 다만 군사분계선 이북지역 재적자의 가족관계등록창설에서의 신청인은 종전 호적상의 호주 또는 가족이 각자 할 수 있으며, 다른 가족 또는 호주에 대한 가족관계등록창설허가신청도 할 수 있다. 조선호적령 시행 전(1923. 6. 30. 이전)의 사실상 부부에 관하여 아직까지 등록부가 작성되지 않은 경우에는, 부부가 동시에 가족관계등록창설허가신청을 하여야 한다(동 §8).

5. 등록부 정정허가신청

제104조 및 제105조에 규정된 정정사항으로써 재외국민의 등록부의 기록이 착오 또는 누락된 경우, 이를 발견한 이해관계인이 정정하는 경우이다. 등록부의 기록이 착오 또는 누락된 경우라도, 이를 정정함으로써 친족법상 또는 상속법상 중대한 영향을 미칠 수 있는 사항은 판결에 의하여 정정하여야 하고, 특례법에 따른 등록부 정정은 할 수 없다.

6. 등록부 정정신청

등록부의 정정은 법원의 허가를 얻어서 하는 것이 원칙이다. 그러나 특례법상의 등록부 정정신청은 등록부의 기록에 착오 또는 누락의 사실이 제반자료에 의해 확인되었을 때에, 재외공관의 장이 조사확인서를 작성하고, 정정신청서에 이를 첨부하여 시(구)·읍·면의 장에게 직접 송부하여 정정하도록 하는 절차이다(특례법 §5① 단서). 등록부 정정신청은 등록부 기록의 착오 또는 누락이 명백히 판명될 수 있는 경미한 사항인 경우(예: 성별의 기록에서 '남'이 '여'로, 부모와의 관계에 대한 기록에서 '언니'가 '동생'으로, 출생장소에 대한 기록에서 일본이 등록기준지로, 부모의 성명이 조부의 성명으로 잘못 기록된 경우 또는 본이나 혼인해소사유 기타 당연히 기록되어야 할 신분사유의 기록이 누락된 경우 등)에 한한다.

등록부 정정신청서를 접수한 재외공관의 장이 그것에 첨부할 조사확인서를 작성할 경우에는, 사실조사를 통해 확인한 사항을 구체적으로 명시하여야 한다. 예컨대 "등록부의 기록이나 첨부서류인 소명자료에는 남자로 기재되어 있지만, 등록부의 기록이 명백히 착오임을 확인한다"고 작성하여 그 조사확인 내용을 상세히 기재하여야 한다. 재외공관의 장으로부터 등록부 정정신청서를 송부받은 관할 시(구)·읍·면의 장은 등록부를 정정하여야 한다(예규 제273호 §10). 신청서가 불비하거나 그 신청이 타당하지 않은 것으로 판단되어 관할 시(구)·읍·면의 장이 이를 반송하고자 하는 때에는, 그 사유를 명시하여 감독법원의 승인을 받은 후 신청서와 그 사유를 부전지에 구체적으로 기재하여 외교통상부장관 및 재외공관의 장을 경유하여 신청인에게 반송하여야 한다(동 §14).

7. 등록부 정리신청

등록부 정리신청은 신고와 신청사항 중 출생, 인지, 입양, 혼인, 사망 등으로 인하여 등록부가 작성 및 폐쇄 또는 정리되어야 할 사항이 등록부에 아직 기록되어 있지 아니한 때에, 사건 본인 그밖의 등록부상 이해관계인의 신청에 의하여 등록부를 정리할 수 있게 하는 특례절차이다. 재외국민의 특수성을 고려하여 이미 발생한 기존의 사실관계를 존중하여 그 사실대로 등록부를 정리하기 위한 제도이다.

등록부 정리신청의 대상은 행위지법인 외국법에 의하여 혼인, 이혼, 인지, 입양 등을 한 경우 또는 출생지·사망지인 외국에서 출생·사망신고 등을 한 경우, 그 외국 관공서가 발행한 혼인 등의 수리증명 그밖에 이를 증명할 증서가 첨부된 경우에 한하며, 외국법원의 확정판결에 의해서는 할 수 없다. 또한 혼인의 경우에는 처의 등록부 혼인관계증명서를, 인지의 경우에는 피인지자의 등록부 기본증명서를, 입양의 경우에는 양자의 등록부 입양관계증명서를 각각 첨부하여야 한다(동 §12).

등록부 정리신청은 사건 본인 그밖의 등록부상의 이해관계인도 할 수 있다(동 §11). 신청인은 신청인의 주소지를 관할하는 재외공관의 장에게 신청서를 제출하거나, 등록부를 정리할 등록기준지의 시(구)·읍·면의 장에게 직접 송부할 수도 있다. 신청서를 접수한 재외공관의 장은 지체 없이 등록기준지의 시(구)·읍·면의 장에게 이를 송부하여야 하고, 재외공관의 장이나 신청인으로부터 신청서를 송부받은 시(구)·읍·면의 장은 이를 지체 없이 처리하여야 한다. 정리가 불가능한 사유가 있을 때에는 그 사유를 명시하여 감독법원의 승인을 받은 후, 직접 신청인에게 또는 외교통상부장관 및 재외공관의 장을 경유하여 신청인에게 신청서와 그 사유서를 첨부하여 반송하여야 한다(동 §14).

제 5 장

등록부의 정정

Ⅰ. 의의와 유형

1. 의　　의

등록부의 정정이라 함은 등록부의 기록이 진실에 반하거나 부적법한 경우에, 그 등록부의 기록을 사실에 부합하고 적법한 것으로 시정하는 법적 절차를 말한다. 즉, 등록부의 정정은 등록부의 기록이 법률상 허용될 수 없는 것이거나 그 기록에 착오나 누락이 있는 경우에, 이를 진정한 신분관계와 일치되도록 바로잡는 절차를 가리킨다. 신분공시제도의 사명은 개인의 신분에 관한 사항을 정확하게 증명·공증함에 있다. 등록부가 이러한 사명을 제대로 수행하기 위해서는 개인의 신분관계가 빠짐없이 기록되고 그것이 진정한 신분관계와 일치되어야 한다.

그런데 개인의 신분관계는 등록부에 기록되어야 비로소 발생하거나 변동되는 것은 아니다. 등록부에 기록되기 전에 출생이나 사망과 같은 일정한 사실의 발생, 신분행위의 신고와 그 수리 또는 형성판결의 확정에 의하여 발생, 변경 또는 소멸하기도 한다. 등록부에의 기록이라 함은 이와 같이 이미 형성되어 있는 신분관계를 그대로 반영하는 것에 불과하며, 이미 존재하고 있는 신분관계를 있는 그대로 공증할 수 있도록 신분관계의 내용을 실상 그대로 현출할 수 있는 것이어야 한다.

등록부의 기록이 부당하거나 진실에 반하게 됨은 신고 그 자체에서 비롯되는 경우가 많다. 이는 신고를 보다 용이하게 하기 위하여 신고절차를 간이화하여, 특별한 경우를 제외하고는 일정한 사항이 기재된 신고서만 요구하고

(§25), 신고 내용의 진실성에 대한 증명을 요구하지 아니하며, 등록사무를 처리하는 사람에게 형식적 심사권만 부여하고 있기 때문에 빚어지는 일이다. 반면에 신고는 정당하나 이를 수리하여 등록부에 기록하는 과정에서의 잘못에서 비롯되기도 한다. 그러나 등록부에 기록된 사항은 일단 적법하게 기록되었으며 진실과 일치하는 것으로 추정된다. 따라서 진정한 신분관계와 맞지 아니하는 기록이 있다 하더라도 이를 바로잡기 위해서는 엄격한 법적 절차를 거쳐야 하는 것이다.

2. 정정대상과 정정사유

(1) 정정대상

등록부 정정은 등록부의 기록을 정정하는 것이므로, 그 전제로서 정정대상이 되는 등록부의 기록이 있어야 한다. 가족관계등록법은 개인의 신분관계에 관한 사항으로서 등록부에 기록되어야 할 사항을 정하고(§9), 기록절차에 따라 등록부에 기록하게 한 다음 그 기록에 잘못된 부분이 있을 경우에는 이를 정정하게 하고 있다. 즉 기록절차와 기록의 정정절차를 구분하여 규정하고 있는 것이다. 따라서 기록절차에 따라 등록부에 기록하여야 할 사항을 정정절차에 따라 등록부에 기록하는 것은 가족관계등록법의 취지와 맞지 않는다.

정정의 대상으로 되는 등록부의 기록은 현재의 등록부상의 기록이든 폐쇄된 등록부의 기록이든 가리지 아니한다.[1][2] 또한 가족관계등록부사항란・특정등록사항란 및 일반등록사항란의 기록 모두가 정정대상으로 된다. 한번 정정된 등록부의 기록도 정정사유가 있으면 다시 정정대상으로 된다.[3]

---

1) 다만 폐쇄된 등록부의 기록을 정정하는 경우에는 이를 부활할 필요 없이 그 등록부의 기록을 정정할 수 있다. 그러나 그 등록부가 위법한 것이어서 폐쇄된 것인 경우에는 그 기록을 정정할 수 없다(예규 제288호).

2) 국적상실로 제적된 사람의 제적부상 국적상실일이 실제와 다른 경우에는, 사건본인 또는 이해관계인은 법무부장관의 공문서 등 국적상실에 관한 소명자료를 첨부하여, 그 제적이 있는 곳을 관할하는 가정법원에 제적정정 허가신청을 하고, 그 허가를 얻어 결정 등본을 받은 날부터 1개월 이내에 제적정정신청을 하여야 한다(선례 200809-1 나).

3) 등록부 정정을 한 등록부의 기록에 착오가 있는 경우에는, 다시 이에 대하여 등록부 정정의 허가신청을 할 수 있다(예규 제221호 「등록부 정정을 한 가족관계등록부의 기록에 착오가 있는 경우의 정정」).

그러나 동일인이 성명이나 출생연월일의 일부 또는 전부를 달리하여 2개 이상의 등록부가 있음이 명백한 경우와 같이, 그 전부가 법률상 허용되지 아니하는 등록부는 그 기록의 일부를 정정하더라도 적법화되지 못하고 직권에 의하여 폐쇄되어야 한다(규칙 §59). 그 전부가 일체로서 폐쇄 대상으로 되는 등록부인 경우에는 그 중 일부기록만이 독립된 정정대상으로 되지 못한다.

(2) 정정사유

정정사유는 등록부의 기록이 법률상 허가될 수 없거나 그 기록에 착오나 누락이 있는 경우를 말한다(§18, §104). 제18조에서는 '등록부의 기록이 무효'인 경우에 직권정정을 허용하고, 제104조에서는 '등록부의 기록이 법률상 허가될 수 없는' 경우에 이해관계인의 신청에 의한 정정을 허용하고 있으나, 위 사유는 동일한 것으로 해석한다. 신분행위 또는 신고의 유·무효는 발생할 수 있으나 등록부의 기록 자체의 유·무효는 있을 수 없고, 직권정정제도의 취지에 비추어 '법률상 허가될 수 없는' 등록부의 기록에 대하여도 직권정정이 가능한 것으로 보아야 하기 때문이다.

제105조에서는 '신고로 인하여 효력이 발생하는 경우에 관하여 등록부에 기록하였으나 그 행위가 무효임이 명백한 때'에는 신고인 또는 신고 사건의 본인이 정정신청할 수 있다고 규정한다. 그러나 이는 등록부의 기록이 법률상 허가될 수 없는 경우의 한 예에 관한 절차적인 특칙이다. 또한 제107조에서는 '확정판결로 인하여 등록부를 정정하여야 할 때'에 관한 사항을 규정하고 있으나, 이는 기록의 정정을 명하는 확정판결이 있는 경우가 아니라, 등록부에 기재된 신분행위와 관련하여 확정판결이 있고 그에 따라 등록부의 기록을 정정할 사유가 있는 경우에, 허가주의를 배제하고 제소자에게 정정신청의무를 부과하는 특칙이다. 즉, 별도의 정정사유에 속하는 것은 아니다.

정정사유는 신고의 잘못으로 인한 것이든 시·읍·면의 장의 잘못으로 인한 것이든 구분하지 아니한다. 다만 전자의 경우에는 신고인 등에 대한 정정최고절차를 거친 뒤라야 직권정정을 할 수 있고, 후자의 경우는 시·읍·면의 장이 바로 직권정정할 수 있다(§18).

정정사유는 정정대상인 등록부의 기록이 기록된 처음부터 존재하는 것이어야 한다. 기록 당시에 정정사유가 없으면 이는 기록 당시의 진정한 신분관계와 부합하는 것을 의미하므로 정정대상이 되지 못한다. 예컨대 이혼의 취소는 소급효가 있으므로 이혼취소의 재판이 확정되면, 등록부상의 이혼기록은 기록 당시부터 정정사유가 존재하는 것으로 된다. 반면에 혼인취소는 소급효가 없으므로 등록부상의 혼인기록은 정정사유로 되지 못하고 신고사유로 되는 것이다.

기록 당시에는 적법하고 진실하던 것이 그 후의 사정이 변경됨에 따라 그에 맞게 수정하는 경우는 이를 '경정'이라 부르며 정정과는 구별된다. 행정구역이나 토지의 명칭이 변경되면 등록부의 기록은 정정된 것으로 보고 시·읍·면의 장은 그 기록사항을 경정하여야 하고, 지번의 변경이 있을 때에도 등록부의 기록을 경정하여야 하는 것이다(§19, 규칙 §67).

3. 정정의 유형

등록부의 정정과 관련하여 제18조에서는 시·읍·면의 장의 직권에 의한 정정절차를, 제104조부터 제108조에서는 이해관계인 등의 신청에 의한 정정절차를 규정하고 있다.

직권정정절차는 그 정정사항의 경중에 따라, 규칙 제60조 제2항이 정하는 사항에 관하여 감독법원의 허가 없이 시·읍·면의 장이 정정하는 「간이직권정정절차」(§18② 단서)와 그밖의 사항에 관하여 감독법원의 허가를 받아 정정하는 통상의 「직권정정절차」(§18② 본문)로 구분된다. 감독법원의 허가는 등록사무의 감독권(§3③)에 기한 사법행정상의 허가를 뜻한다.

정정신청절차는 이해관계인이 사건 본인의 등록기준지를 관할하는 가정법원의 허가를 받아 정정을 신청하는 「가정법원의 허가에 의한 정정신청절차」(§104, §105)와 신분사항에 관하여 확정판결을 받은 제소자가 정정을 신청하는 「판결에 의한 정정신청절차」(§107)로 나뉜다. 가정법원의 허가에 의한 정정신청절차는 그 사유에 따라 「위법한 가족관계등록기록의 정정」(§104)과 「무효인 행위의 가족관계등록기록의 정정」(§105)으로 구분된다. 이 경우의 가정법원의 허가는 비송사건절차에 의한 재판으로서 결정형식을 취한다(규칙 §87①iv).

4. 정정절차 상호간의 관계

(1) 정정신청과 직권정정

제18조에 규정된 직권정정과 제104조에 규정된 정정신청에 의한 정정은

그 사유가 동일하면서도, 전자는 사법행정상의 감독권에서 비롯하고 후자는 재판작용에 기한 것이다. 또한 정정사유가 시·읍·면의 장의 잘못으로 인한 것이 아닌 경우에도 직권정정이 허용되나, 이는 보충적인 절차로서 신고인 또는 신고 사건의 본인에게 최고하였지만 당사자가 정정신청을 하지 아니한 때에만 인정된다.

제18조에 따른 직권정정은 제104조에 규정된 정정신청과 정정사유가 동일하므로, 제107조에 따라 확정판결에 의하여서만 정정신청할 수 있는 경우에는 직권정정이 허용되지 아니한다. 또한 혼인 등 신고로 인하여 효력이 발생하는 행위는 등록부에 기록한 후에 실체상의 흠결이 있음을 발견하여도 직권정정할 수 없다(예규 제57호 「혼인 등 신고로 인하여 효력이 생기는 행위에 대한 실체상의 흠결을 이유로 하는 직권정정 여부」).

(2) 제104조와 제105조의 가정법원의 허가에 의한 정정신청

제105조는 '신고로 인하여 효력이 발생하는 행위에 관하여 등록부에 기록하였으나 그 행위가 무효임이 명백한 때'를 정정사항으로 규정하고 있으나, 앞에서 살펴본 바와 같이 이는 '기록이 법률상 허가될 수 없는 것 또는 그 기재에 착오나 누락이 있다고 인정한 때'의 구체적인 예에 지나지 않는다. 따라서 창설적 신고사항에 무효임이 명백한 정정사유가 있는 경우에는 제105조가 적용되어 신고인 또는 신고 사건의 본인만이 정정신청인으로 한정되고, 그밖의 경우에는 제104조가 적용되어 이해관계인도 정정신청을 할 수 있게 된다.

(3) 가정법원의 허가에 의한 정정신청과 판결에 의한 정정신청

제104조와 제107조는 정정사항을 따로 규정하고 있는 것은 아니다. 그 중요도에 비추어 정정절차의 엄격성의 정도에 차이를 두고 있는 것이다. 즉, 정정사항이 경미한 경우에 한하여 가정법원의 허가에 의한 정정이 가능하고, 그 정정이 친족법 또는 상속법상 중대한 영향을 미치는 사항에 대하여는 확정판결에 의하여서만 정정할 수 있다(예규 제224호 「「가족관계의 등록 등에 관한 법률」 제107조의 '판결'의 의의」).[4] 따라서 확정판결에 의하여서만 할 수 있는 등록부의 기록정정을 가정법원의 등록부의 정정허가만으로 정정한 경우에는, 위법한

4) 대법 1973.11.14. 선고, 73마872 결정.

것으로서 그 정정의 효력은 발생하지 않는다(예규 제234호「판결에 의해서만 정정할 수 있는 가족관계등록부 기록을 허가만으로 정정한 경우의 효력」).

어떠한 정정사항이 친족법상 또는 상속법상 중대한 영향을 미치는 사항인가의 판단 기준에 대한 판례와 예규의 입장은, 정정하려고 하는 등록부의 기록사항과 관련된 신분관계의 존부에 관하여 직접적인 쟁송방법이 가사소송법 제2조에 규정되어 있는지의 여부를 기준으로 하여, 가사소송사건으로 판결을 받게 되어 있는 사항은 모두 친족법상 또는 상속법상 중대한 영향을 미치는 것으로 보고 있다. 따라서 그와 같은 사항에 관하여는 제107조에 따라 확정판결에 의해서만 등록부 정정의 신청을 할 수 있고, 가사소송법 제2조에 따라 판결을 받을 수 없는 사항에 관한 등록부 기록의 정정은 제104조에 따라 법원의 허가를 받아 정정을 신청할 수 있다고 본다. 그러므로 사람이 사망하였는지의 여부나 사람이 사망한 일시를 확정함에 관하여는 직접적인 쟁송방법이 가사소송법은 물론 다른 법률이나 대법원규칙에도 정하여진 바가 없으므로, 이와 같은 사항에 관한 등록부 기록의 정정은, 당연히 제104조에 따라 처리되어야 한다(예규 제233호「가족관계등록부정정사항이 친족법상 또는 상속법상 중대한 영향을 미치는 사항인지의 구별기준」)는 것이다.[5]

창설적 신고가 무효인 경우에 관하여 가사소송법은 혼인의 무효 등을 가류 가사소송사건으로 규정하고 있다. 위 판례의 입장이나 예규에 의하면 이들 사항은 판결에 의한 정정사유에 해당한다. 따라서 창설적 신고로서 그 무효임이 등록부 기록상 명백한 때에는 제105조에 따라 가정법원의 허가를 얻어 정정신청을 할 수 있으나, 명백하지 아니한 때에는 가사소송법 제2조에 규정되어 있지 아니한 경우일지라도 확정판결에 의한 정정신청절차를 거쳐야 한다.

5. 정정방법

등록부의 등록기준지나 본인의 특정등록사항란의 기록을 정정하는 경우에는, 등록기준지란이나 특정등록사항란에는 새로운 사항을 기록하고, 정정 전의 사항과 그 사유를 가족관계등록부사항란이나 일반등록사항란에 기록하게 된다. 그리고 가족관계등록부사항란이나 일반등록사항란의 기록을 정정하는 경우에

5) 대법 1993.5.22. 선고, 93스14-16 전원합의체 결정.

는, 정정할 부분에 하나의 선(삭선)을 긋고, 각 해당 사항란에 정정내용과 그 사유를 기록한다(규칙 §66).

등록기준지의 변경이나 정정의 경우에도 등록기준지란에 정정된 내용을 기록하고, 그 정정사유를 가족관계등록부사항란에 기록하게 된다. 또한 등록부의 특정등록사항란의 정정도 선을 긋지 않고 바로 정정된 내용을 기록하여 주고 그 사유를 일반등록사항란에 기록한다. 반면 일반등록사항란의 기록을 정정하는 경우에는, 정정대상에 선을 긋고 일반등록사항란에 그 정정내용 및 사유를 기록하게 된다. 이는 증명서의 위·변조방지와 정정내역 파악의 용이성 등을 고려한 것이다.

Ⅱ. 직권에 의한 정정

1. 의　의

직권에 의한 정정이라 함은 시·읍·면의 장이 직권에 의하여 스스로 등록부의 기록을 정정하는 것을 말한다. 즉, 등록부의 기록이 법률상 무효인 것이거나 그 기록에 착오 또는 누락이 있음을 안 때에는, 시·읍·면의 장은 지체 없이 신고인 또는 신고 사건의 본인에게 그 사실을 통지하여 정정절차를 취할 수 있게 하나, 정정신청을 하는 사람이 없는 때에 시·읍·면의 장이 직권으로 등록부의 기록을 정정하는 것을 말한다. 다만 그 착오와 누락이 시·읍·면의 장의 잘못으로 인한 것이거나 신고인 또는 신고 사건의 본인에게 통지를 할 수 없는 때에는, 통지절차를 취할 필요 없이 곧바로 직권에 의하여 등록부의 기록을 정정할 수 있다(§18①②).

국가 또는 지방자치단체의 공무원이 그 직무상 등록부의 기록에 착오 또는 누락이 있음을 안 때에는, 지체 없이 신고 사건의 본인의 등록기준지의 시·읍·면의 장에게 통지하여야 하며, 통지를 받은 시·읍·면의 장은 직권정정절차에 따라 처리한다(§18③).

시(구)·읍·면의 장이 착오로 인하여 감독법원의 허가를 받지 않고 한 등록부 정정신청(예: 등록부에 여로 기록되어 있는 것을 남으로 정정)을 수리하여 처리한 것을 발견한 경우, 시(구)·읍·면의 장은 신청인 또는 신청사건의 본인에게 등록부 정정의 통지를 하여야 하며, 통지를 하여도 등록부 정정의 신청을 하는 사람이 없는 때에도 간이직권정정절차를 거쳐야 한다(예규 제56호「가정법원의 허가 없이 이루어진 가족관계등록부정정의 직권정정」).

위에서 본 바와 같이 직권에 의한 정정에는, 시(구)·읍·면의 장이 감독법원에 직권정정신청을 하여 그 허가를 받은 후에 등록부를 정정하는 방법과 감독법원의 허가 없이 시(구)·읍·면의 장이 먼저 직권으로 정정을 하고 감독법원에 보고하는 간이직권정정의 방법이 있다.

2. 직권에 의한 정정사항

(1) 감독법원의 허가를 필요로 하는 직권정정사항

시(구)·읍·면의 장이 직권에 의하여 등록부의 기록사항을 정정하려면, 제18조 제2항 단서의 대법원규칙으로 정한 경미한 사항(간이직권정정사항)을 제외하고는 원칙적으로 감독법원의 허가를 받아야 한다. 이 감독법원의 허가는 등록사무에 관한 법원의 사법행정상의 절차로서 감독법원의 장인 법원장의 허가(감독권 행사)이다.

(2) 간이직권정정사항

등록부의 기록사항의 직권정정사항 중에서 대법원규칙으로 정한 경미한 사항은 미리 감독법원의 허가를 받지 않고 시(구)·읍·면의 장이 먼저 직권으로 등록부를 정정하고 나중에 감독법원에 보고하여야 한다(§18② 단서). 규칙에 규정된 간이직권정정사항은 다음과 같다(규칙 §60②).[6)]

6) 한편 예규(선례 포함)에 의한 간이직권정정사항은 다음과 같다.

① 토지의 명칭과 지번에 관한 등록부의 기록이 잘못 기재되었거나 빠뜨리게 된 것이 명백한 경우(예규 제11호 5)

② 성이 한자이고 이름이 한글인 경우 이에 관한 정정(예규 제37호 3. 가)

③ 외국의 국호와 지명에 관한 등록부의 기록이 외래어 표기법에 맞지 아니하는 경우(예규 제292호 §11), 귀화 또는 국적 회복한 외국인의 인명이 해당 외국 방식에 따라 등록부에 기록된 경우(한국 방식의 성명 배열이 아닌 경우)(동 §12), 호예 제635호(2003. 11. 15) 및 제662호에 따라 기록된 국호, 지명 및 인명과 예규 제292호가 정하는 방식에 따른 국호, 지명 및 인명이 서로 다른 경우(동 §13), 종전 호예 제405호에 따라 한국인 남자의 처인 일본인 여자의 성명이 호적상 한자로 기재되었고 후에 한국식 발음의 한글표

기가 병기되었던 것을 한국인 남자의 등록부 혼인관계증명서상의 일본인 처의 성명을 한국식 발음의 한글표기에서 일본식 발음의 한글표기로 정정하는 경우(선례 200808-7 가).

④ 가족관계등록전산정보처리조직 자료구축과 관련, 호적전산정보처리조직상의 호적기재사항에 의하여 등록부를 작성하는 과정에서 잘못 이기한 등록부의 기록사항에 대하여 이해관계인의 신청이 있는 경우(예규 제289-7호 §2 iv), 등록부 등록사항별 증명서 중 가족관계증명서와 관련하여 호적부 전산화 이전에 분가한 후, 분가 전 호적이 전적 등의 사유로 새로이 편제된 경우와 같이 전산호적부상의 가족이 아니어서 가족관계증명서에 가족으로 구성되지 않은 경우, 등록부의 기록사항에 대하여 이해관계인의 신청이 있는 경우(동 §2 vi)

⑤ 주민등록지 관할 시(구) · 읍 · 면의 장이 주민등록번호의 통보를 빠뜨리거나 그밖의 사유로 등록부에 주민등록번호의 기록이 빠뜨려졌거나 잘못 기재된 경우에 주민등록지의 시(구) · 읍 · 면의 장의 정정통보가 있거나 본인 또는 동거하는 친족이 주민등록등(초)본을 첨부하여 그 빠뜨리게 된 것의 기록 또는 정정을 신청하는 때(예규 제45호), 혼인 전 친가호적에 기재된 생년월일이 그 근거가 없이 혼가호적에 달리 기재되었고 후에 그 혼가호적을 기초로 등록부가 작성되어 친가호적, 혼가호적 및 이를 기초로 작성된 등록부상의 생년월일이 상이하고 주민등록표상의 주민등록번호도 잘못 기재된 경우(선례 200812-2)

⑥ 다른 사람의 등록부에 착오로 사망기록을 하여 폐쇄하였을 경우에 그 등록부를 부활한 후 실제 사망한 사람의 등록부에 빠뜨린 사망사유를 기록하는 때(예규 제58호)

⑦ 후견개시신고가 된 미성년자가 혼인한 경우 민법 제826조의2에 따라 성년자로 보아 등록부에 후견종료사유를 기록할 때(예규 제87호)

⑧ 인명용 한자의 범위를 벗어난 한자를 이름에 사용한 출생신고서가 착오로 수리된 경우(예규 제109호 3. 나)

⑨ 부모가 기아를 찾아 가족관계등록법 44조 2항에 따른 출생신고를 하고 이를 수리한 시(구) · 읍 · 면의 장이 동법 제53조 제1항에 따른 등록부 정정신청을 받은 때(예규 제289- 12호)

⑩ 종전 호적제도 하에서 혼인신고에 의한 친가 제적의 기재를 빠뜨린 상태에서 등록부가 이중으로 작성된 경우(예규 제154호「종전 호적제도 하에서 혼인신고에 의한 친가 제적의 기재를 빠뜨린 상태에서 가족관계등록부가 이중으로 작성된 경우의 처리」)

⑪ 출생신고서에 기재한 이름과 등록부에 기록된 이름이 서로 다른 경우의 개명(예규 제211호 §4①)

⑫ 친생부인 또는 친자관계부존재 확인의 판결이 확정된 경우의 등록부 정정(예규 제239호「친생부인판결이 확정된 경우 가족관계등록부 정정절차」 2. 4. 및 예규 제240호「친생자관계부존재 확인판결이 확정된 경우 가족관계등록부정정절차」)

⑬ 누락된 가족을 추가하는 경우(예규 제277호「누락된 가족의 가족정보 배포를 통한 추기기록의 특례」 §3), 본인의 등록부에 누락된 외국인인 배우자를 추가 기록하는 경우(선례 200808-7 나)

⑭ 부부공동입양(1991년 민법 개정 전의 사후입양 포함)임에도 불구하고 호적상 입양사유가 양부와 양자의 신분사항란에만 기재되고, 양자의 부모란에는 양부만 기재되어 양모의 가족관계증명서와 입양관계증명서에 양자의 인적 사항과 입양사유가 기록되지 아니하

① 등록부의 기록이 오기되었거나 누락되었음이 가족관계등록법 시행 전의 호적(제적)이나 그 등본에 의하여 명백한 때

② 규칙 제54조(배우자의 가족관계등록사항 등의 변동사유) 또는 제55조(자녀의 등록사항 등)에 의한 기록이 누락되었음이 신고서류 등에 의하여 명백한 때

③ 한쪽 배우자의 등록부에 혼인 또는 이혼의 기록이 있으나 다른 배우자의 등록부에는 혼인 또는 이혼의 기록이 누락된 때

④ 부 또는 모의 본이 정정되거나 변경되었음이 등록사항별 증명서에 의하여 명백함에도 그 자녀의 본란이 정정되거나 변경되지 아니한 때

⑤ 신고서류에 의하여 이루어진 등록부의 기록에 오기나 누락된 부분이 있음이 해당 신고서류에 비추어 명백한 때

3. 정정절차

(1) 직권정정신청

신고인, 신고 사건 본인 또는 이해관계인은 가족관계등록공무원의 잘못으로 등록부 기록에 착오 또는 누락이 있음을 안 때에는, 해당 사건을 처리한 시(구)·읍·면에 말 또는 서면으로 직권정정신청을 할 수 있다. 다만, 신고서류가 법원에 송부된 이후에 신청인이 규칙 제60조 제4호에 따른 직권정정을 신청하고자 하는 때에는 해당 신고서류의 사본을 첨부하여야 한다(예규 제289-10호 2).

(2) 시(구)·읍·면의 장의 조치

1) 접수와 처리

직권정정신청이 있을 때에는 시(구)·읍·면의 장은 이를 문서건명부에 접수하고 정확히 심사하여야 한다. 직권정정신청사안이 규칙 제60조에 해당하는 사항일 경우에는 예규 제289-9호[7]에 정한 절차에 따라 처리하며, 특히 신고서

는 경우, 당사자를 비롯한 이해관계인이 등록기준지를 관할하는 시(구)·읍·면의 장에게 제적부(호적용지로 작성된 제적부를 포함)를 첨부하여 양모와 양자의 가족관계등록부에 대한 직권정정을 신청하는 때(선례 200803-4)

7) 간이직권정정·기록에 대하여는 직권정정·기록서를 작성하여 처리한다. 간이직권정정(기록)을 할 때에는 그 근거가 되는 정정(기록) 전의 등록부 또는 종전의 등록부(폐쇄)의 등

류를 법원에 송부한 이후의 사안에 관한 신청인 때에는, 신청인이 제출한 신고서류의 사본이 해당 신고서류에 의해 작성된 것인지를 직접 방문 또는 팩시밀리 방법에 의하여 철저히 조사하여야 한다. 직권정정신청사안이 이에 해당하는 사항이 아닌 때에는, 접수일로부터 5일 이내에 감독법원에 직권정정허가신청(우송)을 한다(예규 제289-10호 3 가).

2) 결과의 통지

시(구)·읍·면의 장이 직권정정서에 의하여 등록부의 정정을 하였거나 감독법원으로부터 허가서의 송부를 받아 등록부를 정정하였을 경우와 불허가서의 송부를 받았을 경우에는, 신청인에게 각각 그 결과를 통지한다(예규 제289-10호 3 나).

(3) 감독법원의 조치

시(구)·읍·면의 장으로부터 직권정정허가 신청서를 송부받은 때에는 감독법원은 예규 제55호 「직권정정허가신청을 받은 감독법원의 사무처리지침」[8]에 따라 신속히 처리한다. 감독법원이 직권정정사유를 발견한 경우에는 즉시 시(구)·읍·면의 장에게 직권정정절차를 밟도록 조치한다. 가족관계등록공무원이 직권정정신청서에 첨부된 신고서류의 사본을 법원에 보관된 해당 신고서류와 대조확인하기 위하여 해당 신고서류의 사본을 전화 등으로 청구한 때에는 팩시밀리 방법으로 교부할 수 있다(예규 제289-10호 4).

록사항별 증명서(해당 사항 기록)를 정정(기록)서에 첨부하여 정정(기록)한다. 간이직권정정·기록서에 의하여 처리된 사건은 법원의 직권정정허가서와 동일한 방법으로 취급하여 규칙 §68의 신고서류의 예에 따라, 법원에 송부함으로써 사후에 감독법원에 보고한다. 감독법원은 위 정정(기록)서에 의하여 처리(보고)된 사건은 빠짐없이 그 적정 여부를 조사·확인하여 잘못된 것이 있으면 시정 조치하여야 하며, 그 직권정정·기록서는 다른 신고서와 같이 신고서류편철부에 편철한다(예규 제289-9호).

8) 직권정정허가신청을 받은 감독법원은 시(구)·읍·면의 장으로부터 송부받은 직권기록 또는 정정허가신청서를 수일간 보관하였다가 결재단계에서 접수하여서는 안 되고, 문서건명부에 즉시 접수하여야 하며, 접수한 신청서는 지체 없이 소명자료를 조사·정리한 후 결재를 올려야 한다. 가·부의 결재를 받았을 때에는 등록사무담당과장(지원인 경우는 가족관계등록계장)은 원본 수령일을 기재하고, 지체 없이 가족관계등록관서의 장에게 가·부의 취지를 표시한 신청서 부본을 송부하도록 조치를 하여야 하고 시(구)·읍·면 송부일란을 정리하여야 한다(예규 제55호).

Ⅲ. 가정법원의 허가에 의한 정정

1. 위법한 등록부 기록의 정정

등록부의 기록이 법률상 허가될 수 없는 것 또는 그 기재에 착오나 누락이 있다고 인정한 때에는, 이해관계인은 사건 본인의 등록기준지를 관할하는 가정법원의 허가를 받아 등록부의 정정을 신청할 수 있다(§104).

등록부의 기록이 법률상 허가될 수 없는 것이라 함은 권한 없는 사람이 한 등록부의 기록, 등록부의 등록사항이 아닌 전과관계・학사(學事)・병사(兵事)・사산 등에 관한 기록, 위조・변조의 신고서에 의하여 이루어진 등록부의 기록, 사망한 사람 또는 신고의무자(신고적격자)가 아닌 사람의 신고에 의하여 이루어진 등록부의 기록뿐만이 아니라 등록부의 기록 자체로 보아 당연무효인 등록부의 기록도 이에 해당한다(예규 제223호 「'법률상 허가될 수 없는' 가족관계등록부 기록의 의의」). 착오가 있는 등록부의 기록은 그 기록사항이 사실과 부합하지 않는 경우를 말하며, 출생연월일이나 출생장소의 기록이 착오인 때, 성별・본의 기재가 착오로 기록된 때 및 혼인 중의 자녀가 혼인 외의 자녀로 착오 기록된 때를 들 수 있다. 누락이 있는 등록부의 기록은 신고 또는 신청이 있었으나 담당공무원의 잘못으로 그 기록이 빠진 경우 또는 등록부를 작성하면서 그 기록사항을 누락한 경우 등이 해당한다.

2. 무효인 등록부 기록의 정정

신고로 인하여 효력이 발생하는 행위에 관하여 등록부에 기록하였으나 그 행위가 무효임이 명백한 때에는, 신고인 또는 신고 사건의 본인은 사건 본인의 등록기준지를 관할하는 가정법원의 허가를 받아 등록부의 정정을 신청할 수 있다(§105).

무효인 행위에 의한 등록부의 기록은 혼인, 인지, 입양 등 신고로 효력이 발생하는 행위, 즉 창설적 신고사항에 대하여 등록부에 기록된 후에 그 행위가 무효임이 명백한 때에는 그 기록의 정정을 신청할 수 있는 것이다. 그러나 신고가 무효인 때에는 기록사항이 친족법상 또는 상속법상 중대한 영향을 미치기 때문에, 가사소송법 제2조에 규정되어 있지 않은 때와 창설적 신고로서 그 무효임이 명백한 경우에만 정정허가신청을 할 수 있다. 예를 들어 사망한 사람과 혼인을 하는 경우나 사망자 명의로 입양하는 경우 등이다.

3. 정정허가절차

(1) 관할법원

정정허가는 사건 본인의 등록기준지를 관할하는 가정법원의 관할에 속한다. 호적제도하에서는 본적지 처리원칙에 따라 각종 신고서류가 호적이 있는 곳(본적지)으로 송부되고, 정정사유의 유무는 대부분 신고서류와 호적기재의 내용을 검토하여 판단하게 되므로 호적이 있는 곳을 관할하는 가정법원의 관할로 한 바 있다(호 §120, §121). 이러한 취지를 따른다면 관할법원은 신고서류가 있는 곳을 관할하는 가정법원이 되어야 한다. 그러나 등록사무가 접수지 처리원칙에 따라 처리되므로, 그와 같이 한다면 정정사건이 발생할 경우마다 관할법원이 달라지는 불편이 뒤따르게 된다. 왜냐하면 신고서류는 신고지 관서의 관할법원에 보관되므로, 당사자는 정정하고자 하는 사항마다 그 신고지를 확인하여 신고지 관할법원에 정정신청서를 제출하여야 하기 때문이다. 또한 본인의 신분사항임에도 각 사항마다 정정사건의 관할법원이 달라지게 되는 불편을 고려하여 사건 본인의 등록기준지를 정정사건의 관할 기준으로 채택한 것이다. 물론 등록기준지를 정정사건의 관할 기준으로 하더라도, 신고지 관할법원에 보관되어 있는 신고서류를 정정사건이 접수된 등록기준지 관할법원에 송부하여야 하는 번거로움은 있다.

(2) 신청인 및 신청방법

위법한 가족관계등록기록의 정정허가는 이해관계인이 신청할 수 있다(§104). 여기서 이해관계인이라 함은 신고 사건의 본인, 신고인 그밖에 당해 등록부의 기록에 신분상 또는 재산상 이해관계를 가진 사람을 말한다. 한국 국적을 가지고 있지 아니한 사람도 사건 본인 또는 재산상·신분상 이해관계가 있으면 등록부의 정정을 신청할 수 있다(선례 200809-1 가). 한편 무효인 행위의 가족관계등록기록의 정정허가는 신고인 또는 신고 사건의 본인이 신청할 수 있다(§105). 여기서 신고인 또는 신고 사건의 본인이라 함은 민법과 가족관계등록법에서 정하고 있는 사람을 가리키며, 사실상 신고를 한 신고인을 의미하는 것은 아니다. 성과 본의 창설허가, 개명허가 및 등록부 창설허가에 대하여는 미성년자도 허가신청을 할 수 있으나(규칙 §87②), 가족관계등록기록 정정허가 사건에 대하여는 비송사건절차법이 준용되므로(동 §87①), 허가신청인은 소송능력을 갖추어야 한다.

신청방법은 신청서에 신청취지와 신청원인을 기재한 후, 그 정정사항에 대한 소명자료를 첨부하여 관할법원에 제출하여야 한다. 소명자료로 인우인보증서를 첨부하는 경우에는, 반드시 보증인들의 주민등록표 등・초본 또는 인감증명서를 첨부하도록 하여야 한다. 그밖에 신청원인사실에 따라 여러 가지 소명자료를 제출할 수 있다. 신청서에는 소정의 인지를 첨부(사건 본인 1인당 1,000원)하고 송달료를 납부하여야 한다. 사건 본인 1명이 등록부상 자신의 신분에 관한 기록사항 중 착오가 여러 개(예: 출생장소, 출생연월일, 성별관계 등)가 있어 이를 정정하기 위한 여러 개의 청구를 하는 경우에는, 이를 1명 1건으로 보아 정해진 인지를 붙여야 한다(예규 제225호 「가족관계등록부의 정정 허가신청사건의 인지첩부」).

(3) 정정신청

등록부 정정허가신청에 대한 법원의 재판형식은 결정으로 한다. 결정은 고지함으로써 효력이 발생한다(비송 §18①). 정정결정에 대하여 권리를 침해당한 사람은 항고할 수 있고(동 §20), 법원은 결정이 위법 또는 부당하다고 인정되는 때에는, 당사자의 신청 또는 직권으로 결정을 취소 또는 변경할 수 있다(동 §19①). 그러나 가족관계등록공무원이 등록부의 정정허가결정에 따른 등록부의 정정신청을 수리하여 등록부에 기록을 한 후에는, 그 허가결정을 한 법원은 이를 취소 또는 변경을 할 수 없다(예규 제228호 「법원의 가족관계등록부의 정정허가결정에 의하여 가족관계등록부에 기록을 한 후 동 허가결정의 취소 또는 변경 여부」).

정정허가결정을 받은 사람은 재판서의 등본을 받은 날부터 1개월 이내에 그 등본을 첨부하여 등록부의 정정을 신청하여야 한다(§106). 정정허가신청인이 사망한 때에는 그 사람의 배우자 또는 4촌 이내의 친족이 신청할 수 있다(예규 제85호 「확정판결(조정)의 소 제기자가 사망한 경우의 배우자나 4촌 이내의 친족의 신고」).

4. 정정허가사건의 처리

(1) 출생연월일의 정정

등록부에 기록된 출생연월일이 실제와 달라 이를 정정하는 경우이다. 연령을 정정하여야 할 경우는 출생신고서에 출생연월일을 오기하여 발생하기도 하나, 대개는 특정한 목적을 위하여 출생신고서에 허위의 사실을 기재하는 경우에 발생한다. 다만, 이 경우의 정정신청서에는 출생신고서에 의사 등 분만에 관여한 사람이 작성한 출생증명서가 첨부되어야 하므로(§44④), 이러한 사례는 드물게 발생한다.

연령정정허가신청은 현실적으로 정정을 하여야 할 필요성이 생겼을 때에만 행해지기 마련이다. 등록부에 기록된 출생연월일이 사실과 달라도 정정할 필요성이 없을 때에는 그대로 방치하는 것이 일반적이다. 대체로 취학, 취업, 병역, 정년, 친생추정[9] 등을 위하여 연령정정허가신청을 하고 있다. 목적이 부도덕하거나 위법한 경우임에도 연령정정을 허가하는 것은 사회적으로도 비난받을 일이며,[10] 연령정정제도의 취지에 반한다. 보다 높은 정도의 소명을 필요로 한다고 하겠다. 따라서 병원 발행의 출생증명서의 신빙성이 낮은 경우에는 분만대장, 출산기록부 등의 기록을 첨부하게 하거나, 출산 당시의 의료보험금 지급서류 등을 통하여 소명하게 하고, 출생증명서가 없는 경우에는 연령감정을 하기도 한다.[11] 그밖에 모의 연령, 형제 간의 연령 차이, 부모의 혼인일자, 취학연령, 부부 간의 연령 차이, 학교 동기생의 평균연령, 인우보증인의 적격, 출생신고일자 등을 종합적으로 고려하여 판단하여야 한다.

---

9) 민법 제844조에 따라 부와의 혼인 중의 출생자로 추정받는 사람의 출생연월일을 허위로 하여 다른 사람과의 혼인 중의 자녀로 신고하여 등록부가 작성된 경우, 그 사람의 등록부는 위법 또는 무효인 등록부로서 폐쇄되어야 하므로, 그 출생연월일을 사실대로 정정하는 등록부 정정은 할 수 없다(예규 제229호 「가족관계등록부에 기록된 출생연월일의 정정에 관한 사무처리지침」).

10) 따라서 신고를 게을리한 책임을 면하기 위하여 출생연월일을 허위로 신고한 뒤, 실제대로 정정한 경우에도 과태료를 부담하게 된다(예규 제229호).

11) 재외동포의 연령정정허가신청에는 거주지 외국인 의사가 작성한 연령감정서를 첨부하여 신청할 수 있다(예규 제229호).

또한 등록부상 출생연월일이 정당함에도 불구하고 허위의 자료를 제출하여 등록부 정정허가를 받는 방법으로 위법, 부당하게 자신의 신분사항을 바꾸고, 달라진 신분을 악용하여 외국에 불법으로 머무는 등 국가적·사회적 물의를 일으키는 것을 방지하기 위하여, 가정법원이 출생연월일 정정 사건을 처리할 경우에는, 신청사건 등의 처리에 세심한 주의를 기울여야 한다. 즉 출생연월일 정정사건을 접수한 때에는 사건 본인의 연령 등을 고려하여 경찰관서에 전과조회, 출입국관리사무소에 출입국사실조회, 전국은행연합회에 신용정보조회 등을 하여 그 자료를 신청사건 등의 판단자료로 활용하고, 출생연월일 정정사건의 처리시 소명자료에 진실성이 의심스럽다고 인정되거나 그밖의 필요한 경우에는, 본인 또는 참고인 심문을 적극적으로 활용하여야 한다(예규 제230호 「출생연월일정정사건 처리상 유의사항」).

(2) 이중등록부의 정정

동일한 사람에 대하여 여러 개의 등록부가 작성되어 있음이 명백히 밝혀진 경우에는, 시·읍·면의 장은 감독법원의 허가를 받아 직권으로 그 등록부를 폐쇄할 수 있다(규칙 §59). 이중등록부의 폐쇄는 착오된 등록부를 폐쇄하여야 하고 당사자가 임의로 택일할 수 없다(예규 제244호 「이중가족관계등록부의 정정」).

시·읍·면의 장이 감독법원의 허가를 받아 직권으로 그 등록부를 폐쇄할 수 있는 경우는, 등록부만으로는 이중등록부임이 명백하지 아니한 때 및 동일한 사람에 대하여 성명이나 출생연월일의 전부 또는 일부를 달리하여 2개 이상의 등록부가 작성되어 있는 경우라도 지문감정 등의 과학적 방법에 의하여 동일인에 대한 이중등록부임이 명백히 밝혀진 때이다(예규 제289-17호 「이중가족관계등록부의 직권정리에 관한 사무처리지침」 §2).

시(구)·읍·면의 장이 등록사무처리 중 이중등록자로 의심되는 사람을 발견한 때에는 경찰청장에게 사실조회를 할 수 있다. 시(구)·읍·면의 장이 사실조회에 따라 회보를 받거나 검사 또는 수사기관의 장으로부터 이중등록자로 의심되는 사람에 대한 자료를 통지받은 경우, 이를 문서건명부에 접수하고 수사기관으로부터 받은 자료 및 해당 관서의 가족관계등록관련 자료 등을 토대로 이중등록자 여부를 정확히 심사한 뒤, 이중등록자로 판단될 경우에는 이중등록자 본인에게 이중등록부 정리를 위한 절차를 취하도록 1개월 이내의 범위를 정하여 통지를 하여야 한다. 통지를 할 수 없을 때 또는 통지를 하여도 위 기간 내에 등록부 정정신청이나 등록부 정정허가신청 접수증명서의 제출 또는 이의제기가 없는 경우에는, 지체 없이 감독법원에 이중등록자에 대한 말소허가를 신청하여야 한다. 신청을 할 때에는 사실조회 회보서 또는 자료를 첨부하여야 하며, 해당 관서의 판단자료도 첨부하여 송부할 수 있다(동 §3).

감독법원은 관할 시(구)·읍·면으로부터 송부받은 위의 자료를 면밀히 검토하여, 동일성이 없는 사람에 대한 등록부의 폐쇄를 허가하는 일이 없도록 주의하여야 한다.[12] 감독법원이 심리하는 이중등록자의 등록부가 관할 감독법원을 달리하는 둘 이상의 등록부인 경우, 그 감독법원들은 이중등록부의 폐쇄에 관하여 서로 협의하여 모순된 결과를 낳지 않도록 하여야 한다(동 §4).

시(구)·읍·면의 장은 감독법원이 위법한 이중등록부에 대하여 폐쇄를 허가한 경우, 지체 없이 그 이중등록부를 폐쇄하여야 한다(동 §5). 이중등록부를 폐쇄하는 등록부에 기록할 때에는, 폐쇄되는 등록부의 일반등록사항란에 존치 등록부를 기록하여야 하고, 폐쇄되는 등록부가 둘 이상인 경우에는 다른 폐쇄 등록부도 기록하여야 한다. 다만, 적법한 출생신고에 의하여 등록부가 작성된 사람이 가족관계등록창설을 하여 이중으로 등록부가 작성된 경우 및 가족관계등록창설에 의하여 작성된 등록부에 그 기록사항이 적법하게 기록된 경우에는, 등록부 정정에 따라 가족관계등록창설에 의하여 작성된 등록부를 폐쇄함과 동시에 적법한 등록부에 그 기록사항을 이기하는 정정절차를 거쳐 정리할 수 있다(예규 제247호 「이중가족관계등록부의 폐쇄와 동 가족관계등록부상에 기록되어 있는 등록사항의 이기」). 그러나 폐쇄되는 이중등록부의 등록부에 존치 등록부로 이기하여야 할 기록사항이 있는 경우에도 이는 이기하지 아니한다(예규 제289-17호 §6).

존치되어야 할 등록부가 폐쇄된 경우에는, 본인 또는 이해관계인은 폐쇄된 등록부의 등록기준지 관할법원에 소명하는 서류를 첨부하여 폐쇄등록부를 부

---

12) 그러나 이중등록부의 단일화를 위한 등록부 정정(폐쇄)허가에 있어 존치할 정당한 등록부와 말소할 위법한 등록부의 기록이 일치하지 아니하는 경우에는, 다른 증거자료에 의하여 이중등록부임이 인정되면 2개의 등록부 기록을 일치시키기 위한 등록부 정정절차를 취함이 없이 바로 정정(폐쇄)할 수 있다(예규 제248호 「이중가족관계등록부 단일화를 위한 등록부정정(폐쇄)사건에 있어서 두 개의 가족관계등록부 기록내용이 일치하여야 하는지 여부」).

활작성하고, 종전의 존치 등록부를 폐쇄하는 등록부 정정허가신청을 하여야 한다. 시(구)·읍·면의 장에게 법원의 재판서 등본을 첨부하여 폐쇄된 등록부의 부활작성을 신청하고자 하는 경우에는, 신청인은 종전의 존치 등록부에 대하여 먼저 폐쇄신청을 하여야 한다(동 §7).

혼인 외의 자녀가 모의 출생신고에 의하여 등록부가 작성된 상태에서 부의 출생신고로 다시 등록부가 작성되어 이중등록자가 된 경우에는, 모의 출생신고가 부의 출생신고보다 먼저 수리된 이상 모의 출생신고에 의해 등록부가 작성된 것은 정당한 것이므로 말소할 수 없고, 부의 출생신고에 의하여 작성된 등록부는 이중등록부로 위법한 것이므로 제18조 또는 제104조에 따라 전부 말소되어야 한다. 다만, 혼인 외의 자녀에 대한 부의 친생자 출생신고는 인지의 효력이 있으므로, 모의 출생신고에 의하여 작성된 자녀의 등록부의 특정등록사항란의 부란을 기록하고, 성과 본이 바뀐 경우에는 그 내용을 기록하며, 일반등록사항란에 인지의 효력 있는 출생신고의 사유와 성과 본이 바뀐 경우에 그 사유를 기록하게 된다. 부의 등록부의 일반등록사항란에도 인지의 효력 있는 출생신고한 사유가 기록된다(예규 제245호 「혼인외 자에 대하여 모의 출생신고 후 다시 부가 출생신고하여 이중가족관계등록부가 작성된 경우의 사무처리지침」).

한편 이중·삼중의 등록부는 법률상 허용되지 않으므로, 신분관계에 어떠한 영향을 미치지 않는 한 이를 단일화하기 위하여 제104조에 따른 등록부의 정정도 가능하다(예규 제249호 「이중가족관계등록부를 폐쇄하는 등록부의 정정도 「가족관계의 등록 등에 관한 법률」 §104에 따라 신청 가능한지 여부」).

(3) 사망기록의 정정

판례에 따르면, 사람이 사망하였는지 여부나 사람이 사망한 일시를 확정함에 관하여는 직접적인 쟁송방법이 가사소송법은 물론 다른 법률이나 대법원규칙에도 정하여진 바가 없어 이와 같은 사항에 관한 등록부의 기록정정은 제104조에 따라 처리되어야 한다.[13] 예컨대 사망 후 1시간 이내에 사망신고를 수리하고 등록부에 기록을 완료한 후에, 그 사망자가 다시 살아난 경우에는 제104조에 따라 그 등록부를 부활하는 절차를 밟아야 한다(예규 제243호). 또한 등록부가 작성되지 아니한 갑이 사망하였음에도 을이 사망한 것으로 신고하여

13) 대법 1993.5.22. 선고, 93스14-16 전원합의체결정 참고.

을의 등록부가 사망을 이유로 폐쇄된 경우라도, 을은 생존자이므로 등록부 정정절차를 취하여 등록부를 부활하여야 하며, 갑에 대하여는 등록부가 작성되지 아니한 사람에 대한 사망신고를 하게 하여야 한다(예규 제242호). 한편 사실상 사망하였으나 등록부상 생존한 것으로 되어 있어 그 이름으로 혼인신고를 하고, 그 후 실제 사망일자에 사망한 것으로 신고한 경우, 사망사실이 확인되면 사망신고를 접수하여 처리한 후, 간이직권정정절차(§18①)에 따른 통지를 하여 당사자로 하여금 무효혼인에 의한 등록부 정정의 절차를 밟아야 한다(예규 제251호「혼인신고일 이전에 사망한 것으로 사망신고된 경우의 정정」).

(4) 성과 본의 정정

등록부에 기록된 성과 본이 사실과 다른 경우에는 정정절차에 따라 그 기록을 정정할 수 있다. 이처럼 성과 본의 정정은 민법 제781조에 따라 성과 본이 변경되는 경우와는 다르다. 그런데 이와는 달리, 한자로 된 성을 한글로 기록하면서 한글맞춤법상의 두음법칙의 적용으로 본래의 음가(音價)와 달리 표기된 경우, 예컨대 '류'가 '유'로, '리'가 '이'로 표기되어 있는 경우 이를 정정할 수 있는지의 여부가 문제되어 왔다. 예규 제37호에 의하면, 한자로 된 성을 한글로 기록할 때에는 한글맞춤법에 따라 표기하나, 일상생활에서 한자 성을 본래의 음가로 발음 및 표기하여 사용하는 등 성의 한글표기에 두음법칙의 적용의 예외를 인정할 합리적 사유가 있는 경우에는, 그러하지 아니하다는 예외가 인정되고 있다. 이러한 예규의 취지에 따라 기존의 등록부에 기록된 성의 한글표기에 두음법칙의 적용의 예외를 인정할 만한 합리적인 사유가 있는 경우에는 정정이 인정되어야 한다. 정정절차는 다음과 같다(예규 제257호「가족관계등록부상 한자 성의 한글표기 정정에 관한 사무처리지침」).

등록부상 두음법칙이 적용된 한자 성의 한글표기를 정정하고자 하는 신청인은 사건 본인의 등록기준지를 관할하는 가정법원에 등록부 정정허가신청을 하여 그 허가를 받아야 한다. 신청인은 사건 본인 및 사건 본인과 한자 성이 같은 직계존·비속이고, 사건 본인이 속한 문중 또는 종중은 신청할 수 없다. 사건 본인은 대리인으로 하여금 신청할 수 있다(비송 §6, §7). 사건 본인이 단독으로 정정신청을 하는 경우, 접수공무원은 신청인과 같은 성을 사용하는 신청인의 부(모의 성과 본을 따르는 경우에는 모) 및 직계존·비속 사이의 등록부상 한글 성 표기가 같아야 한다는 것을 안내하고, 이해관계인의 지위에서 신청인의 부 및 직계비속을 사건 본인으로 하여 공동신청하도록 권고하여야 한다.

신청인이 정정신청을 할 경우에는 다음과 같은 서면을 첨부하여야 한다.

① 주민등록등・초본, 학적부, 졸업증명서, 문중 또는 종중의 확인서 등 사건 본인이 일상생활에서 한자 성을 본래의 음가로 발음 및 표기하여 사용하였음을 소명하는 서면

② 신청인 겸 사건 본인의 등록부상 한자 성의 한글표기의 정정으로 직권정정될 직계비속이 있는 경우에는 해당 직계비속의 동의서, 또는 직계비속의 등록부상 한자 성의 한글표기가 직권정정되며 특별한 사정이 없는 한 재정정할 수 없다는 점을 해당 직계비속에게 고지하였음을 소명할 수 있는 서면

③ 신청인과 사건 본인 또는 등록부상 한자 성의 한글표기가 직권정정될 직계비속과의 관계를 소명하는 서면

④ 그밖의 사건 본인의 한자 성을 등록부에 한글로 기록하면서 두음법칙을 적용하지 아니할 합리적인 사유가 있음을 소명하는 서면

가정법원은 신청사건을 심리하면서 사건 본인의 등록부상 한자 성의 한글표기 정정을 허용할 합리적 사유와 그 신청에 불순한 의도나 탈법의 목적이 있는지를 심사하기 위하여 비송사건절차법이 정한 방법에 따라 필요한 조사를 할 수 있다. 조사결과 사건 본인이 일상생활에서 자신의 한자 성을 본래의 음가로 발음 및 표기하여 왔고, 신청에 불순한 의도나 탈법의 목적이 없다고 인정되는 등 등록부상 한자 성의 한글표기 정정에 합리적인 사유가 있다고 인정되는 경우에는 정정을 허가할 수 있다.

등록부상 한자 성의 한글표기 정정의 효력은 사건 본인에게만 미치나, 직계비속이 있음에도 사건 본인만이 정정신청을 하여 등록부상 한자 성의 한글표기가 정정된 경우에는, 시(구)・읍・면의 장은 그 직계비속의 등록부상 한자 성의 한글표기도 직권으로 정정한다. 그러나 직계존속의 성의 한글표기에 관하여는 따로 정정허가를 받아야 한다. 예컨대 본인의 등록부상 성씨의 한글표기를 '유'에서 '류'로 정정하였으나, 본인의 등록부상 사망한 부(父)의 성이 종전대로 '유'로 기록되어 있는 경우에는 이해관계인이 본인의 등록기준지를 관할하는 가정법원에 "본인의 등록부상 부의 성을 '유'에서 '류'로 정정하는 것을 허가하라"는 취지의 등록부 정정허가신청을 하고 그 허가를 받아야 한다(선례 200808-4). 등록부상 한자 성의 한글표기를 정정한 사람이 정정 전의 한글표기로 재정정신청을 한 경우, 관할법원은 이를 허가하지 아니하면 사건 본인에게

회복할 수 없는 손해가 발생하는 등 특별한 사정이 소명되지 아니하는 한, 등록부 정정을 허가해서는 안 된다. 간이직권절차에 따라 등록부상 한자 성의 한글표기 정정을 받은 자녀가 신청인 겸 사건 본인으로 신청하는 경우도 마찬가지이다. 또한 부의 등록부상 한자 성의 한글표기를 정정한 경우에는, 그 자녀의 한자 성을 정정 전의 한글표기에 따라 출생신고를 할 수 없다. 부의 등록부상 한자 성의 한글표기를 정정하지 아니하고, 그 자녀의 성을 정정하고자 하는 한글표기에 따라 출생신고를 하는 경우도 같다.

두음법칙이 적용되는 경우가 아닌 때에는 정정이 허용되지 아니한다. 예컨대 성 '박'을 한글인 '밝'으로 정정을 구하는 등록부의 정정허가신청은, 정정사유나 개명사유의 어디에도 해당되지 아니하므로 등록부의 정정은 받아들여지지 아니한다(예규 제258호 「성 '박'을 '밝'으로 정정 허용 여부」).

(5) 성전환자의 성별정정

1) 문제의 소재

출생신고서에는 자녀의 성별이 기재되어야 하고, 이에 따라 등록부에도 '남' 또는 '여'의 성별이 기록된다. 그런데 출생 당시의 생물학적 성과는 반대되는 성향을 보이고, 끝내 선천적인 생물학적 성을 버리고 반대되는 성의 일원으로 살아가기 위하여 일차 및 이차 성징을 제거하고 상대 성징을 얻은, 이른바 성전환자가 성전환을 이유로 등록부상의 성별기록을 정정할 수 있어야 하지 아니한가에 대한 논란이 있어 왔다. 이는 성별결정기준을 무엇으로 보아야 하며, 성전환자의 출생신고에 의한 성별 기록은 정정사유의 하나인 착오에 해당되는가를 둘러싼 논란이었다.

2) 학설과 판례

성별을 결정하는 기준과 관련하여서는 성염색체결정설, 심리적 성결정설, 종합적 고려설(사회통념설)의 대립이 있다. 성염색체결정설에 따르면 성전환 후에도 성염색체는 변경되지 아니하므로 성의 변경을 부정하게 된다. 이를 따르는 하급심 사례도 있으나,[14] 성염색체의 구성 여하는 생물학적 차원에서의 성

---

14) 수원지법 1990.8.21. 선고, 90브10 결정; 광주지법 1995.10.5. 선고, 95브10 결정; 대구지법가정지원 2001.4.24. 선고, 2001호파653 결정.

분화에 불과하고, 성별 판정의 유일한 기준이 될 수 없고 인간의 정신적 영역을 무시한다는 지적을 받는다. 심리적 성결정설은 성이란 사회적·역사적 힘의 산물이므로 사람의 성별의 결정은 생물학적 요소가 아니라 사회화 과정에서 획득한 심리적 성에 의하여 결정된다고 주장한다. 이에 따르면 성전환자는 성전환수술 여부와 관계 없이 심리적으로 자신이 속한다고 느끼는 성에 귀속되며, 법도 이를 승인할 수밖에 없게 된다. 이러한 입장을 지지하는 듯한 하급심 사례도 있으나,[15] 성의 변경이 쉽게 인정되는 결과 법적 안정성을 무너뜨릴 수 있다는 비판이 가해진다. 이에 비하여 종합적 고려설은 생물학적 요소와 심리적 요소를 함께 고려하여 사회통념에 따라 성을 결정하여야 한다는 입장을 취한다. 다수설과 판례의 태도이다.[16]

성전환자의 성변경이 인정된다고 하면, 성전환자의 등록부의 성별정정도 허용되어야 할 것이다. 다만 이를 뒷받침할 수 있는 법적 근거를 제시할 필요가 있다. 앞에서의 등록부 정정법리에 기초할 때 성별정정은 신분관계에 중대한 영향을 미칠 사항일지라도, 기록에 착오가 있음을 이유로 한 정정 여부를 검토할 수밖에 없다. 일반론은 여기에서의 착오는 등록부 기록 당시의 착오 즉 원시적 오류로 해석한다. 이와는 달리 "성전환으로 당초의 성별신고가 사후적으로 착오에 해당하게 되었다고 보더라도 최종적으로 성이 확정된 시점에서 본다면 호적부상의 성별기재는 잘못된 기재임이 명백하고, 그럼에도 이를 그대로 유지하는 것은 호적정정제도의 취지에 반하는 것이다. 이 때 착오가 당초의 것이냐, 사후에 확인된 것이냐 하는, 착오의 발견시기를 기준으로 한 구분에 특별한 의미를 부여할 것은 아니다"라는 점을 들어 성전환자의 성별정정을 긍정하는 하급심이 등장하고,[17] 이와 같은 입장이 대법원에서도 수용되기에 이른 것이다.[18]

3) 정정절차

성전환자의 성별정정허가신청사건에 대하여는 위 대법원의 결정에 근거하여 제정된 예규 제293호 「성전환자의 성별정정허가신청사건 등 사무처리지침」

15) 대전지법천안지원 1990.4.19. 선고, 90호파71 결정.

16) 대법 1996.6.11. 선고, 96도791 결정.

17) 부산지법가정지원 2002.7.3. 선고, 2001호파997·998 결정.

18) 대법 2006.6.22. 선고, 2004스42 전원합의체 결정.

에 따라 처리된다.

성별정정허가신청은 신청인 겸 사건 본인이 성전환증에 의하여 성전환수술을 받았음을 이유로 하여서만 이를 할 수 있다. 성염색체, 성선, 외부성기 등 3가지 요소 중 어느 하나에 불일치가 존재하여 성보완 수술 또는 성적합 수술을 받은 사람은 성별정정허가신청을 할 수 없다. 다만, 성보완 수술 또는 성적합 수술에 의하여 생물학적 성과 등록부에 기록된 성을 일치시키거나, 성보완 수술 또는 성적합 수술을 받고 등록부의 성별을 정정한 사람이 성전환증을 이유로 성별정정허가신청을 하는 경우에는, 이 지침에 따라 처리될 수 있다(동 예규 §2).

신청인은 비송사건절차법 제9조 제1항이 정하는 신청서에 다음의 서면을 첨부하여 신청하여야 한다(동 §3①).

① 등록부의 기본증명서, 가족관계증명서 및 주민등록표등(초)본

② 신청인이 성전환증 환자임을 진단한 2명 이상의 정신과 전문의사의 진단서나 감정서

③ 신청인이 성전환수술을 받아 현재 생물학적인 성과 반대되는 성에 관한 신체의 성기와 흡사한 외관을 구비하고 있음을 확인하는 성전환시술의사의 소견서[19]

④ 신청인에게 현재 생식능력이 없고, 향후에도 생식능력이 발생하거나 회복될 가능성이 없음을 확인하는 전문의사 명의의 진단서나 감정서

⑤ 신청인의 성장환경진술서 및 2명 이상 인우인의 보증서[20]

⑥ 부모의 동의서

---

19) 성전환시술의사 명의의 소견서를 첨부할 수 없는 경우에는, 그 소견서를 첨부할 수 없는 이유를 소명하고 다른 전문의사 명의의 신체감정서를 제출할 수 있고, 신청인이 외국에서 성전환수술을 받은 경우에는, 그 수술결과 신청인이 생물학적인 성과 반대의 성으로 외부성기 등을 갖추게 되었음을 확인한 국내의 성형외과 또는 산부인과 전문의의 진단서(신체감정서, 소견서)를 제출하여야 한다(예규 제293호 §3①iii).

20) 성장환경진술서 및 인우보증서에는 ① 신청인의 유아기, 소년기, 청년기, 성년기 등 각 시기별로 이성관계를 포함한 대인관계와 사회생활에 대한 구체적인 진술과, ② 신청인이 성전환수술을 받기 전부터 일정기간 이상 지속적으로 생물학적인 성과는 반대되는 성적 주체성과 자아를 가지고 생활하였으며, 그러한 성적 주체성 내지는 자아의 발로로 성전환수술을 받았고, 신청인이 성전환수술을 받은 이후부터 현재까지 확립된 성적 주체성과 자아에 지극히 만족하면서 사회생활을 하고 있다는 취지의 진술이 기재되어야 한다(예규 제293호 §3①ⅴ).

신청서를 접수하거나 재판에 참여하는 법원사무관 등은 위의 서면이 첨부되었는지 유무를 면밀히 검토하여야 하며, 서면이 첨부되지 아니하였음을 발견한 때에는 신속히 신청인에게 서류의 보완을 위하여 필요한 사항을 지적하고 그 보정을 권고하여야 한다(동 §3②).

법원은 성별정정허가신청사건을 처리할 때에는 필요한 경우 사실조회를 실시할 수 있다(동 §4). 또한 법원은 신청인을 심문하여야 한다. 심문은 공개하지 아니하나 상당하다고 인정하는 사람에게 방청을 허가할 수 있다. 법원은 신청서와 이에 첨부된 의사의 진단서나 소견서 등 서면의 신빙성에 대하여 합리적인 의심이 있다고 판단되는 경우, 신청인에 대한 감정을 공신력 있는 의료기관에 촉탁할 수 있으며, 인우보증이나 동의의 진실성을 확보하기 위하여 필요한 경우에는 인우인이나 신청인의 친족에 대한 참고인 심문을 실시할 수 있다(동 §5).

심리 결과 법원이 신청인에게 성별정정을 허가하기 위해서는 다음의 요건을 충족하고 있는 경우이어야 한다(동 §6).

첫째, 신청인이 대한민국 국적자로서 만 20세 이상의 행위능력자이고 혼인한 사실이 없으며, 신청인에게 자녀가 없음이 인정되어야 한다.

둘째, 신청인이 성전환증으로 인하여 성장기부터 지속적으로 선천적인 생물학적 성과 자기의식의 불일치로 인하여 고통을 받고 오히려 반대의 성에 대하여 귀속감을 느껴온 사정이 인정되어야 한다.

셋째, 신청인에게 상당기간 정신과적 치료나 호르몬 요법에 의한 치료 등을 실시하였으나 신청인이 여전히 수술적 처치를 희망하여, 자격 있는 의사의 판단과 책임하에 성전환수술을 받아 외부성기를 포함한 신체외관이 반대의 성(性)으로 바뀌었음이 인정되어야 한다.

넷째, 성전환수술의 결과 신청인이 생식능력을 상실하였고, 향후 종전의 성으로 다시 전환할 개연성이 없거나 극히 희박하다고 인정되어야 한다.

다섯째, 신청인에게 범죄 또는 탈법행위에 이용할 의도나 목적으로 성별정정허가신청을 하였다는 등의 특별한 사정이 없다고 인정되어야 한다.

성전환증을 이유로 한 성별정정허가의 효력은 법원이 그 결정을 고지한 때로부터 장래에 향하여 발생하며, 다른 법률에 별도의 규정이 있는 경우를 제외하고는 기존의 법률관계에는 영향을 미치지 아니한다(동 §7②). 신청인이 성별정정허가신청과 함께 개명허가신청을 하거나 성별정정허가신청사건의 심리

중에 개명허가신청을 한 경우에는, 예규 제211호에 따르나 사실조회는 실시하지 아니하고 결정할 수 있으며, 성별정정을 허가한 경우에는 개명도 허가할 수 있다(동 §8).

성전환증을 이유로 성별정정허가결정을 받은 신청인의 등록부 정정신청을 접수한 시(구)·읍·면의 장은 신청인의 성별란을 정정하고, 일반등록사항란에 아래의 기재례에 따라서 정정사유를 기록하되, 특히 [정정내용] 항목을 특정등록사항란 성별기록 '남(또는 여)'을 '여(또는 남)'로 정정으로 기록하여야 한다(동 §9).

[기 재 례]

정 정	【정정허가일】○년 ○월 ○일 【허가법원】○○법원 【신청일】○년 ○월 ○일 【신청인】○○○ 【정정일】○년 ○월 ○일 【정정내용】예규 제293호에 따라 특정등록사항란 성별기록 "남(또는 여)"을 "여(또는 남)"로 정정 【처리관서】○○○

Ⅳ. 확정판결에 의한 정정

1. 의 의

확정판결을 받아 등록부의 기록을 정정하여야 하는 경우는, 정정사항 중에서 친족법상 또는 상속법상 중대한 영향을 미치는 사항으로서 정정하고자 하는 등록부의 기록사항과 관련된 신분관계의 존부에 관한 직접적인 쟁송방법이 가사소송법에 규정된 사항이어야 한다. 앞에서 설명한 바와 같이 무엇이 친족법상 또는 상속법상 중대한 영향을 미치는 사항인가에 대하여는, 등록부의 기록사항과 관련된 신분관계의 존부에 관하여 직접적인 쟁송방법이 가사소송법 제2조에 규정되어 있는지의 여부를 기준으로 하여, 가사소송사건으로 판결을 받게 되어 있는 사항은 모두 친족법상 또는 상속법상 중대한 영향을 미치는 것으로 보고 있다.

가사소송법 제2조는 소송사건을 세 가지로 구분하여 규정하고 있다. 가류 사건(혼인의 무효, 이혼의 무효, 인지의 무효, 친생자관계존부확인, 입양의 무효, 파양의 무효)은 친생자관계존부확인의 소를 제외하고는, 신고에 의하여 효력이 발생하는 창설적 신분행위의 무효와 관련된 사건이다.[21] 이들 사건은 모두 친족법상 또는 상속법상 중대한 영향을 미치는 것이므로, 무효가 명백한 경우가 아닌 한 확정판결을 받아 등록부의 기록을 정정하여야 한다.

나류 사건(사실상혼인관계존부확인, 혼인의 취소, 이혼의 취소, 재판상 이혼, 부의 결정, 친생부인, 인지의 취소, 인지에 대한 이의, 인지청구, 입양의 취소, 파양의 취소, 재판상 파양, 친양자입양의 취소, 친양자의 파양) 중에서, 신분관계를 소급적으로 변동시키는 것이 아니라 장래를 향하여 변동시키는 것들은 신고에 의하여 정정을 하게 된다. 소급효가 있는 이혼의 취소, 친생부인, 인지의 취소, 인지에 대한 이의, 파양의 취소, 친양자의 파양의 경우는 확정판결에 기하여 정정을 하여야 한다. 다만, 인지판결과 같이 신분관계를 소급적으로 변동시키나 정정대상인 등록부의 기록이 없는 경우나 실종선고의 취소처럼 소급효가 제한되는 경우의 사건들은 제107조에서 규정하는 확정판결에 해당하지 아니한다.

다류 사건은 신분관계해소를 원인으로 손해배상청구(제3자에 대한 청구를 포함한다) 및 원상회복의 청구사건과 재산분할청구권 보전을 위한 사해행위취소 및 원상회복의 청구사건으로서, 본래는 민사소송사건이나 가정법원이 다루도록 한 사건이다. 따라서 이들 사건에서는 당해 판결을 하나의 증거방법으로 하여 가정법원의 허가를 받아 등록부의 정정을 신청하여야 할 경우는 있을 것

21) 호주제도를 폐지하는 민법 개정이 있기 전의 가사소송법 제2조는 호주승계의 무효 또는 회복을 가류 소송사건으로 규정하고 있었으나, 호주승계제도를 폐지하는 개정 민법이 시행된 2008. 1. 1. 이후 그 이전에 확정된 호주승계(상속)무효판결에 따라 호주승계(상속)신고에 의한 신호적 편제를 전제로 한 호적정정신청은 허용되지 아니한다. 다만, 호주승계(상속)무효판결의 이유가 "허위의 사망신고에 의하여 호주승계(상속)가 이루어졌기 때문에 호주승계(상속)가 무효"인 경우에는 먼저 호주승계(상속)신고에 의하여 편제된 호적을 근거로 작성된 등록부를 폐쇄하고, 그 호적(등록부를 작성하기 전의 호적)을 호주승계(상속)무효판결에 따른 호적정정으로 말소하고, 호주승계(상속)가 이루어지기 전의 호적을 부활하여야 한다. 그런 다음 부활한 호적상의 호주가 허위의 사망신고에 의하여 제적되었으므로 이를 소명하는 자료를 첨부하여 본적지(등록지준지)를 관할하는 가정법원으로부터 "사망으로 제적된 호주의 사망사유를 말소하고, 말소된 참칭호주의 호적에 기재되었던 유효한 신분변동사항을 부활한 호적에 이기한 후 이를 근거로 등록부를 작성하라"는 취지의 등록부 정정허가결정을 받아 정정신청을 하는 방법으로 정리할 수 있다(선례 200808-2).

이나, 확정판결로 인하여 등록부의 기록정정을 신청하여야 할 경우에는 해당하지 아니한다.

2. 절 차

(1) 확정판결을 얻을 것

여기서의 확정판결이라 함은 정정사항 중에서 친족법상 또는 상속법상 중대한 영향을 미칠 사항으로서, 정정하고자 하는 기록사항에 대하여 가사소송법 제2조에 규정되어 있는 가사사건으로서 신분관계의 존부를 직접 다투는 소송이어야 하며, 정정사항이 판결 주문에 나타나 있는 경우를 말한다. 등록부를 직접 어떻게 정정하라고 판시하는 판결을 가리키는 것이 아니다(예규 제224호).

(2) 정정신청을 할 것

확정판결로 인하여 등록부를 정정하여야 할 때에는, 소를 제기한 사람은 판결확정일로부터 1개월 이내에 판결의 등본 및 그 확정증명서를 첨부하여 등록부의 정정을 신청하여야 한다(§107). 정정신청은 등록사무를 처리하는 시·읍·면의 장에게 등록부의 기록을 판결의 내용에 따라 정정하여 달라는 취지의 신고에 준하는 행위로서, 법원에 대하여 가족관계등록기록의 정정에 관한 비송재판을 구하는 정정허가신청과는 다르다. 정정신청에 대하여 신고에 관한 규정을 준용하고 있는 것(§108)도 이 때문이다. 따라서 확정판결에 의한 신고절차에 준하여 처리되어야 한다.

신청의무자는 제소자이다. 정정신청은 보고적 신고로서의 성질을 가지므로, 소 제기자가 정당한 이유 없이 정정을 신청하지 아니하면 과태료의 제재를 받는다(§121). 소 제기자가 법정기간 내에 정정신청을 하지 아니하여 그 상대방이 정정신청을 한 경우에도, 상대방은 신청의무자가 아니므로 신청을 게을리한 사람은 소 제기자이고, 그에 따른 과태료의 제재가 부과될 수 있다(예규 제84호). 소 제기자가 사망한 때에는 그 사람의 배우자 또는 4촌 이내의 친족이 정정신청을 할 수 있다(예규 제85호). 정정신청장소나 정정신청서의 작성 등에 관하여는 신고에 관한 규정이 준용된다(§108, §20①, §25).

한편 가류 및 나류 가사소송사건(사실혼관계존부확인사건을 제외)의 청구를 인용한 판결이 확정된 때에는, 법원사무관 등은 지체 없이 당사자 또는 사건 본인의 등록기준지의 등록사무를 처리하는 사람에게 그 뜻을 통지하여야 한다(가소규 §7). 가족관계등록공무원이 통지를 받고, 법정기간 내에 소 제기자의 정정신청이 없는 때에는 지체 없이 제38조와 제18조에 따라 직권정정하여야 한다(예규 제84호).

3. 구체적 사례

(1) 허위의 출생신고

예외적으로 인지신고나 입양신고로서의 전환이 인정되지 아니하는 한 허위의 출생신고는 무효이다. 무효인 허위의 출생신고에 의하여 친생자녀인 것처럼 기록된 등록부의 기록을 말소하는 것은, 제105조에 해당하지 아니하며 그 등록부의 기록을 말소하려면 친생부인의 소 등 판결에 의하여야 한다(예규 제237호「허위의 출생신고에 의하여 기록된 친생자관계의 정정방법」).

허위의 출생신고에 입양의 효력이 인정된 경우에는, 파양에 의하여 양친자관계를 해소할 필요가 있는 등의 특별한 사정이 없는 한, 그 기록 자체를 말소하여 법률상 친자관계의 존재를 부정하게 되는 친생자관계부존재확인의 소는 허용되지 아니한다.[22] 따라서 이 경우 협의파양을 하고자 하는 때에는, 등록부의 양친의 친생자로서의 기록을 입양으로 정정한 다음에 파양신고를 하여야 한다. 그 방법으로는 양친자관계존재확인의 소를 들 수 있다. 양친자관계존부의 확정에 관하여는 민법이나 가사소송법에 규정이 없다. 판례는 실정법상 소송 유형이 규정되어 있는 경우에 한하여 신분관계존부확인에 관한 소송을 제기할 수 있는 것은 아니며, 양친자존부확인의 경우와 같이 소송 유형이 따로 규정되어 있지 아니하더라도 법률관계인 신분관계의 존부를 즉시 확정할 이익이 있는 경우에는, 일반 민사소송법의 법리에 따라 그 신분관계존부확인의 소송을 제기할 수 있다고 본다.[23] 따라서 양친자관계존재확인의 소를 일반 민사소송으로 제기하여 확정판결을 얻어 제107조에 따라 정정신청을 하여 등록부 기록을 정정한 다음 협의파양하면 된다. 다른 하나의 방법은 파양의 소를 제기하는 것이다. 파양의 소는 형성의 소이므로 그 전제로서 출생신고에 입양의 효

22) 대법 1988.2.23. 선고, 85므86 판결; 1994.5.24. 선고, 93므119 판결.

23) 대법 1993.7.16. 선고, 92므372 판결.

력 유무가 다투어지고 효력이 있다고 판단되면, 파양사유의 유무에 대한 본안 심리를 하게 되고 청구가 인용되면 목적을 달성한다. 그러나 파양청구사유가 이유 없어 청구기각된 경우에 이 기각판결을 근거로 하여 제107조에 따라 정정을 한 후 협의파양할 수 있다.

(2) 친생부인판결이 확정된 경우의 등록부 정정절차

등록부가 작성되어 있는 사람에 대하여 부와의 친생부인판결이 확정되면, 친생부인판결의 등본 및 확정증명서를 첨부하여 시(구)·읍·면 사무소에 소를 제기한 사람이 판결이 확정된 날로부터 1개월 이내에 등록부 정정신청을 하여야 한다. 이 신청에 의하여 친생자관계가 없는 사람의 등록부의 일반등록사항란에 그 사유를 기록하고 등록부를 폐쇄한다. 폐쇄 당시 부와 모의 등록부에도 자녀에 관한 특정등록사항을 말소하고 일반등록사항란에 그 사유를 기록하며, 배우자와 직계비속이 있는 경우 배우자의 등록부에는 타방 배우자, 직계비속의 등록부에는 부(또는 모)의 특정등록사항을 말소하고 그 사유를 기록하게 되며 간이직권정정절차에 의한다.

등록부가 폐쇄된 사람은 출생신고(출생신고의무자가 있는 경우) 또는 가족관계등록창설(출생신고의무자가 없는 경우)에 따라 등록부가 새로 작성되면, 폐쇄된 등록부의 등록사항별 증명서와 새로 작성된 등록부의 등록사항별 증명서를 첨부하여 새로 작성된 등록부 등록기준지 관할 가정법원으로부터, 폐쇄등록부에 기록되어 있던 신분에 관한 사항을 새로 작성된 등록부에 이기하는 등록부 정정허가결정을 받아 정정하여야 한다.[24] 그리고 타방 배우자 및 직계비속의 등록기준지에 가족관계등록부 존재신고를 한다. 가족관계등록부 존재신고에 의하여 배우자 및 직계비속의 등록부에는, 가족관계등록부 존재신고사유와 배우자의 성명이 달라진 경우에는 일반등록사항란의 배우자의 성명을 정정하고, 직계비속의 경우 성과 본이 달라진 경우에는 그 정정사유를 직권으로 정정기록한 후, 각 당사자들의 가족관계 연결을 위하여 각 당사자들의 등록부의 특정등록사항란에 관련 당사자들의 특정등록사항을 각각 기록하게 된다(예규 제239호).

---

24) 다만, 혼인사유 기록의 경우에는 법원의 허가를 받을 필요 없이 가족관계등록부 존재신고에 의하여 기록한다. 아울러 폐쇄된 등록부상의 출생연월일과 실제의 출생연월일이 다른 경우에는, 이를 소명하는 자료를 첨부하여 실제의 출생연월일로 신고할 수 있다(예규 제229호).

(3) 친자관계부존재확인판결이 확정된 경우의 등록부 정정절차[25)]

친자관계부존재확인의 소는 친생추정을 받지 아니하거나 예외적으로 친생추정이 배제되는 혼인 중의 자와의 친자관계를 다투는 경우에도 제기되나, 많은 경우는 허위의 출생신고로 인하여 등록부상의 부모와 자녀 사이에 혼인 중의 친생자관계가 존재하지 아니하는 경우에 제기되고 있다. 예컨대 혼인 외의 자녀가 처와의 출생자로 기록되어 있는 경우이다. 이러한 경우에는 친생자관계부존재확인소송에 의하여 그 판결이 확정되면, 등록부 정정신청에 의하여 이를 정정하게 된다.[26)]

1) 혼인 중의 자녀로 출생 기록되어 있는 자녀가 부모와의 친생자관계부존재확인판결이 확정된 경우, 친생자관계부존재확인판결 등본과 확정증명서를 첨부하여 등록부 정정신청을 하면 그에 따라 친생자관계가 없는 자녀의 등록부의 일반등록사항란에 그 사유를 기록하며 등록부는 폐쇄하게 된다.[27)] 그밖의

---

25) 예규 제236호「본처의 소생이 아닌 출생자가 본처의 출생자로 기록되어 있는 경우의 정정방법」및 예규 제240호 참고.

26) 현재 혼인관계가 종료되지 아니하여 사실상 남편(갑남)과의 사이에서 출생한 자녀(정)의 모의 이름을 남자의 법률상 처(을녀)에서 생모(병녀)로 정정하기 위해서는, 병녀를 비롯한 이해관계인이 "을녀와 정 사이에 친생자 관계가 부존재한다"는 법원(피고의 주소지 관할법원)의 판결을 받아 그 판결 등본 및 확정증명원을 첨부하여 시(구)·읍·면사무소에 등록부 정정신청을 하여야 한다. 이 경우 판결이유에 정의 생모로 병녀(병녀의 성명 및 주민등록번호 또는 병녀의 성명 및 등록기준지가 판결 이유에 반드시 기재되어 있어야 함)가 특정될 수 있도록 명시되어 있다면 정의 등록부상 모의 성명을 을에서 병으로 정정할 수 있다. 한편 이 경우 갑남과 을녀 사이의 혼인관계를 해소하기 위해서는 갑남과 을녀의 "협의에 의한 이혼신고" 또는 "갑남의 청구에 의한 법원의 이혼판결에 따른 이혼신고"가 있어야 한다. 위의 정정절차에 따라 정의 부모가 갑남과 병녀로 정정되고 을녀와 이혼한 갑남이 병녀와 혼인신고를 하게 되면, 그 때부터 정은 갑남과 병녀의 혼인 중 출생자가 된다(선례 200805-2).

27) 남편(을)이 사망하여 재혼한 여자(병)가 자녀(갑)에 대하여 허위의 사망신고를 한 다음에 재혼 중의 자녀(무)로 출생신고를 하였으나, 재혼한 남편(정)과 자녀(무) 사이에서 친생자관계부존재확인판결이 확정된 경우, 갑은 먼저 정과 무 사이의 확정된 친생자관계부존재확인판결의 등본 및 확정증명서를 첨부하여, 시(구)·읍·면의 장에게 등록부 정정신청을 하여 무의 등록부를 말소하여야 한다. 그 후 갑이 현재 생존해 있다는 충분한 소명자료와 갑과 무가 동일인이라는 소명자료를 첨부하여, 갑의 제적지를 관할하는 가정법원에 "허위의 사망신고로 제적된 갑의 호적을 부활하여 그 사망사유를 말소한 다음, 이를 기초로 새로 등록부를 작성하라"는 취지의 허가를 얻어 정정신청을 함으로써, 갑의 제적 및 등록부를 정리하여야 한다(선례 200803-5).

등록부의 기록정정절차와 정정방법은 친생부인판결이 확정된 경우와 동일하다.

2) 부의 출생신고에 의하여 혼인 중의 자녀로 출생 기록된 자녀가 부와의 사이에만 친생자관계가 없어 친생자관계부존재확인판결을 받은 경우에도, 자녀의 등록부의 일반등록사항란에 그 사유를 기록하며 등록부를 폐쇄하고, 그밖의 절차에 대해서는 위의 경우와 동일하게 처리한다.

3) 부의 출생신고에 의하여 혼인 중의 자녀(또는 혼인 외의 자녀)로 출생 기록된 자녀가 모와의 사이에만 친생자관계가 없어 친생자관계부존재확인판결을 받은 경우에는, 친생자관계가 없는 자녀의 등록부의 일반등록사항란에 그 사유를 기록하고 등록부는 폐쇄하지 아니한다. 자녀의 등록부 특정등록사항란에서 모의 특정등록사항을 말소하고 친생모의 특정등록사항을 기록(판결문에 친생모의 성명이 나타나 있고 출생 당시 모가 유부녀가 아닌 경우)하게 된다. 이 때 친생자관계가 없는 모의 등록부에서는 자녀에 관한 특정등록사항을 말소하고, 친생모의 등록부에는 자녀에 관한 특정등록사항을 기록하며, 각각의 일반등록사항란에는 간이직권정정절차에 따라 그 사유를 기록하게 된다.

가족관계등록창설 등 신고 이외의 사유로 등록부가 작성된 사람이 부 또는 모와의 사이에 친생자관계부존재확인판결이 확정된 경우에도 동일한 절차에 따라 처리한다.

4) 모의 출생신고에 의하여 혼인 외의 자녀로 출생기록된 자녀가 모와의 사이에 친생자관계부존재확인판결이 확정된 경우에는, 친생자관계 없는 자녀의 등록부의 일반등록사항란에 그 사유를 기록하고 등록부를 폐쇄한다. 폐쇄 당시 모의 등록부에서는 자녀에 관한 특정등록사항을 말소하고 일반등록사항란에 그 사유를 기록하여야 한다. 그리고 배우자와 직계비속이 있는 경우 배우자의 등록부에서는 다른 한쪽의 배우자, 직계비속의 등록부에서는 부(또는 모)의 특정등록사항을 말소하고 그 사유를 기록하며 간이직권정정절차에 의하여야 한다. 그밖의 등록부가 폐쇄된 자녀가 출생신고 등에 의하여 등록부가 새로 작성되는 경우와 가족관계등록부 존재신고에 따른 절차는 위 1)의 경우와 동일하다.

부 또는 모 이외의 출생신고의무자의 출생신고에 의하여 혼인 외의 자녀로 출생 기록된 자녀가, 부 또는 모와의 사이에 친생자관계부존재 확인판결이 확정된 경우에도 같은 절차에 따라 처리한다.

제 6 장

불 복 절 차

Ⅰ. 총　　설

시・읍・면의 장이 신고 등에 대한 수리 또는 불수리처분 등 가족관계등록사건을 처리함에 있어 위법 또는 부당한 처분을 한 경우에는, 이에 대한 불복절차를 통하여 권리를 구제받을 수 있어야 한다. 위법 또는 부당한 행정처분에 대한 일반적인 불복절차가 마련되어 있음에도 불구하고, 가족관계등록사건에 대하여 특칙을 둔 것은 등록사무를 가정법원이 감독하고 있는 특수성을 고려한 것이다. 즉 가족관계등록사건에 관하여는 일반 행정소송의 방법에 의한 권리구제절차보다는 등록사무에 관여하고 이를 감독하고 있는 가정법원의 관할로 하여 처리하게 하는 것이 보다 적절하고 타당하기 때문이다.

Ⅱ. 불복신청절차

1. 불복신청대상

불복신청의 대상은 가족관계등록사건에 관한 시・읍・면의 장의 위법 또는 부당한 처분이다. 여기에서의 시・읍・면의 장에는 구청장 및 직무대리자도 포함된다. 위법・부당한 처분에는 신고・신청 등의 수리, 등록사항별 증명서의 교부와 같은 적극적 처분은 물론 신고・신청 등의 불수리, 등록사항별 증명서의 교부 거부 등의 소극적 처분도 포함된다. 그러나 서류의 보존・정리와 같은 사무는 이에 해당하지 아니한다. 또한 신고 등의 수리로 부적법하거나 진실에 반하는 가족관계등록기록이 행해진 경우에는, 그 정정이 문제되지 불복의 대상으로 되는 것은 아니다. 실제에서도 신고·신청 등의 불수리에 대한 불복신청이 대부분이다.

2. 불복신청인

불복신청을 할 수 있는 사람은 시·읍·면의 장의 위법 또는 부당한 처분으로 인하여 권리나 이익의 침해를 받은 모든 이해관계인이다(§109①). 따라서 신고·신청사건의 신고인·신청인이나 사건 본인, 신고의무자나 사건 본인의 가족 또는 친족으로서 시·읍·면의 장의 당해 처분으로 인하여 이해관계에 영향을 받는 사람도 신청인으로 될 수 있다.

3. 관할법원

불복신청사건의 관할법원은 위법 또는 부당한 처분을 한 시·읍·면의 소재지를 관할하는 가정법원이다(§109①).

4. 신청서의 작성과 제출

불복신청사건은 성질상 비송사건으로 처리되어야 하므로 비송사건신청서 작성방식(비송 §9①)에 따라야 한다. 따라서 신청원인의 소명자료, 즉 신고의 수리·불수리증명서(§42), 신고불수리통지서(§43), 신고서류 등본 등을 신청서에 첨부하여야 한다(비송 §9②). 불복신청서는 직접 관할법원에 제출하면 되고 처분을 한 시·읍·면의 장을 경유할 필요는 없다.

Ⅲ. 불복신청에 대한 법원의 결정과 항고

1. 접수 및 처분청에 대한 의견 구함

불복신청서를 제출받은 가정법원은 이를 비송사건으로 접수한 후 신청에 관한 서류를 처분청인 시·읍·면의 장에게 송부하며 그 의견을 구할 수 있다(§109②). 처분청으로 하여금 다시 숙지하는 기회를 부여하는 것이다. 가정법원으로부터 불복신청에 대한 의견 구함을 받은 시·읍·면의 장은, 그 신청이 이유 있다고 인정하는 때에는 지체 없이 처분을 변경하고 그 취지를 법원과 신청인에게 통지하여야 하고, 그 신청이 이유 없다고 인정하는 때에는 의견서를 작성하여 불복신청서류와 함께 법원에 반송하여야 한다(§110).

2. 법원의 재판절차와 항고

가정법원은 불복신청사건에 대하여 비송사건절차법에 따라 재판을 하여야 하며, 불복신청이 이유 없다고 인정한 때에는 각하결정을 하고, 이유 있다고 인정한 때에는 시·읍·면의 장에게 상당한 처분을 명하는 결정을 하고 이를 시·읍·면의 장 및 신청인에게 송달하여야 한다(§111). 가정법원의 결정에 대하여는 법령을 위반한 재판이라는 이유에 의해서만 「비송사건절차법」에 따라 항고할 수 있다(§112).

제 7 장

벌 칙

Ⅰ. 총 설

법 제8장에서 규정하고 있는 벌칙에는 형벌이 부과되는 경우와 과태료가 부과되는 경우의 2가지가 있다. 후자는 등록부가 개인의 신분관계를 제대로 공시·공증하기 위하여 요청되는 신고 또는 신청을 강제하기 위한 것으로 호적제도 하에서도 인정되었던 벌칙이다. 반면 전자는 개인의 신상정보를 보호하고 가족관계 등록정보에 대한 보안과 진정성을 확보하기 위하여 새로 규정된 벌칙이다.

호적의 전산화가 완료됨에 따라 개인의 사생활보호의 필요성이 커지고, 개인의 신상정보를 보호하기 위하여 호적공개주의에 제한을 가하는 등의 조치가 취해지기도 하였다. 가족관계등록법에서도 개인의 신상정보보호를 위하여 등록사항별 증명서의 교부나 신고서류의 열람에 일정한 제한을 가하고 있다. 그런데 전산정보처리조직에 의하여 기록·관리되는 등록부에는 외부에 알려져서는 안 되는 친양자입양 사실을 비롯하여 개인의 신분관계사항 일체가 포함되어 있다. 비록 등록부의 기록 그 자체가 열람대상은 아니라고 하더라도, 등록사무를 처리하거나 등록부를 관리하는 사람이 이를 불법적으로 이용하거나 비밀리에 타인에게 그 내용을 누설할 가능성도 있다. 뿐만 아니라 신속하고 효율적인 행정사무를 처리하기 위하여 가족관계등록에 관한 전산정보자료를 이용 또는 활용하여야 할 필요도 있고, 그 과정에서 개인의 신상정보가 대량으로 유출될 위험성도 있다. 이와 같은 사태에 대응하기 위하여 형벌의 부과라는 강력한 제재방안을 채택하고 있는 것이다.

Ⅱ. 형벌의 부과

1. 등록전산정보의 이용

등록부를 관리하는 사람 또는 등록사무를 처리하는 사람은 가족관계등록법규가 규정하는 사유가 아닌 다른 사유로 등록부에 기록된 등록사항에 관한 전산정보자료를 이용하거나 다른 사람에게 자료를 제공해서는 안 된다(§11⑥). 중앙행정기관의 장의 심사를 거치고 법원행정처장의 승인을 받은 사람은, 법원행정처 전산정보중앙관리소에 보관·관리되고 있는 등록전산정보를 이용 또는 활용할 수 있고, 중앙행정기관의 장도 법원행정처장과 협의를 거쳐 등록전산정보를 이용 또는 활용할 수 있다(§13①). 이처럼 등록전산정보를 이용 또는 활용하고자 하는 사람은 본래의 목적 이외의 용도로 이용 또는 활용하여서는 안 된다(§13②). 이 의무를 위반한 사람에 대하여는 3년 이하의 징역 또는 1천만원 이하의 벌금에 처한다(§117ⅰ 및 ⅱ). 개인의 신분정보가 부당하게 이용되는 것을 막고 사생활침해를 방지하기 위한 제재규정이다.

2. 증명서의 교부 및 신고서류의 열람 등

등록사항별 증명서의 교부를 청구할 수 있는 사람은 제한되어 있다(§14① 및 ②). 이해관계인은 시·읍·면의 장에게 신고서나 그밖에 수리한 서류의 열람 또는 그 서류에 기재한 사항에 관한 증명서를 청구할 수 있고, 법원에 보관되어 있는 신고서류에 대한 열람을 청구할 수 있다. 이 때 신고서류의 열람 및 기재증명서를 청구할 수 있는 이해관계인의 자격과 범위에 관하여는 등록사항별 증명서의 교부청구에서의 제한규정이 준용된다(§42). 이러한 제한에 반하여 거짓이나, 그밖의 부정한 방법으로 다른 사람의 신고서류를 열람하거나 신고서류에 기재되어 있는 사항 또는 가족관계등록의 기록사항에 관한 증명서를 교부받은 사람에 대하여는, 3년 이하의 징역 또는 1천만원 이하의 벌금에 처한다(§117ⅲ). 개인의 신분정보를 보호하기 위한 제재규정이다

3. 등록전산정보의 보안

등록사무처리의 권한에 관한 승인절차 없이 전산정보처리조직에 가족관계 등록정보를 입력·변경하여 정보처리를 하거나, 기술적 수단을 이용하여 가족관계 등록정보를 알아낸 사람에 대하여는, 3년 이하의 징역 또는 1천만원 이하의 벌금에 처한다(§117ⅳ). 해킹(hacking) 등에 의하여 가족관계등록전산정보가 변경되거나 외부로 유출될 수 있는 가능성에 대비한 제재규정이라 할 수 있다.

4. 허위의 신고와 보증

등록부에 기록을 요하지 아니하는 사항과 외국인에 대한 사항에 관하여 허위의 신고를 한 사람 및 등록의 신고와 관련된 사항에 관하여 거짓으로 보증을 한 사람에 대하여는, 1년 이하의 징역 또는 300만원 이하의 벌금에 처한다(§118). 가족관계등록기록의 진정성을 확보하기 위한 제재규정이다.

이상의 제재는 행위자 개인에게만 가해지는 것이 아니다. 그 위반행위가 그를 사용하거나 대리 또는 대표하도록 한 본인이나 법인의 업무와 관련이 있는 때에는, 그 법인 또는 개인에 대하여도 제재가 가해진다. 즉, 법인의 대표자 또는 법인이나 개인의 대리인·사용인 그밖의 종업원이, 그 법인이나 개인의 업무에 관하여 본래의 목적 이외의 용도로 등록전산자료를 이용한 경우 등 제117조와 제118조의 위반행위를 한 때에는, 그 행위자를 벌하는 외에 그 법인 또는 개인에 대하여도 해당 조(條)의 벌금형을 과한다(§119).

Ⅲ. 과태료처분

1. 의　　의

과태료처분이라 함은 가족관계등록법이 규정하는 벌칙에 따라 과태료를 부과하는 절차를 말한다. 등록부가 개인의 신분관계를 공시·공증하는 기능과 사명을 다하기 위해서는 그 기록 내용은 실체관계와 부합·일치되어야 한다.

이를 위하여 가족관계등록법은 보고적 신고·신청의 경우에는, 신고·신청의무자와 신고·신청기간을 법정화하고, 신고·신청의무자가 그 기간 내에 신고·신청을 하지 아니하는 때에는 과태료를 부과하는 것으로 규정하고 있다(§122). 또한 시·읍·면의 장이 보고적 신고 또는 신청사건에 대하여 그 의무자에게 신고 또는 신청을 최고한 경우에, 정당한 사유 없이 그 기간 내에 신고 또는 신청을 하지 아니한 때에도 과태료를 부과하며(§121), 시·읍·면의 장이 감독법원의 시정지시나 보고명령을 위반한 때에도 과태료가 부과된다(§120).

신고·신청의무자가 신고·신청기간 또는 최고기간을 지키지 아니하거나, 시·읍·면의 장이 직무를 수행하지 아니한 경우에 과태료의 제재를 부과하는 것은, 신고·신청의 이행을 독려하고 등록사무처리의 진정성과 적정성을 확보하기 위해서이다. 이를 통하여 등록부의 신분공시·공증기능을 도모하고자 하는 것이다. 과태료는 행정벌의 일종이다.

2. 과태료의 유형

가족관계등록법은 과태료를 부과하여야 하는 경우를 3가지로 구분하여 규정하고 있다.

(1) 시·읍·면의 장의 직무해태

감독법원은 시·읍·면의 장으로부터 신고서류 등을 송부받은 때에는 등록부의 기록사항과 대조하고 조사하여야 한다(§115①). 조사결과 그 신고서류 등에 위법·부당한 사실이 발견된 경우에는 시·읍·면의 장에 대하여 시정지시 등 필요한 처분을 명할 수 있다(§115②). 시·읍·면의 장이 이에 따른 명령을 위반한 때에는 50만원 이하의 과태료에 처해진다(§120 i). 아울러 감독법원은 시·읍·면의 장에 대하여 등록사무에 관한 각종 보고를 명하는 등 필요한 조치를 취할 수 있다(§116). 시·읍·면의 장이 이에 따른 감독법원의 명령을 위반한 때에도 50만원 이하의 과태료의 제재를 받는다(§120 ii). 법원의 감독권을 강화하기 위하여 명령에 위반한 사람에 대한 과태료 부과규정을 둔 것이다. 호적법에서는 정당한 이유 없이 신고 또는 신청을 수리하지 아니하거나 수리한 서류의 열람을 거부한 경우 또는 증명서를 교부하지 아니한 경우를 직무해태에 따른 과태료 부과대상으로 규정하고 있었으나(호 §132), 이들 사항은 불복절차에 의하여 시정될 수 있으므로 과태료 부과대상에서 제외되었다. 다만 과태료는 10만원에서 50만원으로 인상되었다.

이는 등록사무를 처리하는 시·읍·면의 장에 대한 제재규정이다. 따라서 여기에서 말하는 시·읍·면의 장에는 구청장은 포함되나 직무대리자나 등록사무담임자는 포함되지 않는다.

(2) 최고해태

시·읍·면의 장은 신고의무자 또는 신청의무자가 보고적 신고 또는 등록부 정정신청을 게을리하고 있음을 안 때에는 상당한 기간을 정하여 그 기간 내에 신고 또는 정정신청할 것을 최고하여야 하며, 이에 응하지 아니한 때에는 다시 상당한 기간을 정하여 최고하게 된다(§38①②, §108). 이러한 최고에 대하여 신고의무자 또는 신청의무자가 정당한 이유 없이 응하지 아니하는 때에는 10만원 이하의 과태료의 제재를 받게 된다(§121).

이는 최고를 받고도 이에 응하지 아니한 신고 또는 신청의무자에 대한 제재규정이다. 따라서 법정기간 내에 신고 또는 신청을 하지 아니하여 과태료의 제재를 받은 사실 유무와 관계없이 최고에 따른 과태료가 부과될 수 있고, 최고를 거듭한 때에는 각각의 최고에 대하여 제재를 가할 수 있다. 즉, 법정기간 내에 신고 또는 신청을 하지 아니하여 기간을 정하여 최고하였는데, 최고기간 후에 신고 또는 신청을 한 때에는 2건의 실기(失期)사건으로 처리된다.

(3) 신고해태

신고 또는 신청의 의무가 있는 사람이 정당한 사유 없이 기간 내에 하여야 할 신고 또는 신청을 하지 아니한 때에는 5만원 이하의 과태료에 처한다(§122). 여기서 말하는 정당한 사유의 예로는 일시 외국에 체류하고 있어 현재지와 신고장소가 멀리 떨어져 있었던 경우 등을 들 수 있다.

미성년자 또는 금치산자도 보고적 신고를 할 수 있다. 그러나 신고하여야 할 사람이 미성년자나 금치산자인 때에는 신고의무자는 친권자 또는 후견인이므로(§26①), 신고를 게을리한 데 따른 과태료의 제재는 신고의무자인 친권자 또는 후견인이 받는다(예규 제264호 「신고를 게을리 한 미성년자 및 금치산자에 대한 제재」).

혼인 외의 출생자의 출생신고의무자는 모이다(§46②). 따라서 부가 인지의 효력이 있는 혼인 외의 출생자의 출생신고를 한 경우(§57)에도 신고기간이 경과하였을 때에는 모가 신고의무자로서 그 의무를 게을리 함에 대한 책임을 지고 부에게는 책임이 없다(예규 제265호 「혼인외 출생자에 대한 출생신고를 게을리 함에 대한 책임」).

신고기간의 기산점은 신고 사건 발생일이다(§37). 그러나 신고서 불비로 반려된 것을 정정하여 다시 제출한 때에는, 최초의 접수일자로 수리하는 것이 아니라 다시 제출하여 신고서를 접수한 일자로 수리되므로, 이때 신고기간이 지난 경우라면 그 책임을 면하지 못한다(예규 제266호 「불비(不備)의 신고서를 정정하여 재차 제출한 때의 실기여부 판단의 기준일자」). 반면에 신고서를 법정기일 전에 우송하였으나, 법정신고기간이 지난 후 시(구)·읍·면에 접수되었을 때에는, 우편제출의 고무인을 찍고 기간경과로 취급하지 아니한다. 다만, 처리는 접수일자로 하여야 하며, 우편제출임을 명확히 하기 위하여 봉투를 첨부하여야 한다(예규 제268호 「신고기간 내에 우송된 신고서가 기간이 지난 후에 접수된 경우의 실기여부」).

인정사망의 경우에는 그 사실을 조사한 관공서가 지체 없이 사망지의 시·읍·면의 장에게 통보하여야 하나, 그 통보를 게을리하였을 경우에도 제재의 규정은 없다(예규 제267호 「「가족관계의 등록 등에 관한 법률」 제87조 관공서의 통보의무를 게을리한 경우의 제재 여부」).

3. 과태료처분절차

(1) 신고·최고해태의 경우

신고·최고해태에 따른 과태료는 신고 또는 신청을 수리하거나 이를 최고한 시·읍·면의 장(동장이 소속 시장을 대행하여 출생·사망신고서를 수리하여 동이 속하는 시의 장에게 송부하는 경우에는 출생·사망의 신고를 받는 동의 시장·구청장[1])이 부과·징수한다(§124①, 규칙 §50①). 시·읍·면의 장이 과태료를 부과하고자 할 때에는 위반행위를 조사·확인하여야 하고, 과태료 처분 대상자에게 말 또는 서면에 의한 의견진술의 기회를 주어야 한다(규칙 §50②).

---

1) 그러나 출생·사망신고를 동장이 받은 경우에는, 동장이 소속시장·구청장을 대행하여 과태료를 부과·징수한다(규칙 §50④).

과태료를 부과하는 경우에는 위반사실과 과태료 금액[2)]을 명시한 과태료 납부통지서를 과태료처분 대상자에게 송부하여야 한다. 그러나 신고서 제출과 동시에 자진하여 과태료를 납부하는 경우에는 그러하지 아니하다(§50③).

과태료 처분에 불복하는 사람은 30일 이내에 해당 시·읍·면의 장에게 과태료처분 이의서를 제출하여야 하며, 이를 접수한 시·읍·면의 장은 이의가 이유 없다고 인정되는 경우에는 지체 없이 과태료 처분을 받은 사람의 주소 또는 거소를 관할하는 가정법원에 그 사실을 통보하여야 한다(§124②, ③ 전단, 규칙 §50⑦). 과태료 처분에 대한 이의통보서를 받은 가정법원은 비송사건으로 접수하여 「비송사건절차법」에 따른 과태료 재판을 한다(§124③ 후단). 과태료처분에 대하여 기간 내에 이의를 제기하지 아니하고, 과태료를 납부하지 아니한 때에는 지방세 체납처분의 예에 따라 징수한다(§124④).

(2) 직무해태의 경우

직무해태로 인한 과태료 재판은 과태료를 부과할 시·읍·면의 장의 사무소 소재지를 관할하는 가정법원이 「비송사건절차법」에 따라 행한다(§123).

감독법원의 장은 시(구)·읍·면의 장에 관하여 제120조 제1항의 사유가 발생한 때에는, 과태료 사유통지서와 감사보고서 또는 본인의 진술서 등 증거자료를 지체 없이 관할법원에 송부하여야 한다. 또한 감독법원은 「과태료사유통지 및 결과부」를 비치하고 과태료 사유통지와 과태료 담당 법관의 통지에 따른 재판결과를 기재하여야 한다(예규 제269호 「시(구)·읍·면의 장에 대한 과태료처분절차」 §2). 위반행위가 2개 이상 발견된 때에는, 한 장의 과태료 사유통지서에 이를 모두 기재하나 각 위반항목별로 분류하여 표시하여야 한다(동

---

2) 시·읍·면의 장은 아래의 과태료 부과기준에 따라 과태료의 금액을 정하여야 한다(규칙 §50⑤). 이때 시·읍·면의 장은 과태료처분 대상자의 위반행위의 동기와 결과를 참작하여 부과기준의 과태료의 2분의 1에 해당하는 금액을 경감할 수 있다. 다만, 이 경우에는 과태료처분 대상자가 작성한 위반행위에 대한 사유서를 첨부하여야 한다(동 §50⑥).

게을리한 기간	과　태　료	
	122조 위반	121조 위반
7일 미만	1만원	2만원
7일 이상 1월 미만	2만원	4만원
1월 이상 3월 미만	3만원	6만원
3월 이상 6월 미만	4만원	8만원
6월 이상	5만원	10만원

§3).

위의 통지를 받은 관할법원의 법원사무관 등은 지체 없이 사건기록을 만들어 과태료 담당 법관에게 회부하여야 한다(동 §4). 이때 위반행위가 2개 이상인 경우 사건번호는 각 위반행위마다 사건번호를 부여하여야 한다(동 §5).

과태료 담당 법관은 재판이 종결된 때에는 재판서등본을 첨부하여 그 결과를 감독법원의 장에게 통지하여야 한다(동 §6). 재판결과의 통지를 받은 감독법원의 장은 해당 시(구)·읍·면의 장의 직근 상급기관의 장에게 재판서등본을 첨부하여 과태료에 처한 사실을 통지하여야 한다(동 §7). 아울러 시(구)·읍·면의 장에 대한 과태료 재판이 확정된 경우, 감독법원의 장은 해당 재판의 자료로 된 서류의 사본을 첨부하여 감독법원이 취한 조치 등을 지체 없이 대법원장에게 보고하여야 한다(동 §8).

직무해태로 인한 과태료 재판에 대하여 당사자와 검사는 즉시항고를 할 수 있고, 이 항고는 집행정지의 효력이 있다(비송 §277③, ④).

4. 과태료의 귀속

신고 또는 신청해태의 경우는 신고 또는 신청을 수리하거나 이를 최고한 시·읍·면의 장이 부과하고 납부된 과태료는 등록사무를 처리하는 해당 지방자치단체에 귀속한다. 따라서 읍·면은 지방자치단체가 아니므로 과태료 수입은 읍·면이 속하는 지방자치단체에 귀속된다. 반면에 직무해태나 시·읍·면의 장의 과태료처분에 대한 이의의 경우에 가정법원이 과태료 재판을 통하여 부과하는 때의 과태료 수입은 국고로 귀속한다(§6 ii 및 iii).

부 록 »

- _가족관계의 등록 등에 관한 법률
- _가족관계의 등록 등에 관한 규칙
- _등록사항별 증명서의 발급 등에 관한 사무처리지침
- _자녀의 성과 본에 관한 가족관계등록사무 처리지침
- _친양자 입양재판에 따른 사무처리지침
- _협의이혼의 의사확인사무 및 가족관계등록사무 처리지침

가족관계의 등록 등에 관한 법률

제 정 2007. 5. 17 법률 제8435호
일부개정 2007. 7. 23 법률 제8541호

제1장 총 칙

제1조【목적】 이 법은 국민의 출생·혼인·사망 등 가족관계의 발생 및 변동사항에 관한 등록과 그 증명에 관한 사항을 규정함을 목적으로 한다.

제2조【관장】 가족관계의 발생 및 변동사항에 관한 등록과 그 증명에 관한 사무(이하 "등록사무"라 한다)는 대법원이 관장한다.

제3조【권한의 위임】 ① 대법원장은 등록사무의 처리에 관한 권한을 시·읍·면의 장(도농복합형태의 시에 있어서 동지역에 대하여는 시장, 읍·면지역에 대하여는 읍·면장으로 한다. 이하 같다)에게 위임한다.

② 특별시 및 광역시와 구를 둔 시에 있어서는 이 법 중 시, 시장 또는 시의 사무소라 함은 각각 구, 구청장 또는 구의 사무소를 말한다. 다만, 광역시에 있어서 군지역에 대하여는 읍·면, 읍·면의 장 또는 읍·면의 사무소를 말한다.

③ 대법원장은 등록사무의 감독에 관한 권한을 시·읍·면의 사무소 소재지를 관할하는 가정법원장에게 위임한다. 다만, 가정법원지원장은 가정법원장의 명을 받아 그 관할 구역 내의 등록사무를 감독한다.

제4조【등록사무처리】 제3조에 따른 등록사무는 가족관계의 발생 및 변동사항의 등록(이하 "등록"이라 한다)에 관한 신고 등을 접수하거나 수리한 신고지의 시·읍·면의 장이 처리한다.

제5조【직무의 제한】 ① 시·읍·면의 장은 등록에 관한 증명서 발급사무를 제외하고 자기 또는 자기와 4촌 이내의 친족에 관한 등록사건에 관하여는 그 직무를 행할 수 없다.

② 등록사건 처리에 관하여 시·읍·면의 장을 대리하는 사람도 제1항과 같다.

제6조【수수료 등의 귀속】 ① 이 법의 규정에 따라 납부하는 수수료 및 과태료는 등록사무를 처리하는 해당 지방자치단체의 수입으로 한다. 다만, 다음 각 호의 어느 하나에 해당하는 경우에는 그러하지 아니하다.

1. 제12조 제2항에 따라 전산정보중앙관리소 소속 공무원이 증명서를 발급하는 경우
2. 제120조 및 제123조에 따라 가정법원이 과태료를 부과하는 경우
3. 제124조 제3항에 따라 가정법원이 「비송사건절차법」에 따른 과태료의 재판을 하는 경우

② 제1항의 수수료의 금액은 대법원규칙으로 정한다.

제7조【비용의 부담】 제3조에 따라 시·읍·면의 장에게 위임한 등록사무에 드

는 비용은 국가가 부담한다.

제8조【대법원규칙】 이 법 시행에 관하여 필요한 사항은 대법원규칙으로 정한다.

제2장 가족관계등록부의 작성과 등록사무의 처리

제9조【가족관계등록부의 작성 및 기록사항】 ① 가족관계등록부(이하 "등록부"라 한다)는 전산정보처리조직에 의하여 입력·처리된 가족관계 등록사항(이하 "등록사항"이라 한다)에 관한 전산정보자료를 제10조의 등록기준지에 따라 개인별로 구분하여 작성한다.

② 등록부에는 다음 사항을 기록하여야 한다.

1. 등록기준지
2. 성명·본·성별·출생연월일 및 주민등록번호
3. 출생·혼인·사망 등 가족관계의 발생 및 변동에 관한 사항
4. 그 밖에 가족관계에 관한 사항으로서 대법원규칙이 정하는 사항

제10조【등록기준지의 결정】 ① 출생 또는 그 밖의 사유로 처음으로 등록을 하는 경우에는 등록기준지를 정하여 신고하여야 한다.

② 등록기준지는 대법원규칙으로 정하는 절차에 따라 변경할 수 있다.

제11조【전산정보처리조직에 의한 등록사무의 처리 등】 ①시·읍·면의 장은 등록사무를 전산정보처리조직에 의하여 처리하여야 한다.

② 본인이 사망하거나 실종선고·부재선고를 받은 때, 국적을 이탈하거나 상실한 때 또는 그 밖에 대법원규칙으로 정한 사유가 발생한 때에는 등록부를 폐쇄한다.

③ 등록부와 제2항에 따라 폐쇄한 등록부(이하 "폐쇄등록부"라 한다)는 법원행정처장이 보관·관리한다.

④ 법원행정처장은 등록부 또는 폐쇄등록부(이하 "등록부 등"이라 한다)에 기록되어 있는 등록사항과 동일한 전산정보자료를 따로 작성하여 관리하여야 한다.

⑤ 등록부 등의 전부 또는 일부가 손상되거나 손상될 염려가 있는 때에는 법원행정처장은 대법원규칙으로 정하는 바에 따라 등록부 등의 복구 등 필요한 처분을 명할 수 있다.

⑥ 등록부 등을 관리하는 사람 또는 등록사무를 처리하는 사람은 이 법이나 그 밖의 법에서 규정하는 사유가 아닌 다른 사유로 등록부 등에 기록된 등록사항에 관한 전산정보자료(이하 "등록전산정보자료"라 한다)를 이용하거나 다른 사람(법인을 포함한다)에게 자료를 제공하여서는 아니 된다.

제12조【전산정보중앙관리소의 설치 등】 ① 등록부 등의 보관과 관리, 전산정보처리조직에 의한 등록사무처리의 지원 및 등록전산정보자료의 효율적인 활용을 위하여 법원행정처에 전산정보중앙관리소(이하 "중앙관리소"라 한다)를 둔다. 이 경우 국적 관련 통보에 따른 등록사무처리에 관하여는 대법원규칙으로 정하는 바에 따라 법무부와 전산정보처리조직을 연계하여 운영한다.

② 법원행정처장은 필요한 경우 중앙관리소 소속 공무원으로 하여금 제15조에 규정된 증명서의 발급사무를 하게 할 수 있다.

제13조【등록전산정보자료의 이용 등】 ① 등록전산정보자료를 이용 또는 활용하고

자 하는 사람은 관계 중앙행정기관의 장의 심사를 거쳐 법원행정처장의 승인을 받아야 한다. 다만, 중앙행정기관의 장이 등록전산정보자료를 이용하거나 활용하고자 하는 경우에는 법원행정처장과 협의하여야 한다.

② 제1항에 따라 등록전산정보자료를 이용 또는 활용하고자 하는 사람은 본래의 목적 외의 용도로 이용하거나 활용하여서는 아니 된다.

③ 제1항에 따른 등록전산정보자료의 이용 또는 활용과 그 사용료 등에 관하여 필요한 사항은 대법원규칙으로 정한다.

제14조 【증명서의 교부 등】 ① 본인 또는 배우자, 직계혈족, 형제자매(이하 이 조에서는 "본인 등"이라 한다)는 제15조에 규정된 등록부 등의 기록사항에 관하여 발급할 수 있는 증명서의 교부를 청구할 수 있고, 본인 등의 대리인이 청구하는 경우에는 본인 등의 위임을 받아야 한다. 다만, 다음 각 호의 어느 하나에 해당하는 경우에는 본인 등이 아닌 경우에도 교부를 신청할 수 있다.

1. 국가 또는 지방자치단체가 직무상 필요에 따라 문서로 신청하는 경우
2. 소송·비송·민사집행의 각 절차에서 필요한 경우
3. 다른 법령에서 본인 등에 관한 증명서를 제출하도록 요구하는 경우
4. 그 밖에 대법원규칙으로 정하는 정당한 이해관계가 있는 사람이 신청하는 경우

② 제15조 제1항 제5호의 친양자입양관계증명서는 다음 각 호의 어느 하나에 해당하는 경우에 한하여 교부를 청구할 수 있다.

1. 친양자가 성년이 되어 신청하는 경우
2. 혼인당사자가 「민법」 제809조의 친족관계를 파악하고자 하는 경우
3. 법원의 사실조회촉탁이 있거나 수사기관이 수사상 필요에 따라 문서로 신청하는 경우
4. 그 밖에 대법원규칙이 정하는 경우

③ 제1항 및 제2항에 따라 증명서의 교부를 청구하는 사람은 수수료를 납부하여야 하며, 증명서의 송부를 신청하는 경우에는 우송료를 따로 납부하여야 한다.

④ 시·읍·면의 장은 제1항 및 제2항의 청구가 등록부에 기록된 사람에 대한 사생활의 비밀을 침해하는 등 부당한 목적에 의한 것이 분명하다고 인정되는 때에는 증명서의 교부를 거부할 수 있다.

⑤ 제1항부터 제4항까지의 규정은 폐쇄등록부에 관한 증명서 교부의 경우에도 준용한다.

제15조 【증명서의 종류 및 기록사항】 ① 등록부 등의 기록사항에 관하여 발급할 수 있는 증명서의 종류와 그 기록사항은 다음 각 호와 같다.

1. 가족관계증명서
   가. 본인의 등록기준지·성명·성별·본·출생연월일 및 주민등록번호
   나. 부모·양부모, 배우자, 자녀의 성명·성별·본·출생연월일 및 주민등록번호
2. 기본증명서
   가. 본인의 등록기준지·성명·성별·본·출생연월일 및 주민등록번호
   나. 본인의 출생, 사망, 국적상실·취득 및 회복 등에 관한 사항
3. 혼인관계증명서
   가. 본인의 등록기준지·성명·성별·본·출생연월일 및 주민등록번호

나. 배우자의 성명·성별·본·출생연월일 및 주민등록번호
다. 혼인 및 이혼에 관한 사항
4. 입양관계증명서
가. 본인의 등록기준지·성명·성별·본·출생연월일 및 주민등록번호
나. 양부모 또는 양자의 성명·성별·본·출생연월일 및 주민등록번호
다. 입양 및 파양에 관한 사항
5. 친양자입양관계증명서
가. 본인의 등록기준지·성명·성별·본·출생연월일 및 주민등록번호
나. 친생부모·양부모 또는 친양자의 성명·성별·본·출생연월일 및 주민등록번호
다. 입양 및 파양에 관한 사항
② 가족관계에 관한 그 밖의 증명서 및 가족관계 기록사항에 관하여 필요한 사항은 대법원규칙으로 정한다.

제3장 등록부의 기록

제16조【등록부의 기록절차】 등록부는 신고, 통보, 신청, 증서의 등본, 항해일지의 등본 또는 재판서에 의하여 기록한다.

제17조【등록부가 없는 사람】 가족관계등록이 되어 있지 아니한 사람에 대하여 등록사항을 기록하여야 할 때에는 새로 등록부를 작성한다.

제18조【등록부의 정정】 ① 등록부의 기록이 법률상 무효인 것이거나 그 기록에 착오 또는 누락이 있음을 안 때에는 시·읍·면의 장은 지체 없이 신고인 또는 신고사건의 본인에게 그 사실을 통지하여야 한다. 다만, 그 착오 또는 누락이 시·읍·면의 장의 잘못으로 인한 것인 때에는 그러하지 아니하다.
② 제1항 본문의 통지를 할 수 없을 때 또는 통지를 하였으나 정정신청을 하는 사람이 없는 때 또는 그 기록의 착오 또는 누락이 시·읍·면의 장의 잘못으로 인한 것인 때 또는 시·읍·면의 장은 감독법원의 허가를 받아 직권으로 정정할 수 있다. 다만, 대법원규칙으로 정하는 경미한 사항인 경우에는 시·읍·면의 장이 직권으로 정정하고, 감독법원에 보고하여야 한다.
③ 국가 또는 지방자치단체의 공무원이 그 직무상 등록부의 기록에 착오 또는 누락이 있음을 안 때에는 지체 없이 신고사건의 본인의 등록기준지의 시·읍·면의 장에게 통지하여야 한다. 이 경우 통지를 받은 시·읍·면의 장은 제1항 및 제2항에 따라 처리한다.

제19조【등록부의 행정구역, 명칭 등의 변경】 ① 행정구역 또는 토지의 명칭이 변경된 때에는 등록부의 기록은 정정된 것으로 본다. 이 경우 시·읍·면의 장은 그 기록사항을 경정하여야 한다.
② 시·읍·면의 장은 지번의 변경이 있을 때에는 등록부의 기록을 경정하여야 한다.

제4장 신 고

제1절 통 칙

제20조【신고의 장소】 ① 이 법에 따른 신고는 신고사건 본인의 등록기준지 또는 신고인의 주소지나 현재지에서 할 수 있다.
② 대한민국의 국민이 아닌 사람(이하 "외국인"이라 한다)에 관한 신고는 그 거주지 또는 신고인의 주소지나 현재지

에서 할 수 있다.

제21조【출생·사망의 동 경유 신고 등】 ① 시에 있어서 출생·사망의 신고는 그 신고의 장소가 신고사건 본인의 주민등록지 또는 주민등록을 할 지역과 같은 경우에는 신고사건 본인의 주민등록지 또는 주민등록을 할 지역을 관할하는 동을 거쳐 할 수 있다.

② 제1항의 경우 동장은 소속 시장을 대행하여 신고서를 수리하고, 동이 속하는 시의 장에게 신고서를 송부하며, 그 밖에 대법원규칙으로 정하는 등록사무를 처리한다.

제22조【신고 후 등록되어 있음이 판명된 때 등】 등록되어 있는지가 분명하지 아니한 사람 또는 등록되어 있지 아니하거나 등록할 수 없는 사람에 관한 신고가 수리된 후 그 사람에 관하여 등록되어 있음이 판명된 때 또는 등록할 수 있게 된 때에는 신고인 또는 신고사건의 본인은 그 사실을 안 날부터 1개월 이내에 수리된 신고사건을 표시하여 처음 그 신고를 수리한 시·읍·면의 장에게 그 사실을 신고하여야 한다.

제23조【신고방법】 ① 신고는 서면이나 말로 할 수 있다.

② 신고로 인하여 효력이 발생하는 등록사건에 관하여 신고사건 본인이 시·읍·면에 출석하지 아니하는 경우에는 신고사건 본인의 주민등록증·운전면허증·여권, 그 밖에 대법원규칙이 정하는 신분증명서(이하 이 항에서 "신분증명서"라 한다)를 제시하거나 신고서에 신고사건 본인의 인감증명서를 첨부하여야 한다. 이 경우 본인의 신분증명서를 제시하지 아니하거나 본인의 인감증명서를 첨부하지 아니한 때에는 신고서를 수리하여서는 아니 된다.

제24조【신고서 양식】 신고서 양식은 대법원예규로 정한다. 이 경우 가족관계에 관한 등록신고가 다른 법령으로 규정한 신고를 갈음하는 경우에 당해 신고서 양식을 정함에 있어서는 미리 관계부처의 장과 협의하여야 한다.

제25조【신고서 기재사항】 ① 신고서에는 다음 사항을 기재하고 신고인이 서명하거나 기명날인하여야 한다.

1. 신고사건
2. 신고연월일
3. 신고인의 출생연월일·주민등록번호·등록기준지 및 주소
4. 신고인과 신고사건의 본인이 다른 때에는 신고사건의 본인의 등록기준지·주소·성명·출생연월일 및 주민등록번호와 신고인의 자격

② 이 법에 따라 신고서류를 작성한 경우 그 신고서류에 주민등록번호를 기재한 때에는 출생연월일의 기재를 생략할 수 있다.

제26조【신고인이 무능력자인 경우】 ① 신고하여야 할 사람이 미성년자 또는 금치산자인 때에는 친권자 또는 후견인을 신고의무자로 한다. 다만, 미성년자 또는 금치산자가 신고를 하여도 된다.

② 친권자 또는 후견인이 신고하는 경우에는 신고서에 다음 사항을 기재하여야 한다.

1. 신고하여야 할 사람의 성명·출생연월일·주민등록번호 및 등록기준지
2. 무능력자가 된 원인
3. 신고인이 친권자 또는 후견인이라는 사실

제27조【동의가 불필요한 무능력자의 신고】 ① 무능력자가 그 법정대리인의

동의 없이 할 수 있는 행위에 관하여는 무능력자가 신고하여야 한다.

② 금치산자가 신고하는 경우에는 신고서에 신고사건의 성질 및 효과를 이해할 능력이 있음을 증명할 수 있는 진단서를 첨부하여야 한다.

제28조【증인을 필요로 하는 신고】 증인을 필요로 하는 사건의 신고에 있어서는 증인은 신고서에 주민등록번호 및 주소를 기재하고 서명하거나 기명날인하여야 한다.

제29조【부존재 또는 부지의 사항】 신고서에 기재하여야 할 사항으로서 존재하지 아니하거나 알지 못하는 것이 있을 때에는 그 취지를 기재하여야 한다. 다만, 시·읍·면의 장은 법률상 기재하여야 할 사항으로서 특히 중요하다고 인정되는 사항을 기재하지 아니한 신고서는 수리하여서는 아니 된다.

제30조【법령 규정사항 이외의 기재사항】 신고서에는 이 법 또는 다른 법령으로 정하는 사항 외에 등록부에 기록하여야 할 사항을 더욱 분명하게 하기 위하여 필요한 사항이 있으면 이러한 사항도 기재하여야 한다.

제31조【말로 하는 신고 등】 ① 말로 신고하려 할 때에는 신고인은 시·읍·면의 사무소에 출석하여 신고서에 기재하여야 할 사항을 진술하여야 한다.

② 시·읍·면의 장은 신고인의 진술 및 신고연월일을 기록하여 신고인에게 읽어 들려주고 신고인으로 하여금 그 서면에 서명하거나 기명날인하게 하여야 한다.

③ 제1항 및 제2항의 경우에 신고인이 질병 또는 그 밖의 사고로 출석할 수 없는 때에는 대리인으로 하여금 신고하게 할 수 있다. 다만, 제55조, 제56조, 제61조, 제63조, 제71조 및 제74조의 신고는 그러하지 아니하다.

제32조【동의, 승낙 또는 허가를 요하는 사건의 신고】 ① 신고사건에 있어서 부·모 또는 다른 사람의 동의 또는 승낙이 필요한 경우에는 신고서에 그 동의 또는 승낙을 증명하는 서면을 첨부하여야 한다. 다만, 친족회가 동의를 하는 경우에는 친족회의 결의록을 첨부하여야 하며, 그 밖의 동의 또는 승낙에 있어서는 동의 또는 승낙을 한 사람으로 하여금 신고서에 그 사유를 부기하고 서명 또는 기명날인하게 할 수 있다.

② 신고사건, 신고인 또는 신고사항 등에 있어서 재판 또는 관공서의 허가를 요하는 사항이 있는 경우에는 신고서에 그 재판서 또는 허가서의 등본을 첨부하여야 한다.

제33조【신고서에 관한 준용규정】 신고서에 관한 규정은 제31조 제2항 및 제32조 제1항의 서면에 준용한다.

제34조【외국에서 하는 신고】 외국에 있는 대한민국 국민은 이 법에서 정하는 바에 따라 그 지역을 관할하는 대한민국 재외공관(이하 "재외공관"이라 한다)의 장에게 신고하거나 신청을 할 수 있다.

제35조【외국의 방식에 따른 증서의 등본】 ① 외국에 있는 대한민국 국민이 그 나라의 방식에 따라 신고사건에 관한 증서를 작성한 경우에는 3개월 이내에 그 지역을 관할하는 재외공관의 장에게 그 증서의 등본을 제출하여야 한다.

② 대한민국의 국민이 있는 지역이 재외공관의 관할에 속하지 아니하는 경우에는 3개월 이내에 등록기준지의 시·읍·면의 장에게 증서의 등본을 발송하

여야 한다.

제36조【외국에서 수리한 서류의 송부】 재외공관의 장은 제34조 및 제35조에 따라 서류를 수리한 때에는 1개월 이내에 외교통상부장관을 경유하여 본인의 등록기준지 시·읍·면의 장에게 송부하여야 한다.

제37조【신고기간의 기산점】 ① 신고기간은 신고사건 발생일부터 기산한다.

② 재판의 확정일부터 기간을 기산하여야 할 경우에 재판이 송달 또는 교부 전에 확정된 때에는 그 송달 또는 교부된 날부터 기산한다.

제38조【신고의 최고】 ① 시·읍·면의 장은 신고를 게을리 한 사람을 안 때에는 상당한 기간을 정하여 신고의무자에 대하여 그 기간 내에 신고할 것을 최고하여야 한다.

② 신고의무자가 제1항의 기간 내에 신고를 하지 아니한 때에는 시·읍·면의 장은 다시 상당한 기간을 정하여 최고할 수 있다.

③ 제18조 제2항은 제2항의 최고를 할 수 없는 때 및 최고를 하여도 신고를 하지 아니한 때에, 같은 조 제3항은 국가 또는 지방자치단체의 공무원이 신고를 게을리 한 사람이 있음을 안 때에 준용한다.

제39조【신고의 추후 보완】 시·읍·면의 장은 신고를 수리한 경우에 흠이 있어 등록부에 기록을 할 수 없을 때에는 신고인 또는 신고의무자로 하여금 보완하게 하여야 한다. 이 경우 제38조를 준용한다.

제40조【기간경과 후의 신고】 시·읍·면의 장은 신고기간이 경과한 후의 신고라도 수리하여야 한다.

제41조【사망 후에 도달한 신고】 ① 신고인의 생존 중에 우송한 신고서는 그 사망 후라도 시·읍·면의 장은 수리하여야 한다.

② 제1항에 따라 신고서가 수리된 때에는 신고인의 사망시에 신고한 것으로 본다.

제42조【수리, 불수리증명서와 서류의 열람】 ① 신고인은 신고의 수리 또는 불수리의 증명서를 청구할 수 있다.

② 이해관계인은 시·읍·면의 장에게 신고서나 그 밖에 수리한 서류의 열람 또는 그 서류에 기재한 사항에 관하여 증명서를 청구할 수 있다.

③ 증명서를 청구할 때에는 수수료를 납부하여야 한다.

④ 이해관계인은 법원에 보관되어 있는 신고서류에 대한 열람을 청구할 수 있다.

⑤ 제2항 및 제4항의 이해관계인의 자격과 범위 등에 관하여는 제14조 제1항부터 제4항까지의 규정을 준용한다.

제43조【신고불수리의 통지】 시·읍·면의 장이 신고를 수리하지 아니한 때에는 그 사유를 지체 없이 신고인에게 서면으로 통지하여야 한다.

제2절 출 생

제44조【출생신고의 기재사항】 ① 출생의 신고는 출생 후 1개월 이내에 하여야 한다.

② 신고서에는 다음 사항을 기재하여야 한다.

1. 자녀의 성명·본·성별 및 등록기준지
2. 자녀의 혼인 중 또는 혼인 외의 출생자의 구별

3. 출생의 연월일시 및 장소
4. 부모의 성명·본·등록기준지 및 주민등록번호(부 또는 모가 외국인인 때에는 그 성명·출생연월일 및 국적)
5. 「민법」 제781조 제1항 단서에 따른 협의가 있는 경우 그 사실
6. 자녀가 이중국적자인 경우 그 사실 및 취득한 외국 국적

③ 자녀의 이름에는 한글 또는 통상 사용되는 한자를 사용하여야 한다. 통상 사용되는 한자의 범위는 대법원규칙으로 정한다.

④ 출생신고서에는 의사·조산사 그 밖에 분만에 관여한 사람이 작성한 출생증명서를 첨부하여야 한다. 다만, 부득이한 사유가 있는 경우에는 그러하지 아니하다.

제45조【출생신고의 장소】 ① 출생의 신고는 출생지에서 할 수 있다.

② 기차나 그 밖의 교통기관 안에서 출생한 때에는 모가 교통기관에서 내린 곳, 항해일지가 비치되지 아니한 선박 안에서 출생한 때에는 그 선박이 최초로 입항한 곳에서 신고할 수 있다.

제46조【신고의무자】 ① 혼인 중 출생자의 출생의 신고는 부 또는 모가 하여야 한다.

② 혼인 외 출생자의 신고는 모가 하여야 한다.

③ 제1항 및 제2항에 따라 신고를 하여야 할 사람이 신고를 할 수 없는 경우에는 다음 각 호의 어느 하나에 해당하는 사람이 각 호의 순위에 따라 신고를 하여야 한다.

1. 동거하는 친족
2. 분만에 관여한 의사·조산사 또는 그 밖의 사람

제47조【친생부인의 소를 제기한 때】 친생부인의 소를 제기한 때에도 출생신고를 하여야 한다.

제48조【법원이 부를 정하는 때】 ① 「민법」 제845조에 따라 법원이 부(父)를 정하여야 할 때에는 출생의 신고는 모가 하여야 한다.

② 제46조 제3항은 제1항의 경우에 준용한다.

제49조【항해 중의 출생】 ① 항해 중에 출생이 있는 때에는 선장은 24시간 이내에 제44조 제2항에서 정한 사항을 항해일지에 기재하고 서명 또는 기명날인하여야 한다.

② 제1항의 절차를 밟은 후 선박이 대한민국의 항구에 도착하였을 때에는 선장은 지체 없이 출생에 관한 항해일지의 등본을 그 곳의 시·읍·면의 장에게 발송하여야 한다.

③ 선박이 외국의 항구에 도착하였을 때에는 선장은 지체 없이 제2항의 등본을 그 지역을 관할하는 재외공관의 장에게 발송하고 재외공관의 장은 지체 없이 외교통상부장관을 경유하여 등록기준지의 시·읍·면의 장에게 발송하여야 한다.

제50조【공공시설에서의 출생】 병원, 교도소, 그 밖의 시설에서 출생이 있었을 경우에 부모가 신고할 수 없는 때에는 당해 시설의 장 또는 관리인이 신고를 하여야 한다.

제51조【출생신고 전에 사망한 때】 출생의 신고 전에 자녀가 사망한 때에는 출생의 신고와 동시에 사망의 신고를 하여야 한다.

제52조【기아】 ① 기아(棄兒)를 발견한 사람 또는 기아발견의 통지를 받은 국가경찰공무원은 24시간 이내에 그 사실을

시·읍·면의 장에게 통보하여야 한다.

② 제1항의 통보를 받은 시·읍·면의 장은 소지품, 발견장소, 발견연월일시, 그 밖의 상황, 성별, 출생의 추정연월일을 조서에 기재하여야 한다. 이 경우 그 조서를 신고서로 본다.

③ 시·읍·면의 장은 「민법」 제781조 제4항에 따라 기아의 성과 본을 창설한 후 이름과 등록기준지를 정하여 등록부에 기록하여야 한다.

제53조【부모가 기아를 찾은 때】 ① 부 또는 모가 기아를 찾은 때에는 1개월 이내에 출생의 신고를 하고 등록부의 정정을 신청하여야 한다.

② 제1항의 경우에는 시·읍·면의 장이 확인하여야 한다.

제54조【기아가 사망한 때】 제52조 제1항 또는 제53조의 절차를 밟기 전에 기아가 사망하였을 때에는 사망의 신고와 동시에 그 절차를 밟아야 한다.

제3절 인 지

제55조【인지신고의 기재사항】 ① 인지의 신고서에는 다음 사항을 기재하여야 한다.

1. 자녀의 성명·성별·출생연월일·주민등록번호 및 등록기준지(자가 외국인인 때에는 그 성명·성별·출생연월일 및 국적)
2. 사망한 자녀를 인지할 때에는 사망연월일, 그 직계비속의 성명·출생연월일·주민등록번호 및 등록기준지
3. 부가 인지할 때에는 모의 성명·등록기준지 및 주민등록번호
4. 인지 전의 자녀의 성과 본을 유지할 경우 그 취지와 내용
5. 「민법」 제909조 제4항 또는 제5항에 따라 친권자가 정하여진 때에는 그 취지와 내용

② 제1항 제4호 및 제5호의 경우에는 신고서에 그 내용을 증명하는 서면을 첨부하여야 한다. 다만, 가정법원의 성·본 계속사용허가심판 또는 친권자를 정하는 재판이 확정된 때에는 제58조를 준용한다.

제56조【태아의 인지】 태내에 있는 자녀를 인지할 때에는 신고서에 그 취지, 모의 성명 및 등록기준지를 기재하여야 한다.

제57조【친생자출생의 신고에 의한 인지】 부가 혼인 외의 자녀에 대하여 친생자출생의 신고를 한 때에는 그 신고는 인지의 효력이 있다.

제58조【재판에 의한 인지】 ① 인지의 재판이 확정된 경우에 소를 제기한 사람은 재판의 확정일부터 1개월 이내에 재판서의 등본 및 확정증명서를 첨부하여 그 취지를 신고하여야 한다.

② 제1항의 신고서에는 재판확정일을 기재하여야 한다.

③ 제1항의 경우에는 그 소의 상대방도 재판서의 등본 및 확정증명서를 첨부하여 인지의 재판이 확정된 취지를 신고할 수 있다. 이 경우 제2항을 준용한다.

제59조【유언에 의한 인지】 유언에 의한 인지의 경우에는 유언집행자는 그 취임일부터 1개월 이내에 인지에 관한 유언서등본 또는 유언녹음을 기재한 서면을 첨부하여 제55조 또는 제56조에 따라 신고를 하여야 한다.

제60조【인지된 태아의 사산】 인지된 태아가 사체로 분만된 경우에 출생의 신고의무자는 그 사실을 안 날부터 1개월 이내에 그 사실을 신고하여야 한다. 다

만, 유언집행자가 제59조의 신고를 하였을 경우에는 유언집행자가 그 신고를 하여야 한다.

제4절 입 양

제61조【입양신고의 기재사항】 입양의 신고서에는 다음 사항을 기재하여야 한다.

1. 당사자의 성명·본·출생연월일·주민등록번호·등록기준지(당사자가 외국인인 때에는 그 성명·출생연월일·국적) 및 양자의 성별
2. 양자의 친생부모의 성명·주민등록번호 및 등록기준지

제62조【입양의 신고】 ① 양자가 15세 미만인 때에는 「민법」 제869조에 따라 입양을 승낙한 법정대리인이 신고하여야 한다. 다만, 후견인이 입양을 승낙한 때에는 가정법원의 허가서를 첨부하여야 한다.

② 「민법」 제871조에 따라 후견인이 입양의 동의를 한 때에는 후견인의 동의서 및 가정법원의 허가서를 첨부하여야 한다.

③ 후견인이 피후견인을 양자로 하는 경우에는 가정법원의 허가서를 첨부하여야 한다.

제5절 파 양

제63조【파양신고의 기재사항】 파양의 신고서에는 다음 사항을 기재하여야 한다.

1. 당사자의 성명·본·출생연월일·주민등록번호 및 등록기준지(당사자가 외국인인 때에는 그 성명·출생연월일·국적)
2. 양자의 친생부모의 성명·등록기준지 및 주민등록번호

제64조【협의상 파양의 신고】 ① 「민법」 제899조에 따라 협의상 파양을 하는 경우에는 그 협의를 한 사람이 신고를 하여야 한다. 다만, 그 신고를 후견인 또는 생가(生家)의 다른 직계존속이 하는 때에는 가정법원의 허가서를 첨부하여야 한다.

② 「민법」 제900조에 따른 협의상 파양에 관하여 후견인이 파양의 동의를 한 때에는 후견인의 동의서 및 가정법원의 허가서를 첨부하여야 한다.

제65조【준용규정】 ① 제63조는 입양취소의 신고에 준용한다.

② 제58조는 입양취소의 재판이 확정된 경우에 준용한다.

제66조【준용규정】 제58조는 파양의 재판이 확정된 경우에 준용한다.

제6절 친양자의 입양 및 파양

제67조【친양자의 입양신고】 ① 「민법」 제908조의2에 따라 친양자를 입양하고자 하는 사람은 친양자 입양재판의 확정일부터 1개월 이내에 재판서의 등본 및 확정증명서를 첨부하여 제61조의 신고를 하여야 한다.

② 제1항의 신고서에는 재판확정일을 기재하여야 한다.

제68조【준용규정】 제58조는 친양자의 입양신고에 준용한다.

제69조【친양자의 파양신고】 ① 「민법」 제908조의5에 따라 친양자 파양의 재판이 확정된 경우 소를 제기한 사람은 재판의 확정일부터 1개월 이내에 재판서의 등본 및 확정증명서를 첨부하여 제63조의 신고를 하여야 한다.

② 제1항의 신고서에는 재판확정일을 기재하여야 한다.

③ 제1항의 경우에는 그 소의 상대방도

재판서의 등본 및 확정증명서를 첨부하여 친양자 파양의 재판이 확정된 취지를 신고할 수 있다. 이 경우 제2항을 준용한다.

제70조【준용규정】 제69조는 친양자의 입양취소의 재판이 확정된 경우에 준용한다.

제7절 혼 인

제71조【혼인신고의 기재사항 등】 혼인의 신고서에는 다음 사항을 기재하여야 한다. 다만, 제3호의 경우에는 혼인당사자의 협의서를 첨부하여야 한다.

1. 당사자의 성명·본·출생연월일·주민등록번호 및 등록기준지(당사자가 외국인인 때에는 그 성명·출생연월일 및 국적)
2. 당사자의 부모와 양부모의 성명·등록기준지 및 주민등록번호
3. 「민법」 제781조 제1항 단서에 따른 협의가 있는 경우 그 사실
4. 「민법」 제809조 제1항에 따른 근친혼에 해당되지 아니한다는 사실

제72조【재판에 의한 혼인】 사실상 혼인관계 존재확인의 재판이 확정된 경우에는 소를 제기한 사람은 재판의 확정일부터 1개월 이내에 재판서의 등본 및 확정증명서를 첨부하여 제71조의 신고를 하여야 한다.

제73조【준용규정】 제58조는 혼인취소의 재판이 확정된 경우에 준용한다.

제8절 이 혼

제74조【이혼신고의 기재사항】 이혼의 신고서에는 다음 사항을 기재하여야 한다.

1. 당사자의 성명·본·출생연월일·주민등록번호 및 등록기준지(당사자가 외국인인 때에는 그 성명 및 국적)
2. 당사자의 부모와 양부모의 성명·등록기준지 및 주민등록번호
3. 「민법」 제909조 제4항 또는 제5항에 따라 친권자가 정하여진 때에는 그 내용

제75조【협의상 이혼의 확인】 ① 협의상 이혼을 하고자 하는 사람은 등록기준지 또는 주소지를 관할하는 가정법원의 확인을 받아 신고하여야 한다. 다만, 국내에 거주하지 아니하는 경우에 그 확인은 서울가정법원의 관할로 한다.

② 제1항의 신고는 협의상 이혼을 하고자 하는 사람이 가정법원으로부터 확인서등본을 교부 또는 송달받은 날부터 3개월 이내에 그 등본을 첨부하여 행하여야 한다.

③ 제2항의 기간이 경과한 때에는 그 가정법원의 확인은 효력을 상실한다.

④ 가정법원의 확인 절차와 신고에 관하여 필요한 사항은 대법원규칙으로 정한다.

제76조【간주규정】 협의이혼신고서에 가정법원의 이혼의사확인서등본을 첨부한 경우에는 「민법」 제836조 제2항에서 정한 증인 2인의 연서가 있는 것으로 본다.

제77조【준용규정】 제74조는 혼인취소의 신고에 준용한다.

제78조【준용규정】 제58조는 이혼의 재판이 확정된 경우에 준용한다.

제9절 친권 및 후견

제79조【친권자 지정 및 변경 신고】 ① 부모가 「민법」 제909조 제4항에 따라 친권자를 정한 때에는 1개월 이내에 그 사실을 신고하여야 한다. 부모 중 일방

이 신고하는 경우에는 그 사실을 증명하는 서면을 첨부하여야 한다.

② 친권이나 관리권의 상실·사퇴·회복에 관한 재판 또는 「민법」 제909조 제4항부터 제6항까지의 규정에 따라 친권자를 정하거나 변경하는 재판이 확정된 때에는 그 재판을 청구한 사람 또는 그 재판으로 친권자로 정하여진 사람이 그 내용을 신고하여야 한다. 이 경우 제58조를 준용한다.

제80조 【후견개시신고의 기재사항】 ① 후견개시의 신고는 후견인이 그 취임일부터 1개월 이내에 하여야 한다.

② 신고서에는 다음 사항을 기재하여야 한다.

1. 후견인과 피후견인의 성명·출생연월일·주민등록번호 및 등록기준지
2. 후견개시의 원인 및 연월일
3. 후견인이 취임한 연월일

제81조 【후견인 경질신고 등】 ① 후견인이 경질된 경우에는 후임자는 취임일부터 1개월 이내에 그 취지를 신고하여야 한다.

② 제1항의 신고에는 제80조 제2항을 준용한다.

③ 제79조 제2항은 「민법」 제940조에 따라 후견인이 변경된 경우에 준용한다.

제82조 【유언 또는 재판에 따른 후견인의 선정】 ① 유언에 의하여 후견인을 지정한 경우에는 지정에 관한 유언서 그 등본 또는 유언녹음을 기재한 서면을 신고서에 첨부하여야 한다.

② 후견인선임의 재판이 있는 경우에는 재판서의 등본을 신고서에 첨부하여야 한다.

제83조 【후견종료신고】 ① 후견종료의 신고는 후견인이 1개월 이내에 하여야 한다. 다만, 미성년자의 성년 도달로 인하여 후견이 종료된 경우에는 그러하지 아니하다.

② 신고서에는 다음 사항을 기재하여야 한다.

1. 피후견인의 성명·등록기준지 및 주민등록번호
2. 후견종료의 원인 및 연월일

③ 후견종료의 원인이 「민법」 제939조 또는 같은 법 제940조에 따른 것인 때에는 재판서의 등본을 첨부하여야 한다.

제10절 사망과 실종

제84조 【사망신고와 그 기재사항】 ① 사망의 신고는 제85조에 규정한 사람이 사망의 사실을 안 날부터 1개월 이내에 진단서 또는 검안서를 첨부하여 하여야 한다.

② 신고서에는 다음 사항을 기재하여야 한다.

1. 사망자의 성명, 성별, 등록기준지 및 주민등록번호
2. 사망의 연월일시 및 장소

③ 부득이한 사정으로 인하여 진단서나 검안서를 얻을 수 없는 때에는 사망의 사실을 증명할 만한 서면으로써 이에 갈음할 수 있다. 이 경우 신고서에 그 진단서 또는 검안서를 얻지 못한 사유를 기재하여야 한다.

제85조 【사망신고의무자】 ① 사망의 신고는 동거하는 친족이 하여야 한다.

② 친족·동거자 또는 사망장소를 관리하는 사람, 사망장소의 동장 또는 통·이장도 사망의 신고를 할 수 있다.

제86조 【사망신고의 장소】 사망의 신고는 사망지·매장지 또는 화장지에서 할 수 있다. 다만, 사망지가 분명하지 아니한

때에는 사체가 처음 발견된 곳에서, 기차나 그 밖의 교통기관 안에서 사망이 있었을 때에는 그 사체를 교통기관에서 내린 곳에서, 항해일지를 비치하지 아니한 선박 안에서 사망한 때에는 그 선박이 최초로 입항한 곳에서 할 수 있다.

제87조【재난 등으로 인한 사망】 수해, 화재나 그 밖의 재난으로 인하여 사망한 사람이 있는 경우에는 이를 조사한 관공서는 지체 없이 사망지의 시·읍·면의 장에게 통보하여야 한다. 다만, 외국에서 사망한 때에는 사망자의 등록기준지의 시·읍·면의 장에게 통보하여야 한다.

제88조【사형, 재소 중 사망】 ① 사형의 집행이 있는 때에는 교도소장은 지체 없이 교도소 소재지의 시·읍·면의 장에게 사망의 통보를 하여야 한다.

② 제1항은 재소 중 사망한 사람의 사체를 찾아갈 사람이 없는 경우에 준용한다. 이 경우 통보서에 진단서 또는 검안서를 첨부하여야 한다.

제89조【통보서의 기재사항】 제87조 및 제88조에서 규정한 통보서에는 제84조 제2항에서 정한 사항을 기재하여야 한다.

제90조【등록불명자 등의 사망】 ① 사망자에 대하여 등록이 되어 있는지 여부가 분명하지 아니하거나 사망자를 인식할 수 없는 때에는 국가경찰공무원은 검시조서를 작성·첨부하여 지체 없이 사망지의 시·읍·면의 장에게 사망의 통보를 하여야 한다.

② 사망자가 등록이 되어 있음이 판명되었거나 사망자의 신원을 알 수 있게 된 때에는 국가경찰공무원은 지체 없이 사망지의 시·읍·면의 장에게 그 취지를 통보하여야 한다.

③ 제1항의 통보가 있은 후에 제85조에서 정한 사람이 사망자의 신원을 안 때에는 그 날부터 10일 이내에 사망의 신고를 하여야 한다.

제91조【준용규정】 제49조 및 제50조는 사망의 신고에 준용한다.

제92조【실종선고의 신고】 ① 실종선고의 신고는 그 선고를 청구한 사람이 재판확정일부터 1개월 이내에 재판서의 등본 및 확정증명서를 첨부하여 하여야 한다.

② 실종선고의 신고서에는 다음 사항을 기재하여야 한다.

1. 실종자의 성명·성별·등록기준지 및 주민등록번호
2. 「민법」 제27조에서 정한 기간의 만료일

③ 제58조는 실종선고취소의 재판이 확정된 경우에 그 재판을 청구한 사람에게 준용한다.

제11절 국적의 취득과 상실

제93조【인지 등에 따른 국적취득의 통보 등】 ① 법무부장관은 「국적법」 제3조 제1항 또는 같은 법 제11조 제1항에 따라 대한민국의 국적을 취득한 사람이 있는 경우 지체 없이 국적을 취득한 사람이 정한 등록기준지의 시·읍·면의 장에게 대법원규칙으로 정하는 사항을 통보하여야 한다.

② 제1항의 통보를 받은 시·읍·면의 장은 국적을 취득한 사람의 등록부를 작성한다.

제94조【귀화허가의 통보 등】 ① 법무부장관은 「국적법」 제4조에 따라 외국인을 대한민국 국민으로 귀화허가한 경우 지체 없이 귀화허가를 받은 사람이 정한 등록기준지의 시·읍·면의 장에게 대법

원규칙으로 정하는 사항을 통보하여야 한다.

② 제1항의 통보를 받은 시·읍·면의 장은 귀화허가를 받은 사람의 등록부를 작성한다.

제95조【국적회복허가의 통보 등】 ① 법무부장관은 「국적법」 제9조에 따라 대한민국의 국적회복을 허가한 경우 지체 없이 국적회복을 한 사람이 정한 등록기준지의 시·읍·면의 장에게 대법원규칙으로 정하는 사항을 통보하여야 한다.

② 제1항의 통보를 받은 시·읍·면의 장은 국적회복을 한 사람의 등록부를 작성한다. 다만, 국적회복을 한 사람의 등록부 등이 있는 경우에는 등록부 등에 기재된 등록기준지의 시·읍·면의 장에게 그 사항을 통보하여야 한다.

제96조【국적취득자의 성과 본의 창설 신고】 ① 외국의 성을 쓰는 국적취득자가 그 성을 쓰지 아니하고 새로이 성(姓)·본(本)을 정하고자 하는 경우에는 그 등록기준지·주소지 또는 등록기준지로 하고자 하는 곳을 관할하는 가정법원의 허가를 받고 그 등본을 받은 날부터 1개월 이내에 그 성과 본을 신고하여야 한다.

② 대한민국의 국적을 회복하거나 재취득하는 경우에는 종전에 사용하던 대한민국식 성명으로 국적회복신고 또는 국적재취득신고를 할 수 있다.

③ 제2항의 경우 신고서에는 종전에 사용하던 대한민국식 성명을 소명하여야 한다.

④ 신고서에는 다음 사항을 기재하여야 한다.

1. 종전의 성
2. 창설한 성·본
3. 허가의 연월일

⑤ 제4항의 신고서에는 제1항에 따른 허가의 등본을 첨부하여야 한다.

제97조【국적상실신고의 기재사항】 ① 국적상실의 신고는 배우자 또는 4촌 이내의 친족이 그 사실을 안 날부터 1개월 이내에 하여야 한다.

② 신고서에는 다음 각 호의 사항을 기재하여야 한다.

1. 국적상실자의 성명·주민등록번호 및 등록기준지
2. 국적상실의 원인 및 연월일
3. 새로 외국국적을 취득한 때에는 그 국적

③ 제2항의 신고서에는 국적상실을 증명하는 서면을 첨부하여야 한다.

④ 국적상실자 본인도 국적상실의 신고를 할 수 있다.

제98조【국적선택 등의 통보】 ① 법무부장관은 다음 각 호의 어느 하나에 해당하는 사유가 발생한 경우 그 사람의 등록기준지(등록기준지가 없는 경우에는 그 사람이 정한 등록기준지)의 시·읍·면의 장에게 대법원규칙으로 정하는 사항을 통보하여야 한다.

1. 「국적법」 제13조 제1항에 따라 이중국적자로부터 대한민국의 국적을 선택한다는 신고를 수리한 때
2. 「국적법」 제14조 제1항에 따라 국적이탈신고를 수리한 때
3. 「국적법」 제20조에 따라 대한민국 국민으로 판정한 때

② 대한민국 국민으로 판정받은 사람이 등록되어 있지 아니한 때에는 그 통보를 받은 시·읍·면의 장은 등록부를 작성한다.

제12절 개명 및 성(姓)·본(本) 변경

제99조【개명신고】 ① 개명하고자 하는 사람은 주소지(재외국민의 경우 등록기준지)를 관할하는 가정법원의 허가를 받고 그 허가서의 등본을 받은 날부터 1개월 이내에 신고를 하여야 한다.

② 신고서에는 다음 사항을 기재하여야 한다.

1. 변경 전의 이름
2. 변경한 이름
3. 허가연월일

③ 제2항의 신고서에는 허가서의 등본을 첨부하여야 한다.

제100조【성·본 변경신고】 ① 「민법」 제781조 제6항에 따라 자녀의 성(姓)·본(本)을 변경하고자 하는 사람은 재판확정일부터 1개월 이내에 재판서의 등본 및 확정증명서를 첨부하여 신고하여야 한다.

② 신고서에는 다음 사항을 기재하여야 한다.

1. 변경 전의 성·본
2. 변경한 성·본
3. 재판확정일

제13절 가족관계 등록 창설

제101조【가족관계 등록 창설신고】 ① 등록이 되어 있지 아니한 사람은 등록을 하려는 곳을 관할하는 가정법원의 허가를 받고 그 등본을 받은 날부터 1개월 이내에 가족관계 등록 창설(이하 "등록창설"이라 한다)의 신고를 하여야 한다.

② 신고서에는 제9조 제2항에 규정된 사항 외에 등록창설허가의 연월일을 기재하여야 한다.

③ 제2항의 신고서에는 등록창설허가의 등본을 첨부하여야 한다.

제102조【직계혈족에 의한 등록창설신고】 등록창설허가의 재판을 얻은 사람이 등록창설의 신고를 하지 아니한 때에는 배우자 또는 직계혈족이 할 수 있다.

제103조【판결에 의한 등록창설의 신고】 ① 확정판결에 의하여 등록창설의 신고를 하여야 할 경우에는 판결확정일부터 1개월 이내에 하여야 한다.

② 신고서에는 제9조 제2항에 규정된 사항 외에 판결확정일을 기재하여야 한다.

③ 제2항의 신고서에는 판결의 등본 및 확정증명서를 첨부하여야 한다.

제5장 등록부의 정정

제104조【위법한 가족관계 등록기록의 정정】 등록부의 기록이 법률상 허가될 수 없는 것 또는 그 기재에 착오나 누락이 있다고 인정한 때에는 이해관계인은 사건 본인의 등록기준지를 관할하는 가정법원의 허가를 받아 등록부의 정정을 신청할 수 있다.

제105조【무효인 행위의 가족관계등록기록의 정정】 신고로 인하여 효력이 발생하는 행위에 관하여 등록부에 기록하였으나 그 행위가 무효임이 명백한 때에는 신고인 또는 신고사건의 본인은 사건 본인의 등록기준지를 관할하는 가정법원의 허가를 받아 등록부의 정정을 신청할 수 있다.

제106조【정정신청의 의무】 제104조 및 제105조에 따라 허가의 재판이 있었을 때에는 재판서의 등본을 받은 날부터 1개월 이내에 그 등본을 첨부하여 등록부의 정정을 신청하여야 한다.

제107조【판결에 의한 등록부의 정정】 확

정판결로 인하여 등록부를 정정하여야 할 때에는 소를 제기한 사람은 판결확정일부터 1개월 이내에 판결의 등본 및 그 확정증명서를 첨부하여 등록부의 정정을 신청하여야 한다.

제108조【준용규정】 제20조 제1항, 제22조, 제25조부터 제27조까지, 제29조부터 제33조까지 및 제37조부터 제42조까지의 규정은 등록부의 정정신청에 준용한다.

제6장 불복절차

제109조【불복의 신청】 ① 등록사건에 관하여 이해관계인은 시·읍·면의 장의 위법 또는 부당한 처분에 대하여 관할 가정법원에 불복의 신청을 할 수 있다.

② 제1항의 신청을 받은 가정법원은 신청에 관한 서류를 시·읍·면의 장에게 송부하며 그 의견을 구할 수 있다.

제110조【불복신청에 대한 시·읍·면의 조치】 ① 시·읍·면의 장은 그 신청이 이유 있다고 인정하는 때에는 지체 없이 처분을 변경하고 그 취지를 법원과 신청인에게 통지하여야 한다.

② 신청이 이유 없다고 인정하는 때에는 의견을 붙여 지체 없이 그 서류를 법원에 반환하여야 한다.

제111조【불복신청에 대한 법원의 결정】 ① 가정법원은 신청이 이유 없는 때에는 각하하고 이유 있는 때에는 시·읍·면의 장에게 상당한 처분을 명하여야 한다.

② 신청의 각하 또는 처분을 명하는 재판은 결정으로써 하고, 시·읍·면의 장 및 신청인에게 송달하여야 한다.

제112조【항고】 가정법원의 결정에 대하여는 법령을 위반한 재판이라는 이유로만 「비송사건절차법」에 따라 항고할 수 있다.

제113조【불복신청의 비용】 불복신청의 비용에 관하여는 「비송사건절차법」의 규정을 준용한다.

제7장 신고서류의 송부와 법원의 감독

제114조【신고서류 등의 송부】 시·읍·면의 장은 등록부에 기록할 수 없는 등록사건을 제외하고는 대법원규칙으로 정하는 바에 따라 등록부에 기록을 마친 신고서류 등을 관할 법원에 송부하여야 한다.

제115조【신고서류 등의 조사 및 시정지시】 ① 법원은 시·읍·면의 장으로부터 신고서류 등을 송부받은 때에는 지체 없이 등록부의 기록사항과 대조하고 조사하여야 한다.

② 법원은 제1항의 조사결과 그 신고서류 등에 위법·부당한 사실이 발견된 경우에는 시·읍·면의 장에 대하여 시정지시 등 필요한 처분을 명할 수 있다.

③ 신고서류조사 또는 시정지시 및 신고서류 보관절차에 관하여 필요한 사항은 대법원규칙으로 정한다.

제116조【각종 보고의 명령 등】 법원은 시·읍·면의 장에 대하여 등록사무에 관한 각종 보고를 명하는 등 감독상 필요한 조치를 취할 수 있다.

제8장 벌 칙

제117조【벌칙】 다음 각 호의 어느 하나에 해당하는 사람은 3년 이하의 징역 또는 1천만원 이하의 벌금에 처한다.

1. 제11조 제6항을 위반한 사람
2. 제13조 제2항을 위반한 사람

3. 제14조 제1항·제2항 및 제42조를 위반하여 거짓 그 밖의 부정한 방법으로 다른 사람의 신고서류를 열람하거나 신고서류에 기재되어 있는 사항 또는 등록부 등의 기록사항에 관한 증명서를 교부받은 사람
4. 이 법에 따른 등록사무처리의 권한에 관한 승인절차 없이 전산정보처리조직에 가족관계 등록정보를 입력·변경하여 정보처리를 하거나 기술적 수단을 이용하여 가족관계 등록정보를 알아낸 사람

제118조【벌칙】 ① 등록부의 기록을 요하지 아니하는 사항에 관하여 거짓의 신고를 한 사람 및 등록의 신고와 관련된 사항에 관하여 거짓으로 보증을 한 사람은 1년 이하의 징역 또는 300만원 이하의 벌금에 처한다.

② 외국인에 대한 사항에 관하여 거짓의 신고를 한 사람도 제1항과 같다.

제119조【양벌규정】 법인의 대표자 또는 법인이나 개인의 대리인·사용인 그 밖의 종업원이 그 법인이나 개인의 업무에 관하여 제117조, 제118조의 위반행위를 한 때에는 행위자를 벌하는 외에 그 법인이나 개인에 대하여도 해당 조의 벌금형을 과(科)한다.

제120조【과태료】 다음 각 호의 어느 하나에 해당하는 시·읍·면의 장에게는 50만원 이하의 과태료를 부과한다.

1. 제115조 제2항에 따른 명령을 위반한 때
2. 제116조에 따른 명령을 위반한 때

제121조【과태료】 시·읍·면의 장이 제38조 또는 제108조에 따라 기간을 정하여 신고 또는 신청의 최고를 한 경우에 정당한 사유 없이 그 기간 내에 신고 또는 신청을 하지 아니한 사람에게는 10만원 이하의 과태료에 처한다.

제122조【과태료】 이 법에 따른 신고의 의무가 있는 사람이 정당한 사유 없이 기간 내에 하여야 할 신고 또는 신청을 하지 아니한 때에는 5만원 이하의 과태료를 부과한다.

제123조【과태료 재판】 제120조의 과태료 재판은 과태료를 부과할 시·읍·면의 장의 사무소 소재지를 관할하는 가정법원이 「비송사건절차법」에 따라 행한다.

제124조【과태료 부과·징수】 ① 제121조 및 제122조에 따른 과태료는 대법원규칙으로 정하는 바에 따라 시·읍·면의 장(제21조 제2항에 해당하는 때에는 출생·사망의 신고를 받는 동의 관할 시장·구청장을 말한다. 이하 이 조에서 같다)이 부과·징수한다.

② 제1항에 따른 과태료 처분에 불복하는 사람은 30일 이내에 해당 시·읍·면의 장에게 이의를 제기할 수 있다.

③ 제1항에 따라 시·읍·면의 장으로부터 과태료 처분을 받은 사람이 제2항에 따라 이의를 제기한 때에는 당해 시·읍·면의 장은 지체 없이 과태료 처분을 받은 사람의 주소 또는 거소를 관할하는 가정법원에 그 사실을 통보하여야 하며, 그 통보를 받은 가정법원은 「비송사건절차법」에 따른 과태료 재판을 한다.

④ 제2항에 따른 기간 이내에 이의를 제기하지 아니하고 과태료를 납부하지 아니한 때에는 지방세 체납처분의 예에 따라 징수한다.

부 칙 <제8435호, 2007.5.17>

제1조【시행일】 이 법은 2008년 1월 1일

부터 시행한다. 다만, 제93조부터 제95조까지 및 제98조의 개정규정은 2008년 9월 1일부터 시행한다.

제2조 【폐지법률】 戶籍法은 폐지한다. 다만, 2008년 8월 31일까지 대한민국의 국적을 취득·회복하거나 대한민국 국민으로 귀화한 사람의 신고 및 「국적법」 제14조 제1항에 따른 국적이탈자에 대한 법무부장관의 통보는 종전의 「호적법」 제109조, 제109조의2, 제110조 및 제112조의2를 적용하되, 위 「호적법」 조항들을 적용할 때 「호적법」 제15조는 이 법 제9조로, 본적은 등록기준지로 본다.

제3조 【등록부의 작성 등】 ① 이 법 제9조에 따른 등록부는 종전의 「호적법」 제124조의3에 따라 편제된 전산호적부를 대상으로, 이 법 시행 당시 기록된 사항을 기준으로 하여 그 호적전산자료를 개인별로 구분·작성하는 방법에 따른다.

② 종전의 「호적법」 제124조의3에 따라 편제된 전산호적부는 이 법 시행과 동시에 제적된다.

③ 대법원규칙 제1911호 호적법시행규칙 중 개정규칙 부칙 제2조 및 제3조에 따라 전산 이기된 호적부(이하 "이미지 전산호적부"라 한다)는 제1항의 규정에도 불구하고 이 법 시행과 동시에 제적된다. 다만, 신고사건 등이 발생한 때에는 그 제적자에 대하여 새로 등록부를 작성하여야 한다.

④ 제1항 및 제3항 단서에 따라 등록부를 작성한 경우에 종전 호적에 기재된 본적은 이 법 제10조에 따른 최초의 등록기준지로 본다.

⑤ 종전의 「호적법」 규정에 따른 신고 등이 있었으나 제2항에 따라 제적된 후 이 법 시행 당시 등록부에 그 기록이 누락되었음이 발견된 때에는 제1항에 따라 새로 작성된 등록부를 폐쇄함과 동시에 제2항 및 제3항에 따른 제적을 부활한다.

⑥ 제5항에 따라 부활한 호적에 그 기록을 완료한 때에는 다시 제1항부터 제3항까지의 규정에 따른다.

제4조 【제적부 등에 관한 경과조치】 종전의 「호적법」 규정에 따른 제적부 또는 부칙 제3조에 따라 제적된 전산호적부 및 이미지 전산호적부(이하 "제적부 등"이라 한다)에 관한 등록사무의 처리는 종전의 「호적법」 규정에 따르고, 이에 따른 등록부 정정에 관한 구체적인 절차는 대법원규칙으로 정한다. 다만, 제적부 등에 관한 열람 또는 등본·초본의 교부 청구권자에 관하여는 제14조 제1항을 준용한다.

제5조 【사실상 혼인관계 존재확인판결에 관한 경과조치】 이 법 시행 전에 사실상 혼인관계 존재확인의 재판이 확정된 경우에 대하여도 제72조를 적용한다. 다만, 종전의 「호적법」의 규정에 따라 발생한 효력에 대하여는 영향을 미치지 아니한다.

제6조 【과태료에 관한 경과조치】 이 법 시행 전에 부과된 과태료의 징수·재판 절차는 종전 「호적법」의 규정에 따른다.

제7조 【일반적 경과조치】 이 법 시행 당시 종전의 「호적법」에 따라 행한 처분, 재판, 그 밖의 행위 및 절차는 이 법 중 그에 해당하는 규정이 있는 때에는 이 법의 적용에 관하여는 이 법의 해당 규정에 따라 한 것으로 본다.

제8조 【다른 법률의 개정】 생략

제9조【다른 법령과의 관계】 이 법 시행 당시 다른 법령에서 종전의 「호적법」 또는 그 규정을 인용한 경우 이 법 중 그에 해당하는 규정이 있는 때에는 종전의 규정에 갈음하여 이 법 또는 이 법의 해당조항을 인용한 것으로 본다.

부 칙 (국민연금법)

<제8541호, 2007.7.23>

제1조【시행일】 이 법은 공포한 날부터 시행한다. <단서 생략>

제2조 이하 생략

가족관계의 등록 등에 관한 규칙

제　　정 2007. 11. 28 대법원규칙 제2119호
일부개정 2009. 3. 31 대법원규칙 제2227호

제1장 총　　칙

제1조 【목적】 이 규칙은 「가족관계의 등록 등에 관한 법률」에서 위임된 사항과 그 시행에 관하여 필요한 사항을 규정함을 목적으로 한다.

제2조 【정의】 이 규칙에서 사용하는 용어의 뜻은 다음과 같다.

1. "가족관계등록부(이하 "등록부"라 한다)에 기록"이란 시(특별시 및 광역시와 구를 둔 시에 있어서 이 규칙 중 시, 시장 또는 시의 사무소란 각각 구, 구청장 또는 구의 사무소를 말한다. 다만, 도농복합형태의 시에 있어서 읍·면지역에 대하여는 읍·면, 읍·면의 장 또는 읍·면의 사무소를 말한다. 이하 같다)·읍·면의 장이 「가족관계의 등록 등에 관한 법률」(이하 "법"이라 한다)과 이 규칙이 정하는 사항을 전산정보처리조직에 의하여 등록부에 기록하는 것을 말한다.
2. "등록부 부본자료(이하 "부본자료"라 한다)"란 등록부 또는 폐쇄등록부(이하 "등록부 등"이라 한다)에 기록된 등록사항에 관한 전산정보자료(이하 "등록전산정보자료"라 한다)가 사고 등으로 인하여 훼손된 경우(이하 "손상"이라 한다)에 이를 복구하기 위하여 법 제11조와 제12조에 따라 보관·관리하는 장소 이외의 곳에 별도의 보조기억장치(자기디스크·자기테이프 그 밖의 전자적 정보저장매체를 포함한다. 이하 같다)를 이용하여 전산정보처리조직에 기록된 등록전산정보자료를 실시간, 주, 월단위로 복제한 것으로 등록부에 기록된 사항과 동일한 전산자료를 말한다.
3. "가족관계등록부사항"이란 등록기준지의 지정 또는 변경, 정정에 관한 사항, 가족관계등록부작성 또는 폐쇄에 관한 기록사항을 말한다.
4. "특정등록사항"이란 본인·부모(양부모 포함)·배우자·자녀(양자 포함)란에 기록되는 성명, 출생연월일, 주민등록번호, 성별, 본에 관한 기록사항을 말한다. 다만, 기록대상자가 외국인인 경우에는 성명, 출생연월일, 국적, 외국인등록번호, 성별에 관한 기록사항을 말한다.
5. "일반등록사항"이란 출생에서부터 사망에 이르기까지 법과 이 규칙에 따라 본인의 등록부에 기록하는 가족관계등록부사항·특정등록사항 이외의 모든 신분변동에 관한 기록사항을 말한다.

제3조 【비용의 부담】 법 제7조에 따라 가족관계의 발생과 변동사항의 등록과 그 증명에 관한 사무(이하 "등록사무"라 한다)에 드는 비용은 「보조금의 예산 및

관리에 관한 법률」에 따른 보조금으로 부담한다.

제4조【등록기준지의 결정】 ① 법 시행과 동시에 최초로 등록부를 작성하는 경우, 종전 호적이 존재하는 사람은 종전 호적의 본적을 등록기준지로 한다.

② 제1항에 해당되지 않는 사람에 대해서 법 제10조 제1항에 따라 처음 정하는 등록기준지는 다음 각 호에 따른다.

1. 당사자가 자유롭게 정하는 등록기준지
2. 출생의 경우에 부 또는 모의 특별한 의사표시가 없는 때에는, 자녀가 따르는 성과 본을 가진 부 또는 모의 등록기준지
3. 외국인이 국적취득 또는 귀화한 경우에 그 사람이 정한 등록기준지
4. 국적을 회복한 경우에 국적회복자가 정한 등록기준지
5. 가족관계등록창설의 경우에 제1호의 의사표시가 없는 때에는 가족관계등록창설하고자 하는 사람이 신고한 주민등록지
6. 부 또는 모가 외국인인 경우에 제1호의 의사표시가 없는 때에는 대한민국 국민인 부 또는 모의 등록기준지

③ 당사자는 등록기준지를 자유롭게 변경할 수 있다. 이 경우, 새롭게 변경하고자 하는 등록기준지 시·읍·면의 장에게 변경신고를 하여야 한다.

제5조【전산정보중앙관리소의 역할 등】 ① 법 제12조에 따른 전산정보중앙관리소(이하 "중앙관리소"라 한다)의 역할과 기능은 다음 각 호와 같다.

1. 등록부 등과 부본자료의 보관·관리
2. 등록부 등 색인정보 관리
3. 사용자정보관리
4. 각종 코드와 기재례 관리
5. 유관기관과의 정보연계
6. 가족관계등록통계정보관리
7. 시스템 프로그램의 유지·보수
8. 정보처리 요구사항과 장애내용 접수 및 그 대응과 기술지원
9. 가족관계등록정보 보존관리
10. 가족관계등록정보 보안관리
11. 그 밖에 법원행정처장이 필요하다고 인정한 사항

② 법원행정처장은 중앙관리소에 전산운영책임관을 두어 전산정보처리조직을 종합적으로 관리·운영하여야 한다.

제6조【전산운영책임관의 업무】 ① 중앙관리소의 전산운영책임관은 법 제11조에 따라 등록부 등 및 그 부본자료를 작성·보관·관리하고 전산정보처리조직에 기록되어 있는 사항을 실시간, 주, 월단위로 보존하여야 한다.

② 전산운영책임관은 등록전산정보자료의 일부 또는 전부가 손상되었을 때에는 즉시 법원행정처장에게 보고하고 제1항의 부본자료에 의하여 복구하여야 한다. 이 경우 정상적인 전산정보처리조직의 운영이 불가능할 때에는 전산정보처리조직이 복구될 때까지 부본자료에 의하여 운영할 수 있다.

③ 등록전산정보자료와 부본자료의 각 일부 또는 전부가 동시에 손상된 경우에는 가족관계정보자료가 손상된 사람 또는 그 이해관계인에게 제20조의 멸실고시 등의 방법으로 등록 일제신고기간을 정하여 신고하도록 하고, 신고한 자료와 대법원의 등록정보자료, 시·읍·면의 제적 등을 기초로 전산정보처리조직을 복구하여야 한다. 그 밖의 복구절차에 필요한 사항은 대법원예규로 정한다.

④ 중앙관리소 소속 공무원이 법 제12

조 제2항에 따라 등록사항별 증명서를 발급하는 경우에는 전산운영책임관 명의로 한다.

⑤ 법 제12조 제2항에 따른 증명서의 발급절차, 그 밖의 필요한 사항은 대법원예규로 정한다.

⑥ 전산운영책임관은 매년 1월 10일까지 등록전산정보자료의 보존방법과 부본자료의 보관·관리, 복구절차, 중앙관리소 소속직원의 업무배분, 그 밖의 전산정보처리조직의 안정적인 관리와 운영을 위한 지침을 마련하여 이를 비치하여야 한다.

제7조【취임보고 등】 ① 시·읍·면의 장이 취임하거나 퇴임 등의 사유로 그 직을 면한 때에는 즉시 감독법원(지원을 포함한다. 이하 "법원"이라 한다)에 보고하여야 한다.

② 시·읍·면의 장이 사고 등으로 인하여 다른 사람이 그 직무를 대리(「지방자치법」 제111조에 따라 권한을 대행하는 경우를 포함한다. 이하 같다)하는 때에는 대리의 개시 및 종료에 관한 사항을 즉시 법원에 보고하여야 한다.

③ 등록사무처리에 관해서 시·읍·면의 장을 대리하는 경우에는 법 제5조 제1항을 준용한다.

제8조【등록사무담임자의 임면보고】 시·읍·면의 장이 소속 공무원 중에서 등록사무를 담당하는 사람(이하 "등록사무담임자"라 한다)을 임명하거나 그 직무를 면하게 한 때에는 즉시 법원에 보고하여야 한다.

제9조【직인의 보고】 ① 시·읍·면의 장 또는 그 직무를 대리하는 사람(이하 "직무대리자"라 한다)이 취임한 때에는 5일 이내에 등록사무에 사용할 직인의 인감을 법원에 보고하여야 한다.

② 제1항은 새로운 인장을 사용하거나 개인(改印)한 때에도 준용한다.

제10조【시·읍·면장 등의 식별부호】 ① 시·읍·면의 장 또는 그 직무대리자가 제7조에서 정한 취임 또는 직무대리 개시보고를 할 때에는 동시에 식별부호 사용신청을 하여 법원의 승인을 받아야 한다.

② 시·읍·면의 장 또는 그 직무대리자가 제7조에서 정한 퇴임 등 또는 직무대리 종료보고를 할 때에는 동시에 식별부호 사용 해지신청을 하여야 한다.

③ 시·읍·면의 장이 등록사무담임자 또는 그의 업무를 보조하는 사람을 임명하거나 그 직무를 면하게 한 경우에는 제1항과 제2항을 준용한다. 법 제21조 제2항의 업무를 처리하는 동의 장과 그의 업무를 보조하는 사람의 경우에도 같다.

제11조【가족관계등록공무원명부】 법원은 가족관계등록공무원명부를 비치하고 제7조 또는 제8조의 보고가 있거나 법 제21조 제2항의 업무를 처리하는 동의 장과 그의 업무를 보조하는 사람에게 식별부호의 사용 승인을 하거나 해지를 한 때에는 그 사유를 기재하여야 한다.

제12조【출장소 개설 등 보고】 ① 시·읍·면의 출장소에서 등록사무를 처리하려는 때에는 법원에 보고하여야 한다.

② 등록사무를 처리하던 출장소가 그 처리를 종료한 때에는 지체 없이 법원에 보고하여야 한다.

③ 법원이 제1항 또는 제2항의 보고를 받은 때에는 지체 없이 가정법원장을 거쳐 법원행정처장에게 이를 보고하여야 한다.

제13조【사무소이전의 보고】 시·읍·면

의 사무소나 출장소를 이전한 때에는 5일 이내에 법원에 보고하여야 한다.

제14조【행정구역변경 등의 보고 및 부책 등의 인계】 ① 행정구역이나 지번 또는 그 명칭이 변경된 때에는 그 시행일 15일 전까지 법원에 보고하여야 한다.

② 시·읍·면 또는 동이 신설·폐지되는 경우에는 신설·폐지되기 전에 그 지역에 소재한 시·읍·면의 장이 제1항의 보고를 한다.

③ 법원이 제1항 또는 제2항의 보고를 받는 경우 제12조 제3항을 준용한다.

④ 시·읍·면의 구역변경이 있는 경우에 부책과 서류는 그 목록 2통을 첨부하여 이를 해당 시·읍·면에 인계하여야 한다.

⑤ 시·읍·면의 장은 인수한 부책과 서류를 첨부된 목록과 대조한 후 그 목록 1통에 영수의 뜻을 덧붙여 인계한 시·읍·면의 장에게 송부하여야 한다.

⑥ 인수절차를 마친 시·읍·면의 장은 지체 없이 법원에 보고하여야 한다.

⑦ 종전 「호적법」(2007. 5. 17. 법률 제8435호로 폐지된 것) 제11조에 따라 시·읍·면의 장이 제적부를 반출한 때에는 그 사유를, 반출한 제적부를 원상회복한 때에는 그 일시와 이상 유무를 지체없이 각각 법원에 보고하여야 한다.

제15조【보고서의 편철】 법원은 제7조부터 제14조까지의 보고서를 가족관계등록보고서편철장에 편철하여 보존한다.

제16조【법원관할의 변경】 ① 법원의 관할이 변경된 경우에는 제적부본과 그에 관한 부책 및 서류, 가족관계등록부에 관한 부책과 서류를 새 관할법원에 인계하고, 그 내용을 법원행정처장에게 보고하여야 한다.

② 제1항의 인계절차에 관해서는 제14조 제4항과 제5항의 규정을 준용한다.

제2장 등록부 등

제17조【등록부의 작성과 폐쇄】 ① 법 제9조에 따른 등록부의 작성은 전산정보처리조직에 의하여야 한다.

② 등록부가 법 제11조 제2항에 규정된 사유 이외에 다음 각 호의 어느 하나에 해당하는 경우에는 이를 폐쇄한다.

1. 이중으로 작성된 경우
2. 착오 또는 부적법하게 작성된 경우
3. 정정된 등록부가 이해관계인에게 현저히 부당하다고 인정되어 재작성하는 경우

제18조【가족관계등록에 관한 부책 등의 보존】 가족관계등록에 관한 부책과 서류는 잠금장치가 있는 견고한 서고 또는 창고에 비치하고 철저하게 보존하여야 한다.

제19조【등록사항별 증명서 교부 등】 ① 법 제15조 제1항에 규정된 등록부 등의 기록사항에 관하여 발급할 수 있는 증명서(이하 "등록사항별 증명서"라 한다)의 교부신청은 "등록부 등의 기록사항 등에 관한 증명신청서(이하 "신청서"라 한다)"에 그 사유를 기재하여 제출하여야 한다. 다만, 본인이 청구하는 경우에는 신청서를 작성하지 않을 수 있고, 대리인이 법 제14조 제1항의 본인 또는 배우자, 직계혈족, 형제자매(이하 이 조에서는 "본인 등"이라 한다)의 위임을 받아 청구하는 때에는 본인 등의 위임장과 인감증명서 또는 주민등록증·운전면허증·여권 등의 신분증명서 사본을 제출하여야 한다.

② 법 제14조 제1항 제4호의 "정당한 이해관계 있는 사람"이란 다음 각 호의 어느 하나에 해당하는 경우를 말한다.

1. 민법상의 법정대리인
2. 채권·채무의 상속과 관련하여 상속인의 범위를 확인하기 위해서 등록사항별 증명서의 교부가 필요한 사람
3. 그 밖에 공익목적상 합리적 이유가 있는 경우로서 대법원예규가 정하는 사람

③ 제1항의 신청서에는 대법원예규가 특별히 규정하고 있는 경우를 제외하고는 대상자의 성명과 등록기준지를 정확하게 반드시 기재하여야 하고 다음 각 호에 해당하는 서류를 제출하여야 한다.

1. 법 제14조 제1항 제1호의 경우에는 그 근거법령과 사유를 기재한 신청기관의 공문 및 관계공무원의 신분증명서
2. 법 제14조 제1항 제2호의 경우에는 법원의 보정명령서, 재판서, 촉탁서 등 이를 소명하는 자료
3. 법 제14조 제1항 제3호의 경우에는 이를 소명하는 자료 및 관계법령에 의한 정당한 권한이 있는 사람임을 확인할 수 있는 자료
4. 법 제14조 제1항 제4호의 경우에는 그 근거와 사유를 기재한 신청서 및 정당한 이해관계를 소명하는 자료와 신청인의 신분증명서

④ 제1항부터 제3항까지에 관하여 필요한 사항은 대법원예규로 정한다.

제20조【멸실고시】 법원행정처장은 제6조 제2항에 따른 전산운영책임관의 등록전산정보자료의 손상보고가 있는 때에 그 등록전산정보자료의 복구가 불가능한 경우와 제6조 제3항에 따른 등록전산정보자료와 등록전산정보부본자료의 각 일부 또는 전부가 동시에 손상된 경우에는 지체 없이 그 사실을 각 고시하여야 한다. 이 경우 법원행정처장은 등록부의 재작성에 관한 필요한 승인과 처분을 하여야 하며, 그 구체적인 내용과 절차는 대법원예규로 정한다.

제21조【증명서의 작성방법】 ① 법 제15조 제1항에 따른 등록사항별 증명서는 별지 제1호부터 제5호까지의 서식에 의한다.

② 제1항의 증명서에는 시·읍·면의 장의 직명(직무대리자의 경우에는 대리자격도 표시하여야 한다)과 성명을 기록한 후 그 직인을 찍어야 한다.

③ 증명서에 공란이나 여백이 있는 때에는 그 뜻을 표시하여야 한다.

④ 증명서가 여러 장으로 이루어지는 때에는 각 장에 장수, 발행번호를 기록하고 각 장에 걸쳐 직인으로 간인하여야 한다.

⑤ 제2항 또는 제4항의 경우에는 인증기에 직인을 부착하여 인증할 수 있고, 자동천공방식으로 간인할 수 있다.

⑥ 본인, 부모(양부모 포함), 배우자, 자녀(양자 포함)의 가족관계등록부에 사망(실종선고·부재선고·국적상실 포함)사실이 기록된 경우에는 등록사항별 증명서의 사망한 사람의 성명란에 "사망(실종선고·부재선고·국적상실은 각 실종선고, 부재선고, 국적상실)"이 표시되어야 한다.

⑦ 가족관계증명서는 제6항의 경우를 제외하고는 증명서 교부 당시의 유효한 사항만을 모아서 발급한다.

⑧ 시·읍·면의 장은 청구인이 제1항의 증명서 중 두 가지 이상을 동시에 청구하는 경우에 제1항부터 제7항까지에

따라 개별증명서로 발급하여야 한다.

⑨ 법원행정처장이 등록사항별 증명서의 기재례를 정한 때에는 그에 따라 증명서를 발급하여야 한다.

제22조【증명서의 교부청구】 ① 법 제14조 제1항 제1호와 제3호에 따라 등록사항별 증명서의 교부를 청구하는 경우, 각 대상자마다 등록사항별 증명서가 필요한 이유를 구체적으로 밝혀야 하며, 한번에 30통 이상을 청구할 때에는 교부청구 기관 또는 단체의 소재지를 관할하는 시·읍·면에 하여야 한다.

② 법 제14조 제1항 제4호에 해당하는 경우에는 제19조 제3항 제4호의 요건을 갖추는 것 이외에 각각의 등록사항별 증명서가 필요한 이유를 별도로 밝혀야 한다.

③ 본인·배우자·직계혈족 이외의 사람이 등록사항별 증명서 중 가족관계증명서를 교부받고자 하는 경우에는 가족관계증명서가 필요한 이유를 별도로 밝혀야 한다.

제23조【증명의 범위 및 친양자입양관계증명서의 교부제한】 ① 시·읍·면의 장은 법 제15조에 따른 등록사항별 증명서를 교부할 때, 각 증명서의 본인 또는 가족의 주민등록번호란 및 일반등록사항란에 기록된 주민등록번호 중 그 일부를 공시하지 아니할 수 있다. 등록사항별 증명서의 주민등록번호 일부 공시제한에 관하여 필요한 사항은 대법원예규로 정한다.

② 법 제14조 제2항에 따른 친양자입양관계증명서의 교부제한은 교부청구 대상 본인의 친양자입양 여부와 관계없이 적용된다.

③ 법 제14조 제2항 제4호에 따라 증명서를 청구할 수 있는 경우는 다음 각 호의 어느 하나에 해당하는 경우로 한정한다. 다만, 제1호와 제2호의 구체적인 소명자료는 대법원예규로 정한다.

1. 「민법」 제908조의4와 제908조의5에 따라 입양취소 또는 파양을 할 경우
2. 친양자의 복리를 위하여 필요함을 구체적으로 소명하여 신청하는 경우
3. 그 밖의 대법원예규가 정하는 정당한 이유가 있는 경우

④ 친양자입양에 관한 신고서류의 열람 등의 절차에는 제2항과 제3항을 준용한다.

⑤ 법 제14조 제2항 제3호에 따라 수사기관이 증명서를 교부청구하는 경우, 각 대상자마다 증명서가 필요한 사유를 구체적으로 기재하되, 관련사건명과 사건접수연월일을 밝혀 청구하여야 한다. 이 경우 제22조 제3항 후단을 준용한다.

제24조【재외공관에서의 증명서 교부】 ① 법원행정처장이 정하는 재외공관은 증명서 교부신청의 접수와 교부사무를 처리할 수 있다.

② 제1항의 재외공관을 정하는 기준과 절차, 증명서 발급사무에 관한 업무처리 절차 등 그 밖의 필요한 사항은 대법원예규로 정한다.

제25조【무인증명서발급기에 의한 증명서 발급】 ① 시·읍·면의 장은 신청인 스스로 입력하여 등록사항별 증명서를 발급받을 수 있는 장치(이하 "무인증명서발급기"라 한다)를 이용하여 증명서의 발급사무를 처리할 수 있다.

② 제1항에 따른 등록사항별 증명서 발급은 본인에게만 할 수 있으며, 이 경우 그 본인임을 확인하는 절차를 거쳐야 한다.

③ 제1항의 경우 그 발급기관, 발급절차, 그 밖의 필요한 사항은 대법원예규로 정한다.

제26조【등록전산정보자료의 이용 등】 ① 법 제13조에 따라 등록전산정보자료를 이용 또는 활용하려는 사람은 다음 각 호의 사항을 기재하여 관계중앙행정기관의 장에게 그 심사를 신청하여야 한다. 이 경우 신청할 수 있는 자료는 필요한 최소한의 범위에 한한다.

1. 자료의 이용 또는 활용의 목적과 근거
2. 자료의 범위
3. 자료의 제공방식·보관기관 및 안전관리대책

② 제1항에 따른 신청을 받은 관계중앙행정기관의 장은 다음 각 호 사항을 심사한 후 그 심사결과를 신청인에게 알려야 한다.

1. 신청내용의 타당성·적합성·공익성
2. 개인의 사생활 침해의 가능성 및 위험성 여부
3. 자료의 목적외 사용방지 및 안전관리대책 확보 여부

③ 등록전산정보자료를 이용 또는 활용하려는 사람은 제2항에 따른 심사결과를 첨부하여 법원행정처장에게 승인신청을 하여야 한다. 다만, 중앙행정기관의 장이 등록전산정보자료를 이용 또는 활용하려는 경우에는 법원행정처장에게 제1항 각 호의 사항을 기재한 서면을 제출하고 협의를 요청하여야 한다.

④ 법원행정처장이 제3항에 따른 승인신청 또는 협의요청을 받은 때에는 다음 각 호의 사항을 심사하여야 한다.

1. 제2항 각 호의 사항
2. 신청한 사항의 처리가 전산정보처리조직에 의하여 가능한지 여부
3. 신청한 사항의 처리가 등록사무처리에 지장이 없는지 여부

⑤ 제4항에 따라 심사한 결과 신청을 승인하거나 협의가 이루어진 때에는 법원행정처장은 전산정보자료제공대장에 그 내용을 기록·관리하여야 한다.

제27조【신고서류의 열람 및 기재사항 증명】 ① 법 제42조 제2항의 이해관계인은 법 제16조에서 규정한 서류(이하 “신고서류”라 한다)를 등록사무담임자가 보는 앞에서 열람하여야 한다.

② 신고서류의 기재사항 증명은 별지 제6호 서식에 따른다.

제28조【증명서등의 수수료】 ① 호적용지로 작성된 제적부와 시·읍·면에 있는 신고서류의 열람 수수료는 건당 200원으로 한다.

② 등록사항별 증명서 및 제적등본의 수수료는 통당 1,000원으로 하고, 제적초본의 수수료는 통당 500원으로 한다.

③ 제27조의 기재사항 증명, 또는 제48조의 수리 또는 불수리의 증명 수수료는 건당 200원으로 한다.

④ 청구인이 다음 각 호의 어느 하나에 해당하는 경우에는 제1항부터 제3항까지의 수수료를 면제한다.

1. 국가나 지방자치단체의 공무원으로 직무상 필요에 의하여 청구하는 경우
2. 「국민기초생활보장법」 제2조 제2호의 수급자가 청구하는 경우
3. 다른 법률에 수수료를 면제하는 규정이 있는 경우

제3장 신고와 최고

제29조【신고서의 양식 등】 각종 가족관계등록신고서의 양식과 이 규칙에서 정하지 않은 서식은 대법원예규로 정한다.

제30조【신고서의 문자】 ① 신고서는 한글과 아라비아숫자로 기재하여야 한다.

다만, 사건본인의 성명은 한자로 표기할 수 없는 경우를 제외하고는 한자를 병기하여야 하고, 사건본인의 본은 한자로 표기할 수 없는 경우를 제외하고는 한자로 기재하여야 한다.

② 신고서의 첨부서류가 외국어로 작성된 것인 때에는 번역문을 첨부하여야 한다.

제31조【신고서의 기재방법】 ① 신고서의 글자는 명확하게 기재하여야 한다.

② 신고서의 기재를 정정한 경우에는 여백에 정정한 글자의 수를 기재하고 신고인이 날인하여야 한다.

제32조【신고인 등의 확인】 ① 시·읍·면·동의 장 또는 재외공관의 장은 신고서류를 접수하는 경우에 출석한 신고인 또는 제출인의 신분증명서에 의하여 반드시 그 신분을 확인하여야 하고, 신고인 또는 제출인이 법 제23조 제2항에 따라 불출석 신고사건 본인의 신분증명서를 제시한 때에는 그 신분을 확인한 후 신고서류의 뒤에 그 사본을 첨부하여야 한다.

② 법 제23조 제2항의 “그 밖에 대법원규칙으로 정하는 신분증명서”는 국제운전면허증, 전자카드식공무원증, 외국국가기관 명의의 신분증 그 밖에 대법원예규가 정하는 신분증명서를 말한다.

③ 법 제23조 제2항에도 불구하고, 양자가 15세 미만인 입양에 있어서는 법 제62조 제1항의 법정대리인, 파양에 있어서는 법 제64조 제1항의 협의를 한 사람의 출석 또는 신분증명서의 제시가 있거나 인감증명서의 첨부가 있으면 신고사건본인의 신분증명서의 제시 또는 인감증명서의 첨부가 있는 것으로 본다.

제33조【서명 또는 기명날인을 갈음하는 방법】 신고인, 증인, 동의자 등은 신고서에 서명하거나 기명날인할 수 있고, 서명 또는 기명날인을 할 수 없을 때에는 무인할 수 있다. 이 경우 담당공무원은 본인의 무인임을 증명한다는 문구를 기재하고 기명날인하여야 한다.

제34조【가족관계등록의 여부가 불분명한 경우 등의 표시】 ① 신고인 그 밖의 사람이 가족관계등록이 되어 있지 않거나 분명하지 않은 경우에는 신고서류에 그 취지를 기재하여야 한다.

② 사건본인이나 그 부 또는 모가 외국인인 경우에는 신고서의 등록기준지란에 그 국적을 기재하여야 한다.

제35조【말로 하는 신고의 처리】 시·읍·면의 장이 법 제31조 제2항에 따라 신고서를 작성한 경우에는 신고서 여백에 그 취지를 기재하고 직명과 성명을 기재한 후 직인을 찍어야 한다.

제36조【대리인에 의한 신고】 법 제31조 제3항에 따라 대리인이 말로 신고하는 경우에는 대리권한을 증명하는 서면을 제출하여야 한다.

제37조【인명용 한자의 범위】 ① 법 제44조 제3항에 따른 한자의 범위는 다음과 같이 한다.

1. 교육인적자원부가 정한 한문교육용 기초한자
2. 별표 1에 기재된 한자. 다만, 제1호의 기초한자가 변경된 경우에, 그 기초한자에서 제외된 한자는 별표 1에 추가된 것으로 보고, 그 기초한자에 새로 편입된 한자 중 별표 1의 한자와 중복되는 한자는 별표 1에서 삭제된 것으로 본다.

② 제1항의 한자에 대한 동자(同字)·속자(俗字)·약자(略字)는 별표 2에 기재된

것만 사용할 수 있다.

③ 출생자의 이름에 사용된 한자 중 제1항과 제2항의 범위에 속하지 않는 한자가 포함된 경우에는 등록부에 출생자의 이름을 한글로 기록한다.

제38조【출생증명서의 기재사항】 법 제44조 제4항에 따른 출생증명서에 기재할 사항은 다음과 같다.

1. 자녀의 성명 및 성별. 다만, 작명되지 아니한 때에는 그 취지
2. 출생의 연월일 및 장소
3. 자녀가 다태아(多胎兒)인 경우에는 그 취지, 출생의 순위 및 출생시각
4. 모의 성명 및 출생연월일
5. 작성연월일
6. 작성자의 성명, 직업 및 주소

제39조【준용규정】 신청·통보·촉탁은 신고에 관한 규정을 준용한다.

제4장 신고서류의 접수

제40조【신고서류의 접수방법】 ① 시·읍·면·동의 장이나 재외공관의 장이 신고서류를 접수하거나 송부받은 때에는 그 첫장 표면의 여백에 접수인을 찍고 접수번호 및 접수연월일을 기재한 후 처리자가 날인하여야 한다.

② 신고서류를 접수하였을 때에 신고인이 청구하는 경우에는 접수증을 교부하여야 한다.

③ 제1항의 경우에 법 제23조 제2항과 이 규칙 제32조에 따른 본인, 신고인 또는 제출인의 신분확인절차를 거쳐야 한다.

④ 우편접수의 경우 신고인의 신분증명서 사본이 첨부된 때에는 이에 의하여 신분확인을 할 수 있다. 다만, 신고로 인하여 효력이 발생하는 등록사건에 있어서는 신고사건 본인의 인감증명서 또는 신고서의 서명에 대한 공증서가 첨부되거나 제32조 제3항에 따른 법정대리인 등의 인감증명서가 첨부된 때에 이에 의하여 신분확인을 할 수 있다.

⑤ 제4항에 따른 신분증명서 사본이나 인감증명서가 첨부되지 않은 경우에는 신고를 수리하여서는 아니 된다.

제41조【접수장】 ① 시·읍·면·동의 장이나 재외공관의 장은 접수장에 접수 또는 송부받은 사건을 접수번호 순서대로 기록하여야 한다.

② 접수번호는 매년 갱신한다.

③ 접수장의 사건명은 신고의 종류에 따르되, 신고의 추후보완의 경우에는 원래의 신고의 접수번호도 부기한다.

④ 제1항의 경우, 제86조에도 불구하고 전산정보처리조직에 의하여 접수업무를 처리한 접수담당자가 매일 업무를 마친 때에 전산입력된 접수기록을 출력하여 비치하여야 한다.

제42조【신고서류의 처리상황표시】 접수된 신고서류에는 첫장 표면의 상부우측 여백에 처리상황란을 만들어 각 해당사항을 기재한 후 처리자가 날인하여야 한다.

제43조【수리 여부의 결정】 ① 시·읍·면·동의 장이나 재외공관의 장이 신고서류를 접수한 때에는 지체 없이 그 수리 여부를 결정하여야 한다.

② 신고를 수리 또는 불수리한 경우에는 접수장의 수리사항란에 그 취지와 일자를 기록하여야 한다. 그러나, 접수 당일 수리한 신고사건에 대하여는 그러하지 아니하다.

제44조【심사자료의 요구】 ① 시·읍·면·동의 장이나 재외공관의 장은 신고서류를 심사하기 위하여 필요한 때에는

등록부의 등록사항별 증명서나 그 밖의 서류를 제출하게 할 수 있다.

② 신고서류에 첨부하여야 할 제적 등·초본이나 등록사항별 증명서를 시·읍·면·동·재외공관에서 전산정보처리조직에 의하여 확인할 수 있는 경우에는 첨부하지 아니한다.

제45조【신고사건 수리 및 기록】 ① 시·읍·면의 장이 신고서류 등을 수리한 때에는 그 신고사건에 무효사유가 없으면, 즉시 등록부에 기록을 하여야 한다.

② 일반등록사항란에는 해당사건을 처리한 시·읍·면을 표시하여야 한다. 다만, 법 시행 이전에 기재된 호적기재사항에 대하여는 그러하지 아니하다.

제46조【신고서류의 송부】 법 제21조 제2항과 법 제36조에 따라 송부하는 신고서류에는 첫장 표면의 여백에 발송인과 직인을 찍고 이미 과태료를 부과한 때에는 그 취지를 기재하여야 한다.

제47조【불수리한 경우의 처리】 불수리한 신고서류는 불수리신고서류편철장에 편철하되 신고서 이외의 첨부서류는 신고인의 청구에 따라 되돌려 줄 수 있다.

제48조【수리·불수리의 증명】 신고의 수리와 불수리의 증명은 별지 제7호 서식에 의한다.

제49조【사건표】 ① 시·읍·면의 장은 매달 접수한 사건의 건수표를 작성하여 다음 달 10일까지 법원에 보고하여야 한다.

② 시·읍·면의 장은 매년 접수한 사건의 건수표를 제1항에 준하여 작성하여 다음 해 1월 10일까지 법원에 보고하여야 한다.

③ 시·읍·면의 장이 건수표를 전산정보처리조직에 의하여 보고하는 때에는 제1항과 제2항의 보고를 갈음할 수 있다.

제50조【과태료의 부과】 ① 법 제124조 제1항에 따른 과태료의 부과는 신고 또는 신청을 수리하거나 이를 최고한 시·읍·면의 장이 한다.

② 제1항에 따라 과태료를 부과하고자 할 때에는 위반행위를 조사·확인하여야 하고 과태료처분대상자에게 말 또는 서면에 의한 의견진술의 기회를 주어야 한다.

③ 과태료를 부과하는 경우에는 위반사실과 과태료금액을 명시한 과태료납부통지서를 과태료처분 대상자에게 송부하여야 한다. 그러나 신고서 제출과 동시에 자진하여 과태료를 납부하는 경우에는 그러하지 아니하다.

④ 법 제21조에 따른 출생·사망의 신고를 받은 동의 장은 소속시장·구청장을 대행하여 과태료를 부과·징수한다.

⑤ 시·읍·면의 장은 별표 3의 과태료 부과기준에 의하여 과태료의 금액을 정하여야 한다.

⑥ 시·읍·면의 장은 과태료처분대상자의 위반행위의 동기와 결과를 참작하여 별표 3에 따른 과태료의 2분의 1에 해당하는 금액을 경감할 수 있다. 다만, 이 경우에는 과태료처분대상자가 작성한 위반행위에 대한 사유서를 첨부하여야 한다.

⑦ 제1항에 따라 과태료처분을 받은 사람이 이의를 제기하는 경우에는 과태료처분 이의서를 과태료처분을 한 시·읍·면의 장에게 제출하여야 하며, 이를 접수한 시·읍·면의 장은 이의가 이유 없다고 인정되는 경우 통보서를 지체 없이 과태료처분을 받은 사람의 주소 또는 거소를 관할하는 가정법원에 송부하여야 한다.

제5장 등록부의 기록

제1절 기록사항

제51조【기록근거의 기록】 ① 등록부에 기록할 때에는 법 제9조 제2항이 규정한 사항 외에 다음 사항도 기록하여야 한다.

1. 신고 또는 신청의 연월일
2. 신고인 또는 신청인이 사건본인과 다른 때에는 신고인 또는 신청인의 자격과 성명
3. 재외공관의 장이나 관공서로부터 신고서류의 송부가 있는 때에는 송부연월일과 송부자의 직명
4. 통보일자와 통보자의 직명
5. 증서·항해일지 등본 작성자의 직명과 제출 연월일
6. 가족관계등록에 관한 재판·허가·촉탁을 한 법원과 그 연월일
7. 등록사건을 처리한 시·읍·면의 명칭

② 제1항 제2호의 신고인 또는 신청인이 사건본인의 부 또는 모인 때에는 그 성명의 기록을 생략할 수 있다. 다만, 출생신고인이 부 또는 모인 경우에는 그 성명의 기록을 생략하여야 한다.

제52조【군사분계선 이북지역 재적자의 가족관계등록창설】 ① 군사분계선 이북지역에 호적을 가졌던 사람이 가족관계등록창설하는 경우에는 등록부에 원적지를 기록하여야 한다.

② 군사분계선 이북지역에 호적을 가졌던 사람이 가족관계등록창설하는 경우, 군사분계선 이북지역에 거주하는 호주나 가족에 대한 가족관계등록창설허가도 신청할 수 있으며 그 등록부에는 원적지 및 군사분계선 이북지역에 거주한다는 취지를 기록한다.

③ 제1항과 제2항의 경우에 군사분계선 이북지역이 북위 38도선 이북인 경우에는 1945년 8월 15일을, 북위 38도선 이남인 경우에는 1950년 6월 25일을 기준으로 한다.

제53조【친권 등에 관한 사항의 기록】 친권·관리권 또는 후견에 관한 사항은 무능력자의 등록부의 일반등록사항란에 각 기록한다.

제54조【배우자의 가족관계등록사항 등의 변동사유】 한쪽 배우자에 대하여 다음의 신고가 있는 때에는 다른 배우자의 등록부에도 그 취지를 기록하여야 한다.

1. 사망, 실종선고·부재선고 및 그 취소
2. 국적취득과 그 상실
3. 성명의 정정 또는 개명

제55조【자녀의 등록사항 등】 ① 혼인 중의 출생자에 대한 출생신고 또는 인지의 효력이 있는 출생신고가 있는 때에는 법 제44조 제2항의 신고서 기재내용에 따라 출생자에 대한 등록부를 작성하되, 특정등록사항란에 그 부모 또는 인지한 부의 성명을 기록하고 그 부모 또는 인지한 부의 등록부에는 특정등록사항란에 그 출생자의 성명 등을 기록하여야 한다.

② 혼인외의 출생자가 혼인중의 출생자로 된 때 또는 부모의 혼인이 무효로 된 때에는 자녀의 등록부 일반등록사항란에 그 사유를 기록하여야 한다.

③ 시·읍·면의 장은 부 또는 모의 성과 본이 정정되거나 변경된 경우 그 부 또는 모의 성을 따르는 자녀의 성과 본을 직권으로 정정 또는 변경기록하고 그 사유를 등록부에 기록하여야 한다.

제56조【인지되지 않은 자녀의 등록부】

부가 인지하지 아니한 혼인외의 출생자라도 부의 성과 본을 알 수 있는 경우에는 부의 성과 본을 따를 수 있다. 다만, 부의 성명을 그 자녀의 일반등록사항란 및 특정등록사항란의 부란에 기록하여서는 아니된다.

제2절 기록절차

제57조【신고가 경합된 경우】 ① 동일한 사건에 수개의 신고가 수리된 경우에는 먼저 수리된 신고에 따라 등록부에 기록하여야 한다.

② 제1항의 경우에 뒤에 수리된 신고에 따라 등록부에 기록한 때에는 먼저 수리된 신고에 맞추어 등록부의 기록을 정정하여야 한다.

③ 제2항의 신고가 시·읍·면을 달리하여 수리된 때에는 뒤에 수리한 시·읍·면의 장이 이를 정정하되, 먼저 수리된 신고서류사본을 팩시밀리 등의 방법으로 받아서 직권정정서에 첨부한 후 가족관계등록신고서류편철장에 편철하여야 한다.

제58조【기아의 발견과 가족관계등록】 법 제53조 제2항의 경우에 기아발견조서에 의하여 작성된 등록부의 기록과 출생신고의 내용이 동일하다고 인정되는 때에는 등록부정정신청서 여백에 그 취지를 기재하고 날인하여야 한다.

제59조【이중등록부의 정리】 동일한 사람이 성명이나 출생연월일의 일부 또는 전부를 달리하여 2개 이상의 등록부가 있음이 명백히 밝혀진 경우에는 시·읍·면의 장은 법 제18조에 따른 감독법원의 허가를 받아 직권으로 그 등록부를 폐쇄할 수 있다.

제60조【등록부의 정정】 ① 법 제18조 제3항에 따른 통지를 받은 등록기준지의 시·읍·면의 장은 정정사건을 법 제18조 제1항과 제2항에 따라 처리하되, 그 과정에서 정정대상이 된 원래의 신고사건 신고서류를 조사할 필요가 있는 경우에는 해당 사건을 처리한 시·읍·면의 장에게 재통지하여야 한다. 이 경우 재통지를 받은 시·읍·면의 장은 법 제18조 제1항과 제2항에 따라 정정사건을 처리하여야 한다.

② 시·읍·면의 장이 법 제18조 제2항 단서에 따라 감독법원의 허가 없이 직권으로 정정 또는 기록할 수 있는 사항은 다음 각 호와 같다.

1. 등록부의 기록이 오기되었거나 누락되었음이 법 시행 전의 호적(제적)이나 그 등본에 의하여 명백한 때
2. 제54조 또는 제55조에 의한 기록이 누락되었음이 신고서류 등에 의하여 명백한 때
3. 한쪽 배우자의 등록부에 혼인 또는 이혼의 기록이 있으나 다른 배우자의 등록부에는 혼인 또는 이혼의 기록이 누락된 때
4. 부 또는 모의 본이 정정되거나 변경되었음이 등록사항별 증명서에 의하여 명백함에도 그 자녀의 본란이 정정되거나 변경되지 아니한 때
5. 신고서류에 의하여 이루어진 등록부의 기록에 오기나 누락된 부분이 있음이 해당 신고서류에 비추어 명백한 때

제61조【직권정정·기록서】 제57조, 제60조 제2항에 따라 직권으로 정정 또는 기록할 때에는 직권정정·기록서를 작성하여야 한다. 다만, 법원행정처장이 직권정정·기록서 작성이 필요 없음을 명시

하여 송부한 등록부 정비목록에 따라 직권 정정·기록하는 경우에는 그러하지 아니하다.

제62조【신고서류에 관한 규정의 준용】 법 제18조 제2항, 법 제38조 제3항 및 제59조에 따른 직권정정·기록허가서와 제61조에 따른 직권정정·기록서는 이를 신고서류로 본다.

제3절 기록과 정정의 방법

제63조【등록부 기록의 문자】 ① 등록부에 기록할 때에는 약자나 부호를 쓰지 못한다.

② 등록부에는 다음 각 호를 제외하고는 한글과 아라비아 숫자로 기록한다.

1. 등록부의 특정등록사항란 중 성명란은 한자로 표기할 수 없는 경우를 제외하고는 한글과 한자를 병기한다. 또한, 개명 또는 이름이 정정되어 본인의 일반등록사항란에 개명 또는 정정내용을 기록하는 경우에 이름을 기록하는 때에도 같다.
2. 등록부의 특정등록사항란 중 본란은 한자로 표기할 수 없는 경우를 제외하고는 한자로 기록한다. 또한, 본이 정정되어 본인의 일반등록사항란에 정정내용을 기록하는 때에도 같다.

제64조【식별부호의 기록】 시·읍·면의 장 또는 그 직무대리자는 등록부에 기록할 때마다 그 식별부호를 기록하여야 한다.

제65조【폐쇄의 방법】 시·읍·면의 장이 제17조 제2항에 따라 등록부를 폐쇄하는 때에는 가족관계등록부사항란 및 일반등록사항란에 그 취지와 사유를 기록하고, 등록사항별 증명서를 발급하는 경우에는 증명서의 우측상단에 "폐쇄"라고 표시한다.

제66조【등록부의 정정방법】 ① 등록부의 등록기준지나 본인의 특정등록사항란의 기록을 정정하는 경우에는 등록기준지란이나 특정등록사항란에는 새로운 사항을 기록하고, 정정 전의 사항과 그 사유를 가족관계등록부사항란이나 일반등록사항란에 기록한다.

② 가족관계등록부사항란이나 일반등록사항란의 기록을 정정하는 경우에는 정정할 부분에 하나의 선을 긋고, 각 해당사항란에 정정내용과 그 사유를 기록한다.

제67조【행정구역 등의 변경에 따른 경정】 ① 행정구역이나 토지의 명칭 또는 지번이 변경된 때에는 등록기준지란에 기록된 행정구역이나 토지의 명칭 또는 지번을 경정한다.

② 법령의 변경 그 밖의 사유로 등록기준지 이외의 등록부의 기록을 경정하는 경우에는 제1항을 준용한다.

③ 제1항과 제2항에 따라 등록부의 기록을 경정하는 경우에는 제66조를 준용한다.

제6장 신고서류의 보존

제68조【신고서류의 정리와 송부】 ① 등록부에 기록을 마친 신고서류는 1개월마다 다음 달 10일까지 접수순서에 따라 편철한 후 각 장마다 장수를 기재하여 그 목록과 함께 사건을 처리한 시·읍·면사무소를 감독하는 법원에 송부하여야 한다.

② 신고서류목록은 2부를 작성하여 그 중 1부는 신고서류에 첨부하고 나머지 1부는 신고서류송부목록편철장에 편철하

여 보존한다.

③ 신고서류를 송부할 때에는 그 목록의 첫장 표면의 여백에 발송인과 직인을 찍어야 한다.

④ 동사무소 또는 재외공관에서 수리한 신고서류는 그 부본을 접수순서에 따라 편철한 후 각 장마다 장수를 기재하고 1개월마다 목록을 붙여 연도별로 제82조 제4항 10호의 장부에 편철하여 보존한다. 다만 필요에 따라 분책하거나 합철할 수 있다.

제69조【가족관계등록을 할 수 없는 신고서류의 보존】 ① 가족관계등록이 되어 있지 아니한 사람에 대한 신고서류 그 밖의 가족관계등록을 할 수 없는 신고서류는 시·읍·면의 장이 접수순서에 따라 특종신고서류편철장에 편철하여 보존한다.

② 제1항의 편철장에는 각 장마다 장수를 기재하고 목록을 붙인다.

③ 태아인지신고, 이혼의사 철회신고, 혼인신고수리불가신고 및 혼인신고를 하는 때에 자녀의 성과 본을 모의 성과 본으로 따르기로 한 협의서를 제출하는 경우에는 특종신고서류 등 접수장에도 접수에 관한 기록을 하여야 한다.

제70조【신고서류의 조사】 법원이 법 제114조에 따라 신고서류를 송부받은 때에는 지체 없이 그 신고서류와 해당 등록부를 조사하고, 법규에 위배된 것이 있을 때에는 해당 시·읍·면의 장에게 시정지시 그 밖의 필요한 처분을 명하여야 한다.

제71조【신고서류의 보존】 ① 제70조에 의한 조사를 마친 신고서류는 시·읍·면별 및 연도별로 접수순서에 따라 신고서류편철부에 편철한다. 다만 필요에 따라 분책하거나 합철할 수 있다.

② 신고서류목록은 신고서류와 일치하는지 여부를 확인한 후 신고서류편철부에 신고서류와 함께 송부된 순서에 따라 편철하여 보존한다.

제72조【신고서류의 열람】 ① 법 제42조 제4항의 이해관계인은 법원에 보관되어 있는 신고서류와 종전의 호적·제적부본의 열람을 청구할 수 있다.

② 제1항에 따른 열람의 경우 친양자의 입양관계에 관한 신고서류는 제23조 제3항을 준용한다.

③ 제1항의 열람은 관계공무원이 보는 앞에서 하여야 한다.

제7장 협의이혼의사의 확인

제73조【이혼의사확인신청】 ① 법 제75조에 따라 협의상 이혼을 하려는 부부는 두 사람이 함께 등록기준지 또는 주소지를 관할하는 가정법원에 출석하여 협의이혼의사확인신청서를 제출하고 이혼에 관한 안내를 받아야 한다.

② 부부 중 한쪽이 재외국민이거나 수감자로서 출석하기 어려운 경우에는 다른 쪽이 출석하여 협의이혼의사확인신청서를 제출하고 이혼에 관한 안내를 받아야 한다. 재외국민이나 수감자로서 출석이 어려운 자는 서면으로 안내를 받을 수 있다.

③ 협의이혼의사확인신청서에는 다음 각 호의 사항을 기재하고 이혼하고자 하는 부부가 공동으로 서명 또는 기명날인하여야 한다.

1. 당사자의 성명·등록기준지·주소 및 주민등록번호
2. 신청의 취지 및 연월일

④ 협의이혼의사확인신청서에는 부부 양

쪽의 가족관계증명서와 혼인관계증명서 각 1통을 첨부하여야 한다. 미성년인 자녀(포태중인 자를 포함하되, 이혼에 관한 안내를 받은 날부터 「민법」 제836조의2 제2항 또는 제3항에서 정한 기간 이내에 성년에 도달하는 자녀는 제외한다. 다음부터 이 장에서 같다)가 있는 경우 그 자녀의 양육과 친권자결정에 관한 협의서 1통 또는 가정법원의 심판정본 및 확정증명서 3통을 제출하여야 한다.

⑤ 가정법원은 전문상담인을 상담위원으로 위촉하여 「민법」 제836조의2 제1항의 상담을 담당하게 할 수 있고, 상담위원의 일당 및 수당은 매년 대법관회의에서 이를 정하여 국고 등에서 지급할 수 있다.

⑥ 이혼의사확인 절차에 필요한 송달료에 관하여는 송달료규칙을 준용한다.

제74조【이혼의사의 확인】 ① 제73조의 이혼의사확인신청이 있는 때에는 가정법원은 부부 양쪽이 이혼에 관한 안내를 받은 날부터 「민법」 제836조의2 제2항 또는 제3항에서 정한 기간이 지난 후에 부부 양쪽을 출석시켜 그 진술을 듣고 이혼의사의 유무를 확인하여야 한다.

② 가정법원은 제1항의 확인을 하면서 부부 사이에 미성년인 자녀가 있는지 여부와 미성년인 자녀가 있는 경우 그 자녀에 대한 양육과 친권자결정에 관한 협의서 또는 가정법원의 심판정본 및 확정증명서를 확인하여야 한다.

③ 부부 중 한쪽이 재외국민이거나 수감자로서 출석하기 어려워 다른 한쪽이 출석하여 신청한 경우에는 관할 재외공관이나 교도소(구치소)의 장에게 제1항의 확인을 촉탁하여 그 회보서의 기재로써 그 당사자의 출석·진술을 갈음할 수 있다. 이 경우 가정법원은 부부 중 한쪽인 재외국민 또는 수감자가 이혼에 관한 안내를 받은 날부터 「민법」 제836조의2 제2항 또는 제3항에서 정한 기간이 지난 후에 신청한 사람을 출석시켜 이혼의사의 유무를 확인하여야 한다.

④ 제1항에 관하여는 「비송사건절차법」 제13조와 제14조를 준용한다.

제75조【재외국민의 이혼의사 확인신청】

① 부부 양쪽이 재외국민인 경우에는 두 사람이 함께 그 거주지를 관할하는 재외공관의 장에게 이혼의사확인신청을 할 수 있다. 다만, 그 지역을 관할하는 재외공관이 없는 때에는 인접하는 지역을 관할하는 재외공관의 장에게 이를 할 수 있다.

② 부부 중 한쪽이 재외국민인 경우에 재외국민인 당사자는 그 거주지를 관할하는 재외공관의 장에게 협의이혼의사확인신청을 할 수 있다. 다만, 그 거주지를 관할하는 재외공관이 없는 경우에는 제1항 단서를 준용한다.

③ 제2항은 부부 양쪽이 모두 재외국민으로서 서로 다른 국가에 거주하고 있는 경우에 준용한다.

④ 제1항부터 제3항까지의 신청을 받은 재외공관의 장은 당사자(제1항의 경우에는 부부 양쪽이고, 제2항과 제3항의 경우에는 신청서를 제출한 당사자이다. 다음부터 "신청당사자"라 한다)에게 이혼에 관한 안내 서면을 교부한 후, 이혼의사의 유무와 미성년인 자녀가 있는지 여부 및 미성년인 자녀가 있는 경우에 그 자녀에 대한 양육과 친권자결정에 관한 협의서 1통 또는 가정법원의 심판정본 및 확정증명서 3통을 제출받아 확인하고 그 요지를 기재한 서면(다음부터 "진술

요지서"라 한다)을 작성하여 기명날인한 후 신청서에 첨부하여 지체 없이 서울가정법원에 송부하여야 한다.

제76조【재외국민에 대한 이혼의사의 확인】 ① 제75조 제4항의 경우에 서류를 송부받은 서울가정법원은 재외공관의 장이 작성한 진술요지서 및 첨부서류에 의하여 신청당사자의 이혼의사의 유무와 미성년인 자녀가 있는지 여부 및 미성년인 자녀가 있는 경우에 그 자녀에 대한 양육과 친권자결정에 관한 협의 또는 가정법원의 심판을 확인할 수 있다.

② 제75조 제2항의 경우에 서류를 송부받은 서울가정법원은 국내에 거주하는 당사자를 출석하게 하여 이혼에 관한 안내를 한 후에 이혼의사의 유무와 미성년인 자녀가 있는지 여부 및 미성년인 자녀가 있는 경우에 그 자녀에 대한 양육과 친권자결정에 관한 협의 또는 가정법원의 심판을 확인하여야 한다.

③ 제75조 제3항에 따라 서류를 송부받은 서울가정법원이 신청당사자가 아닌 상대방의 이혼의사의 유무와 미성년인 자녀가 있는지 여부 및 미성년인 자녀가 있는 경우에 그 자녀에 대한 양육과 친권자결정에 관한 협의 또는 가정법원의 심판을 확인하는 경우에는 제74조 제3항을 준용한다.

④ 서울가정법원은 제75조 제1항부터 제3항까지의 경우에 부부 양쪽이 이혼에 관한 안내를 받은 날부터 「민법」 제836조의2 제2항 또는 제3항에서 정한 기간이 지난 후에 이혼의사의 유무를 확인하여야 한다.

제77조【확인신청의 취하】 ① 이혼의사확인신청인은 제74조에 따른 확인을 받기 전까지 신청을 취하할 수 있다.

② 부부 중 양쪽 또는 한쪽이 제74조 제1항에 따른 출석통지를 받고도 2회에 걸쳐 출석하지 아니한 때에는 확인신청을 취하한 것으로 본다.

③ 부부 중 양쪽 또는 한쪽이 제73조에 따라 이혼의사확인신청을 한 다음날부터 3개월 안에 이혼에 관한 안내를 받지 아니한 때에는 확인신청을 취하한 것으로 본다.

제78조【확인서의 작성 · 교부】 ① 가정법원은 부부 양쪽의 이혼의사 및 미성년인 자녀가 있는 경우 그 자녀의 양육과 친권자결정에 관한 협의 또는 가정법원의 심판이 확인되면 확인서를 작성하여야 한다. 다만, 그 협의가 자녀의 복리에 반하는 경우에는 가정법원은 그 자녀의 의사 · 연령과 부모의 재산상황, 그 밖의 사정을 참작하여 보정을 명할 수 있고, 보정에 응하지 않는 경우 확인서를 작성하지 아니한다.

② 제1항의 확인서에는 다음 각 호의 사항을 기재하고 확인을 한 판사가 기명날인하여야 한다.

1. 당사자의 성명 · 주소 및 주민등록번호
2. 이혼의사가 확인되었다는 취지
3. 확인연월일
4. 법원

③ 가정법원의 서기관 · 사무관 · 주사 또는 주사보는 제2항의 확인서가 작성된 경우에 지체 없이 확인서등본, 협의서등본 또는 심판정본 및 확정증명서를 부부 양쪽에게 교부하거나 송달하여야 한다. 다만, 당사자가 제74조 제3항과 제75조에 따른 재외국민인 경우 재외공관의 장에게 확인서등본, 협의서등본 또는 심판정본 및 확정증명서를 송부하고, 재외공

관의 장은 이를 당사자에게 교부 또는 송달하여야 한다.

제79조【이혼신고서의 제출】 가정법원의 확인서가 첨부된 협의이혼신고서는 부부 중 한쪽이 제출할 수 있다.

제80조【이혼의사의 철회】 ① 이혼의사의 확인을 받은 당사자가 이혼의사를 철회하고자 하는 경우에는 이혼신고가 접수되기 전에 자신의 등록기준지, 주소지 또는 현재지 시·읍·면의 장에게 이혼의사확인서등본을 첨부한 이혼의사철회서를 제출하여야 한다. 다만, 재외국민의 경우 등록기준지 시·읍·면의 장에게 제출하여야 한다.

② 제1항의 경우에 이혼의사의 확인을 받은 다른 쪽 당사자가 이혼신고를 먼저 접수한 경우에는 그 이혼신고를 수리하여야 한다.

제8장 국적관련 통보

제80조의2【국적취득의 통보사항 등】 ① 법무부장관이 법 제93조, 제94조, 제95조에 따라 대한민국의 국적을 취득한 사람이 정한 등록기준지의 시·읍·면의 장에게 통보할 사항은 다음 각 호와 같다.

1. 국적취득자의 성명, 생년월일, 성별, 주소, 국적취득자가 정한 등록기준지, 국적취득 전에 가졌던 국적, 국적취득 연월일 및 원인, 혼인관계·입양 등 기타 신분변동에 관한 사항, 국적회복자의 경우에는 한국국적상실 연월일 및 원인
2. 부, 모, 배우자의 성명, 국적, 생년월일
3. 국적취득자의 가족관계등록부 또는 구 호적이 있는 경우 국적취득자의 등록기준지(본적), 주민등록번호, 본(한자)
4. 자녀의 가족관계등록부 또는 구 호적이 있는 경우 자녀의 성명, 등록기준지(본적), 주민등록번호
5. 부, 모, 배우자의 가족관계등록부 또는 구 호적이 있는 경우 부, 모, 배우자의 등록기준지(본적), 주민등록번호

② 법무부장관이 제1항의 통보와 함께 첨부할 서류는 다음 각 호와 같다. 가족관계등록부 또는 전산제적부로 통보사항을 소명할 수 있는 경우에는 가족관계등록사항별 증명서 또는 제적등본을 첨부하지 아니할 수 있다.

1. 국적취득사실을 증명하는 법무부장관 명의의 통지서 또는 관보 등 1부
2. 국적취득자의 부모, 배우자, 자녀, 혼인 또는 미혼, 입양 등의 신분사항을 기재하는 경우에는 그에 관한 소명자료 각 1부
3. 국적취득자가 조선족인 경우 성명을 원지음(原地音)이 아닌 한국식 발음으로 기재할 때 조선족임을 소명하는 중화인민공화국 발행의 공문서

③ 수반(隨伴)국적취득자가 있는 경우 법무부장관이 대한민국의 국적을 취득한 사람이 정한 등록기준지의 시·읍·면의 장에게 통보할 사항은 다음 각 호와 같고, 수반(隨伴)국적취득자에 관한 첨부서류는 제2항을 준용한다.

1. 수반국적취득자의 성명, 생년월일, 성별, 주소, 국적취득자가 정한 등록기준지, 국적취득 전에 가졌던 국적, 국적취득 연월일 및 원인, 입양 등 기타 신분변동에 관한 사항
2. 수반국적취득자의 부, 모의 성명, 국

적, 생년월일
3. 수반국적취득자의 가족관계등록부 또는 구 호적이 있는 경우 수반국적취득자의 등록기준지(본적), 주민등록번호, 본(한자)
4. 수반국적취득자의 부, 모의 가족관계등록부 또는 구 호적이 있는 경우 부, 모의 등록기준지(본적), 주민등록번호

④ 국적취득자(수반국적취득자 포함)의 성명은 외국어로 표기하되, 외국어의 원지음(原地音)을 한글로 표기한다. 부, 모, 배우자의 성명이 외국어인 경우에는 원지음을 한글로 표기한다.

제80조의3【국적선택 등의 통보사항 등】

① 법무부장관이 법 제98조 제1항 제1호에 따라 이중국적자로부터 대한민국의 국적을 선택한다는 신고를 수리한 경우 그 사람의 등록기준지의 시·읍·면의 장에게 통보할 사항은 다음 각 호와 같고, 국적선택신고수리통지서를 첨부한다.
1. 국적선택자의 성명, 주민등록번호, 등록기준지
2. 국적선택신고수리의 연월일
3. 포기한 외국 국적

② 법무부장관이 법 제98조 제1항 제2호에 따라 국적이탈신고를 수리한 경우 그 사람의 등록기준지의 시·읍·면의 장에게 통보할 사항은 다음 각 호와 같고, 국적이탈신고수리통지서 또는 관보를 첨부한다.
1. 국적상실자의 성명, 주민등록번호, 등록기준지
2. 국적이탈신고수리의 원인 및 연월일
3. 취득한 외국 국적

③ 법무부장관이 법 제98조 제1항 제3호에 따라 대한민국 국민으로 판정한 경우 그 사람의 등록기준지의 시·읍·면의 장에게 통보할 사항은 다음 각 호와 같고, 국적판정통지서 또는 관보를 첨부한다.
1. 국적판정자의 성명, 주민등록번호, 등록기준지
2. 국적판정의 연월일

④ 대한민국 국민으로 판정받은 사람이 가족관계등록부가 없는 경우 법무부장관이 통보할 사항은 제80조의2를 준용한다.

제80조의4【국적관련 통보에 관한 업무】

① 법무부장관의 국적관련 통보는 법 제12조 제1항에 따라 전산정보처리조직에 의하여 처리한다.

② 등록기준지의 시·읍·면의 장은 법무부장관의 국적관련 통보로 가족관계등록부를 작성할 수 없는 경우 법무부장관에게 재통보를 요청하고, 국적관련 통보대상자의 추후보완신고를 받아 가족관계등록부를 작성할 수 있다.

③ 등록기준지의 시·읍·면의 장은 제2항의 절차를 통해 가족관계등록부를 작성할 수 없는 경우 접수를 거부하고 국적관련 통보를 반송한다.

④ 법무부장관의 통보서는 보존과 관련하여 신고서류로 본다.

제9장 각종 부책과 서류

제81조【중앙관리소의 가족관계등록전산정보】 중앙관리소에서 보관 또는 관리하는 가족관계등록전산정보의 보존기간은 다음과 같다.
1. 영구
   가. 가족관계등록부
   나. 폐쇄등록부
2. 80년

가족관계등록공무원명부
3. 27년
가. 가족관계등록사건접수장
나. 특종신고서류 등 접수장
4. 2년
열람 및 증명청구접수부

제82조【시·읍·면의 부책과 서류】 ① 시·읍·면에 비치할 부책·서류 및 그 보존 기간은 다음과 같다.
1. 영구
가. 호적용지로 작성된 제적부
나. 호적용지로 작성된 제적색출장
다. 특종신고서류편철장
라. 가족관계등록부책보존부
마. 예규문서편철장
2. 27년
가. 가족관계등록사건접수장
나. 신고서류송부목록편철장
다. 특종신고서류 등 접수장
3. 10년
불수리신고서류편철장
4. 5년
가. 고지부
나. 과태료징수부
다. 가족관계등록사건표편철장
라. 왕복문서편철장
마. 가정법원으로부터의 통지서편철장
바. 식별부호 사용(해지)신청에 관한 기록
5. 2년
가. 가족관계등록문서건명부
나. 가족관계등록민원청구서편철장
다. 열람 및 증명청구접수부
라. 직권정정에 관한 서류편철장
마. 가족관계등록예규집관리대장
바. 협의이혼의사철회서편철장
사. 혼인신고수리불가신고서편철장

② 장부에는 표지를 붙여 매년 별책으로 하고 진행번호는 매년 이를 갱신한다. 그러나 필요에 따라 계속 사용하거나 분책 또는 합책할 수 있다.
③ 편철장에는 목록을 붙여야 한다.
④ 재외공관 및 동사무소에는 다음과 같은 장부를 비치하여야 하고, 그 보존기간에 관하여는 제1항을 준용한다. 다만, 제10호 장부의 보존기간은 2년으로 하고, 제8호의 장부는 동사무소에 비치하지 아니한다.
1. 가족관계등록사건접수장
2. 고지부
3. 가족관계등록문서건명부
4. 왕복문서편철장
5. 불수리신고서류편철장
6. 가족관계등록민원청구서편철장
7. 가족관계등록부책보존부
8. 가족관계등록예규집관리대장
9. 열람 및 증명청구접수부
10. 가족관계등록신고서류편철장

제83조【법원의 부책과 서류】 ① 법원에 비치할 부책, 서류 및 그 보존기간은 다음과 같다.
1. 80년
가족관계등록공무원명부
2. 27년
가족관계등록신고서류편철부
3. 10년
이혼의사확인 사건부
4. 5년
가. 가족관계등록보고서편철장
나. 가족관계등록사무감독서류편철장
다. 직권정정, 기록허가에 관한 서류편철장
라. 등록부 재작성에 관한 기록
마. 통계에 관한 기록

바. 문서건명부
사. 식별부호사용승인(해지)에 관한 기록
5. 2년
가. 가족관계등록민원청구서편철장
나. 잡사에 관한 기록

② 제1항의 부책 및 서류는 별도 규정이 없으면 매년 별책으로 하고 진행번호는 매년 갱신한다. 그러나 필요에 따라 계속 사용하거나 분책 또는 합책할 수 있다.

제84조【보존기간의 기산점】 제82조와 제83조에 따른 부책·서류의 보존기간은 그 연도의 다음 해부터 기산한다.

제85조【보존기간이 지난 후의 조치】 시·읍·면의 장은 부책 또는 서류의 보존기간이 경과한 때에는 폐기서류 목록을 작성하고, 폐기인가신청을 제출하여 매년 4월까지 법원의 인가를 받아 폐기하여야 한다.

제86조【전산정보처리조직으로 작성한 부책 등의 보존】 이 장의 부책과 서류를 전산정보처리조직에 의하여 작성한 경우에는 그 전산기록을 보존하는 것으로 부책과 서류의 보존을 갈음할 수 있다.

제10장 비송사건 처리절차

제87조【허가사건의 처리절차】 ① 다음 각 호의 사건의 처리절차에 관하여는 비송사건절차법을 준용한다.
1. 법 제96조에 따른 창성 창본 허가
2. 법 제99조에 따른 개명허가
3. 법 제101조에 따른 가족관계등록창설허가
4. 법 제104조 및 제105조에 따른 등록기록정정허가

② 제1항 제1호부터 제3호까지의 허가신청은 미성년자도 할 수 있다.

③ 제1항 각 호의 허가신청서에는 사건본인의 성명·출생연월일·등록기준지 및 주소를 기재하여야 한다.

④ 주소지가 없는 사람은 법 제99조에 따른 개명허가 신청을 등록기준지를 관할하는 가정법원에 할 수 있다.

제11장 시행예규

제88조【대법원예규】 등록사무처리절차 등에 관하여 이 규칙에서 정하지 않은 필요한 사항은 대법원예규로 정한다.

부 칙 <제2119호, 2007.11.28>

제1조【시행일】 이 규칙은 2008년 1월 1일부터 시행한다.

제2조【폐지 대법원규칙】 호적법 시행규칙은 이를 폐지한다.

제3조【경과조치】 ① 이 규칙이 시행되기 전에 접수된 사건의 처리에 관하여는 종전의 호적법 시행규칙(이하 "종전규칙"이라 한다)에 따른다.

② 종전규칙에 따라 법원 및 시·읍·면에 비치·보관하는 부책과 서류 등에 관한 인계절차 및 그 보존기간은 이 규칙에 달리 정하지 않은 경우에는 종전규칙에 따른다.

③ 법 시행 이전에 사망, 국적상실, 부재선고 또는 실종신고 등에 의하여 제적됨으로써 가족관계등록부가 작성되지 아니한 사람에 대하여, 위 사항들에 대한 무효 또는 취소의 재판에 의해 제적이 잘못된 것임이 판명된 경우에는, 제적된 제적부를 부활하고 위 무효 또는 취소에 의한 정정사유를 기록한 후, 이 부활된

호적을 기초로 이 사람들에 대한 가족관계등록부를 작성하여야 한다.
④ 신고에 관계없이 효력이 발생하는 법률관계 또는 사실에 관한 신고에 있어서 법 시행 이전에 이미 그 효력이 발생하였으나 법 시행 이후에 신고가 접수된 경우에는 신고 내용대로 바로 가족관계등록부에 기록하여야 한다.
⑤ 제3항에 따라 부활된 호적은 부칙 제4조 제3항에 따라 다시 제적하여야 한다.
⑥ 호적용지로 작성된 무연고호적 및 이기보류호적에 대하여 등·초본교부신청이 접수된 때에는 종전규칙에 의한 등·초본을 교부하고 그 즉시 대법원규칙 제1911호 구 호적법시행규칙 중 개정규칙 부칙 제2조 및 제3조에 따라 이미지 전산이기완료한 후 법 부칙 제3조 제3항에 따라 제적처리를 하여야 하고, 등록신고사건이 접수된 때에는 법 및 이 규칙에 따라 가족관계등록부를 작성하고 호적용지로 작성된 호적을 제적한 다음에 신고사건을 처리하여야 한다. 다만, 호적용지로 작성된 호적에 관한 열람 또는 등·초본의 교부청구권자에 관하여는 법 제14조 제1항을 준용하고 신고사건 본인 또는 신고인 등의 확인에 관하여는 규칙 제40조 제3항에 따른다.

제4조【개인별 가족관계등록부의 작성 범위와 방법】 ① 종전 호적을 개인별로 구분하여 등록부를 작성할 경우에 본인의 등록부에 기록하는 범위는, 이 규칙 시행 당시 종전호적에 기재된 유효한 사항을 기준으로 하되, 부모(양부모 포함), 자녀(양자녀 포함), 배우자에 관한 사항 중 사망, 분가, 전적, 그 밖의 사유로 종전호적에 그 기재사항이 없는 경우에는 제적부 또는 이해관계인의 소명에 의하여 기록하는 방법에 의할 수 있다.
② 제1항에 따라 개인별 등록부를 작성한 때에는 등록부의 가족관계등록부사항란에 법 부칙 제3조 제1항에 따라 개인별 등록부를 작성한 뜻과 그 연월일을 기록하여야 한다.
③ 제1항에 따라 등록부에 기록을 마친 때에는 종전 호적의 호적사항란에 법률 제8435호에 따라 제적한 뜻과 그 연월일을 기록한 후 그 호적을 종전규칙 제76조 제2항에 따라 제적으로 처리한다.

부　칙 <제2181호, 2008.6.5>

이 규칙은 2008. 6. 22.부터 시행한다. 다만, 별표 1과 별표 2는 공포한 날부터 시행한다.

부　칙 <제2188호, 2008.7.7>

이 규칙은 2008년 9월 1일부터 시행한다.

부　칙 <제2227호, 2009.3.31>

제1조【시행일】 이 규칙은 4월 14일부터 시행한다. 다만, 제2조 제4호 단서의 개정규정은 공포 후 6개월이 경과한 날부터 시행한다.

제2조【경과조치】 제77조 제3항의 개정규정은 이 규칙 시행 당시 법원에 계속중인 협의이혼의사확인신청사건에 적용한다.

[가족관계등록예규 제278호]

등록사항별 증명서의 발급 등에 관한 사무처리지침

전부개정 2008.6.18 가족관계등록예규 제278호

제1장 총 칙

제1조【목적】 이 예규는 「가족관계의 등록 등에 관한 법률(다음부터 "법"이라 한다)」 제14조, 「가족관계의 등록 등에 관한 규칙(다음부터 "규칙"이라 한다)」 제19조에 따라 등록사항별 증명서를 발급하는 절차 등에 관하여 필요한 사항을 정함을 목적으로 한다.

제2조【등록사항별 증명서의 교부청구 등】 ① 법 제14조와 규칙 제19조에 따라 본인 또는 배우자, 직계혈족, 형제자매(다음부터 "본인 등"이라 한다)는 수수료를 납부하고 등록사항별 증명서의 교부를 청구할 수 있다.

② 신청인은 「가족관계등록사무의 문서 양식에 관한 예규」 별지 제11호 서식의 등록부 등의 기록사항 등에 관한 증명신청서(다음부터 "신청서"라 한다)에 그 사유를 기재하여 제출하여야 한다. 다만, 본인이 청구하는 경우에는 신청서를 작성하지 아니할 수 있다.

③ 본인 등의 대리인이 청구하는 경우에는 신청서에 「가족관계등록사무의 문서 양식에 관한 예규」 별지 제12호 서식에 따라 본인 등이 서명 또는 날인한 위임장과 인감증명서 또는 신분증명서(주민등록증, 운전면허증, 여권, 공무원증 등을 말한다. 다음부터 이 예규에서 같다) 사본을 제출하여야 한다. 위임장은 원본을 제출하되, 변호사의 경우 등록사항별 증명서의 교부청구의 위임취지가 명확하게 기재된 소송위임장의 사본을 제출할 수 있다.

④ 등록사항별 증명서의 교부를 청구하는 경우에는 대상자의 성명과 등록기준지를 정확하게 기재하여야 한다. 다만, 본인, 배우자, 직계혈족과 그 대리인의 경우에는 대상자의 성명과 주민등록번호로도 교부를 청구할 수 있다.

⑤ 다음 각 호의 어느 하나에 해당하는 경우에는 본인 등의 위임 없이 교부를 청구할 수 있다.

1. 국가, 지방자치단체 또는 공공기관이 직무상 필요에 따라 문서로 신청하는 경우로서 근거법령과 사유를 기재한 신청기관의 공문 및 관계공무원의 공무원증(공공기관의 경우는 사원증)을 첨부한 때
2. 소송, 비송, 민사집행·보전의 각 절차에서 필요한 경우로서 이를 소명하는 자료를 첨부한 때
3. 다른 법령에서 본인 등에 관한 등록사항별 증명서를 제출하도록 요구하는 경우로서 이를 소명하는 자료 및 관계 법령에 따른 정당한 권한이 있는 사람임을 확인할 수 있는 자료를 첨부한 때

4. 「민법」상의 법정대리인(후견인, 유언 집행자, 상속재산관리인, 부재자재산 관리인 등)이 이를 소명하는 자료와 신청인의 신분증명서를 첨부한 때
5. 채권·채무 등 재산권의 상속과 관련하여 상속인의 범위를 확인하기 위해서 등록사항별 증명서가 필요한 경우로서 이를 소명하는 자료와 신청인의 신분증명서를 첨부한 때
6. 보험금 또는 연금의 수급권자를 결정하기 위하여 신청대상자에 대한 등록사항별 증명서가 필요한 때
7. 「공익사업을 위한 토지 등의 취득 및 보상에 관한 법률」에 따른 공익사업을 수행하는 때에 토지 등의 소유자의 상속인을 확인할 필요가 있는 때

⑥ 시(구)·읍·면의 장은 제2항의 청구가 제적부 또는 가족관계등록부에 기록된 사람에 대한 사생활의 비밀침해 등 부당한 목적임이 분명한 경우에는 등록사항별 증명서의 발급을 거부할 수 있다.

⑦ 시(구)·읍·면의 장이 제1항과 제2항에 따라 신청서를 접수한 때에는 지체없이 전산정보처리조직에 입력하여야 한다.

제3조【친양자입양관계증명서 교부청구의 특례】 ① 제2조 제1항 및 제5항에도 불구하고 친양자입양관계증명서는 다음 각 호의 어느 하나에 해당하는 경우에 한하여 교부를 청구할 수 있다.

1. 성년자가 본인의 친양자 입양관계증명서를 신청하는 경우로서 성년자임을 신분증명서에 의하여 소명하는 경우
2. 친양자의 친생부모·양부모가 본인의 친양자입양관계증명서를 신청하는 경우에는 친양자가 성년자임을 소명하는 경우
3. 혼인당사자가 「민법」 제809조의 친족관계를 파악하고자 하는 경우로서 출석한 양 당사자 및 그 신분증명서에 의하여 가족관계등록사무담당 공무원이 혼인의사 및 혼인적령임을 확인한 경우
4. 법원의 사실조회촉탁이 있거나 수사기관이 규칙 제23조 제5항에 따라 문서로 신청하는 경우
5. 「민법」 제908조의4 및 「민법」 제908조의5에 따라 입양취소 또는 파양을 할 경우로서 이에 관한 법원의 접수증명원이 첨부된 경우
6. 친양자의 복리를 위하여 필요함을 친양자의 양부모가 구체적으로 소명자료를 첨부하여 신청하는 경우
7. 친양자입양관계증명서가 소송, 비송, 민사집행·보전의 각 절차에서 필요한 경우로서 소명자료를 첨부하여 신청하는 경우
8. 채권·채무 등 재산권의 상속과 관련하여 상속인의 범위를 확인하기 위해서 사망한 사람의 친양자입양관계증명서가 필요한 경우로서 소명자료를 첨부하여 신청하는 경우
9. 가족관계등록부가 작성되지 않은 채로 사망한 사람의 상속인의 친양자입양관계증명서가 필요한 경우로서 법률상의 이해관계에 대한 소명자료를 첨부하여 신청하는 경우
10. 법률상의 이해관계를 소명하기 위하여 친양자의 친생부모·양부모의 친양자입양관계증명서를 신청하는 경우로서 그 해당 법령과 그에 따른 구체적인 소명자료 및 필요이유를 제시하여 신청하는 경우

② 제1항의 친양자입양관계증명서 교부

청구에 대한 제한은 교부청구 대상 가족관계등록부의 본인이 친양자로 입양되었는지에 관계없이 적용한다.

제4조【외국인의 경우】 ① 한국인과의 신분행위로 인하여 한국의 제적 또는 가족관계등록부에 기록된 외국인 본인 또는 배우자, 직계혈족은 외국인 본인의 신분사항이 기재된 등록사항별 증명서의 교부를 청구할 수 있다.

② 현재 외국 국적을 취득하여 한국 국적을 상실하였으나 과거에 출생 등을 원인으로 한국의 제적 또는 가족관계등록부에 기록된 외국인 본인 또는 배우자, 직계혈족도 등록사항별 증명서의 교부를 청구할 수 있다.

③ 제1항 또는 제2항에 해당하는 외국인이 해외에서 우편으로 등록사항별 증명서의 교부를 청구한 때에는 제8조를 준용한다.

④ 외국인이 제2조 제5항에 따라 등록사항별 증명서의 교부를 청구하는 때에는 직접 시(구)·읍·면사무소에 출석하여 외국인등록증이나 국내거소신고증으로 국내 거주를 소명한 후에 신청서를 작성·제출하여야 하며, 우편으로 등록사항별 증명서의 교부를 청구할 수 없다.

제5조【청구사유 등의 기재 및 소명자료의 제출】 ① 대리인이 청구하는 경우에도, 실제 출석하여 청구하는 그 대리인을 신청인으로 기재하고, 신청인의 자격란에는 "본인의 부" 등으로 표시하며, 주소 등 나머지 신청인란도 대리인에 관한 사항을 기재한다.

② 이때 청구사유는 위임인의 교부청구 목적을 기재한다.

③ 제2조 제5항에 해당하는 사람은 신청서에 청구사유를 기재하고 그 사유를 소명하는 자료를 제출하여야 한다.

④ 제2조 제5항과 관련한 소명자료의 예시는 별지 제1호의 기재와 같다.

⑤ 시(구)·읍·면의 장은 소명자료 중 원본은 사본에 원본대조확인인을 날인하는 등 원본과 동일함을 확인한 후 반환한다. 다만, 채권·채무 등 정당한 이해관계가 있는 별지 제2호 기재의 금융기관의 경우에는 금융기관의 원본대조확인인을 날인한 사본 및 법인인감증명서로 원본을 갈음할 수 있다.

제6조【청구목적의 부당성 판단기준】 ① 부당한 목적의 청구란 혼인외 출생자인 사실 또는 이혼경력 등 일반적으로 타인에게 알리고 싶지 않다고 생각되는 사항을 정당한 사유 없이 단지 호기심으로 알고자 하거나, 그 가족관계등록부에 기록된 신분사항을 범죄에 이용하고자 하여 청구하는 경우 등을 말한다.

② 부당한 목적인지의 판단은 신청인란과 청구사유란의 기재 및 소명자료의 내용으로 판단하되, 신청인란의 기재를 하지 않거나, 청구사유를 기재하여야 할 사람이 청구사유를 기재하지 않은 경우 또는 신청인이나 청구사유를 허위로 기재한 경우에는 일단 부당한 목적이 있는 것으로 볼 수 있다.

제7조【신청인의 신분확인 등】 ① 시(구)·읍·면의 장이 신청서를 접수할 때에는, 신청인이 신청서의 신청인란에 기재된 사람과 일치하는지를 신분증명서에 의하여 확인하여야 한다.

② 대리인이 청구하는 경우에는, 위임인 및 신청서의 신청인란에 기재된 신청인(대리인)의 신분을 확인하여야 한다.

③ 제2조 제5항에 따라 제출된 신분증

명서 및 제1항의 확인을 위하여 제출된 신분증명서는 신분을 확인한 후 신청인에게 반환하여야 한다.

④ 신청서는 위임장, 위임인의 인감증명서 또는 신분증명서 사본, 제5조 제3항의 청구사유를 소명하는 자료 등과 함께 가족관계등록민원청구서편철장에 보존한다.

⑤ 국가, 지방자치단체, 공공기관이 전자정부법에 따라 전자문서를 이용하여 근거법령과 사유를 기재한 공문을 송부한 경우에는 신청서 작성과 신분증 제출을 생략할 수 있다.

제8조 【우편에 의한 청구 등】 ① 우편으로 등록사항별 증명서의 송부를 청구하는 경우에는, 신청서에 정해진 사항을 기재하고 법률상 정당한 청구권자의 신분증명서 사본을 첨부하여야 하며, 제2조 제4항 단서에도 불구하고 대상자의 등록기준지를 기재하여야 한다.

② 신청인이 신분증명서 사본을 첨부하지 아니하거나, 등록기준지를 기재하지 않거나, 청구사유를 기재하여야 할 사람이 기재하지 아니한 경우 또는 청구사유가 부당한 목적임이 분명한 경우에, 시(구)·읍·면의 장은 신청서에 그 거부사유를 기재하여 반송하여야 한다.

제9조 【인터넷 신청에 의한 등록사항별 증명서 청구】 신청인이 대한민국 전자정부 홈페이지(www.egov.go.kr)의 민원서비스시스템에서 요구하는 양식에 따라 각 정보를 입력하고 공인인증서에 의하여 본인확인 절차를 거쳐, 신청인 본인의 가족관계등록부의 등록사항별 증명서(친양자입양관계증명서를 제외한다)의 교부를 청구한 경우에는 신청한 등록사항별 증명서를 우편에 의하여 송부할 수 있다.

제10조 【주민등록번호의 공시제한】 등록사항별 증명서는 본인 또는 부모, 양부모, 배우자 및 자녀의 주민등록번호란 및 일반등록사항란에 기록된 주민등록번호의 뒷부분 6자리 숫자를 가리고(예: 080101- 3******) 작성하여 교부한다.

제11조 【공시제한의 예외 등】 ① 제10조에도 불구하고, 다음 각 호의 어느 하나에 해당하는 경우에 신청인이 주민등록번호의 공시를 선택한 때에는, 주민등록번호를 공시한다.

1. 시(구)·읍·면·동의 사무소에 출석한 신청인이 신청대상자의 주민등록번호를 정확하게 기재하여 해당 등록사항별 증명서의 교부를 청구하는 경우
2. 신청서의 신청인란에 기재된 신청인이 본인 또는 그 부모, 양부모, 배우자, 자녀인 경우
3. 시(구)·읍·면 및 동의 사무소에 출석한 신청인이 재판상의 필요를 소명하는 자료(예: 법원의 재판서, 보정명령서 등)를 첨부하여 등록사항별 증명서의 교부를 청구하는 경우
4. 국가·지방자치단체의 공무원(｢공익사업을 위한 토지 등의 취득 및 보상에 관한 법률｣ 제8조에 따른 사업시행자의 직원을 포함한다)이, 공용 목적임을 소명하는 자료(예: 공문서, 재결서 등)를 첨부하여 등록사항별 증명서의 교부를 청구하는 경우

② 제10조에도 불구하고 다음 각 호의 어느 하나에 해당하는 경우에는, 주민등록번호의 공시를 제한하지 아니한다.

1. 종전 「호적법 시행규칙」 부칙(2004. 10. 18.) 제3조에 규정된 이미지 전산 제적부 등
2. 종전 「호적법」(2007. 5. 17 법률 제

8435호로 폐지)에 의한 호적용지로 작성된 제적부

제2장 재외국민 및 외국 관공서에 대한 등록사항별 증명서 송부방법

제12조【등록사항별 증명서의 우편 교부청구와 그 교부방법】 ① 해외에 거주하는 재외국민이 시(구)·읍·면의 장에게 우편으로 등록사항별 증명서의 교부청구를 하는 때에는 제1장의 규정을 준용한다.

② 제1항의 경우에는 그 등록사항별 증명서를 신청인에게 직접 송부한다.

제13조【외국 관공서의 등록사항별 증명서의 교부청구 등】 ① 외국 관공서는 사용용도를 명시한 문서에 의하여 외교통상부 또는 재외공관을 통해서 시(구)·읍·면의 장에게 등록사항별 증명서의 교부를 청구할 수 있고, 이 경우 시(구)·읍·면의 장은 사용용도를 심사한 후 외교통상부를 거쳐 등록사항별 증명서를 외국 관공서로 송부할 수 있다.

② 제1항에도 불구하고, 일본국 주재 한국영사기관(주일본대한민국대사관영사부, 주오오사카총영사관, 주후쿠오카총영사관 등)이 일본국 관공서로부터 등록사항별 증명서의 교부를 청구받은 경우에는, 일본국 외무성을 거친 것에 한하여 사용용도를 심사한 후 외교통상부를 거치지 않고 직접 일본국 외무성으로 등록사항별 증명서를 송부할 수 있다.

제3장 제적부의 열람 및 등·초본, 등록사항별 증명서 발급사무의 특례

제14조【제적 등·초본의 교부청구】 제적부(2008. 1. 1. 전에 제적된 전산호적 및 호적용지로 작성된 제적을 말한다. 다음부터 같다)의 열람 및 등·초본의 교부청구는, 제1장 및 제2장의 규정을 준용한다.

제15조【신청의 특례】 ① 제2조 제5항 제1호, 제2호, 제3호, 제4호, 제6호, 제7호, 제3조 제1항 제7호에 따라 교부를 청구하는 경우 신청인이 직접 시(구)·읍·면·동사무소에 출석하여 신청대상자의 성명과 주민등록번호만을 기재하여 신청서를 작성·제출하고 신청인의 신분증명서 사본을 첨부하면, 제적부의 열람 및 등·초본, 등록사항별 증명서의 교부를 청구할 수 있다. 상속인이 상속관계의 확인을 위하여 교부를 청구하는 경우에도 같다.

② 국가, 지방자치단체, 공공기관이 「전자정부법」에 따라 전자문서를 이용하여 공문을 송부한 때에는 시(구)·읍·면·동사무소에 출석하지 아니하고 제적부의 열람 및 등·초본, 등록사항별 증명서의 교부를 청구할 수 있다.

③ 신청인이 제적부의 열람 및 등·초본, 등록사항별 증명서의 교부청구요건을 갖추지 못한 경우에는 그 제적부의 열람 및 등·초본, 등록사항별 증명서의 발급을 거부하여야 한다.

제4장 법원행정처 전산정보중앙관리소 소속 공무원에 의한 등록사항별 증명서의 발급

제16조【등록사항별 증명서의 발급에 대한 특칙】 ① 법 제12조 제2항에 따라 법원행정처 전산정보중앙관리소 소속 공무원으로 하여금 등록사항별 증명서(제적을 포함한다)의 발급사무를 하게 하는

경우 전산운영책임관이 그 사무를 처리하며 증명서의 발급자가 된다.
② 재외공관에서 전산정보처리조직에 의하여 제적 등·초본 및 등록사항별 증명서의 발급을 하는 경우에는 전산운영책임관이 그 발급자가 된다. 별지 제1호 및 별지 제2호를 각각 별지와 같이 신설한다.

부 칙

제1조【폐지예규】 대법원 가족관계등록예규 제12호를 폐지한다.
제2조【다른 예규의 개정】 생략

[가족관계등록예규 제284호]

자녀의 성과 본에 관한 가족관계등록사무 처리지침

제정 2007.12.10 가족관계등록예규 제101호　　개정 2008.6.18 가족관계등록예규 제284호

제1장 총　칙

제1조【목적】 이 예규는 「민법」 제781조에 따라 자녀의 성(姓)과 본(本)에 관한 가족관계등록사무를 처리할 경우 필요한 절차와 적정한 사무처리기준을 규정함을 목적으로 한다.

제2조【자녀의 성과 본의 원칙】 ① 자녀의 성과 본은 부의 성과 본을 따른다.

② 부를 알 수 없는 자녀는 모의 성과 본을 따르며, 부모를 알 수 없는 자녀는 법원의 허가를 받아 성과 본을 창설한다. 다만, 성과 본을 창설한 후 부 또는 모를 알게 된 때에는 부 또는 모의 성과 본을 따를 수 있다.

제2장 부모가 혼인신고시 모의 성·본을 따르기로 협의한 경우

제3조【부모가 혼인신고시 협의한 경우】 ① 부모(부 또는 모가 외국인인 경우를 포함한다)가 혼인신고시 「민법」 제781조 제1항 단서에 따라 자가 모의 성과 본을 따르기로 협의한 경우에는, 제2조 제1항에도 불구하고 자녀는 모의 성과 본을 따른다. 혼인신고시 협의하지 아니하였던 부부가 이혼 후 동일한 당사자끼리 다시 혼인하는 경우에도 「민법」 제781조 제1항 단서에 따른 협의를 할 수 있다.

② 제1항의 협의는 그 협의 이후 협의당사자 사이에서 태어나는 모든 자녀에 대하여 효력이 있으며, 협의당사자가 이혼 후 동일한 당사자끼리 재혼하여 다시 혼인신고를 하는 경우에도 효력이 있다.

③ 제2항의 규정에도 불구하고 출생신고가 제1항의 협의 있는 혼인신고와 동시에 접수된 경우에는 그 자녀에 대하여도 협의의 효력이 미친다.

제4조【협의서의 제출 및 접수 등】 ① 제3조 제1항의 협의가 있었던 경우에는 별지 1 양식에 의한 협의서를 작성하여 시(구)·읍·면의 장에게 제출하여야 한다.

② 제1항에 따른 협의서는 혼인신고시에 제출할 수 있으며, 혼인신고 이후에는 위 협의서를 제출할 수 없다.

③ 혼인신고시에 제1항에 따른 협의서를 제출한 경우, 혼인신고의 수리 이후에는 혼인 당사자들의 합의로 그 협의 내용을 철회할 수 없다.

④ 혼인의 당사자가 혼인신고시 그들 사이의 여러 자녀의 성과 본에 대하여 각 자녀마다 따를 성과 본을 달리 협의(예: 첫째 자녀는 모의 성과 본으로, 둘째 자녀는 부의 성과 본으로 협의한 경우 등)하여 협의서를 제출한 경우에는 그 협의서를 반려하여야 하며, 당사자로 하여금

부 또는 모 어느 하나의 성과 본을 따르는 것으로 통일시켜 제출하도록 하여 그 보완된 협의서에 따라 접수·처리를 하여야 한다.

⑤ 제1항의 협의서가 제출된 경우에 그 협의서는 혼인신고서와 별도로 접수하여 가족관계등록문서건명부에 기록하고 동시에 특종신고서류 등 접수장에 기록하되, 혼인신고서에 가철하여 보존한다.

제5조【출생신고시의 사무처리 절차】 ① 제4조에 따라 협의서를 제출한 경우, 부 또는 모가 그 자녀의 출생신고를 하는 때에는 출생신고서에 「가족관계의 등록 등에 관한 법률」 제44조 제2항 제5호(「민법」 제781조 제1항 단서에 따라 혼인신고시 모의 성·본을 따르기로 협의한 경우 그 취지)의 사항을 기재하여야 하며, 출생신고서를 접수한 가족관계등록공무원은 전산정보처리조직상의 특종신고서류 등 접수장을 검색하여 협의당사자 및 협의내용과 접수한 출생신고서에 기재된 내용을 면밀히 대조·확인하여야 한다.

② 「민법」 제781조 제1항 단서에 따른 협의서를 제출하지 않고 혼인신고를 한 당사자가 출생신고시에 비로소 모의 성과 본을 따르기로 하는 협의서를 작성하여 제출한 경우, 이는 유효한 협의로 볼 수 없으므로 이러한 협의서 및 협의서의 취지에 따른 출생신고를 수리하여서는 안 된다.

제6조【친양자 입양과 자녀의 성과 본】 ① 부부가 「민법」 제781조 제1항 단서에 따라 혼인신고시에 자녀의 성과 본을 모의 성과 본으로 따르기로 협의한 후 친양자 입양을 하는 경우, 그 친양자의 성과 본에 관한 사무처리는 제3조 제1항 및 제5조 제1항을 준용한다.

② 제1항의 경우에 친양자 입양을 신고하는 사람은 양부모의 혼인신고시 그 자녀의 성과 본을 모의 성과 본으로 따르기로 협의하였는지의 여부에 관하여 신고서에 기재하여야 한다.

제7조【증서등본 제출에 의한 혼인신고】 ① 「국제사법」 제36조에 따라 외국의 방식에 의한 혼인이 허용되어 그 외국의 방식에 따라 혼인이 유효하게 성립된 후, 그 외국에서 작성한 혼인증서의 등본을 제출하여 한국에서 혼인신고를 할 경우, 혼인신고시에 자녀가 모의 성과 본을 따르기로 협의한 때에도 그 자녀의 성과 본은 모의 성과 본을 따른다.

② 제1항에 관해서는 제3조부터 제6조까지를 준용한다.

제3장 혼인외 자가 인지된 경우

제8조【혼인 외의 자가 인지된 경우】 ① 혼인 외의 자가 인지된 경우에는 부의 성과 본을 따른다. 다만, 인지신고시 부모의 협의에 의하여 종전의 성과 본을 계속 사용하기로 하는 별지 2 양식의 협의서를 제출한 경우에는 종전의 성과 본을 그대로 사용할 수 있으며, 이 경우, 자녀의 가족관계등록부에는 종전 성과 본을 유지한다는 취지를 기록하여야 한다.

② 부모가 협의할 수 없거나 협의가 이루어지지 아니한 경우에는 자녀는 「가사소송법」 제2조 제1항 나목 (1) 제4호의2에 따라 법원의 허가를 받아 종전의 성과 본을 계속 사용할 수 있다.

③ 제2항의 경우, 시(구)·읍·면의 장은 자녀의 가족관계등록부의 자녀의 성과 본을 인지신고의 효력에 따라 「민법」 제

781조 제1항 본문에 따라 일단 부의 성과 본으로 변경·기록하여야 하며, 그 후 종전 성과 본 계속사용허가심판서 등본 및 확정증명서를 첨부하여 성·본 계속사용신고가 있을 경우에, 부의 성과 본으로 기록한 자녀의 성과 본을 다시 종전의 성과 본으로 변경·기록한다.

제9조【증서등본 제출에 의한 인지신고의 경우】 ① 「국제사법」 제41조에 따라 외국의 방식에 의한 인지가 허용되어 그 나라에서 한국인 부가 한국인 혼인 외의 자를 인지하여 외국에서 인지가 성립된 후, 그 외국에서 작성한 인지증서의 등본을 제출하여 한국에서 인지신고를 할 경우에도 종전의 성과 본을 계속사용하기로 하는 내용의 협의서를 한국에서의 인지 신고시 제출한 때에는 종전의 성과 본을 그대로 사용할 수 있으며, 이 경우 자녀의 등록부에는 종전 성과 본을 유지한다는 취지를 기록하여야 한다.

② 부모가 협의할 수 없거나 협의가 이루어지지 아니한 경우에는 제8조 제2항부터 제3항까지를 준용한다.

제10조【협의서 등의 제출에 따른 사무처리】 제8조 제1항 및 제9조 제1항에 따라 협의서가 제출된 경우에 가족관계등록공무원은 제4조 제5항을 준용하여 사무를 처리하고, 제8조 제3항 및 제9조 제2항에 따른 심판서를 첨부한 성·본 계속사용신고서가 제출된 때에는 가족관계등록사건접수장에 기록하되 동시에 특종신고서류 등 접수장에도 기록하여야 한다.

제4장 부모 중 일방이 외국인인 경우

제11조【부가 외국인인 경우】 ① 혼인외 출생자의 부(父)가 외국인이고 모(母)가 대한민국 국민인 경우, 그 자녀는 모의 성과 본을 따른다.

② 혼인중 출생자의 부(父)가 외국인이고 모(母)가 대한민국 국민인 경우, 제2조 제1항에도 불구하고 제3조에 따르지 아니하고, 「민법」 제781조 제2항에 따라 그 자녀는 모의 성과 본을 따를 수 있다.

③ 제2항에 따라 출생신고 당시 신고의무자가 적법한 절차에 따라 출생자의 성과 본을 모의 성과 본으로 결정하여 신고하였다면, 그 이후에는 그 자녀가 친양자 입양되거나 제5장의 절차에 의하지 않는 한 이를 변경할 수 없고 외국인 부가 귀화 등을 원인으로 대한민국국적을 취득한 사실 또는 그 후 성·본을 창설한 사실에 영향을 받지 아니한다. 다만, 이 경우에 자녀의 성(姓)을 결정하는 것은 부 또는 모가 친권자의 입장에서 친권을 행사하는 행위이며, 친권은 「민법」에 따라 행사하여야 하는 것이므로, 만일 부모 중 일방이 타방의 의사에 반하여 그 자녀의 성(姓)을 결정하여 출생신고를 하였다면 「가족관계의 등록 등에 관한 법률」 제104조에 따라 관할 가정법원의 허가를 받아 이를 바로잡을 수 있다.

④ 제2항에 따른 모의 성·본을 따르는 결정의 효력은 모의 성·본을 따라 출생신고된 해당 자녀에 한정된다.

제12조【외국인 부가 혼인외 자를 인지한 경우】 외국인인 부가 한국인인 혼인외의 자를 인지한 경우에 그 자녀의 성과 본에 관하여는 제8조부터 제10조까지의 규정을 준용한다.

제13조【모가 외국인인 경우】 한국인인

부와 외국인인 모 사이의 혼인중의 자 및 부로부터 태아인지된 자녀의 성과 본을 정하는 절차에 관하여는 제2조부터 제10조까지의 규정을 준용한다.

제5장 자녀의 복리를 위한 자녀의 성과 본의 변경

제14조 【자녀의 복리를 위한 성과 본의 변경】 ① 제2조부터 제13조까지의 규정에도 불구하고, 자녀의 복리를 위하여 자녀의 성과 본을 변경할 필요가 있을 때에는 「민법」 제781조 제6항에 따라 부, 모 또는 자녀의 청구에 의하여 법원의 허가를 받아 이를 변경할 수 있다. 다만, 자녀가 미성년자이고 법정대리인이 청구할 수 없는 경우에는 「민법」 제777조에 따른 친족 또는 검사가 청구할 수 있다.

② 혼인신고 전 출생신고되어 인지 등으로 부의 성과 본을 따르고 있는 자녀를 제3조의 협의에 의하여 모의 성과 본을 사용하는 자녀와 동일한 성과 본을 따르도록 하기 위해서는 제1항의 절차에 의한다.

제15조 【성과 본의 변경절차】 ① 제14조에 따라 자녀의 성과 본을 변경할 경우에는 「가사소송법」 제2조 제1항 나목 (1) 제4호의3에 따라 자녀의 성과 본을 변경하는 내용의 가정법원의 성·본변경허가심판서를 첨부하여 성·본 변경신고를 하여야 한다.

② 제1항의 경우, 재판을 청구한 당사자는 신고서에 변경 전의 성과 본, 변경한 성과 본, 재판확정일 등을 기재하여 재판확정일로부터 1개월 이내에 성·본 변경신고를 하여야 하고, 이를 수리한 가족관계등록공무원은 자녀의 성과 본을 심판서의 취지대로 변경·기록하여야 한다.

부 칙(2007.12.10 제101호)

이 예규는 2008. 1. 1.부터 시행한다.

[가족관계등록예규 제291호]

친양자 입양재판에 따른 사무처리지침

제정 2007.12.10 가족관계등록예규 제137호
개정 2008. 6.18 가족관계등록예규 제278호
개정 2008.11.3 가족관계등록예규 제291호

제1장 총 칙

제1조【목적】 이 지침은 친양자 입양·파양에 관한 신고절차 및 친양자 입양·파양의 경우의 가족관계등록부의 기록, 일반입양과의 관계, 친양자입양관계증명서의 발급요건 등에 관한 사무처리지침을 정함을 목적으로 한다.

제2장 친양자 입양

제2조【입양신고】 「민법」 제908조의2에 따라 친양자 입양을 하고자 하는 사람은 친양자 입양 재판의 확정일부터 1개월 이내에 재판서의 등본 및 확정증명서를 첨부하여 친양자 입양신고를 하여야 한다.

제3조【친양자의 가족관계등록부】 ① 제2조의 친양자 입양신고가 있는 경우 시(구)·읍·면의 장은 친양자의 가족관계등록부를 폐쇄하고 친양자에 대하여 가족관계등록부를 재작성하여야 한다. 이 때 폐쇄되는 가족관계등록부의 친양자 본인의 성명란에 "친입양" 문언이 표시되도록 하여야 한다.

② 친양자의 가족관계등록부를 재작성함에 있어서 친양자의 폐쇄된 가족관계등록부의 가족관계등록부사항란 및 일반등록사항란에 기록된 사항만을 전부 이기하는 것을 원칙으로 한다. 다만, 인지, 친권, 미성년후견, 성본변경, 친양자 입양한 양부 또는 양모의 배우자가 아닌 친생부모에 관한 가족관계증명서의 정정사항의 기록은 이기하지 아니한다. 친권자지정 또는 후견인지정의 기록이 있는 경우 친권 또는 후견종료의 기록 후 이기하지 아니한다.

③ 시(구)·읍·면의 장은 친양자의 가족관계등록부의 부모란에는 양부모의 성명 등 특정등록사항을 기록하여야 하며, 친생부모란에 친생부모의 성명 등 특정등록사항을 기록하여야 한다. 또한 친생부모란은 친양자입양관계증명서에만 현출되도록 하여야 한다.

④ 제1항에 따라 폐쇄된 친양자의 가족관계등록부에 대한 등록사항별 증명서의 발급은 제15조의 요건을 충족하는 경우 이외에는 허용되지 않는다.

제4조【친양자의 성과 본】 제3조에 따라 친양자의 가족관계등록부를 재작성함에 있어서 친양자는 양부의 성과 본을 따른다. 다만, 양부모가 혼인신고시 자녀가 모의 성과 본을 따르기로 협의한 경우에는 모의 성과 본을 따른다.

제5조【친생부모의 가족관계등록부에 대한 기록】 ① 시(구)·읍·면의 장은 친생

부모의 가족관계등록부의 자녀란에서 친양자 입양된 자녀를 말소하여 가족관계증명서에 현출되지 않도록 하여야 한다.

② 제1항의 말소사유는 일반등록사항란에 기록하되 친양자 입양관계증명서에 현출되도록 하여야 한다.

제6조【양부모의 가족관계등록부에 대한 기록】 ① 시(구)·읍·면의 장은 친양자 입양을 한 양부모의 가족관계등록부에 친양자입양사유를 기록하고, 친양자의 성명 등 특정등록사항을 기록하여 가족관계증명서에는 친양자가 자녀로, 친양자입양관계증명서에는 친양자로 현출되도록 하여야 한다.

② 친양자 입양사유는 친양자입양관계증명서에 현출되도록 하여야 한다.

제7조【양자가 친양자로 입양된 경우】 ① 「민법」 제866조부터 제882조까지에 따라 입양(이하 "일반입양"이라 한다)된 양자가 다시 친양자로 입양이 되는 경우에는 친양자의 가족관계등록부 및 일반입양을 한 양부모의 가족관계등록부에 입양종료사유를 기록하고 그 사유는 입양관계증명서의 일반등록사항란에 현출되도록 하여야 한다.

② 친양자 입양으로 인한 입양종료사유를 기록할 때에는 일반입양을 한 양부모의 가족관계등록부의 자녀란 및 양자란에서 친양자로 입양된 자녀를 말소하여 가족관계증명서에 현출되지 않도록 하여야 한다. 또한 양자의 가족관계등록부에서 친생부모와 일반입양의 양부모의 특정등록사항을 말소하고 친양자 입양의 양부모의 성명 등 특정등록사항을 기록한다.

③ 친생부모의 가족관계등록부 및 친양자 입양을 한 양부모의 가족관계등록부에 대한 기록은 제5조와 제6조를 따른다.

④ 일반입양된 양자가 친양자로 입양이 되는 경우에 친양자의 가족관계등록부는 제3조와 제4조에 따라 재작성하여야 하고, 재작성시 일반입양에 관한 기록도 이기하지 아니한다.

제3장 친양자 입양의 파양 및 취소

제8조【파양신고】 「민법」 제908조의5에 따라 친양자 파양의 재판이 확정된 경우, 소를 제기한 사람은 재판의 확정일부터 1개월 이내에 재판서의 등본 및 확정증명서를 첨부하여 파양신고를 하여야 한다.

제9조【친양자의 가족관계등록부에 대한 기록】 ① 제8조의 친양자 파양신고가 있는 경우 시(구)·읍·면의 장은 친양자의 가족관계등록부에 파양사유를 기록하고, 친양자 입양으로 인한 양부모를 말소하고 친생부모의 성명 등 특정등록사항을 부활 기록하여야 한다. 파양사유는 친양자입양관계증명서에 현출되도록 하여야 한다.

② 파양된 친양자의 폐쇄된 가족관계등록부에 인지, 친권, 미성년후견, 성본변경, 가족관계증명서의 친생부모의 정정사항의 기록이 있는 경우에는 이기하여야 한다. 다만, 친양자가 파양신고 당시에 미성년인 경우에는 친권종료 및 후견종료의 기록은 이기한 후 친권자지정 및 후견개시를 다시 기록하되, 선임후견인의 경우 법원의 후견인 선임을 다시 받아야 한다.

제10조【파양된 친양자의 성과 본】 친양

자 파양신고에 따라 친양자의 성과 본은 원래의 성과 본으로 정정하여 기록하고, 친양자에게 직계비속이나 배우자가 있는 경우에는 그 직계비속의 가족관계등록부에 성·본 변경 사유를 기록하여 기본증명서에 현출되도록 하고, 배우자의 경우에는 혼인사유에 배우자 성이 변경된 취지를 기록하여 혼인관계증명서에 현출되도록 한다.

제11조【친생부모의 가족관계등록부에 대한 기록】 제8조의 친양자 파양신고가 있는 경우 시(구)·읍·면의 장은 친생부모의 가족관계등록부에 친양자 파양사유를 기록하고 친양자 파양된 자녀의 성명 등 특정등록사항을 부활 기록하여야 하며, 파양사유는 친양자 입양관계증명서에 현출되도록 하여야 한다.

제12조【양부모의 가족관계등록부에 대한 기록】 제8조의 친양자 파양신고가 있는 경우 시(구)·읍·면의 장은 친양자 입양을 한 양부모의 가족관계등록부에 친양자 파양사유를 기록하고, 파양된 친양자를 말소하여 가족관계증명서에 현출되지 않도록 하여야 하고, 파양사유는 친양자 입양관계증명서에 현출되도록 하여야 한다.

제13조【친양자의 파양과 일반입양 부활의 경우 등】 ① 종전 일반입양이 된 상태에서 친양자 입양이 이루어지고 친양자 입양이 파양된 경우 파양한 친양자의 가족관계등록부의 양부모란에 일반입양의 양부모의 성명 등 특정등록사항을 부활기록하여야 하며, 그 사유를 일반등록사항란에 기록하되 입양관계증명서에 현출되도록 하여야 한다.

② 제1항의 경우 일반입양의 양부모의 가족관계등록부의 양자란에도 파양한 친양자의 성명 등 특정등록사항을 기록하고 그 사유를 일반등록사항란에 기록하되 입양관계증명서에 현출되도록 하여야 한다.

③ 제1항과 제2항에도 불구하고 친양자 파양의 경우에 친양자 입양 전의 양부모와 친양자입양의 양부모가 동일인인 경우에는 친생부모와의 친족관계만을 부활기록하고 일반입양관계는 부활기록하지 아니한다.

제14조【준용】 제9조부터 제13조까지는 친양자 입양취소신고의 경우에 준용한다. 다만, 제13조 제3항은 그러하지 아니하다.

제4장 친양자입양관계증명서의 발급

제15조【친양자입양관계증명서의 교부제한】 ① 친양자입양관계증명서의 발급에 관한 사무처리 절차에 대하여는 「등록사항별 증명서의 발급 등에 관한 사무처리지침」 제3조를 준용한다.

제5장 폐쇄등록부의 기록에 관한 특례

제16조【폐쇄등록부에 대한 기록】 사망, 부재(실종)선고의 사유로 등록부가 폐쇄되었고 그 이후 등록부가 폐쇄된 사람의 자녀가 친양자 입양되었을 경우에는, 그 폐쇄등록부에 친양자 입양으로 자녀가 말소된 사유를 기록하여야 한다.

제6장 친양자의 가족관계등록부의 재작성에 관한 특례

제17조【재작성】 친양자입양한 자녀의 가족관계등록부의 기록사항을 이 예규와

다르게 이기한 경우 시·읍·면의 장은 별지 서식에 따라 감독법원으로부터 재작성을 승인받은 후 이 예규에 따라 재작성을 하여야 한다.

부　칙(2008.11.3 제291호)

이 예규 시행 전에 작성된 친양자의 가족관계등록부가 이 예규와 다르게 이기된 경우에도 시·읍·면의 장은 이 예규에 따라 재작성을 하여야 한다.

[가족관계등록예규 제276호]

협의이혼의 의사확인사무 및 가족관계등록사무 처리지침

전부개정 2008. 6. 11 가족관계등록예규 제276호

제1조【확인기일의 지정】 ① 협의이혼의사확인신청사건의 담당자인 법원서기관, 법원사무관, 법원주사, 법원주사보(다음부터 "법원사무관 등"이라 한다)는 매달 20일경 담당판사로부터 그 다음 달 실시할 협의이혼의사확인의 기일을 협의이혼의사확인기일지정부(별지 제1호 서식)에 미리 지정받아야 한다.

② 부부 사이에 미성년인 자녀(포태 중인 자 포함)가 있는 경우 확인기일의 지정은 「민법」 제836조의2 제2항 제1호를 준수하되, 이혼에 관한 안내를 받은 날이 미성년인 자녀가 성년 도달 전 1개월 이내에 해당하는 경우 1개월이 지난 후로 확인기일을 지정하고, 성년 도달 전 1개월 후부터 3개월 이내 사이에 해당하는 경우 성년에 달한 날 이후로 확인기일을 지정한다.

③ 제1항의 기일지정을 하는 때에 담당판사는 제2항에 따른 기일지정기준을 확인하여야 한다.

제2조【신청서의 제출】 ① 협의이혼을 하려는 부부는 각자의 등록기준지 또는 주소지 관할 가정법원에 함께 출석하여 협의이혼의사확인신청서(별지 제2호 서식)를 제출하여야 한다. 다만, 부부 중 일방이 재외국민이거나 수감자로서 출석하기 어려운 경우에는 다른 일방이 출석하여 제출할 수 있다.

② 제1항의 신청서에는 남편의 가족관계증명서와 혼인관계증명서 각 1통, 처의 가족관계증명서와 혼인관계증명서 각 1통과 각란의 해당 사항을 기재하고 신청인란에 당사자 쌍방이 서명 또는 기명날인한 이혼신고서 3통을 첨부하여야 한다. 주소지 관할 가정법원에 신청서를 제출하는 경우에는 그 관할을 증명할 수 있는 주민등록표등본 1통도 첨부하여야 한다.

③ 미성년인 자녀(포태 중인 자를 포함하되, 이혼에 관한 안내를 받은 날부터 「민법」 제836조의2 제2항 또는 제3항에서 정한 기간 이내에 성년에 도달하는 자녀는 제외한다. 다음부터 이 예규에서 같다)가 있는 부부는 미성년인 자녀의 양육과 친권자결정에 관한 협의서(별지 제3호 서식) 1통과 그 사본 2통 또는 심판정본 및 확정증명서 3통을 제출하여야 한다. 부부가 함께 출석하여 신청을 하고 이혼에 관한 안내를 받은 경우 협의서는 확인기일 1개월 전까지 제출할 수 있고, 심판정본 및 확정증명서는 확인기일까지 제출할 수 있다.

④ 제1항 단서의 경우 그 신청서에 재외국민 또는 수감자인 당사자에 대한 관할 재외공관 또는 교도소(구치소)의 명칭과 소재지를 기재하고, 제2항 및 제3항의 첨부서면 외에 재외국민등록부등본이

나 수용증명서 등 그에 관한 소명자료 1통을 첨부하여야 하며, 송달료 2회분 상당액(촉탁서, 재외국민 또는 수감자인 당사자에 대한 확인서등본 또는 불확인 통지서 송달용)을 예납하여야 한다.

⑤ 신청인이 송달료를 예납한 경우에는 법원사무관 등은 그 출납현황을 사건기록표지(별지 제4호 서식)의 비고란에 기재하여야 한다.

제3조【신청서의 접수】 협의이혼의사확인신청서는 협의이혼의사확인신청사건부(별지 제5호 서식)에 접수하여야 한다. 다만, 위 사건부를 전산으로 대체할 경우에는 그 사건부의 작성과 비치는 하지 않을 수 있다.

제4조【이혼에 관한 안내】 ① 법원사무관 등 또는 가사조사관은 이혼절차, 이혼의 결과(재산분할, 친권, 양육권, 양육비, 면접교섭권 등), 이혼이 자녀에게 미치는 영향 등을 이혼을 하려는 부부에게 안내하여야 하고, 상담위원의 상담을 받을 것을 권고할 수 있다. 그러나, 미성년인 자가 있는 경우에는 양육과 친권자결정에 관하여 상담위원의 상담을 받도록 권고하여야 한다.

② 양육 및 친권자결정에 관한 협의가 원활하지 않아 협의서를 확인기일 1개월 전까지 제출할 수 없을 것이 예상되는 경우에는 지체없이 가정법원에 심판을 청구할 것을 안내하여야 한다.

제5조【기일의 고지】 ① 당사자 쌍방이 출석하여 신청서를 제출하는 때에는 법원사무관 등은 이혼에 관한 안내를 받은 부부에 한하여 신청당사자에게 협의이혼의사확인기일지정부에 예정된 기일 중에서 그 기일지정기준에 따른 이혼의사확인기일 2개를 일괄하여 고지하여 준 후 신청서의 "확인기일"란에 제1회 및 제2회 기일을 기재하여야 한다.

② 제2조 제1항 단서의 경우에는 신청서를 접수하고 출석한 신청당사자에게 이혼에 관한 안내를 하여야 한다. 이 경우 이혼의사확인기일은 고지하지 아니한다.

③ 신청당사자의 요구가 있을 때에는 담당 법원사무관 등은 해당 사건의 기일을 기재한 기일표(별지 제6호 서식)를 교부하여야 한다.

제6조【이혼숙려기간의 단축·면제】 ① 가정 폭력으로 인하여 당사자 일방에게 참을 수 없는 고통이 예상되는 등 신속히 이혼을 하여야 할 급박한 사정이 있는 경우 이혼의사확인까지 필요한 기간의 단축 또는 면제사유를 소명(별지 제7호 서식)하여 제출할 수 있다.

② 제1항에 따라 사유서를 제출할 때에는 법원사무관 등 또는 가사조사관은 상담위원의 상담을 통하여 사유서를 제출하도록 권고하고, 담당 판사는 상담위원의 의견을 참고하여 이혼의사확인기일을 지정할 수 있다. 상담받은 날 다음 날부터 7일(상담을 받은 경우) 또는 안내받은 날 다음 날부터 7일(상담을 받지 아니한 경우) 이내에 새로운 확인기일의 지정 통지가 없으면 최초에 지정된 확인기일이 유지된다.

③ 제2항에 따라 이혼의사확인기일을 다시 정한 경우 법원사무관 등은 신청서에 기재한 전화 연락처 등으로 기일을 통지할 수 있고 신청서의 확인기일란에 삭선을 긋고 신청서의 적당한 여백에 다음과 같이 고무인을 찍은 후 그 통지사실을 기재하여야 한다. 확인기일의 추후지정 시 기일을 고지할 때도 법원사무관 등은

신청서에 기재한 전화 연락처 등으로 기일을 통지할 수 있고 신청서의 적당한 여백에 다음과 같이 고무인을 찍은 후 그 통지사실을 기재하여야 한다.

2 ㎝	통지 내용	□ 확인기일 1회: 2회:	통 지 일	년 월 일 시	통지 받은 사람	○○○ 전화:	통 지 자	법원주사 ○○○ ㊞

← 15 ㎝ →

제7조【신청에 관한 민원안내】 ① 당사자 일방만이 출석하여 협의이혼의사확인신청서를 제출할 수 없는 경우임에도 출석한 당사자가 그 신청서를 작성하려는 경우 법원사무관 등은 신청서의 작성방법을 안내하여야 한다. 당사자 일방이 신청서의 접수를 요구하는 때에는 정식 접수시 시간 절약과 민원인 편의를 위하여 신청서를 검토하여 주고, 신청서에 보완할 사항이 없을 때에는 당사자 쌍방이 출석하여 그 신청서를 제출하고 이혼에 관한 안내를 받을 수 있도록 신청서를 반려한다.

② 전화로 문의하는 경우에는 협의이혼의사확인신청에 필요한 서류 외에 당사자 쌍방이 출석하여 신청을 하여야 하고 이혼에 관한 안내를 받은 날부터 「민법」 제836조의2 제2항 또는 제3항에서 정한 기간이 지난 후에 이혼의사를 확인받을 수 있다는 사실을 알려주도록 한다.

③ 협의이혼의사확인신청사건의 담당 법원사무관 등은 그 신청서 접수창구에 민원안내서(별지 제8호 서식)를 비치하고, 필요로 하는 민원인에게 교부한다.

제8조【확인기일의 준비】 ① 법원사무관 등은 기일에 진행할 각 사건별로 진술조서, 확인서(별지 제9호 서식) 1통, 확인서등본 2통, 협의서를 제출한 경우 협의서 1통, 협의서등본 2통을 미리 준비한다.

② 확인서등본은 협의이혼의사확인신청 당시 당사자가 제출한 이혼신고서에 각 1통씩 첨부하여 법원사무관 등의 직인으로 간인하여야 하며, 그 확인서등본 왼쪽 중간 여백에 다음과 같은 문구를 새긴 고무인을 찍는다.

4.5 ㎝	확인일시 년 월 일 이 이혼의사확인서등본은 교부 또는 송달받은 날부터 3개월이 지나면 그 효력이 상실되니, 신고의사가 있으면 위 기간 내에 시(구)·읍·면사무소 또는 재외공관에 신고하여야 합니다.

← 7.5 ㎝ →

③ 협의서등본은 당사자가 제출한 협의서사본의 말미에 사건번호, 「등본입니다」라는 인증 문구와 인증 연월일을 기재하고 법원사무관 등이 기명날인하여 작성한다.

제9조【조서의 작성】 ① 당사자 쌍방이 출석하여 진술을 한 경우에는 반드시 진술조서(별지 제10호 서식)를 작성하여야 한다. 그 조서에는 이혼당사자 확인, 협의이혼의사의 존부 확인, 당사자 사이에 미성년인 자녀가 있는지 여부와 그 자녀에 대한 양육과 친권자결정에 관한 협의서 또는 가정법원의 심판정본 및 확정증명서의 제출여부, 판사의 보정명령요지와 보정여부, 기일지정 등을 각각 기재한다. 서면으로 보정을 명한 경우 그 사본의 첨부로 보정명령요지 기재를 갈음할 수 있다.

② 당사자 일방 또는 쌍방이 불출석한 경우에도 그 불출석 사실을 기재한 기일조서(별지 제11호 서식)를 작성하여야 한다.

제10조【확인서의 교부】 ① 당사자 쌍방에게 이혼의사 및 미성년인 자녀가 있는 경우 그 자녀의 양육과 친권자결정에 관한 협의 또는 가정법원의 심판을 확인하면 담당 판사는 즉시 확인서 및 법원사

무관 등이 작성한 진술조서에 각 날인하고, 미성년인 자녀가 있어 그 자녀의 양육과 친권자결정에 관한 협의서를 제출한 경우 그 협의서 및 기록표지 왼쪽아래의 "확인"란에 각 날인한다. 법원사무관 등은 지체없이 당사자 쌍방에게 확인서등본에 미성년인 자녀가 있는 경우 협의서등본 또는 가정법원의 심판정본 및 확정증명서를 첨부하여 각 1통을 교부하고, 신청서의 "확인서등본 교부"란에 당사자의 수령인을 받아야 한다.

② 위 확인서등본을 교부할 때에 법원사무관 등은 당사자에게, 신고의사가 있으면 3개월 이내에 등록기준지, 주소지 또는 현재지 시(구)·읍·면 사무소에 이혼신고를 하여야 함을 알려주어야 한다.

③ 담당판사는 협의서를 확인기일 1개월 전까지 제출하지 않은 경우 협의서에 대한 검토 및 보정 등을 위하여 확인기일을 연기할 수 있다.

제11조【이혼의사를 확인할 수 없는 경우】 ① 당사자 쌍방이 출석하였으나 이혼의사가 없음을 진술한 경우 담당 판사는 법원사무관 등이 작성한 진술조서와 기록표지의 왼쪽아래 "불확인"란에 각 날인한다.

② 당사자 일방 또는 쌍방이 이혼의사확인기일에 2회에 걸쳐 불출석한 경우에는 담당 판사는 법원사무관 등이 작성한 기일조서와 기록표지의 왼쪽아래 "불확인"란에 각 날인한다.

제12조【협의서 등 미제출】 ① 미성년인 자녀가 있는 경우 그 자녀의 양육과 친권자결정에 관한 협의서 또는 가정법원의 심판정본 및 확정증명서를 제출하지 아니한 때에는 담당 판사는 속행 기일을 지정하고 2회 기일에도 제출하지 아니하면 법원사무관 등이 그 사유를 기재하여 작성한 진술조서 또는 기일조서와 기록표지의 왼쪽아래 "불확인"란에 각 날인한다.

② 미성년인 자녀의 양육과 친권자결정에 관한 가정법원의 심판절차가 계속 중인 때에는 협의이혼의사확인기일을 추후 지정한다. 가정법원의 심판종료 후 지정한 확인기일까지 협의서 또는 가정법원의 심판정본 및 확정증명서를 제출하지 아니하면 담당 판사는 법원사무관 등이 그 사유를 기재하여 작성한 진술조서 또는 기일조서와 기록표지의 왼쪽아래 "불확인"란에 각 날인한다.

제13조【협의가 자녀의 복리에 반하는 경우】 ① 자녀의 양육과 친권자결정에 관한 협의가 자녀의 복리에 반하는 경우에는 담당 판사는 그 자녀의 의사·연령과 부모의 재산상황, 그 밖의 사정을 참작하여 보정을 명할 수 있다. 당사자가 보정에 응하지 않는 경우 담당 판사는 법원사무관 등이 작성한 진술조서와 기록표지의 왼쪽아래 "불확인"란에 각 날인한다.

② 보정명령에 따라 재협의한 경우 협의서를 재작성하여 제출하게 하고, 법원사무관 등은 기존의 협의서를 폐기한다.

제14조【협의이혼의사확인의 촉탁】 ① 협의이혼 당사자의 일방이 재외국민이거나 수감자로서 출석하기 어려워 다른 일방이 협의이혼의사확인신청서를 제출할 때 부부 사이에 미성년인 자녀가 있는 경우 양육 및 친권자결정에 대한 협의서 1통과 그 사본 2통 또는 가정법원의 심판정본 및 확정증명서 3통을 함께 제출하여야 한다. 이 경우 제출한 협의서가 자녀의 복리에 반할 때 담당 판사는 보정

을 명할 수 있다. 법원사무관 등은 신청당사자에게 이혼에 관한 안내를 실시하고, 협의서 제출시 지체없이 담당 판사의 보정절차를 거쳐 재외국민 또는 수감자인 당사자에 대한 관할 재외공관 또는 교도소(구치소)의 장에게 별지 제12호 서식에 의하여 이혼의사의 확인을 촉탁하여야 한다.

② 제1항의 촉탁서에는 이혼신고서 등본, 이혼안내서, 미성년인 자녀가 있는 경우 양육 및 친권자결정에 대한 협의서 또는 가정법원의 심판정본 및 확정증명서의 사본, 이혼의사확인회보서(별지 제13호 서식) 각 1통을 첨부한다. 재외공관장에게 촉탁하는 때에는 외교통상부 영사과에 관할 재외공관의 정확한 명칭과 소재지를 확인한 다음 외교통상부를 거치지 않고 바로 관할 재외공관장에게 송부한다.

제15조【회보서에 의한 이혼의사확인】 ① 제14조의 촉탁결과 재외국민 또는 수감자인 당사자에게 이혼의사가 있다는 취지의 이혼의사확인회보서가 송부되어 온 경우에는 재외국민 또는 수감자인 당사자가 이혼에 관한 안내를 받은 날부터 「민법」 제836조의2 제2항 또는 제3항에서 정한 기간이 지난 후로 신청당사자에게 2개의 확인기일을 지정·통지하여 그 이혼의사를 확인한다. 이혼의사확인서를 작성한 때에는 그 등본 1통을 이혼신고서, 미성년인 자녀가 있는 경우 협의서 등본 또는 가정법원의 심판정본 및 확정증명서와 함께 즉시 재외공관장 또는 교도소(구치소)장에게 송부한다. 신청당사자의 이혼의사를 확인할 수 없는 경우에는 불확인된 것으로 처리하고 불확인통지서(별지 제14호 서식)를 재외공관장 또는 교도소(구치소)장에게 송부한다.

② 제14조의 촉탁결과 재외국민 또는 수감자인 당사자의 이혼의사가 확인되지 아니한 회보서가 송부되어 오거나 촉탁 후 상당한 기간[재외공관장에 대한 촉탁인 경우에 송달일부터 6개월, 교도소(구치소)의 장에 대한 촉탁인 경우에 송달일부터 1개월 이상]이 지나도록 회보서가 송부되어 오지 않은 경우에는 신청당사자를 법원에 출석시킬 필요 없이 바로 이혼의사가 불확인된 것으로 처리하며, 신청당사자에게 그 처리결과를 통지하여야 한다.

③ 제1항 및 제2항에 따라 신청당사자에 대한 확인기일통지나 불확인결과 통지는 전화를 이용하여 할 수 있고, 이 경우에는 신청서의 적당한 여백에 다음과 같이 고무인을 찍은 후 그 통지사실을 기재하여야 한다.

1.5 ㎝	통지 내용	□ 확인기일 □ 불확인	통지일	년 월 일 시	통지 받은 사람	○○○ 전화:	통지자	법원주사 ○○○ ㉑

←— 15 ㎝ —→

제16조【재외국민의 협의이혼의사확인신청】 「재외국민등록법」 제3조에 따라 등록된 대한민국 국민만이 「가족관계의 등록 등에 관한 규칙」(다음부터 "규칙"이라 한다) 제75조에 따라 그 거주지 관할 재외공관의 장(그 지역을 관할하는 재외공관이 없는 때에는 인접지역 관할 재외공관의 장)에게 협의이혼의사확인을 신청할 수 있다.

제17조【재외공관장의 업무】 ① 재외공관장이 당사자 쌍방이나 일방으로부터 협의이혼의사확인 신청을 받은 때에는 당사자 쌍방(규칙 제75조 제1항의 경우) 또는 일방(규칙 제75조 제2항, 제3항의 경우)을 출석시켜 이혼에 관한 안내를

서면으로 한 후 규칙 제75조 제4항에 따라 이혼의사의 유무와 미성년인 자녀가 있는지 여부 및 미성년인 자녀가 있는 경우 그 자녀에 대한 양육과 친권자결정에 관한 협의서 1통과 그 사본 2통 또는 가정법원의 심판정본 및 확정증명서 3통을 제출받아 확인하고 그 요지를 기재한 진술요지서(별지 제15호 서식, 다음부터 "진술요지서"라 한다)를 작성한다.

② 재외공관장은 진술요지서와 이혼신고서, 협의서 또는 심판정본 및 확정증명서의 내용이 일치하는지 확인한 후, 진술요지서를 신청서에 첨부하여 직인으로 간인한 후 신청서 및 첨부서류를 서울가정법원으로 송부한다.

③ 재외공관에서 교부 또는 송달한 확인서등본에 대한 송달증명서는 해당 재외공관장이 별지 제16호 서식에 의하여 이를 발급한다.

④ 재외공관에서 당사자에게 확인서등본을 교부한 때에는 영수증(별지 제17호 서식)에 의하여 송달관계를 명확히 하여야 한다.

제18조【서울가정법원의 업무】 ① 재외공관장으로부터 협의이혼의사확인신청서와 당사자 쌍방에 대한 진술요지서 및 첨부서류를 송부받은 경우, 서울가정법원은 진술요지서 및 첨부서류에 의하여 신청당사자의 이혼의사의 유무와 미성년인 자녀가 있는지 여부 및 미성년인 자녀가 있는 경우 그 자녀의 양육과 친권자결정에 관한 협의 또는 가정법원의 심판을 확인한다.

② 당사자 일방만이 재외국민인 경우에 그가 제출한 협의이혼의사확인신청서와 진술요지서 및 첨부서류를 재외공관장으로부터 송부받은 경우, 서울가정법원은 국내에 거주하는 당사자를 출석하게 하여 이혼에 관한 안내를 실시한 후에 이혼의사의 유무와 미성년인 자녀가 있는지 여부 및 미성년인 자녀가 있는 경우 그 자녀의 양육과 친권자결정에 관한 협의 또는 가정법원의 심판을 확인한다.

③ 협의이혼당사자 쌍방이 서로 다른 나라에 거주하여 일방이 그 거주지의 재외공관에 협의이혼의사확인신청서를 제출하여 그 재외공관장으로부터 협의이혼의사확인신청서와 진술요지서 및 첨부서류를 송부받은 경우, 서울가정법원은 제14조 규정을 준용하여 다른 일방 거주지의 재외공관장에게 협의이혼의사확인의 촉탁을 하여 회보서를 받는다. 서울가정법원은 그 회보서의 기재와 신청당사자에 대한 진술요지서 및 첨부서류에 의하여 이혼의사의 유무와 미성년인 자녀가 있는지 여부 및 미성년인 자녀가 있는 경우 그 자녀의 양육과 친권자결정에 관한 협의 또는 가정법원의 심판을 확인한다.

④ 서울가정법원은 신청서나 첨부서류가 미비한 경우 또는 협의서가 자녀의 복리에 반하는 경우 보정을 명하여 재외공관으로 반송한다.

⑤ 서울가정법원은 위 제1항부터 제3항까지의 절차에 의하여 이혼의사를 확인할 때에는 당사자 쌍방 모두 안내를 받은 날부터 「민법」 제836조의2 제2항 또는 제3항에서 정한 기간이 지난 후 확인하여야 한다.

⑥ 제1항부터 제3항까지의 절차에 의하여 이혼의사 및 미성년인 자녀가 있는 경우 그 자녀의 양육과 친권자결정에 관한 협의 또는 가정법원의 심판을 확인한 때 서울가정법원은 확인서를 작성하고,

확인서등본(규칙 제75조 제1항의 경우에는 2통)을 이혼신고서, 미성년인 자녀가 있는 경우 협의서등본 또는 심판정본 및 확정증명서와 함께 즉시 당사자 거주지 재외공관의 장에게 송부하되 규칙 제75조 제2항의 경우 국내 거주 당사자에게도 송부한다. 이혼의사를 확인할 수 없는 경우에는 불확인된 것으로 처리하고 불확인통지서를 송부한다.

⑦ 확인서등본이나 불확인통지서를 재외공관에 송부할 때에는 외교통상부 영사과에 관할 재외공관의 정확한 소재지를 확인한 다음 외교통상부를 거치지 아니하고 바로 관할 재외공관장에게 송부한다.

제19조【협의이혼의사확인서등본 등의 분실】 ① 협의이혼의사확인서등본을 분실한 경우 당사자 쌍방은 언제든지 관할 가정법원에 다시 협의이혼의사확인신청을 할 수 있다.

② 협의이혼의사확인서등본을 분실한 경우 법원으로부터 협의이혼의사확인서등본을 교부 또는 송달받은 날부터 3개월 이내라면, 당사자는 그 확인 법원으로부터 확인서등본 및 협의서등본을 재교부받은 후 이혼신고서를 다시 작성하여 시(구)·읍·면에 이혼신고를 할 수 있다. 이해관계인은 협의서에 대하여 기록을 보관하고 있는 법원에 보존기간 내에 등본 발급을 청구할 수 있다.

③ 법원사무관 등은 재교부하는 확인서등본의 첫 장 상단 여백에는 "재교부"라는 고무인(가로 1㎝, 세로 2.5㎝)을 찍은 후 그 옆에 법원사무관 등의 사인(私印)을 찍어야 한다.

제20조【신청사건기록의 보존 등】 ① 협의이혼의사확인 신청사건기록은 확인, 불확인 또는 취하 등 그 처리내용을 구별함이 없이 1년간 보존할 것이고, 그 기록을 폐기할 때라도 확인서원본, 미성년인 자녀의 양육과 친권자결정에 관한 협의서 또는 가정법원의 심판정본 및 확정증명서를 따로 보존하지 않는다.

② 송달증명서는 당사자의 신청이 있는 때에 한하여 발급한다.

제21조【협의이혼의 신고장소 등】 이혼의사확인신청의 관할 법원이 당사자의 등록기준지로 되어 있더라도 이혼신고는 주소지 또는 현재지에서도 할 수 있으며, 당사자 일방만이 이혼신고서를 제출한 경우에도 신고서에 확인서등본이 첨부되어 있으면 수리하여야 한다.

제22조【협의이혼신고서의 접수방법】 협의이혼신고서는 가족관계등록사건접수장에 접수하되, 접수장과 이혼신고서에 접수연월일과 접수시각(예: 2008. 12. 10. 14:25)을 분명히 기록하여야 한다.

제23조【협의이혼신고의 수리】 ① 시(구)·읍·면의 장은 협의이혼신고접수시 가정법원의 확인서등본 첨부 여부와 그 확인서의 유효기간 경과 여부를 면밀히 조사하여야 하고 신고서가 가정법원의 확인일부터 3개월이 경과한 후 제출된 경우에는 일단 접수후 송달증명서를 제출하도록 통지를 하고, 추후보완된 송달증명서상의 송달일자로 보아 이혼신고가 확인서등본의 교부 또는 송달일부터 3개월 이내이면 이를 수리하여야 하나 그 기간을 경과하였거나 추후보완기간 내에 송달증명서를 제출하지 않는 경우에는 불수리하여야 한다.

② 법원으로부터 재교부받은 확인서등본에 의하여 이혼신고를 할 때에는 그 확인서등본과 이혼신고서 사이에 간인이

없다는 이유로 신고서류를 반려하거나 불수리해서는 안 된다.

③ 이혼하는 부부에게 미성년인 자녀(포태 중인 자 제외)가 있는 경우에는 시(구)·읍·면의 장은 친권자지정 신고를 함께 수리하여야 한다. 시(구)·읍·면의 장은 이 경우 이혼신고서와 가정법원의 확인서등본과 친권자결정에 관한 협의서등본 또는 가정법원의 심판정본 및 확정증명서의 일치여부를 확인하여야 한다.

④ 포태 중인 자에 대한 친권자지정 신고는 이혼신고시 수리하지 않고, 포태 중인 자의 출생신고시 수리한다. 이 경우 친권자결정에 관한 협의서등본 또는 가정법원의 심판정본 및 확정증명서를 확인하여야 한다. 포태 중인 자의 친권자지정 신고기간은 출생시부터 기산한다.

⑤ 협의이혼신고서가 적법하게 심사되어 수리된 후에는 당사자 일방이 이혼의사가 없다고 그 신고서의 반환을 요청하여도 이를 반환해서는 안 된다.

⑥ 재외공관장이 「가족관계의 등록 등에 관한 법률」 제34조, 제74조, 제75조에 따라 협의이혼신고서를 적법한 것으로 심사하여 수리한 경우라면, 그 후 당사자 일방이 이혼의사가 없다고 그 신고서의 반환을 요청하여도 수리된 이혼신고서는 「가족관계의 등록 등에 관한 법률」 제36조에 따른 송부절차를 취하여야 한다.

제24조【이혼증서등본에 의한 신고】 한국인 부부가 일본국에서 일본방식에 의한 협의이혼신고를 하여 수리된 협의이혼에 관하여는 일본국 호적관서에서 2004. 9. 19.까지 수리된 경우에 한하여 그 이혼증서등본을 제출한 경우 이를 수리하여야 한다.

제25조【협의이혼의사철회서면의 접수】

① 법원으로부터 협의이혼의사확인을 받은 후 그에 의하여 이혼신고 전에 협의이혼의사철회의 의사표시를 하고자 할 때에는 철회서면에 협의이혼의사의 확인법원 및 확인연월일을 기재한 후 협의이혼의사확인서등본을 첨부하여, 협의이혼의사철회표시를 하려는 사람의 등록기준지, 주소지 또는 현재지 시(구)·읍·면의 장에게 제출하여야 한다.

② 협의이혼의사철회서면은 가족관계등록문서건명부에 접수하되, 가족관계등록문서건명부와 그 철회서면에 접수연월일과 접수시각(예: 2008. 12. 10. 14:25)을 분명하게 기록하여야 한다.

③ 접수한 협의이혼의사철회서면은 협의이혼의사철회서편철장에 편철한 후 비치하여야 한다.

제26조【협의이혼의사철회의 효과】 ① 협의이혼의사철회서면이 접수된 후 협의이혼신고서가 제출된 경우에는 그 이혼신고서를 수리해서는 안 된다.

② 가족관계등록공무원의 위 불수리처분에 대하여 불복이 있는 사람은 「가족관계의 등록 등에 관한 법률」 제109조에 따라 관할 가정법원에 불복신청을 할 수 있다.

③ 협의이혼의사를 철회한 경우에는 이혼의사확인의 효력이 소멸되므로 그 철회의사를 철회하더라도 이혼신고를 수리할 수 없다.

제27조【협의이혼의사철회에 따른 업무절차】 ① 당사자 일방은 "갑" 시(구)·읍·면사무소에 협의이혼의사철회서면을 제출하고, 다른 일방은 "을" 시(구)·읍·면사무소에 이혼신고를 한 경우 협의

이혼의사철회서를 접수한 "갑" 시(구)·읍·면사무소는 전산정보처리조직을 통하여 동일한 당사자에 대한 이혼신고서가 접수되었는지 여부를 확인하여 이혼신고서가 먼저 접수되어 수리된 경우에는 이혼의사철회의 의사표시를 한 당사자 일방에게 그 뜻을 통지한다.

② 다른 일방의 이혼신고서를 접수한 "을" 시(구)·읍·면사무소는 신고서의 심사에 앞서 전산정보처리조직을 통하여 동일한 당사자에 대한 이혼의사철회서면이 접수되었는지 유무를 전국단위로 검색하여 그 접수사실을 발견하였을 때에는 어느 것이 먼저 접수되었는지 여부를 접수연월일과 접수시각까지 세밀히 검토한다.

③ "갑" 시(구)·읍·면사무소에서 수리한 이혼의사철회서면이 먼저 접수된 것으로 판명된 경우 "을" 시(구)·읍·면사무소는 이혼신고서가 접수된 가족관계등록사건접수장 비고란에 "이혼의사 철회(예: 2008. 12. 10. 14:25 접수)"라고 기록한 후 이혼신고서와 이혼의사철회서의 접수사실이 기록된 가족관계등록문서건명부의 해당목록을 인쇄하여 함께 불수리신고서류편철장에 편철하여 보존하고 이혼신고인에게 「가족관계등록사무의 문서 양식에 관한 예규」 별지 제21호 서식에 의하여 신고불수리 통지를 한다.

④ "을" 시(구)·읍·면사무소에서 접수한 이혼신고가 먼저 접수된 것으로 판명된 경우 "을" 시(구)·읍·면사무소는 이혼신고에 의하여 가족관계등록부를 정리한 후 즉시 그 취지를 전화로 "갑" 시(구)·읍·면사무소의 가족관계등록사무담임자에게 통지하며 "갑" 시(구)·읍·면사무소의 가족관계등록사무담임자는 제1항에 따라 처리한다.

⑤ 이혼신고서와 이혼의사철회서면의 접수시각이 같은 경우에는 이혼의사철회서면이 먼저 접수된 것으로 처리한다.

부 칙

제1조【시행일】 이 예규는 2008. 6. 22.부터 시행한다.

제2조【폐지예규】 대법원 가족관계등록예규 제168호 「협의이혼의 의사확인사무 및 가족관계등록사무 처리지침」을 폐지한다.

찾아보기

≪저자 소개≫

申 榮 鎬

– 고려대학교 법과대학 법학과 졸업, 동 대학원(법학석사, 법학박사)

– 동아대학교 법과대학 전임강사, 조교수, 단국대학교 법학대학 조교수, 부교수, 교수 역임

– 고려대학교 법학전문대학원 교수

– 사법등기제도개선위원회 위원

[저 서]

– 공동상속론 (나남출판사, 1987)

– 북한법입문(공저) (세창출판사, 1998)

– 조선전기상속법제 (세창출판사, 2002)

가족관계등록법

2009년 5월 25일 초판 인쇄
2009년 6월 5일 초판 발행

저 자 申 榮 鎬
발행인 이 방 원
발행처 세창출판사
서울 서대문구 냉천동 182 냉천빌딩 4층
전화 723 - 8660 팩스 720 - 4579
E-mail: sc1992@empal.com
Homepage: www.sechangpub.co.kr
신고번호 제300-1990-63호

정가 26,000 원

ISBN 978-89-8411-275-9 93360